U0019077

昨　日　世　界

一 個 歐 洲 人 的 回 憶

史蒂芬・茨威格
Stefan Zweig

DIE WELT VON GESTERN

史行果——譯

Erinnerungen eines Europäers

目次

與《歡迎來到布達佩斯大飯店》導演魏斯・安德森對談[1]

姬健梅譯[2]

魏斯・安德森（Wes Anderson）

美國電影導演暨編劇，拍過的電影包括《脫線沖天炮》、《都是愛情惹的禍》、《天才一族》、《海海人生》、《大吉嶺有限公司》、《超級狐狸先生》和《月昇冒險王國》。他最近的一部作品《歡迎來到布達佩斯大飯店》係由他執導並編劇。

喬治・普羅契尼克（George Prochnik）

《難以承受的流亡：在世界盡頭的茨威格》[3]一書的作者，也是《櫥櫃》雜誌（*Cabinet*）的特約編輯。

時間：二〇一四年二月

1 本篇對談收錄於《十字鑰匙結社》（*The Society of the Crossed Keys*），為魏斯・安德森編選的茨威格小說集。

2 台灣師範大學國文系畢，德國科隆大學德語文學碩士，輔仁大學翻譯研究所中英文組。從事翻譯多年，文學類譯作包括：《變形記》、《審判》、《城堡》、《失蹤者》、《一位陌生女子的來信》、《魂斷威尼斯》、《美麗的賽登曼太太》、《一個戀愛中的男人》、《七年》、《基列系列II：家園》、《基列系列III：萊拉》等。

3 原文書名為 *The Impossible Exile: Stefan Zweig at the End of the World*，台灣出版的中譯本書名為《褚威格最後的放逐：一個永恆過客的錯位人生》。

時而甜蜜，時而黑暗的夢幻人生

喬治．普羅契尼克：我認為《歡迎來到布達佩斯大飯店》這部電影十分美妙地把茨威格的真實人生和他小說中的夢幻人生交織在一起，呈現出這兩者之間的深刻關聯——並不是說茨威格一定是直接書寫自己的經歷，而是說他自身的經歷帶有童話色彩，時而甜蜜，時而黑暗。若要了解他，他作品及生命中如夢似幻的這個面向似乎很關鍵。能否請你談談他的這種特質，也請你說說茨威格如何給了你創作的靈感。

魏斯．安德森：在讀過幾本茨威格的作品之後，我忽然想到，我對他個人逐漸有的一些認識和我自覺從他身為作者的敘述語調中所了解的他相當不同。他的許多作品所採取的視角都是來自一個本身相當純真的人，只是踏進了較為黑暗的世界。我以前總覺得茨威格本身比較內向，他在作品中探索那些吸引他的事物，但並非他的親身經歷。而事實似乎正好相反。他這個人似乎或多或少什麼都嘗試過。

普羅契尼克：我同意，而且我有點好奇，你替這本選集所取的有趣書名《十字鑰匙結社》是否呼應了茨威格個性中的這個特質？

安德森：喔，這只是借用了這部電影中所虛構出的祕密會社名稱，成員是歐洲各飯店的門房經理。在《歡迎來到布達佩斯大飯店》裡所表達或探索的許多想法都是直接竊取茨威格的人生和作品；另外，也許該會社的會員身分也暗示出茨威格世界中尚待掀開帷幕的隱密角落。

差不多是六、七年前吧，我還從沒聽說過茨威格——就算聽過，印象也很模糊，然後我湊巧買了一本《焦灼之心》（按：或譯為《同情的罪》）。這是我讀到的第一本茨威格作品，我很喜歡，於是立刻就又買來另外幾十本茨威格著作，這些作品忽然全都再度印行。我也讀了《郵局女子》這部小說（按：《郵局女子》為英譯版書名，德文原書名為《變形的陶醉》），這一本是不久之前才首度出版的。《歡迎來到布達佩斯大飯店》中有些元素可以說是從這兩本書裡偷來的。電影中有兩個角色隱約代表著茨威格本人——由湯姆．威金森飾演的「作家」角色，以及被他寫進小說裡的那個他，由裘德．洛飾演。不過，由雷夫．范恩斯所飾演的主角古斯塔夫先生，其實也明顯是以茨威格為原型而塑造出來的。

故事中的故事，祕密中的祕密

普羅契尼克：茨威格寫的小說總是在故事裡還嵌著故事，總是告解般地揭露出深藏在祕密中的祕密。觀察到別人的祕密，給了觀察者揭露個人祕密的機會。你這部電影似乎也建構在這種層層交疊和快速擴散的情節網絡上，這種方式很引人注目。

安德森：我們在茨威格的短篇小說裡一再見到這種方式，是一種也許有點老派的手法——也許是我們在小說家康拉德或梅爾維爾的作品中會料見的手法——某個人遇見了一個有趣的神祕人物，在這兩人之間展開了一小段情節，然後他們才準備好說出他們的整個故事，而這個故事才成為我們所讀的這部篇幅較長的小說。我喜歡茨威格作品中的這種手法，也就是你稱為告解般的手法，這些故事的確有這種感覺，而且往往是祕密的。他的一部中篇小說甚至就叫做《灼人的祕密》。總之，這種技巧十分有效，能搭建好舞台，營造出一種氣氛。它把你拉進去，在說「現在我要告訴你我的故事」之前就先吸引了你，創造出這種「促膝談心」的感覺。

普羅契尼克：你把這種手法當成一種傳統風格來說，倒讓我想起了佛洛伊德。你大概知道茨威格是佛洛伊德的好朋友，也很欣賞他的理論。佛洛伊德在寫給茨威格的一封信裡稱讚他的作品，並且說他的中篇小說具有驚人的特質，好像是一種愈來愈逼近主題最隱密核心的方式，有如象徵在夢境中逐漸累積。這個看法也讓人想起你對茨威格及其作品的運用。讀他的小說常讓我覺得它們一方面傳統而格式化，另一方面卻也有某種獨特而被顛覆的東西。

安德森：我同意。我用一個字眼加以形容，那就是「心理學的」。當我偶爾用這個字眼來形容茨威格，我總是想對自己說：嘿，你這麼說是什麼意思？因為我並不真的知道我這麼說是什麼意思。可是這些小說感覺上是心理學的，像是在探索人物內心的矛盾，總是有某種潛意識的東西在醞釀，而這些人物並不想讓任何人知道的行為彷彿強行進入了我們的視線。

普羅契尼克：我認為的確是這樣。那個揭露的過程具有一種怪異的特性，帶有強迫性。而不管他小說中那種心理學特質究竟是什麼，的確和潛意識有關。他十分關注那種專心致志與渾然忘我的狀態，就像他回憶錄中那動人的一刻，當他描述他在羅丹的工作室裡，看著羅丹動手修飾一座未完成的雕塑，羅丹做得入神，完全忘了茨威格也在場。茨威格對那種著迷的狀態著迷——那種渾然忘我。我認為在他寫得成功的小說裡能感覺到他在追求類似的過程。

在暴露與隱藏之間的分裂

安德森：就像他工作時的狀態。他工作時喜歡全然的安靜與隔絕——這是他特別看重的事——而我看得出這種對安靜的需求與此有關。就拿《情感的迷惘》那個中篇來說，故事中的兩個主角都是茨威格，因為我能把那個生活脫序而混亂的柏林大學生視為茨威格自身經驗的一個面向；另外是那個大學教授，他有點難以接近，而他和妻子的關係充滿了祕密。我覺得這兩個人物的身上都有茨威格本人的影子。我的意思是，我想這大概是正常現象。作家存在於他筆下的各種人物之中。

普羅契尼克：不過我認為這種性格上的分裂對他的天性來說尤其為真。茨威格的許多朋友都把他所扮演的社會角色描述為偷窺者，他從不真正參與舞廳裡的活動，而是坐在那裡旁觀。但同時也有與他有關的古怪傳聞，例如說他年輕時可能是個暴露狂。有傳言說茨威格早年會去維也納的一座公園暴露下體。而佛洛伊德當然把這兩種欲望放在同一個軸線上來看，他認為暴露自己和隱藏自己這兩種需求息息相關。

安德森：我認為茨威格的另外幾篇小說也可能與此有關。有一個故事是講有個人在一個類似北非城市的地方每夜前往紅燈區，就是《月光巷》那篇小說。那和他在《情感的迷惘》中描述那個大學生初到柏林時所做的事很像。而我認為茨威格小說中這些經驗與他在《昨日世界》裡的一章相呼應，在那一章裡他描述他們在維也納當學生時如何徹底受到壓抑，以至於所有的事都是祕密。有那麼多在發生的事是祕而不宣的。凡是與性有關的事都不合法，因此有許許多多類似妓院的場所，而且全都存在於被隱藏起來的那個階層。

《昨日世界》：對年少時的性欲所做的殘酷寫實描繪

普羅契尼克：像是餐廳裡的密室。我很高興看見你把《昨日世界》〈情竇初開〉那一章選錄在你的選集裡，你知道，有些學者把這一章視為茨威格最具有原創性的作品——從歷史的角度來看，茨威格替十九世紀末維也納與性有關的地下活動所創造出的分類學幾乎無人能出其右。茨威格在生命將盡之前曾寫過一封令人驚訝的信，就在他在巴西完成《昨日世界》的修訂之後不久，他向一個朋友把這整本書形容為「針對我們年少時的性欲所做的殘酷寫實描繪」。那一章是他在巴西時才添上的，而他把一切都融會在那一章裡。那是他後來添加的東西。他之前在紐約市哈德遜河上游的奧辛寧鎮寫下了整本回憶錄的初稿，然後他加上了這一章，彷彿是自己非要到生命盡頭才能夠吐露的祕密。

安德森：這很有意思。他後來會這樣想是說得通的。讀《昨日世界》這本書時，我常感到它揭露了許多令人驚訝的現實。這一點令我感受最深。茨威格的回憶錄中有那麼多對生活各方面的描寫，是我們在讀過之前對他所處的時代其實並不真正知道的，就算我們曾經在別的書裡讀到過一些，或是在電影中見過一些。尤其是我從不曾思考過當世人開始需要持有護照才能出入國境的那一刻，而那一刻意義非凡，當你透過他的眼睛來看，你頓時看見了這種控制出現在我們的生活中。

普羅契尼克：我認為那對他來說絕對是一大打擊——失去了遨遊各地的自由，失去了無須考慮即可自由跨越國界的能力。茨威格深深需要那種能夠接觸到文化與個體中新鮮事物與不同事物的感覺。他對各種癖好投入很深，而當時他就只感到一切日漸單調與僵化。我認為你在電影中也把這種轉化的過程描繪得很棒，在接近片尾時安排了那出色的一幕，當片中兩個主人翁最後一次在火車上被攔下來檢查證件，明白地顯示出這些證件變得多麼重要——攸關生死。

安德森：你能看出對茨威格來說，事情的這種轉變何以預示出一切將變得令人難以忍受。不僅是因為他在歐洲各地都有朋友，並且積極結交朋友、建立人脈，他也收集手稿、書籍和樂譜，而且到處收集各種東西——從他欣賞的藝術家那兒。而最後這一切連同他自己的作品都被奪走了，被摧毀了，使他無法再繼續從事這種追求。當你去讀《昨日世界》，你就看見他投注了生命去經營的所有東西，這個他喜歡稱之為「太平盛世」的世界，這種日益精緻、自由、對他而言具有非凡意義的生活就這樣被完全抹煞。

被炸成碎片的藏寶盒

普羅契尼克：茨威格有些朋友認為他在戰前致力於建立起一個類似藏寶盒的東西，一座歐洲博物館（也有人將之形容為一座花園）作為整片廣大歐陸的縮影——在這片大陸被炸成碎片之前。

安德森：他成長於維也納，我猜在那個環境裡藝術是他個人活動的中心，同時也是件熱門的東西。我記得《昨日世界》裡的一個細節：他們每天早晨收到的日報上刊載著詩作和哲學文章。他和朋友固定在咖啡館裡聚會；不斷有新的劇作上演，而且他們全都密切注意這些劇作家。當時的維也納尚保有著這種了不起的深厚文化，然而那就相當於如今的搖滾明星——是當時最酷的東西，非常受到大眾歡迎，那就是維也納。茨威格就生活在這種深厚文化的正中央和發生地，而且他一直在那裡生活，直到這個文化終結的那一刻。

普羅契尼克：《昨日世界》中有一段文字總是特別打動我，是當他談起新聞的改變，談起新聞忽然變成只是不斷在報導災難，似乎預示出我們如今的世界。茨威格談到無線電報開始順利運作的那一刻，你能收到有關中國所發生的災難報導，得知發生在你完全不認識的國家的戰爭。你被包裹在一種「此時此刻」之中，全是關於最聳人聽聞、最令人沮喪的血腥暴行和自然災難，這些報導似乎真的吞噬了他年輕時報紙中那種深思的成分。

安德森：理念和思想，而非只是記述可怕的事件。我認為有件事茨威格做得簡單明瞭，對他來說似乎再清楚不過，就是他把每件出差錯的事都歸咎於國家主義，還有社會主義／共產主義與法西斯主義這兩種意識型態。這兩種思潮也許互相衝突，但對他來說都同樣帶來災難——

普羅契尼克：對個體而言。

安德森：對，這些教條如此有力地主宰了社會，或者說如此粗暴地主宰了社會，乃至於成了末日的開始，而他眼看著這件事在他眼前發生，由於這些教條的龐大與僵化。我認為社會主義有許多面向是他會欣然接受的，但就他而言，問題在於世人開始認同這些教條，開始在這些主義或教條式運動的基礎上互相對抗。

普羅契尼克：在一次大戰之後，維也納可以說是全歐洲最進步的政府——是個社會主義政府，各地的人都前往維也納學習這個模式。對此，茨威格肯定是贊成的。他不曾張揚過自己的立場，但我有把握，從經濟學的角度來看，他會認為他的政治理念與社會主義相吻合。

我想再回過頭來談他的小說。你剛才說《焦灼之心》是讓你認識茨威格的入門書，你為什麼覺得這部作品如此引人入勝？

扭曲的同情

安德森：先前說過，在《歡迎來到布達佩斯大飯店》這部電影中我們明顯借用了這本書所採用的形式，而我尤其喜歡開場那一幕。作者首先作了一段精采的簡短介紹，然後時間倒回去幾年，我們看見作者去維也納市郊造訪一家他以為早已乏人問津的餐廳。但他隨即略感驚訝地發現他仍然在餐廳裡看見熟面孔，而這個人物——這個男子朝他走過來，是他依稀認識的一個人。（書中的這個作者頗有名氣，就像茨威格一樣有名。）而他把那個朝他走來的男子形容為那種誰都認識的人，至少稍微認識，此人穿梭在人群中，周旋於餐桌之間，藉著談論名流來自抬身分。這是我們如今十分熟悉的那種人物，你馬上就能從他聯想到一些你也許認識的人，你甚至說不定喜歡這些人，但他們就是會做這種事。

普羅契尼克：我喜歡茨威格對這種人的稱呼，德文是Adabei，意思是「凡事都想參一腳的人」。

安德森：而作者這個角色和他碰上了。他不怎麼樂於見到此人，因為他想要獨處，但另一方面這情況也並不太糟，因為現在他有個可以聊天的對象。然後那位「愛參一腳」先生看見對面有個人，是書中的作者沒有認出來的，但他隨即把此人的名字告訴了作者，而作者很清楚此人是誰：他是個戰爭英雄。在隔天的派對上，作者和戰爭英雄再度巧遇，而這一次他們的確有了接觸。他們聊起在餐廳裡逐桌應酬的那個人，兩人談得很投機。對我來說，故事的這整個架構是最棒的。首先，這件事發生在一個對我來說很有趣的環境裡——這個我不熟悉而具有異國情調的維也納，可是另一方面又有許多事物是我能夠感同身受的：這個故事如今有可能發生在像曼哈頓這樣的地方，有著我們在當今世界裡所熟悉的各種人物和人際互動，但同時描述了許多細節，關於我們大多數人不曾經驗過的一個世界，去認識這些細節是件很棒的事。我記得茨威格對於主角所屬騎兵隊的描述深深吸引了我，包含那整套生活方式的有趣細節。可是接下來我們很快就被拉進故事裡，沉浸在主角對自身遭遇的敘述中，敘述他和一個家庭的來往，使他在社交上獲得某種成功，然後他隨著這家人被捲進一段古怪複雜的關係，導致了一場災難。

普羅契尼克：這段關係以一種扭曲的同情為中心——茨威格在小說開頭對「同情」所下的雙重定義令人深思，那的確是《焦灼之心》所試圖探究的核心。有一種同情就只是使同情者免於實際去與他們所同情的對象來往；然後又有另一種同情，填滿了同情者的內心，當他試圖與被同情者站在同一邊，與之合而為一，直到最後，甚至更久。

安德森：對，而這本小說的主人翁在每一步上都想去做正確的事，但另一方面他的動機也有點複雜；然而他所做的每一件事，即便也許暫時解除了困境，到最後其實都只讓他愈陷愈深。另外還有一件事，就是這本小說帶到了戰爭。我是在讀完《焦灼之心》不久後開始讀《昨日世界》的。你能看出他如何在作品中一再反省戰爭爆發那一刻。

普羅契尼克：沒錯，而令人驚訝的是，你所指出在小說序曲中的這幾幕——在一間餐廳和一場派對上，感覺到凡事都很文明而且充滿社交氣氛——然後讀者發現那是發生在一九三八年。也就是說，那是在希特勒被任命為總理之後五年，同一年奧地利被德國兼併，而一年後一切徹底走向毀滅。以這本書，茨威格把一個小軍官越來越引人入勝而扭曲的感情關係當成一種隱喻，隱喻整體人類無力停止自掘墳墓，作為超乎個人命運之外的文化實體。

安德森：對，這是一本很棒的書，是他篇幅最長的一篇小說，是唯一一部真正的長篇，而且實在是部傑作。我在讀這本書時納悶自己以前怎麼會沒聽過這本書？在我認識的人當中怎麼會好像只有我讀過？當時我的確不曾聽任何人提起過這本書。

被徹底遺忘的作家

普羅契尼克：我在剛開始讀茨威格的時候也有過類似的經驗，我問過那些受過良好教育的美國朋友，沒有人知道茨威格是誰。我之所以會去寫一本關於他的書，部分理由其實也在於他被遺忘得如此厲害。我和茨威格的繼姪女略微相識，她是他第二任妻子蘿特的姪女，住在倫敦，人非常好。我記得有一次她告訴我，說茨威格認為自己有朝一日將被徹底遺忘。茨威格預言過自身失敗的種種原因，甚至預言過自己的消亡。他知道自己整個寫作事業的偶然性。

安德森：在他的母語世界中被抹去……有個故事是關於他替理查．史特勞斯一齣歌劇所寫的歌詞，在納粹已經在德國掌權之後，那齣歌劇叫做《沉默的女子》（*Die schweigsame Frau*），首演是在德勒斯登，這件事後來怎麼樣了？

普羅契尼克：史特勞斯始終堅持要茨威格參與，也堅持要把他的名字印在節目單上，雖然當時不准猶太人參加任何文化演出，更別說是這種大規模的表演。史特勞斯是第三帝國的音樂局總監，在官僚體系中握有大權，而他表明茨威格的參與對於該齣歌劇的成功至關緊要。那齣歌劇的確上演了，而且大獲成功。在第三帝國各地有好幾個城市立刻預約了演出——而就在那時候納粹取消了整個演出，徹底翻了臉。

那不僅是在母語世界中被抹去。茨威格的人生在一九四一年春天曾有過令人驚訝的一刻，當時他人在紐約。國際流亡作家筆會當時正要成立，在「巴爾的摩飯店」舉辦了一場盛大的成立餐會，出席的作家據說有上千位。有許多人上台致詞，而茨威格的發言受到最多關注。大家完全沒預料到，茨威格會站出來說：我是來這裡向各位致歉的。我深感羞慚，因為我的語言被人用來摧毀這個世界。我的母語，我所說的這些字句，就是被這個毀滅人性的機器所扭曲和濫用的字句。

安德森：他認為他的語言被永遠扭曲了。

普羅契尼克：而且身為用德文寫作和發言的作家，他覺得自己對此負有一份責任。

世界越來越單調……

安德森：有件事我一直在想——他的作品如何揭露出他自己的心理——你在茨威格作品中一再看見的是這些自殺。在他的全部作品中經常有人自殺，也經常談論自殺，如今這令人心裡有點發毛。不管你最先讀到的是哪一本，有一件事你的確知道——就連書封上對茨威格生平所做的簡短介紹都會告訴你他的生命是怎麼結束的。而這是那種真的會使你心中一震的事，這種情況並不罕見。

普羅契尼克：自殺出現在他的許多作品中，而當時整個社會的自殺率也高得嚇人。那時似乎有某種心理上、社會文化上的崩潰瓦解，是世人敏銳感受到的。在他人生的最後幾年，茨威格以驚人的頻率一再地說：歐洲在進行自殺——他的確這麼說。整個歐洲大陸在進行自殺。

安德森：有時他指的也是我們殺死了自己的獨立性：世人在不了解的情況下做出毀掉自身自由的決定。

普羅契尼克：茨威格在一九二〇年代寫過一篇傑出的評論，題目是〈世界的單調化〉。基本上那是在批評美國向全球輸出的大眾文化。他寫著歐洲如何在一次大戰中踏出了自我毀滅的第一步，而美國化則是第二個階段，每個地方的每個人都追求大眾時尚、大眾運動、大眾舞蹈狂熱、大眾電影。他把這種同質化視為你剛才提到的對獨立性的摧毀——由於渴望融入這種種不同的集體狂熱，世人拚命想毀掉自己的個體性，而他認為這些狂熱源自美國。

安德森：茨威格把這視為美國的一種發明。如此成功地掀起群眾運動，捲進這麼多人——我的意思是說，我猜想美國的確就是這樣。

絕望與奢華

普羅契尼克：說也奇怪，我覺得那篇評論預見了我們今日所見到的批評。對了，我也想問你為什麼選擇把他的短篇傑作《一個女人的廿四小時》整篇收入《十字鑰匙結社》，這篇小說裡也有自殺事件。這部作品哪裡特別吸引你？

安德森：嗯，這也屬於我讀過的頭幾篇茨威格作品，是我最早讀到的幾個短篇之一。茨威格非常生動地刻畫出從前這個法國度假勝地的氛圍和這個女子。他又使用了同一種說故事的技巧，搭建出有整整一群人的舞台，這群人對發生在他們當中的某件事做出反應，某件發生在他們當中的醜聞，但到頭來這件醜聞並非這篇小說要說的故事，而只是個序曲罷了。我喜歡這個形式。另外，這個表面上是個老太太的女子被刻畫得如此鮮明，而當她終於說出自己的故事，這個形象就徹底破碎，而你明白了你根本**不**了解她和她的過去。茨威格有幾個短篇小說被拍成了電影，而我認為這一篇——你可以想像馬克思．歐弗斯（Max Ophüls，1902-1957，德國著名導演）把《一個女人的廿四小時》拍成電影並且拍成一部傑作。

普羅契尼克：儘管茨威格的小說和人生充滿絕望，他仍然一再向我們展示歐洲各地有那麼多令人讚歎的地方可前往和駐足。就連在他勾勒出的片段速寫當中，都有某種在視覺上具有特殊魅力的東西，暗示出這些地方曾經是什麼模樣。我們依稀感覺到那種亮麗生活的氛圍——

安德森：那種奢華。

普羅契尼克：你在電影中的確引人入勝地呈現出這一點。你做得很棒，揭示出這個童話故事有一部分存在於真實的風景中——當然也存在於那些飯店裡。

安德森：當我們考慮要在哪裡拍攝這部電影時，我們發現了「美國國會圖書館」網站上的一批影像。那個網站上有一批由黑白照片底片印成的彩照（Photochrom Collection）。有兩家公司（一家瑞士公司和一家美國公司）組成了一個合營事業，在世界各地拍攝黑白照片，然後將之上色，並且大量複製，一共有幾千張。年代大約是在一八九五年到一九一〇年之間，拍攝地點在整個奧匈帝國各地，還有普魯士和世界各地。我把它比作世紀之交的「谷歌地球」（Google Earth）。這些照片幾乎全都是風景和城市景觀，有些地方就只是景點。這樣的景點很多，在那些地方你可以看到人造的小小露台，因為大家喜歡散步到那裡去眺望風景。那很美妙，而且的確影響了我們這部電影。有一張很棒的平版印刷照片，是捷克的「普普大飯店」，位在卡羅維瓦利，又名卡爾斯巴德，我一直視之為電影中那間飯店的原型。當我們前去造訪在這套照片中所發現的各個地點，我們發現沒有一個地方保留住從前的面貌，能讓我們用來拍片。但是那些平版印刷照片卻似乎接近茨威格眼中世界的真實樣貌，讓我能用來替這部電影營造出一種視覺上的氛圍。

在《郵局女子》這部小說裡，茨威格對瑞士那間大飯店的描寫是那麼引人遐想。主角是個在郵局工作的女孩，她的富有阿姨邀請她住進這間飯店，當作是送她的一份禮物。當她抵達飯店，飯店人員以為她是來送貨的，因為她的行李箱是個小籐箱，最後他們才明白她其實是房客。這間飯店不像她曾待過的任何地方。從她的觀點來敘述她所受到的待遇，以及她走進房間，明白「這將是我睡覺的地方」，這段描述是那麼有力。當她的假期驀地結束，她已經對這種截然不同的生活方式上癮了，她的人生有了如此巨大的改變，令她感到一種絕望——然後她結識了某個本身也處於絕望狀態的人。想到這部作品居然絕版了這麼久，真令人不敢相信。

對幻覺的擁抱

普羅契尼克：我同意。這個概念被表達得如此有力——以當時的社會秩序來說，短暫體驗到生活可以多麼美好，這種體驗就像感染了一種致命的疾病。在戰前的歐洲，當生活是美好的，生活可以非常甜蜜。不過你剛才說的話很有意思，當你說到你們在真實世界裡到處去找一個適合拍攝此片的地方，卻沒有找到。我也想到這部電影在接近片尾時所表達出的觀點，提出了一種可能性：古斯塔夫先生所生活的世界甚至早在他步入之前就已經結束了。片中有個暗示，暗示這整件事都是出於想像。我認為這呼應了《昨日世界》裡對幻覺的擁抱，顯現出茨威格並非沒有能力看清現實，而只是強烈地渴望完全生活在想像中，以減輕現實的衝擊。

安德森：這話說得真好！這也許是個好結尾。

我們命該遇到這個時代。

——莎士比亞《辛白林》

作者前言

我從不這樣看重自己，覺得非要向別人述說自己的經歷不可。在我鼓起勇氣寫這本以自己為主角——或者更確切地說，以自己為中心的書之前，所發生的一切，事件、災難和考驗，都遠遠超過了以往任何時代。我個人根本沒有資格站在舞台上，我只是扮演幻燈報告的解說員，時代給出畫面，我只是為它們做注解。而且，我敍述的並非只是我個人的命運，而是整整一代人的命運——我們這代人遭遇了有史以來絕無僅有的磨難。我們之中的每個人，包括最年幼和最無足輕重的人，在內心深處都被歐洲大陸上連續不斷如火山爆發般的動盪所震撼。在無以數計的人群當中，我知道自己最有發言權，因為我是奧地利人、猶太人、作家、人道主義者與和平主義者。而且，我恰恰站在地震的中心。那些震盪三次毀滅我的家園和生活，使我變得一無所有，它們用戲劇性的動盪將我拋入一種我已經太熟悉的虛空之中——「我不知該何去何從」。但是，我毫無怨言，正是因為無家可歸，我獲得了一種新的意義上的自由，正是因為一無所有，我便無所羈絆了。因此，我希望自己至少能具備如實描繪歷史的兩個基本條件：公正和不抱偏見。

我脫離了所有的根源，甚至脫離了滋養這些根源的土地——我確實是歷史上絕無僅有的例子。一八八一年，我誕生在一個強大的帝國，哈布斯堡王朝。在地圖上，人們已經找不到它了，它的蹤影已經被抹得乾乾淨淨。我在維也納長大，這是個具有兩千年歷史的國際大都市。後來，我被迫像罪犯一樣離開了它，它隨之也被降格為德意志的一個省城。我的書曾和成千上萬的讀者為伴，而同樣在這個國家，我用母語寫就的文學作品在那裡已付之一炬。因此，我不屬於任何地方了，在世界各地我只是一個陌生人，頂多也只是過客罷了。歐洲——我心所屬的真正故鄉，自從它第二次同室操戈，開始自相殘殺時，我便也失去了它。我無奈地見證了有史以來理智所遭遇的最慘痛的失敗和野蠻獲得的最瘋狂的勝利。從未有人像我們這一代人從精神的高處墜落，而道德如此倒退——指出這點時，我毫無得意之情，卻深感羞恥。當我從乳臭未乾的少年變成兩鬢斑白的老人時，短短半個世紀內發生的變遷遠遠超過十代人所經歷的，我們都感覺到，變化太多，太大了！我的今日與昨日是那麼的不同，我的得意與失意相差是那麼大，有時我覺得自己不僅僅在過一種生活，而是過了許多種完全不同的生活。當我無心說出「我的生活」這個詞的時候，常常會不自覺地問自己：「你指的是哪個生活？」是指一戰前的？二戰前的？還是今天的？同樣，當我說出「我的家」時，卻不知道自己指的是哪個家，是巴斯的那個家？薩爾斯堡的那個家？還是維也納的老家？當我說「在我們國家」時，會吃驚地想起自己早就不見容於家鄉了，就像個英國人或美國人一樣，我已經不是那裡的一員。我與故土已無任何基本的聯繫，而在此地，又從未真正融入。我在其中成長的世界和如今身處的世界，以及兩者之間的世界，它們在我的心目中越來越不一樣，最後終於成了截然不同的世界。每當與年輕朋友談及一戰以前的時光，總是從他們驚訝的問話中發現，有多少事對我而言，依舊是不言而喻的事實，但對他們而言，卻已成歷史，或是不可思議了。在我內心有種祕密的直覺告訴自己，他們是對的。聯繫我和他們的今天、昨天與前天的橋梁已經全都斷了。連我自己也不得不感到驚異，當年我們竟然把那樣繁多豐富的內容壓縮在一代人短促的生活之中——當然，這是一種無比艱難和遭逢傷害的生活。當我拿它和祖先的生活相比較時，這種感觸就更深了。我的父親、祖父，他們都經歷了什麼呢？他們的生活都只有一種形式。自始至終，他們只過了一種生活，沒有大起大落，沒有震盪和危險，只有輕微的激動、毫不起眼的變化，節奏平穩寧靜，時間的波浪將他們從搖籃帶進墳墓。他們一生住在一個國家、一座城市，甚至一棟屋子裡，外面世界所發生的一切，說實在的，只存在於報紙，並不會碰觸到他們的家門。在他們那時候，可能在什麼地方也有過什麼戰爭，但用今天的標準來看，那只是小陣仗，只在遙遠的邊境上進行。人們聽不見大炮轟鳴，半年之後，也就風平浪靜，被人們遺忘了，然後成為一頁枯萎的歷史，原先一成不變的生活仍在繼續。而我們所過的生活根本不會重複，已逝去的一切再不復返，這一代人充分經歷了過往歷史有分寸地落在一個國家、一個世紀的一切。以往，這代人經歷革命，下代人經歷暴亂，第三代經歷戰爭，第四代經歷饑荒，第五代經歷國家經濟的崩潰——而有些幸運的國家和時代甚至不會有任何以上的遭遇。可是我們，今日已六十多歲的這代人，還有幾天可活的這代人，我們什麼沒見識過，什麼罪沒受過，什麼沒經歷過？所有能夠想到的災難，我們都一一飽嘗（而且沒有盡頭）。我自己就經歷了人類兩次最大的戰爭，而且，兩次還是不同的戰線，第一次是在德國前線，第二次卻是在反德國的前線。戰前我曾目睹個人自由的最高形式，接著又看到百年來它遭遇的最差狀態。我曾受到稱頌，又遭到貶低，我曾自由和喪失自由，我曾富有，然後貧窮。〈世界末日〉那幅畫中，代表革命、饑荒、貨幣貶值、恐怖、瘟疫、流亡的蒼白馬匹全都闖入並橫掃了我的生活。我親眼目睹群眾思潮的產生和蔓延，義大利的法西斯主義、德國的國家社會主義，以及俄國的布爾什維克主義，尤其是那瘟疫般的國家社會主義，毒害了我們歐洲的文化之花。我成了手無寸鐵的見證人，面對人類不可想像的倒退卻無能為力。人類以反人道的教條有意識、有計畫地退回到早已被遺忘的野蠻狀態。這使我們在幾百年後又見到了不宣而戰的戰爭、集中營、嚴刑、搶劫和對無抵抗力城市的轟炸。這一切都是我們以前五十代的人未曾見識過的，也但願我們的後人再也不會容忍這些。在這個時代，我目睹了世界的道德倒退了千年，矛盾的是，同樣也就是這個時代，這些人，在科技和智力上獲得未曾預料的進步，猛地超越了以往幾百萬年的所有成就：人類用飛機征服了太空，人類的語言一秒鐘就能傳遍整個地球，人類因此征服了空間距離，原子的裂變戰勝了最兇險的疾病，人類幾乎每天都在實現昨日還不可能實現的事。在此之前，作為整體的人類，還從未露出如此猙獰的面目，也從未做出如此令人驚歎的偉業。

我覺得，見證這種充滿戲劇性與令人驚愕的生活，是我的義務。因為——我再重複一遍——每個人都是這種巨大轉變的見證人，每個人都迫不得已成了見證人。對於我們這一代人而言，沒有任何逃避的可能，我們無法像前人那樣置身事外。由於這個時代的同步性，使得我們始終被時代拖著走。如果上海的房屋遭到轟炸，在受傷的人被抬出房屋之前，歐洲的我們在自己的房間裡早就得知了。發生在幾千海里以外的事，很快就會印成圖片生動地展現在我們面前。沒有什麼可以躲避和抵擋這種不斷的溝通和介入，人們無處逃遁，也買不到任何安寧，命運之手每時每刻、隨時隨地將我們攫獲，把我們拽回到它永不饜足的戲弄中去。

人們必須不斷服從國家的意志，甘願充當最愚蠢的政治犧牲品，適應最離奇的變化，個人的命運永遠與人類整體的命運相連，儘管他極力反抗，共同的命運還是把他拉扯進去，不容抗拒。一個徹底經歷了這個時代的人，或者更確切地說，一個被驅趕追逐的人（我們沒有什麼喘息的機會）絕對比他任何一位祖先有更多的閱歷。即使今日，我們依然處在一個轉捩點上，處在一個結束與新起點之上。因此，我有意用一個固定的日期讓自己的生平回顧暫時告一段落，一九三九年九月的一天，造就了六十幾歲的這代人的時代結束了。假如我們的見證能讓下一代的人對那個分崩離析的時代哪怕有一星半點的認識，也算沒有虛度年華了。

我清楚地意識到自己寫下這些回憶的情境，雖然極端艱難，卻也最能代表我們這個時代。我流落異鄉，手邊沒有任何有助回憶的參考，在戰爭中，我寫下了這些文字。旅館客房裡，我沒有自己的任何著作、筆記，和友人的信件。我與世隔絕，全世界的郵遞全部中斷，或因為檢查而遭到阻礙。我們每個人都像幾百年前沒有輪船、火車、飛機和郵電那樣孤絕地生活著。關於從前的一切，我都只是依憑著腦子裡的回憶。其餘一切，在這時對我而言都遙不可及，或者都已經失去了。不過，我們這代人已經徹底學會不去緬懷業已失去的東西，也許，文獻和細節的闕漏正是我這本書的可貴之處。因為，我不認為記憶只是偶然地記住此事，偶然地忘卻彼事，記憶實則是一種用理性整理和刪除的能力。在一個人的生活中被忘卻的一切，實際上早已被他的內在直覺判定，它們必須被忘卻；只有自己想保留的一切，才要求為他人保留下來。因此，我的記憶，你們替我說吧，替我選擇吧！在我的生命遁入黑暗之前，至少將它映亮一回。

太平盛世

在靜謐中長大的我們
突然被拋入滾滾紅塵
千萬波濤席捲
受萬物吸引
時而歡喜，時而頹喪，騷動輕微，卻此起彼伏
我們在感受
而豐饒的塵世情感
又將感受沖散

——歌德

我若想簡明扼要地去描述一戰前的時代，也就是我成長的那個時代，為了達到最準確的描述，我會這樣說：那是個太平盛世。在我們那具有千年歷史的奧地利王朝，一切都那樣堅實，一切似乎都會永恆保留，而國家本身就是這種恆久存在的最高保障。國家賦予公民的權利，是由國會這個人民自由選舉出的代表機構，用文件的形式確定的，每項義務也都得到明確規定。

我們的貨幣奧地利克朗，是以閃亮的金幣形式流通的，由此保證了它的可靠性。每個人都明白自己有多少財產，能得到多少財產，什麼可以做，什麼不可以做。一切都有規矩，各有各的尺度和分寸。擁有財產的人能夠精確計算出每年的盈利，公務員和軍官可以在年曆上準確地找到他升職和退休的年份。每個家庭都有固定的預算，人們知道吃住、夏季旅行與應酬的開銷。另外，還有一小筆預算被小心地留下來以備急需和醫藥之用。擁有房產的人，將房屋視為兒孫的安樂窩，莊園和店鋪被世代繼承，當嬰兒還躺在搖籃裡的時候，人們便開始往撲滿裡存錢，或者在銀行為他今後的生活存入第一筆錢，這是為未來準備的一筆小小的「儲備金」。在這個廣闊的帝國，一切都那樣穩固，在自己的位置上不可動搖。皇帝高高在上，他一旦逝世，人們知道（或者說，人們認為）會有新皇帝即位，在既有的秩序當中，一切都不會變。沒人相信戰爭、革命和造反。在一個理智的時代，一切極端的、暴力的事情都不可能發生。

這種太平的感覺是成千上萬的人夢寐以求的，也是大眾一致的生活理想。只有這種太平才能賦予生活真正的價值，越來越多的階層渴望分享這寶貴的財富。一開始，只是有錢人慶幸自己遇上這樣的太平盛世，漸漸地，更廣大的群眾也加入了分享的隊伍。太平盛世於是成了保險業的黃金時代。人們為自己的房屋買了防火防盜險，為田地買了防雹防災險，為防意外事故和疾病買了人身保險，為自己的晚年付養老金，為襁褓中的女嬰也買一份保險作為以後的嫁妝。最後，甚至工人也組織起來為自己爭取一份標準工資和醫療保險，傭人為自己存下養老金，並且還事先存好身後的喪葬費。只有對未來生活無憂的人，才能盡情享受眼前的生活。

人們深信自己一生都能阻止任何厄運闖進生活，在這種令人動容的信念中，雖然含有克勤克儉的生活態度，卻也有一種巨大而危險的自負。十九世紀懷著自由派的理想主義堅信，自己正沿著一條康莊大道走向「最美好的世界」。人們蔑視以往的世紀，因為那時還有戰爭、饑饉和動亂，人們覺得那時的人類還未啟蒙，沒有完全開化。但如今，一切邪惡和暴力都被消滅，這不過才幾十年的事，堅信這種不斷的「進步」，在當時真是一種宗教信仰，人們相信這「進步」甚於相信《聖經》，而且，他們的神聖信條似乎正被科學技術每天產出的奇蹟所證實。事實上，在這個和平的世紀接近尾聲時，普遍的繁榮已經越來越明顯、迅速與豐富。夜晚的街道不再有昏暗的油燈，明亮的電燈取而代之；從市中心一直到郊區，滿是令人眼花撩亂的商店；距離遙遠的人們已經可以用電話交談；藉助不用馬匹的車輛，人們可以風馳電掣地行進；人類實現了伊卡魯斯[1]的夢想，終於可以飛上天。舒適的生活從貴族蔓延到普通市民，人們不必再從井裡或渠裡汲水，也不必再吃力地給爐子生火。人們開始講究衛生，骯髒的現象消失了。自從人們開始以體育運動健身，就變得更加漂亮、強壯與健康，大街上很少再看見畸形與殘疾的人。所有的奇蹟都是科學造就的，科學，是進步的天使。社會面也不斷在進步，每年都賦予個人新的權利，司法變得越來越溫和人道，就連勞苦大眾的貧困問題，這個最複雜尖銳的問題，看起來也不是不可解決。越來越廣泛的社會階層有了選舉權，從而有可能通過合法手段維護自

1 Ikarus，希臘神話中戴德勒的兒子，他和父親靠蠟製的雙翼逃出克里特島，卻因為忘記父親的囑咐，離太陽太近，蠟翼熔化，墜海而死。

己的利益。社會學家和大學教授為了使無產者享有更健康、乃至更幸福的生活而競相努力，出謀劃策——因此，這個世紀會為自己獲得的成就而自豪，並且覺得每隔十年便會更上層樓，也就毫不奇怪了。就像不再相信女巫和幽靈的存在一樣，人們也不相信歐洲各國還會發生戰爭，不相信還會倒退回野蠻狀態。我們的父輩深信，寬容與和睦是不可缺少的約束力。他們真心認為，各國和各教派間的界線和分歧將會在彼此的友善中消失，整個人類融為一體，和平與安定這兩項最高的幸福將降臨在每個人身上。

今天，我們不該去嘲笑那一代人的理想主義氾濫，或嘲笑他們樂觀主義的癡心妄想，以為科技的進步必然會使道德同樣迅速提升。今天的我們早已把「太平」這個詞從字典裡抹掉了，對於我們，它是一個幻象。我們這代人在新的世紀學會了不因人類集體的暴虐行為而驚訝，我們預料到未來的每一天都可能比前一天更無恥，對於人類的道德教養，我們抱著懷疑的態度。我們不得不同意佛洛伊德的觀點，他將文明和文化只當作一層薄紙，隨時可能被潛意識裡的破壞力量戳穿。我們不得不漸漸習慣懸在半空中生活，腳下沒有堅實的土地，也沒有權利、自由和安寧。為了自己的生存，我們早已背棄了父輩的信念，不再相信人性會迅速而持續地提升。面對將人類上千年的努力毀於一旦的災難，在我們這些有過慘痛教訓的人看來，輕率的樂觀主義是非常迂腐的。然而，我們的父輩為之獻身的對象儘管只是一個幻覺，卻也是高尚和美好的幻覺，比今天叫囂的口號更人性也更有益得多。雖然心中對它充滿了認識和失望，然而教人感到神祕的是，我內心深處仍然沒有完全擺脫掉這種幻覺。一個人在孩童時代耳濡目染的東西是根深柢固的。不管每天的所見所聞，不管自己和其他無數相同命運的人所遭遇的一切挫折和磨難，我仍然不能完全違背青年時代的信仰，我仍然相信，無論如何，會有進步的一天。即使今天我們懷著迷茫破碎的靈魂，在恐怖深淵中像盲人般摸索，我總是抬頭仰望那曾經照亮自己年少時代的星辰，並且以從祖先那裡繼承下來的信念安慰自己，在永恆向前的節奏中，目前的倒退只是一個間歇而已。

如今，那個太平世界早已被暴風雨摧毀，我們終於明白，它只是一座空中樓閣。然而，我的父母居住其中，就好像住在石頭壘築的屋子裡一樣。從來沒有什麼風暴或疾風闖進他們溫暖舒適的生活。當然，他們還有一道特別的防風牆：他們是有錢人，他們逐漸富裕起來，直至非常富裕，在那個時代，財富築成了可靠的牆壁和窗牖。他們的生活在我看來是典型的「富裕的猶太中產階級」，這個階層賦予維也納文化相當重要的意義，然而得到的回報卻是被徹底消滅。所以，我在這裡講述我父母的這些舒適、低調的生活其實並非個人的私事，在那個價值得到保障的世紀，在維也納，像我父母那樣的家庭就有一兩萬戶。

家父的祖籍是摩拉維亞。方圓不大的鄉村裡，猶太人的世族與農民、小市民友好相處，完全沒有受到壓抑的感覺，同時，他們也不像東方的猶太人（加利西亞的猶太人）那樣顯露出咄咄向前的急躁。鄉村的生活使他們體格強健，如同當地農民穿越田野一般，他們踏著堅實的步伐平靜地走自己的路。他們早就擺脫了正統的東正教，成為虔信「進步」這個時代宗教的信徒，在自由主義的政治時期，他們選舉出國會裡最受尊敬的議員。當他們從老家遷往維也納之後，就以驚人的速度適應了更上層的文化生活。個人的發跡都與時代的普遍繁榮息息相關。在這種轉變過程中，我們家也是個典型的例子。祖父曾經做過手工紡織品的買賣。在上世紀的下半葉，奧地利的工業開始昌盛。從英國進口的織布機和紡紗機，加上合理的製造，使得紡織品的價格大大低於老式手工織物。出於天才的商業眼光和全球視野，使猶太商人率先認識到在奧地利工業化生產的必要性，唯有工業化生產，才能獲得豐厚利潤。他們用極少的資本建立起那些最初只靠水力發電、倉促搭造的工廠，這些工廠逐漸發展成強大的波西米亞紡織工業中心，控制了整個奧地利和巴爾幹半島。我祖父是早期只賣紡織成品的中間貿易商的典型代表，而我父親則決心邁進新的時代，在他三十三歲時，在波西米亞北部創建了一個小型織布工廠，經過多年謹慎經營，小工廠慢慢變成了一家大企業。

這種在相當誘人的經濟環境下仍舊小心謹慎地經營企業的方式，完全是一種時代精神的表現。另外，這也特別符合父親節制而毫不貪婪的本性。他堅守那個時代的信條：「穩健第一」，對他來講，擁有一個以自己的資本建立起來的「實實在在」（這也是當時人們很愛用的一個詞）的企業，比藉助銀行借貸或者抵押手段擴張的大規模企業更加重要。他一生唯一引以為榮的是，自己的名字從未出現在借據與期票上，而只跟他自己的那家羅斯柴爾德銀行貸款。這家銀行當然也是最可靠的信貸銀行。他厭惡任何投機行為，哪怕只冒一丁點風險也不行。他一生從未參與過自己不了解的買賣。至於自己的逐步致富，他根本不將其歸功於大膽投機或特別有遠見，而是因為自己入鄉隨俗地運用了當時的普遍方法，就是只支出收入的極小部分，然後逐年遞增地注入資本。就像當時大多數的人一樣，父親會認為一個「不未雨綢繆」（這也是那時常見的說法）而把自己泰半的收入都任意揮霍掉的人，就是個靠不住的敗家子。在那個經濟繁榮的時代，對慢慢富裕起來的人而言，這種類型的致富其實還是被動的結果，因為當時的國家還沒有想到要從巨額收入中多徵收幾個百分點的稅，而國家有價證券和工業股票的利息都相當高。不過，即使保守，這種生財之道還是值得。當時那些最有耐心、不投機的人受益最多，不像後來的通貨膨脹時期，勤儉的人遭到掠奪，規矩的人遭到欺騙。而我父親由於順應了那個時代的普遍規律，在他知天命的歲數時，即使用國際標準衡量，也是位富商了。儘管我們家的資產增加得越來越快，家裡的開銷卻遲遲不見漲。我們只是逐步地讓生活舒適一些。我們從較小的住處搬進一座較大的宅子；春天下午出門時，才會僱輛車；出門旅行的時候，坐的則是二等臥鋪車廂。我父親五十歲的時候，才初次享受了一回奢侈的生活，他與我母親冬天坐火車前往尼斯，在那兒度了一個月的假。總而言之，持家的基本原則是，享受富裕，而非炫耀富裕。這個原則從來沒有變過。身為百萬富翁的父親從來沒抽過進口菸，就像法蘭茲皇帝只吸他廉價的佛吉尼亞雪茄一樣，我父親也只吸普通國產的特拉布可牌雪茄。打牌的時候，只下很小的賭注。始終堅持著這種節制的態度，堅持過自己舒適而極有分寸的生活。父親彈得一手好鋼琴，寫得一手好書法，能說法語和英語，雖然他比大多數同行有教養也體面得多，卻堅持謝絕任何榮譽頭銜和職位，像他這樣的大企業家，經常會有各種頭銜蜂擁而至，他一生卻從未追求或接受過什麼頭銜和榮譽。一生不求人，一生不欠人情，這種暗藏內心的驕傲，對他而言，比那些外在的風光重要得多。

每個人的一生，都會出現這樣的時期——在性格中發現自己父親的影子。我父親那種低調、不事張揚的個性，如今在我身上越來越明顯了，雖然，這性格與我的職業剛好相反，因為作家不得不宣揚自己的名字，還要拋頭露面。出於與父親同樣暗藏內心的驕傲，我拒絕了所有外在的榮譽，不要勳章，不要頭銜，不在任何協會擔任主席，不屬於任何學院、委員會、評獎機構。就連參加一場歡宴，對我都是折磨。即使，我求人不是為了自己，然而一想到出於某種原因必須和誰寒暄，還沒開口，我就已經變得口乾舌躁了。我明白，在現今的世界，只有巧舌如簧、八面玲瓏的人才能自由自在，就像歌德睿智地指出，「勳章和頭銜能讓人在傾軋中免遭打擊」，我的拘謹是多麼不合時宜啊。但是，在內心牽制我的，正是我的父親和他那祕密的驕傲，我無法違抗，反而，我要感謝他，因為，他留給我一份可能是唯一牢靠的財產：一種內心的自由。

◊ ◊ ◊

我的母親娘家姓布萊陶爾，來自另一種國際化的家庭。她出生於義大利南部的安科納，因此，就像會說德語一樣，她從小也會說義大利語。當她要和我的外祖母或阿姨說些僕人們不該聽見的事情時，她就會用義大利語。我從小就熟知義大利燉飯和當時還很少見的朝鮮薊，還有很多地中海特色菜，後來每次我去義大利，都會有回家的感覺。但我母親一家並非義大利人，而是一個有意成為國際性的家族：布萊陶爾家族原先擁有一家銀行（他們的榜樣是猶太銀行世家[2]，但是規模自然小得多了），很早就從霍恩內姆斯（瑞士邊境上的一個小地方）分散到世界各地。一部分來到聖加侖，另一部分來到維也納和巴黎。我的外祖父去了義大利，我的一個舅舅去了紐約，這種國際性的聯繫使得他們更加體面，視野更加寬廣，同時也產生了家族的自豪感。在這個家族裡不再有小商人、小掮客，而只有銀行家、經理、教授、律師和醫生。每個人都會好幾種語言。我還記得，在巴黎的阿姨家，人們如何自如地從一種語言換到另一種語言交談。這是個十分「自重」的家族，如果較窮的親戚家有個女孩到了婚嫁的年齡，整個家族就會為她籌措一筆豐厚的嫁妝，只是為了避免讓她「下嫁」給窮光蛋。雖然我父母的婚姻非常幸福，父親身為大企業主，備受尊敬，但母親還是無法容忍將父親的家族與自己的家族相提並論。這種出身於「上流」家庭的自豪感，在布萊陶爾家族所有人身上都是根深柢固的。多年之後，他們當中有人想向我表示特別的好感時，這人倨傲地對我說：「你真是布萊陶爾家族的人。」他好像是要給我一種認可：「你算是投對胎了。」

有些靠自己發跡的猶太家族就是屬於這種貴族，我和兄弟小時候常常為他們這種身分感到好笑或生氣。我們總是聽見人們議論這些人「高雅」，那些人「不高雅」，對每個朋友都要追究出身，看看他是否出身上流，直到把對方的家庭成員、親戚和財產情況都摸清為止。這種不斷把人分成不同階層的議論，實際上構成了家庭和社交談話的主要內容，我們當時覺得可笑至

2 指羅斯柴爾德家族。

極，因為，所有的猶太家族就算彼此差距再大，也不過是五十至一百年的事，大家原先其實都是從同一個聚居區遷來的。到了很久以後我才明白，這種「上流」家庭的概念（在我們這些男孩子看來完全是附庸風雅的裝模作樣）實際上是猶太人最內在、最神祕的本性。人們一般都以為發家致富是猶太人的生活目標，沒錯，但這只是猶太人追求的過渡階段而已，只是他們通向真正目標的途徑，但絕非最終的目的。猶太人真正的願望是提升自己的精神，進入更高尚的文化層面。這種把精神視為高於純粹物質利益的意志，早在東方正統東正教猶太人當中就表現得非常明顯了，這個種族的優缺點在他們身上集中反映了出來：在他們當中，一名虔誠的教徒、一位《聖經》專家要比一個富翁有價值多了。就連最有錢的人，也寧願把自己的女兒嫁給貧窮但有知識的人，而不會把她嫁給商人。這種對有知識者的敬重在所有猶太人裡都是一致的。即使那些在日曬雨淋中走街串巷的最窮的小販，也會拚命讓自己的兒子之中至少有一個念大學。假如家人中有誰當上了教授、學者、音樂家，成了有知識的人，那麼全家人都會引以為傲，好像他為大家增添了光彩。在猶太人心中，都不自覺的在極力避免自己成為狡詐、可厭、慳吝、渾身銅臭味的無知之徒，而努力想成為純潔、不為金錢所動的知識人。說得坦白些，他們彷彿要把自己和整個種族從金錢的詛咒中拯救出來。因此，在猶太家族中，追求金錢的衝勁往往不超過三代。恰恰在家族的全盛時期，父輩就會發現下一代有人不願意接手自己龐大而興隆的銀行和商號。於是，出現了鳥類學家羅斯柴爾德勳爵[3]、藝術史家瓦伯[4]、哲學家卡西勒[5]、詩人塞松[6]，他們都受到一個無意識的欲望所驅使，他們要擺脫猶太血統造成的狹隘，從冷酷的金錢欲望中解放出來。然而這可能正表達了他們那隱藏的渴望：通過進入精神世界，由純然猶太人的氣質進入普遍的人性。所以，所謂「名門」世家，並非僅指社會地位，而是指通過進入並融入另一種文化，乃至透過一種兼容並蓄的文化世界，從而擺脫猶太出身所帶來的種種狹隘、缺陷與小器。但是，正如先前侷限於物質世界一樣，後來這種對精神世界的追求造成過多的猶太人從事知識行業，又給猶太民族帶來了深重的災難。也許，這樣的厄運就是猶太命運永遠的困境吧。

在歐洲，無論哪座城市都不及維也納這樣熱衷於文化。正因為哈布斯堡王朝的奧地利，幾個世紀以來在政治軍事上均無野心和建樹，所以猶太民族的自豪感便轉向了藝術，希望在這方面獨領風騷。在這個一度統治歐洲的哈布斯堡王朝中，那些最重要和最有價值的地區——德意志、義大利、佛蘭芒、瓦隆都已衰落，唯有維也納這座都城，朝廷的寶地、千年傳統的守護女神，光輝依然。羅馬人最早建造了這座城池，這是一處前哨，一座堡壘，保護著拉丁文明，抵禦著野蠻人。千年之後，奧斯曼人對西方的襲擊摧毀了它的城牆。這裡，尼伯龍人來過，這裡，

3 Rotschild 男爵，猶太銀行世家羅斯柴爾德家族後裔，1899—1910 年為英國下院議員，著有動物學論文。

4 Aby Warburg，猶太銀行世家瓦伯家族後裔，德國藝術史家，以研究歐洲文藝復興時期藝術著稱。

5 Ernst Cassirer，德國哲學家。

6 Siegfried Sasson，西班牙猶太巨富塞松家族的後裔。

曾閃耀七顆不朽的音樂巨星：葛路克、海頓、莫札特、貝多芬、舒伯特、布拉姆斯、約翰·史特勞斯，歐洲的所有文化河流在此匯聚。在宮廷、貴族和平民當中，德意志的文化與斯拉夫、匈牙利、西班牙、義大利、法蘭西、佛蘭芒等文化血肉相連，這座音樂之都的特質在於，將所有反差巨大的文化熔於一爐，成為一種新而獨特的奧地利文化、維也納文化。維也納天生具備海納百川的寬大胸襟和特殊的敏感，它吸引全然不同的人才前來，安撫他們，誘惑他們，使他們愉快。在這兒生活，處在這種精神融合的氛圍，不勝溫馨。這裡的每位市民也不知不覺國際化了，具備了寬廣的視野，成為世界公民。

這種兼容並蓄的藝術，宛如溫柔音樂般過渡的藝術，在城市的外貌上便已經明顯表現出來了。從內城有序地擴充，經過幾個世紀緩慢的延伸，現在擁有兩百萬人口，算得上人丁興旺，完全足以提供像一座大城市一樣的消費和多方面的需求。但是，它也還沒有大得像倫敦或紐約那樣脫離自然。城市邊緣的房屋有的倒映在多瑙河的激流之中，有的遠眺遼闊的平原，有的散落在園林與田野中，有的分布在阿爾卑斯山麓綿延平緩的綠蔭裡。人們幾乎感覺不到哪兒是自然，哪兒又是城市，兩者和諧地相互交融在一起。在城內，人們又會覺得這座城市像一棵樹，由一圈圈的年輪中，可以看出它的發展過程。在古老的要塞遺址上，環城大道用華麗的建築簇擁著城市最寶貴的核心。裡面是朝廷和貴族的古老宮殿，訴說著遠古的歷史。貝多芬曾在這裡的利希諾夫斯基侯爵府演奏過；海頓曾在這裡的艾斯特哈齊侯爵府做客；當時，海頓的《創世記》正在古老大學[7]裡進行首演。這裡的霍夫堡皇宮[8]見過好幾代的皇帝；這裡的美泉宮[9]則見過拿破崙；基督教世界聯手抗敵的諸侯曾在史蒂芬大教堂[10]下跪，為從土耳其人手中揪出歐洲而感恩；這兒的大學在圍牆之內見過無數科學名人。在這些古老建築之間，驕傲地屹立著新建築，以及繁華的街道和光芒四射的商店。而舊建築並不會對新建築抱有怨氣，就像被鑿下的石塊不會怨恨巍然不動的大自然一樣。生活在這座城市是愉快的，它接納所有的陌生人，熱情好客，這裡的氣氛和巴黎一樣充滿歡樂，在如此的輕鬆愉快之中，享受生活就是最理所當然的事了。誰都知道維也納是一座享樂型的城市。而文化，不就是用藝術和愛情將生活中最粗糙的內容，轉化為最精緻、纖柔和細膩的情節嗎？人們享受美食，品嘗葡萄美酒、新鮮啤酒、豐盛的甜點和蛋糕，但不限於此，這座城市還追求更加講究的享受，演奏音樂、跳舞、演戲、社交、修養與風度儀表，在這裡成為一種特殊的藝術。無論在個人還是公眾生活中，軍事、政治和商業都算不上頭等大事。一個普通的維也納人清晨看報時，第一眼會看的不是國會的辯論或世界大事，而是劇院的演出劇目，這座皇家劇院，也就是城堡劇院[11]，在維也納別具重要性，這在別的城市是無法想像的。它對於維也納人和奧地利人來講，不僅僅是一個演員演戲的舞台，而是一個反映大世界的小天地，是社會五光十色的反映，是真正具有高雅情趣的「宮廷侍臣」。

7　即維也納大學。
8　Hofburg，維也納著名的皇宮。
9　Schoenbrunn，哈布斯堡皇朝的夏宮。
10　Stefansdom，維也納著名的大教堂，建於 1137 年。
11　Burgtheater，維也納國家戲劇院，建於十九世紀。

觀眾從演員身上看到榜樣，學習如何穿衣，如何走進房間，如何交談，一個有修養的男人應該如何注意自己的談吐。舞台不僅供人娛樂，更是教人言談舉止的課堂，所有與城堡劇院相關的人，即使只沾了點邊，都被籠罩著一種神聖光環，受人尊敬。在大街上，總理或最富有的豪紳可能都不會引人注目，但是，若有城堡劇院的話劇演員或女歌手走過，每個馬車夫和售貨員都會認出他們。當我們這些男孩子看見那些明星中的一位（人人都收集他們的照片和簽名）從身邊走過，就會得意洋洋地彼此說個沒完。這種近乎宗教式的崇拜甚至擴展到這些明星身邊的人，比如索能塔爾[12]的髮型師、約瑟夫·凱恩茨[13]的馬車夫，都成了人們暗自傾羨的人物。年輕的公子哥兒以穿著與明星相同款式的服裝為榮，大明星的紀念日或葬禮成為壓倒一切政治事件的頭等大事。在城堡劇院上演自己的作品，是每個維也納作家最大的夢想，這意味著終生的榮耀和隨之而來的一系列待遇，比如他終生都不需要購買任何入場券，所有公演都會邀請他，他還會成為皇室成員家裡的座上賓。我還記得自己親身經歷的一次隆重待遇。那天上午，城堡劇院的經理將我請到他的辦公室，首先向我表示祝賀，然後告訴我，劇院已經接受我的劇本。傍晚我回到家時，發現他的名片已經放在我家。他對我這個二十六歲的年輕人已經做了正式的回訪，我因為成了皇家劇院的作者，一躍而為一位「紳士」，以致讓皇家機構的經理如此相待。至於劇院發生的一切，都與維也納的每個人間接相關，甚至還會涉及到毫不相干的人。我記得

12 Adolf von Sonnenthal，奧地利著名男演員。
13 Joseph Kainz，奧地利著名男演員。

一個例子，在很小的時候，有一天，我們的廚娘含著眼淚闖進房裡，因為有人剛剛告訴她，城堡劇院最知名的演員夏洛特．沃爾特去世了。這種瘋狂的悲傷讓人感到很荒謬，因為，這個大字不識幾個的老廚娘根本沒去過城堡劇院，既沒在舞台上也沒在生活中見過這位明星。但在當時，全國聞名的大明星可是屬於全城的共有財富，所以，連不相干的人都覺得她的死是一場災難。每個受人景仰的歌手和藝術家的去世都會頓時引起全國的哀悼。當首演過莫札特的《費加洛婚禮》的「老」城堡劇院被拆毀時，整個維也納像參加葬禮似的，人們神情莊嚴而激動地聚集在劇院裡，帷幕剛剛落下，所有人都湧上舞台，希望至少能拾得一塊他們鍾愛的藝術家在上面演出過的舞台地板碎片，作為珍貴的紀念帶回家去。幾十年後，還可以看到這些不會發亮的木片在十幾位市民的家中被珍藏在精緻的小盒子裡，好像神聖的十字架碎片保存在教堂裡一樣。不過當那座貝森朵夫音樂廳[14]被拆毀時，我們自己的舉動也未必理智多少。

這座專門演奏室內樂的小小音樂廳本身原本毫不起眼，建築上也沒什麼藝術性。它以前是利希騰施泰因侯爵的騎術學校，後來改建成音樂廳時，也只不過在四壁鑲上木板，以因應音樂的需要，毫不富麗堂皇。但是，它彷彿一把古老的小提琴一樣有魅力，對於音樂愛好者而言，它是一處聖地，因為蕭邦、布拉姆斯、李斯特、魯賓斯坦都在這裡舉行過音樂會，很多著名的四重奏都在此首演。可是，它卻要為一幢新的實用建築讓路，這對我們這些在那裡度過難忘時

14 編注：Bösendorfer Saal，貝森朵夫鋼琴廠是世界上最古老的鋼琴製造商之一，該品牌於1828年在奧地利維也納創立。1860年公司遷至新址，後來成為貝森朵夫音樂廳。從1872年至1913年關閉期間，它一直是維也納首屈一指的音樂廳。

刻的人來說真是不可思議。當貝多芬的樂音在玫瑰四重奏團最後最精采的演奏中漸漸消失時，所有人都留在原位不動。我們喝彩、鼓掌，有些婦女激動地啜泣起來，沒有人願意承認，告別的時刻到了。大廳的燈熄滅了，為的是讓我們離開。但是在場的四五百位樂迷無一人離開，我們繼續在那裡待了半小時、一小時，好像我們留在那裡就能保住它，就能挽救這座神聖的古老建築。而當我們還是大學生的時候，我們又曾怎麼樣用請願書、遊行和檄文來反對拆毀貝多芬的臨終寓所的啊！維也納的這些老房子，每拆一座，就彷彿將我們的靈魂奪去一塊。

這種對藝術、尤其是對戲劇藝術的狂熱遍及維也納的各個階層。維也納本身因為上百年的傳統，社會階層分明，但正如以上所述，各階層相處得很融洽，社會輿論始終受宮廷的掌控。皇家城堡不僅具有空間上的中心位置，也是帝國各民族的文化中心。在城堡周圍，是奧地利、波蘭、捷克和匈牙利高級貴族的宅邸，形成彷彿第二道牆。在這道圍牆之外，才是「上流社會」階層較低的貴族、高級官吏、企業家和「名門世家」。在此之外，便是小市民和無產階級。各個階層都生活在自己的社交圈，住宅也有各自的區域。大貴族住在城市核心，外交使節住在第三區，工商界人士住在環城大道附近，小市民住在內城區，即第二區至第九區，最外面住著無產階級。但是，所有的人都會在劇院裡或盛大的節日裡交往，譬如在普拉特[15]舉行鮮花彩車遊行時，十萬民眾會熱情地朝著華麗彩車裡的「一萬名上層人士」歡呼三次。在維也納，任何事情都可以成為慶祝的理由，充滿音樂和色彩。宗教遊行、基督聖體節、軍事檢閱、皇家音樂節

15 維也納著名的綠化區，在多瑙河畔。

等，無不如此。即使出殯，也是熱熱鬧鬧。每個真正的維也納人都講求擁有排場的葬禮，靈柩要華美，送葬隊伍要浩浩蕩蕩。真正的維也納人，即使死了也要讓別人大飽眼福。在對所有聲色歡娛的追求之中，在戲夢人生之中，無論舞台還是生活中的表演樂趣，維也納全城人都是一致的。

維也納人對戲劇的這種癖好和執著，對他們所熱愛的藝術與明星的枝微末節的追究，有時還真是發展到荒唐的程度，很容易遭到譏笑。和我們剛毅的鄰居——德意志相比，奧地利對政治淡漠，經濟也落後，不得不將部分原因歸咎於這種對享受的過分追求上。不過，這種對藝術的過分重視倒使我們在文化方面擁有了獨特之處：首先，我們對每種藝術成就都抱有敬意，其次，經過幾個世紀的藝術薰陶，我們具備了無與倫比的藝術鑑賞力，正是由於擁有這種鑑賞力，我們在所有文化領域內達到了超群的水平。藝術家在維也納始終是感覺最舒暢並且最受鼓舞的，因為那裡的人們尊敬藝術家，甚至崇拜藝術家。藝術總是在那裡達到顛峰，因為藝術成為了全體人民的大事。正如在文藝復興時期的佛羅倫斯和羅馬，大批藝術家被吸引到此，人人都覺得自己必須在市民面前與別人進行競爭，必須不斷超越自己，從而被培養成了大師，在維也納的音樂家和演員也明白自己在這座城市裡的重要性。在維也納歌劇院和城堡劇院，容不得半點馬虎。每個錯誤的音符都會立即被發現，加入合唱聲部的時間不對，或者音符縮短，都會遭到斥責。這種監督不僅來自首演時的專業評論家，也來自每天的聽眾，他們的耳朵敏銳，通過不斷的比較而越來越機靈。由於在政治、行政和風氣方面一切都安定順利，所以在這些方面即使有些「馬虎」，維也納人都能容忍，對於犯規，也可包庇。但是，他們對藝術上出的偏差可絲毫不放過，因為這關係到整個城市的榮譽。每一個歌唱家、每一個演員、每一個音樂家都必須每時每刻做到最好，否則，他就會被淘汰。在維也納成為明星是非常了不得的，但要保住明星地位可就不容易了。任何鬆懈都得不到原諒。維也納的每位藝術家都清楚這種無休止的無情監督，從而迫使自己精益求精，使得這個城市整體的藝術水準達到卓絕的程度。我們每個人從青年時代起就都習慣用嚴格苛刻的標準要求每一次藝術演出。想當年，馬勒[16]領導的歌劇院紀律嚴密如鐵，交響樂團的音樂家工作熱情、一絲不苟，熟知這些的人，對今天任何音樂和戲劇的演出都不會滿意。不過，這樣我們也學會了嚴格要求自己的藝術，當年是那樣輝煌，當年那些正在成長的藝術家被培養起來的素質是我們的榜樣，這在全世界的城市裡並不多見。同時，在廣大的群眾當中，這種對正確節奏和速度的知識也非常普及，即使一個坐在酒館裡的小市民，也會要求樂隊演奏出高水準的音樂，就像要掌櫃給他端好酒一樣。就連普拉特的民眾也知道哪支軍樂團演奏得「帶勁」，不論他們是「德國的大師」，還是匈牙利人；住在維也納的人，彷彿都從空氣中得到對音樂節奏的感知。所以，就像我們這些作家在一篇特別講究的散文中表現出音樂性，其他人則在社交禮儀和日常生活中體現這種節奏感。在維也納的「上流」社會，一個不具備藝術修養和禮儀的人是不可思議的。即使在社會底層，連最窮的人也具有對美的本能，這是自然景色和人生的快樂情景薰陶所致。一個維也納人，若失去了這種對文化的熱

16　Gustav Mahler（1860—1911），奧地利作曲家、指揮家，1897—1907年任維也納宮廷歌劇院總監。

愛，失去了對生活中這種最神聖的多餘之事的享受與審美的意識，就不是真正的維也納人。

◊ ◊ ◊

因此，對於猶太人，適應民族環境（或者說，適應這塊居住的土地）不僅是外在的保護措施，而且是內心的深層需要。他們對家鄉、安寧、休息、穩定和親近的渴望，使他們熱情地與周遭的文化緊密聯繫。除了十五世紀的西班牙，這種本土文化與外來民族的結合只有在奧地利最愉悅、豐饒。猶太人在這座皇城定居的二百多年來，遇到的是逍遙自在、願意和睦相處的人民，雖然他們表面上看起來不拘小節，內心對於精神和審美卻具有同樣深刻的本能，這些對於他們也非常重要。猶太人在維也納的際遇甚至可以說還不止於此，他們在這裡找到了自己的一項使命。在上個世紀的奧地利，藝術曾一度失去原有的傳統保護人和贊助者，也就是宮廷與貴族。十八世紀時，馬利亞·特蕾莎女皇[17]曾讓女兒們跟隨葛路克學習音樂，約瑟夫二世[18]曾內行地與莫札特討論他的歌劇，利奧波德三世[19]自己作過曲，但是後來的皇帝，法蘭茲二世[20]和斐迪南一世[21]對藝術幾乎沒有絲毫興趣了。而我們的皇帝法蘭茲·約瑟夫一世[22]，在他八十年

17 Maria Theresia，奧地利女皇，1745—1765 年在位。
18 Joseph II，奧地利皇帝，1765—1790 年在位。
19 Leopold III，奧地利皇帝，1790—1792 年在位。
20 Franz II，神聖羅馬帝國最後一位皇帝，1792—1806 年在位，1804—1835 年為奧地利皇帝。
21 Ferdinand，奧地利皇帝，1835—1848 在位。
22 Franz Joseph，奧地利皇帝，1848—1916 年在位，1867 年開始亦任匈牙利皇帝。

的生涯裡，除了軍隊的花名冊外沒讀過一本書（或者說，手上甚至不曾拿過一本書），他甚至還流露出對音樂的反感。同樣，大貴族也放棄了從前贊助藝術的態度。往昔的黃金時代一去不返，那時，艾斯特哈齊侯爵讓海頓留宿在家中，洛布科維茨家族、金斯基家族[23]和瓦爾德施泰因家族[24]互相競爭著要在自家府上首演貝多芬的作品，圖恩伯爵夫人在這位偉大的魔鬼面前下跪，請求他不要將《費黛里奧》從歌劇院的節目單中撤出。但是後來，就連華格納、布拉姆斯、約翰·史特勞斯和沃爾夫[25]都得不到貴族的一丁點贊助了。為了讓交響音樂會保持在原有的高水準，為了使音樂家、畫家和雕塑家能夠維生，市民階層不得不伸出援手，而猶太市民階層也正以此為抱負並為之自豪，因為他們站在最前線，保住了維也納文化的榮譽和原有的光彩。他們一向熱愛這座城市，衷心在此安居，但只有通過對維也納藝術的熱愛，他們才真正有回到家的感覺，真正覺得成為徹底的維也納人。在公共生活中，他們原本的影響是很微弱的，皇室的顯赫使得所有個人財富黯然失色。掌管國家公務的高級職位是世襲的，貴族把持著外交，古老的世族掌控著軍隊和高層政府機構。但是猶太人也並未雄心勃勃地打算要鑽營進入這個特權階層，他們彬彬有禮地尊重這種傳統的特權，認為這是理所應當的。我還記得一個例子，我父親一生都不去沙河大飯店用餐，這倒不是出於節省（因為和其他大飯店相比，那裡的價格根本貴不了多少），而是出於自然而然保持距離的心理：他覺得，如果鄰桌進餐的是施瓦茨貝爾格親

23 Kindskys，波希米亞貴族世家，家族成員多在奧地利外交界。
24 Waldsteins，波希米亞貴族世家。
25 Hugo Wolf，1860—1903，奧地利作曲家。

王或者洛布科維茨親王，他會很不自在，感覺很不得體。在維也納，只有在藝術面前人人平等，因為在維也納，愛和藝術是人人應盡的義務。猶太中產階級通過自己的資助方式，對維也納文化的貢獻是不可估量的。他們是真正的觀眾，他們坐滿了劇院和音樂廳，購買書籍和繪畫，參觀展覽，他們受傳統束縛較少，思路靈活，處處成為一切新事物的促進者和先鋒人物。幾乎所有十九世紀藝術珍品的巨大收集工作都由他們完成，幾乎一切藝術實驗也由他們來實現。若沒有猶太中產階級這種堅持不懈激勵一切的興趣，僅憑宮廷、貴族和那些寧願養馬打獵、不願促進藝術的百萬富翁基督徒的漠不關心，維也納在藝術方面就會落後於柏林，正如奧地利在政治方面落後於德國一樣。誰想在維也納做一些創新，誰作為一個外來者想在維也納找到理解和聽眾，就應當指望這些猶太中產階級。在反猶太主義時期，維也納有過唯一的一次藝術嘗試，就是想創建一座所謂的「民族劇院」。但是，當時既找不到編劇，也找不到演員和觀眾，不到幾個月的功夫，這家「民族劇院」就慘然倒台，這個事件恰恰首次說明了一個事實：世界稱頌的十九世紀維也納文化，十分之九是由維也納的猶太人扶持和培育起來的，甚至，也是由他們自己創造的。

因為，與即將面臨悲慘沉淪的西班牙文化相似，十九世紀晚期，維也納的猶太人在藝術方面也相當活躍。但是，這種藝術不是以特殊的猶太面貌出現，而是通過驚人的方式，表達出最強烈的奧地利與維也納特色。在音樂創作方面，高德馬克[26]、馬勒和荀白克[27]成為國際性的人

26 Karl Goldmark，1830—1915，奧地利作曲家，祖籍匈牙利。
27 Arnold Schoenberg，1874—1951，奧地利作曲家和音樂理論家，十二音體系寫作法的奠基人。

物，奧斯卡．史特勞斯[28]、列奧．法爾[29]、埃默里希．卡爾曼[30]使傳統的圓舞曲和輕歌劇獲得新的繁榮；霍夫曼斯塔爾、阿圖爾．史尼茨勒、理查．貝爾．霍夫曼[31]、彼得．阿騰貝格[32]等人使維也納的文學臻至歐洲水準，這是法朗茲．格里帕策[33]和阿達伯特．施蒂夫特[34]代表的維也納文學從未達到過的高度；索能塔爾、馬克斯．萊因哈特[35]使這座戲劇之都再度名揚四海；佛洛伊德和科學界的泰斗也使得古老聞名的維也納大學受到世人矚目。這些身為學者、藝術名流、畫家、導演、建築師和新聞工作者的猶太人，在維也納的精神生活中處處無可爭辯地占有較高或最崇高的地位。由於對這座城市的熱愛和入境隨俗的願望，他們完全適應了這裡，並且因為可以為奧地利增添光彩而感到幸福。他們把為奧地利貢獻視為己任——我們應該實事求是地再次指出這點——被當今歐美讚譽為再度璀璨的奧地利文化中，在音樂、文學、戲劇和工藝美術領域的成就，即使不是大部分，也有相當比例是猶太人的貢獻，他們通過這些成就，在千年的精神追求中達到最高峰。一種幾百年來無處發揮的智慧能量在此與一種稍顯疲憊的傳統相

28 Oscar Strauss，1870—1954，奧地利作曲家，創作輕歌劇和喜歌劇的樂曲。
29 Leo Fall，1873—1925，奧地利作曲家，新輕歌劇作曲家的代表之一。
30 Emmerich Kálmán，1882—1953，匈牙利輕歌劇作曲家。
31 Richard Beer-Hofmann，1886—1945，奧地利作家。
32 Peter Altenberg，1859—1919，奧地利散文家。奧地利著名的「咖啡館詩人」。
33 Franz Grillparzer，1791—1872，奧地利劇作家。
34 Adalbert Stifter，1805—1868，奧地利小說家，早期受德國浪漫派影響，日後傾向古典主義。
35 Max Reinhardt，1873—1943，奧地利著名演員，1900年任柏林德意志劇院領導人。

結合，前者以新的生機與無盡的活力滋養、激發並提升了後者，使之重新青春煥發。而接下來的幾十年將證明，在維也納發生了什麼樣的暴行，使得這座本來最多元化，又能夠在超越民族的精神生活中彰顯本質和文化的城市，被粗暴地民族化和狹隘化。維也納的特質——一種特別的音樂天分，從來都是將民族和語言當中的一切對立融合在一起，維也納的文化是西方文化的綜合，凡是在那裡生活和創作的人，都感覺自己擺脫了褊狹和成見。沒有什麼地方比在維也納更容易讓人成為一個歐洲人了，我知道，我之所以能夠早早學會把歐洲共同體的理念作為自己心中熱愛的最高理想，在某個程度上應該感謝這座城市，早在馬可．奧理略[36]的時代，就維護著羅馬精神，一種兼容並蓄的精神。

◇　◇　◇

在那古老的維也納，我們生活得很好，雍容自在，無憂無慮。北方的德國人惱怒而鄙視地俯視著我們這些多瑙河畔的鄰居，看著我們不講究「能幹」，不在乎緊張的秩序，只是讓自己享受生活，享受美食，用節日和戲劇來娛樂，還創作出絕倫的音樂。比起德國人那種只會使所有人的生活變得無比痛苦和驚慌的「能幹」來，比起那種要凌駕於所有人之上的野心和拚命競逐的精神，維也納人更喜歡怡然自得的閒聊、愜意的相聚，在和善、舒緩的環境下，讓每個毫無妒意的人各得其所。「自己活，也讓別人活」曾是維也納人的著名原則，當初，這個原則是

36 Marcus Aurelius，121—180，古羅馬皇帝，新斯多葛派哲學的主要代表之一。

那樣順利地被所有社會階層遵循，在我看來，這個原則至今仍比一切絕對命令更富有人性。窮人和富人、捷克人和德意志人、猶太人和基督徒，儘管偶爾也有相互嘲弄的時候，但大都能夠和平相處；即使有政治和社會運動，也沒有那種可怕的敵意存在。這種仇恨是第一次世界大戰的餘毒，然後才侵入時代的血液循環當中去的。在以前的奧地利，人們在爭鬥時尚且有豪俠氣概，人民在報紙上、在議會裡相互攻擊，但在經過西塞羅式的長篇演講之後，這些議員還是會友好地坐在一起喝啤酒或咖啡，並且，彼此親昵地以「你」相稱。就連反猶太主義政黨的領袖卡爾．盧埃格爾[37]當選維也納市長的時候，他的私人關係仍然沒絲毫變化。我必須承認，作為一個猶太人，我當時無論在中學，還是大學和文學界，沒有遇到任何麻煩和歧視。在當時的報紙上，並沒有每天都充斥著國家與國家之間、民族與民族之間、派別與派別之間的仇恨，人與人，民族與民族還未被隔離，公共生活中的大眾情緒也沒有像今天這樣激烈得令人厭惡。在那時，個人行為的自由是天經地義的，但如今卻顯得不可思議，因為，人們並不像今天這樣將寬容視作軟弱，而將它尊為道德的力量。

因為我出生成長的世紀並不是一個充滿激情的世紀。它是一個階級分明、井然有序的世界，一個從容不迫的世界。新的速度和節奏還沒有從汽車、電話、收音機和飛機上轉移到人的身上，歲月和年齡仍舊有著另一種尺度，人們生活得相當悠閒。當我想回憶兒時大人的模樣時，

37 Karl Lueger，1844—1910，奧地利政治家，基督教社會黨人，反猶太主義者，1897—1910 任維也納市長，反對大德意志主義和社會民主黨。

我發現，他們當中的大多數很早就有福態了。我的父親、叔伯、老師們，還有商店裡的營業員、樂譜架旁的交響樂團團員，四十多歲就已大腹便便，一副男人的「氣派」。他們步履緩慢，語調從容，言談當中，撫摩著自己保養得宜、半已灰白的鬍鬚。但是灰白的鬍髮是尊嚴的新標誌，一名「穩重」的男子要有意識地避免表現出年輕人不得體的姿態和自負的神情。在我年幼時，父親年未四十，我從不記得他曾匆匆忙忙地上下樓，或慌慌張張地做過什麼事。慌張不僅有失體統，而且根本就沒必要，因為在那個有著無數的保險和應急措施的穩定的市民世界，從來不會發生意外，外面的世界發生的災難，無法穿透這堵由「保險」的生活築成的牆壁。布林戰爭、日俄戰爭，甚至是巴爾幹戰爭，對我父母親的生活都毫無影響。他們不經意地翻過報紙上所有的戰爭報導，就像跳過體育專欄一樣。實際上，奧地利之外的事情與他們又有何干呢？會給奧妙的生活造成什麼變化嗎？在他們的奧地利，在那個風平浪靜的時代，國家沒有翻天覆地的變化，貨幣不會大幅貶值。證券市場的股票一旦跌了四或五個百分點，人們就說「破產」了，就會皺著眉頭談論這「災難」。其實，人們抱怨稅收太高，多半是出於習慣，不是當真的，與戰後相比，當時的稅收只不過是施給國家的一點小費。那時候的人還會詳細立下遺囑，囑咐子孫避免所有的經濟損失，好像用一張看不見的債券就能夠有效保證子孫們的安穩生活，於是，人們在世時生活得舒適自在，將小小的煩惱當作聽話的寵物一樣擺弄，實際根本不擔心它們會傷害自己。所以，當我偶爾得到一張當年的報紙，讀到那些關於一次小小的區議會選舉的激動文章時，當我回想起為了城堡劇院演出中微不足道的事情議論紛紛時，還有年輕時對一向根本無關緊要的事情進行沒必要的激烈討論時，自己就會忍俊不禁。當時的憂慮是多麼微渺啊！那個世界是多麼平靜啊！我的父母和祖父母有幸生逢其時，在其中平靜、順利和清白地度過一生。不過，我自己也不知道是否因此而羨慕他們。因為他們像生活在天堂裡一樣，所以對人間的一切真正痛苦、對命運的種種險惡和神祕力量懵懵懂懂，對一切令人焦慮的危機和問題視而不見，任它們無限擴展。他們沉浸在自己舒適富裕的生活中，根本不知道生活會變得緊張，成為負擔，不知道生活中會不斷出現意外和翻天覆地的變化。沉浸在他們那教人感動的自由主義和樂觀主義當中，很難預料得到出現在窗外晨光中的任意一個明天都可能將我們的生活徹底毀滅。即使在最黑暗的夜晚，他們也想不到人會變得多麼可怕，也想不到，人會變得多麼堅強，去戰勝險惡，經受考驗。我們這些被生活的激浪驅逐的人，我們這些被割斷所有根源的人，我們這些總是被置於死地而後生的人，我們這些未知神祕力量的犧牲品和心甘情願的奴僕，在我們看來，安逸已成傳說，太平已成兒時夢想——我們切身感受到極端對立的緊張關係和不斷出現的新的恐懼，人生的時時刻刻都與世界命運休戚相關，我們超越了自己狹隘的生活，分享著時代和歷史的悲歡，而從前的先人都只是侷限在自己的小生活中。因此，我們當中的每個人，即使是最微不足道的人，都比我們祖先當中的聖賢了解現實千倍。不過，這些不是我們平白得來的，為此，我們徹底付出了代價。

上個世紀的學校

我在小學畢業後直接念中學，這是很自然的事，即使只為了自己的社會尊嚴，每個富裕家庭也都會精心培養子女，使他們「有教養」。他們讓子女學習法語、英語，讓他們精通音樂，讓女家庭教師和男家庭教師先後教給他們優雅的舉止。但是，在那個「開明」的自由主義時代，只有進入大學的「學術」教育才有真正的價值。因此，「上流」家庭都渴望自己的兒子當中至少有一個能夠擁有博士頭銜。可是通往大學之道相當漫長，並且毫不愉快。五年小學、八年中學，每天坐五到六小時的木板凳，課餘時間被家庭作業霸占，除此之外，還要接受學校課程以外的「常規教育」，就是除了學習古典希臘文和拉丁文，還要學幾門「活」的語言——法語、英語、義大利語，也就是說，除了幾何、物理和學校規定的其他課程外，還要學五門外語。學習負擔沉重不堪，我們根本沒有體育活動和散步的時間，更談不上什麼消遣娛樂。我還依稀記得，七歲時得學會一支歌〈愉快幸福的童年〉，要在合唱團裡演唱。至今這首簡單的小曲猶在耳畔，但在當時我就是學不會，更別提真心以為自己的童年就像歌詞中唱的那樣了。老實說，我對小學和中學生活始終感到厭倦，一年比一年覺得不耐煩，希望早日擺脫這種枯燥乏味的生活。我根本想不出當時那種單調、冷漠、機械的學校生活有什麼「愉快」和「幸福」可言，它徹底破壞了我們一生中最美好、最無拘無束的歲月。坦白說，當我見到這個世紀的孩子們可以這麼幸福、自由和獨立地發展時，總是忍不住羨慕。當我看見今天的孩子們可以這樣無拘無束並且幾乎平等地與老師聊天時；當我看見他們不像當年我們那樣心懷隔閡，而是毫無畏懼地奔向學校時；當我看見他們可以在學校和家裡坦率說出自己的願望和發自年輕好奇的心靈中的愛好時，我總是覺得難以置信。他們是那樣自由、獨立、自然，不像我們那個時候，在未曾邁入可憎的學校大樓前，就得渾身緊縮，以免撞上那無形的樊籠。學校對我們而言，意味著強迫、荒漠、無聊，是不得不生吞活剝那些被精細切割好了的「毫無價值的科學」的場所。那些經院式或者裝扮成經院式的內容讓我們覺得，它們和現實生活，以及我們的個人興趣毫不相關。那是一種百無聊賴的學習，不是為了生活而學習，而是為了學習而學習，是舊教育強加在我們頭上的。我唯一真正感謝學校的幸福時刻，就是永遠離開它的那一天。

就奧地利學校本身而言，其實沒有什麼不好。相反的，所謂的「教學計畫」是根據上百年的經驗精心制訂的，倘若教學方法活潑生動，的確可以奠定一種相當廣博而有成效的學習基礎。但是，正因為刻板的計畫性和乾枯的教條，使得課程死氣沉沉，毫無生氣。學校成了冷冰冰的學習機器，從來不根據個人加以調節，它只是一台自動裝置，顯示出「良好、及格、不及格」的不同號碼，以表明學生在教學計畫的要求上達到了什麼程度。正是這種冷淡、漠然和軍營似的生活，無意中使我們飽受折磨。我們必須學習規定的課程，並且就學過的內容接受考試，八年中學生活中，沒有老師問過我們對什麼感興趣，所有年輕人渴望得到的鼓勵在那裡都成了泡影。

這副老夫子面孔，從學校教學大樓的外觀就可以看得出來。這是一幢典型的實用建築，五十年前用低廉的材料倉促蓋起來的。牆壁粉刷得很糟糕，顯得冷冰冰的，教室低矮，沒有任何一幅畫或令人愉快的裝飾品，整棟樓都能聞到廁所的氣味，這座學習的兵營彷彿一件旅館的舊家具，被無數人用過，未來還會被更多人隨意或湊合地使用。到今天我還無法忘記樓房裡那股在奧地利所有政府辦公室裡都會散發出來的霉味，當時我們把這叫做「國庫」味，這種從供暖過度、堆滿雜物、從不通風的房間裡發出的氣味，先是沾在人們的衣服上，然後便沾染在他們的靈魂上了。學生像被判划槳的犯人一樣，兩人一排地坐在低矮的木頭板凳上，被迫彎腰駝背，直到渾身骨頭發疼。到了冬天，沒有燈罩的煤氣燈發出幽幽藍光，照著書本；在夏天，所有的窗戶都被精心罩上窗簾，為的是不讓學生看見那小小一隅的藍天而想開小差。上個世紀的人們還沒發現，正在發育的孩子是需要空氣和活動的。因此，校方以為，在端坐四五個小時當中，學生們只要在陰冷狹窄的走廊休息十分鐘就夠了。我們一星期會有兩次被帶往體操房，那裡窗戶緊閉，我們在木板地上毫無意義地來回踏步走，每踏一步，灰塵就揚得老高，就這樣，學校在衛生保健方面就算是盡了力，國家對我們也算盡到了「智育基於體育」的責任了。多年後，當我路過這棟衰頹的樓房時，感到一陣輕鬆，我終於不必再跨進這所青年時代的牢獄了。當這所顯赫的學校舉行五十週年校慶時，作為以前的高材生我受到了邀請，並被要求在部長和市長面前致詞，但是我婉言謝絕了。因為我對這所學校沒有任何感激之情，任何感謝之類的言詞不過是謊言罷了。

那種可惡的學校生活也不能怪我們的老師，他們不好也不壞，既非暴君，也非樂於助人的夥伴，而是一些可憐蟲，是教條的奴隸，被束縛在官方規定的教學計畫內，他們像我們一樣要完成自己的「課程」。我們清楚地感覺到，當中午的下課鈴響，他們就像我們一樣快樂，覺得獲得了自由。老師們對我們無愛也無恨，因為對我們毫不了解，幾年相處，他們只叫得出我們當中幾個人的名字，就當時的教學法而言，他們只關心在上次的作業中學生出了多少錯。他們高高坐在講台上，我們坐在下面，他們提問，我們就必須回答，除此之外，我們之間沒有任何關聯。在老師與學生之間、在講台和桌椅之間、在高高在上和位處下方的分明位置之間，隔著一道無形的「權威」的牆壁，阻礙了任何接觸。要讓一位教師把學生當作一個有個性的人看待，讓他關心學生特殊的性格，或者像今日司空見慣的那樣，為學生寫下基於觀察的評語，對於當時的教師而言是超出他們的權限和能力的。另一方面，他們認為，與學生的私人談話會降低他們的威信，讓我們和身為「前輩」的他們平起平坐，這簡直是太抬舉我們了。我將這些老師的名字和面貌忘了個精光，這就深深地說明，我們與這些老師之間根本沒有精神和靈魂上的聯繫。在我的記憶中，印象最清晰的就是講台和課堂記事簿了，我們總是想偷看一下記事簿，因為那裡有我們的分數。在這本小小的紅本子裡，老師先將分數分類，再用一支短短的黑鉛筆記下分數。我還記得自己的練習簿，滿是紅墨水批改的痕跡，但是我已經不記得他們任何人的面貌了——這可能是因為我們在他們面前的時候總是低著頭或者漫不經心吧。

對學校的反感並非是我個人的成見，在同學當中，我不記得有誰不對這種生活反感的，它壓抑、阻礙並消磨了我們最美好的志趣。而我很久以後才意識到，這種冷酷無情的青少年教育方法並非出於國家主管部門的疏忽，而是包藏著一種祕而不宣的既定意圖。我們眼前的世界，或者說，凌駕於我們之上的世界，把一切理念都集中在追求太平盛世的偶像上，它不喜歡青年，說得更明白些，它不信任青年人。市民社會對自己穩健的「進步」和秩序感到驕傲，他們宣稱無論任何生活形態，中庸節制、從容不迫是人唯一有益的德行，所有將我們向前推進的急迫都應該避免。奧地利是一個古老的國家，由年邁的皇帝統治，受高齡的大臣們掌控，它沒有野心，只是希望能夠免受一切激進變革，在歐洲保住自己的地位。而年輕人的天性則是趨向激烈迅猛的變革的，因此是可疑的因素，必須盡可能地加以清除和壓制。因此，國家根本沒有打算讓我們的學生時代過得愉快，我們必須經過漫長的等待才能得到任何形式的進步。就是由於這種不斷的壓制，以致當年對於年齡的概念與現在全然不同。一個十八歲的中學生被當作孩子對待，如果被抓到抽菸，便會受到懲罰，如果他因為想上廁所而離開座位，必須先恭恭敬敬地舉手報告。即使一個三十歲的男人也仍舊被視作乳臭未乾的小夥子，而四十歲的男子也仍然不夠成熟，不足以勝任得負責任的職務。當三十八歲的馬勒被任命為宮廷歌劇院的院長時，就好像發生了一樁驚人的意外事件，維也納全城的人都驚詫不已，難以相信首屈一指的藝術機構竟然就交到一個「這樣年輕的人」的手上（人們完全忘記了，莫札特在三十六歲、舒伯特在三十一歲時就已經很有成就了）。這種將所有年輕人視為「不太可靠」的不信任感，在當時充滿各個階層。我父親從來不在自己的商行接待年輕人，如果誰長相年輕，就得處處克服這種不信任感。在今天看來，真是不可思議，年輕人在事業上處處碰壁，只有年長者才能夠升遷。在今天這個完全改變了的年代，四十歲的人費盡心機，為的是讓自己外表像三十歲，六十歲的人渴望像四十歲，年輕、活力、幹勁和自信備受推崇。但在當時追求穩健的年代，任何想進取的人，都要想盡辦法使自己顯得老成一些。報紙上會介紹讓鬍鬚加速增長的辦法，二十四、五歲剛從醫科大學畢業的年輕大夫都蓄起大鬍子，戴上金絲眼鏡，也不管自己的眼睛是否真的近視，只為了讓自己的第一批病人覺得自己「有豐富經驗」。男人都穿及膝的黑色禮服大衣，步態從容，有可能的話，還要微微有點福態，以顯示那種人們刻意追求的老成持重。有上進心的人，都竭力擺出已經脫離了靠不住的青年時期的樣子，至少在外表上要如此。我們在中學六、七年級的時候就不願再背中學生的書包，而用公事包了，為的是不讓別人看出我們是中學生。在那個只認可「老成持重」的時代，青年人的朝氣、自信、大膽、好奇、歡樂，所有在今天看來最讓人羨慕的年輕資本，都只是靠不住的品質。

只有了解了以上這種奇特的觀念，才能理解，國家為什麼要把學校完全當作維護自己權威的工具。學校首先要教育我們，將現存的一切視為最完美的，並且尊重這一切，我們要把老師的話當成準確無誤的，把父親的話當成不可違背的，把國家的一切當成絕對明智和永恆的。這種教育的第二個原則也貫穿在家庭當中，亦即不能讓年輕人太舒服。在賦予他們權利之前，年輕人必須懂得自己應該盡義務，特別是完全服從的義務。從一開始就應讓我們牢牢記住，我們尚無任何貢獻，也不具備任何經驗，因此要為得到的一切而心懷感激，不能張口問什麼，也不能張口要求什麼。在我那個時代，孩子很小的時候就受到這種嚇唬人的蠢辦法的荼毒。女傭和愚蠢的母親嚇唬孩子，如果不馬上停止胡鬧，就會去叫警察。中學的時候，如果我們在不甚重要的副科上考壞了，回家就會受到恫嚇，威脅我們再也不能上學了，而會被送去當學徒——墮落到無產階級當中去，這可謂是市民社會中最嚴重的威脅了。而當年輕人懷著最真誠的學習目的，要求成年人講解重大的時代問題時，遇到的卻是盛氣凌人的訓斥：「你不會懂這些的！」無論在家裡，還是在學校和政府機關，到處都採用這種手段。人們不厭其煩地提醒年輕人，他還沒有「成熟」，還很無知，他只有俯首貼耳的份，還輪不到他發言，更不許頂嘴。正是基於以上的觀念，學校裡的可憐蟲，也就是那些教師便高高坐在講台上，像尊不可接近的泥菩薩，將我們所有的「情感」和「渴望」都囚禁在「教學計畫」裡。至於我們在學校是否感到舒服，那就無關緊要了。根據時代精神，他們的真正使命，不是帶領我們向前，而是阻止我們向前；不是培養我們的心靈，而是要它盡可能馴服並適應既定的框架；不是增長我們的能量，而是要約束我們的能量，並使之平庸。

對青年人的這種心理壓力，或者更確切地說，這種非心理性的壓力，只會產生兩種截然不同的後果：他們不是變得麻木不仁，就是變得更加激進。我們不妨去翻閱一下精神分析學家的文獻，看看這種荒謬的教育方法導致了多少「自卑情結」。這種情結恰恰由經歷過奧地利舊教育體制的人士發現，恐怕並非偶然。歸功於這種壓力，我很早便顯現出對自由的熱愛，這種熱愛的程度是當今的年輕人無法了解的，同時，我也對一切專制的對象，對充斥我一生中，居高臨下的談話口吻深惡痛絕。我對所有武斷而教條的說教，越來越反感，後來簡直成了本能的厭惡，連我自己都忘了，這種厭惡從何而生。有一次，在演講旅行當中，主辦人為我準備了大學的大講堂作為演講地點，我突然發現自己必須從講台上對著下面發言，而聽眾就像我們當年當學生時那樣，乖乖坐在下面的板凳上，不能插嘴，不能反駁。我頓時覺得一陣不快，回憶起自己在學生時代，這種居高臨下、專制、教條又毫無對等的親切感的講話方式，當年是如何折磨我。我感到一陣恐懼，我怕這次在講台上的發言會讓我顯得像當年的老師一樣冷漠，由於這些顧慮，這次演講也成了我一生當中最糟糕的一次。

◊ ◊ ◊

在十四、五歲之前，我們還覺得學校相當不錯。我們開老師玩笑，懷著純然的好奇去上課，但接著，我們就感到學校越發無聊和壓抑了。不知不覺，出現了一種奇怪的現象：我們這些十歲進入中學的男孩，在中學八年的前四年裡，精神方面就已經超越了中學水平。我們憑直覺就知道，在中學已經沒什麼可學的了，對感興趣的課程，我們知道得比可憐的教師還多，而這些教師從畢業後就再也沒有出於個人愛好讀過任何一本書了。同時，我們還感受到另一種矛盾：在原本就沒用心的課堂上，我們聽不到什麼新鮮或者值得聽的內容，而課堂外卻是一座充滿吸引力的城市，有劇院、博物館、書店、大學和音樂，每天都充滿新鮮與刺激。於是，我們將被壓抑的、在學校無法滿足的求知欲，對於精神、藝術和享樂的好奇心統統交付給學校外面的世界。我們當中最先只有兩三個人發現自己在藝術、文學和音樂方面的興趣，然後是十幾個人，最後，幾乎是所有的人。

在年輕人當中，熱情會互相傳染。熱情在同一個年級裡像麻疹或猩紅熱一樣，從一個人身上傳到另一個人身上。由於那些新加入的人都懷著天真的虛榮心，希望在知識方面迅速就能表現傑出，因此他們總是相互督促。至於這股熱情往什麼方向發展，一般說來都是偶然所致。如果班級裡出現集郵愛好者，那麼他很快就會讓十幾個人也同樣入迷；如果有三個人對女舞蹈演員稱羨不已，就會有別的人天天站在歌劇院的後台門前。比我們低三級的一個班級，完全為足球而癡狂，高我們一級的班則熱衷於社會主義或托爾斯泰。我恰巧進入了一個對藝術產生狂熱興趣的班級，也許正是這件事決定了我的一生。

這種對戲劇、文學和藝術的熱情，在維也納是相當自然的。維也納的報紙為文化界所有的事件騰出版面。無論走在哪裡，在你的身側，都能聽見人們談論歌劇或城堡劇院。在所有的證券交易所的櫥窗裡，都掛著大明星的肖像。當時，體育運動被看作是粗野的行為，中學生可是羞於從事的，然而符合大眾理想的電影尚未問世。即使在家裡，這種熱情也不會受到阻撓，這和打牌與交女朋友不一樣，戲劇和文學可是「純潔無邪」的嗜好。再說，我父親和維也納所有的父輩一樣，在青年時代也對戲劇情有獨鍾，就像我們去看理查·史特勞斯和蓋爾哈特·霍普特曼的戲劇首演一樣，他也曾懷著同樣的熱情觀看華格納的歌劇《羅恩格林》。我們那時的中學生覺得擠去看每場的首演是理所應當的，如果誰在第二天不能在學校敘述首演的每個細節，面對比自己幸運的同學，他不知會感到多麼的屈辱。如果老師對我們不是那麼的漠不關心的話，他們就會發現，在每場盛大首演之前的那個下午，有三分之二的學生都神祕地病了——因為我們三點就得去排隊，好去買我們唯一買得到的站票。如果他們嚴密注意的話，一定還會發現，在我們拉丁文文法書的封皮裡，夾著里爾克的詩，而且，我們用數學作業本抄錄借閱的書籍裡最美的詩句。每天我們都有新點子，利用無聊的上課時間看我們自己的書。當老師念著他的破講稿，講解席勒的《論素樸的詩和感傷的詩》時，我們就在課桌下閱讀尼采和史特林堡的作品，而台上那位老夫子聽都沒聽說過他倆的名字。我們像患了熱病一樣渴望知道一切，了解發生在藝術、科學領域中的一切。我們常常在下午擠在大學生當中聽講座。參觀每一次的藝術展覽，甚至走進解剖學的課堂去看屍體解剖。我們用好奇的鼻孔嗅聞一切。我們溜進愛樂管弦樂團的排練場，到舊書店翻閱舊書，每天去書店瀏覽一遍，為的是立刻能知道一天之內又出版了什麼新書。其中對我們最重要的，就是閱讀。我們閱讀到手的所有讀物。我們從公共圖書館借書，並且互相借閱彼此借到的書。但是，讓我們了解一切新鮮事物的最佳教育場所，始終是咖啡館。

要了解這一點，我們得先明白，維也納的咖啡館是一種非常特別的所在，是世界各地的咖啡館都無法相比的。它實際上是一種民主俱樂部，每個客人只要花一小筆錢，就能在那裡坐上幾個小時，和人討論問題、寫作、玩紙牌、讀信，而最重要的是，可以在那裡免費閱讀無數的報紙和雜誌。在一家比較好的維也納咖啡館，能看到維也納所有的報紙，而且不僅有維也納的報紙，還有整個德意志帝國、法國、英國、義大利、美國的報紙，此外，還有《法國信使報》《新觀察》《創作室》《伯林頓雜誌》這些全世界最重要的文學和藝術雜誌。所以，我們能知天下事，我們有第一手材料，了解出版的每本新書，知道各地的每場演出，比較不同報紙上的評論。奧地利人能夠在咖啡館掌握到眾多事件的豐富資訊，並且可以馬上與朋友們討論，這可能就是奧地利人思維敏捷、具有國際意識的最重要原因。我們只要每天在咖啡館泡上幾個小時，沒有不知曉的事件。我們依靠的是共同興趣的集體力量，我們不是用兩隻眼睛去關注全球的藝術動態，而是用二十隻、四十隻眼睛。這個人忽視的事情，那個人就會提醒他。由於幼稚地想炫耀自己的知識，就像在體育競賽中一樣，我們競相拿出最新或更新的知識來超越別人，實際上我們是在不斷追求聳人聽聞的東西。比如當我們在談論當時頗遭非議的尼采時，突然有個人擺出高人一等的姿態說：「不過在自我主義思想方面，齊克果[1]還要更勝一籌。」我們立刻就會坐立不安，「齊克果是何許人也？這個人知道他，而我們卻不知道！」第二天大家就會湧進圖書館，翻閱這位不知何方神聖的丹麥哲學家的著作。假如別人知道的事我們不知道，就會覺

1 Sören Kierkegaard，1813—1855，丹麥哲學家，存在主義先驅。

得大受貶抑——而我們熱衷於去發現的，恰恰就是那些尚未被人發現的、最近、最新、最怪、最不尋常的事物，尤其重要的是，這些都是四平八穩的官方日報上的文學評論沒有涉及的（這種熱情在我自己身上保留了很多年）。正是那些尚未被普遍承認的事情、那些難以理解、異想天開、新奇和極端的事物，引起了我們特殊的愛好。對於我們相互競逐的集體好奇心而言，沒有什麼東西是偏僻而無法找到、深奧而無法理解的。在讀中學的時候，史蒂芬．格奧爾格[2]和里爾克的作品總共出版了兩三百冊，但是頂多只有三、四冊到了維也納。沒有一個書商的倉庫裡有他們的書，官方的評論家根本不知道里爾克是誰。但是我們這群中學生憑藉意志的奇蹟，熟稔他的每一首詩、每一行句子。我們這些嘴上無毛、發育未全、每天還得耗在課堂裡的男孩們，確實是一群理想讀者，每位詩人對這樣的讀者都會夢寐以求的。我們既好奇又有鑑賞力，並且充滿了激情。我們的狂熱是無止境的，有好幾年的時間，這些半大小子在學校裡、在上學和放學路上、在咖啡館和劇院、在散步的時候，除了討論書籍、繪畫、音樂、哲學，啥都不幹。無論是指揮家還是演員，誰經常登台；誰出版了新書或在報紙上發表了文章，都像星辰一般出現在我們的天空。多年之後，當我讀到巴爾札克如何描述他的青年時代時，其中有句話讓我大吃一驚：「我總以為名人像上帝一樣，而不似平常人那樣說話、吃飯、走路。」我們當時也是這樣想的。誰若在街上看見馬勒，就是遇上了一件了不起的大事，在第二天早晨就會像打了勝仗一般洋洋得意地對同伴們報告。當我還很小的時候，受人引介認識布拉姆斯，他和善地拍了

2 Stephan George，1868—1933，德國詩人，德國「為藝術而藝術」文學潮流的代表。

拍我的肩膀，我就受寵若驚，好幾天為之神魂顛倒。當時我十二歲，雖然不太清楚布拉姆斯的成就何在，卻被他的聲望所震撼。在蓋爾哈特．霍普特曼的戲劇準備在城堡劇院首演前，一連好幾個星期，我們全班的同學都魂不守舍。我們悄悄溜到演員和跑龍套的小配角身邊，為的是搶先一步知曉劇情和演員陣容！我們還到城堡劇院的理髮師那裡理髮（對於當年幹的荒唐事，我倒不會羞於啟齒），只為了探聽一點關於沃爾特或索能塔爾的祕聞。如果某個低年級學弟的舅舅在歌劇院當燈光師，就會受到我們特別的籠絡，因為我們可以透過他偷偷溜上舞台去看排練——而登上舞台時的緊張心情，比但丁進入天國聖界時心懷的恐懼還要劇烈。在我們看來，名人的聲望真是威力無窮，即使轉過七道彎，仍然會令我們肅然起敬。某個貧窮的老太婆在我們眼中超凡脫俗，只是因為她就是舒伯特的侄孫女。就連在街上遇見約瑟夫．凱恩茨的男僕，我們也會向他行注目禮，因為他是那樣幸運，得以接近這位最受愛戴、最有天分的演員。

◊ ◊ ◊

今天的我當然很清楚，在這種盲目的狂熱中帶有多少荒唐的成分。我們像猴子一樣模仿別人的舉動，相互攀比，因為壓住別人的氣焰而洋洋得意。我們因為鑽研藝術而自覺比親人和老師這些門外漢品味高，又是多麼幼稚的虛榮啊！可是，我在今天仍很驚訝，當時的我們透過過度的文學熱情知道了多少事啊！通過不斷的討論和分析，我們這樣早就具備了批判鑑別的能力。十七歲的時候，我不僅已熟知波特萊爾和惠特曼的所有詩作，而且能把最重要的幾首背下來。我相信，在後來的歲月中，再也沒有像在中學和大學時代那樣博覽群書了。那些數十年後才得以成名的人物，他們的名字對我們太熟悉了，因為我們當時是以那樣巨大的熱情去閱讀他們的作品，將它們牢記在心。有一回，我告訴我那尊敬的朋友梵樂希[3]，我和他的文學作品已神交多年，在三十年前我就已經讀過並且熱愛他的詩句。梵樂希笑著對我說：「別開玩笑了，老友！我的詩直到一九一六年才出版哩！」但是當我分毫不差地向他描述了一八九八年我們在維也納首次發現他作品的那本小小的文學雜誌的顏色和大小時，他驚訝無比：「那本雜誌在巴黎幾乎沒人知道！您是怎麼在維也納弄到的呢？」我回答：「就像您上中學時，在您家鄉讀到官方文學界很少提及的馬拉美[4]的作品一樣啊！」他贊同地說：「年輕人能夠發現自己的詩人，因為他們樂意去發現。」在風兒還沒有吹過來之前，我們就已經聞到它了，因為我們一向都帶著敏銳的知覺生活著。我們能夠尋到新鮮事物，因為我們希冀它們，因為我們渴望得到只屬於自己的東西——不屬於我們的父輩，也不屬於周遭的世界。年輕人好比某種動物，對於氣候的變化有一種特殊的敏感。在我們的老師和大學尚未覺察之際，我們這代人就感覺到了，隨著一個世紀的結束，某些藝術觀念也告終，即將開始的是一場革命，或者，至少是價值觀的改變。我們覺得，自己父輩那一代的藝術大師（文學界的戈特弗里德．凱勒[5]、戲劇界的易卜生、

3 Paul Valéry，1871—1945，法國象徵派詩人。
4 Stephane Mallarmé，1842—1898，法國詩人。
5 Gottfried Keller，1819—1890，瑞士的德語作家。

音樂界的布拉姆斯、繪畫界的萊勃爾[6]、哲學界的愛德華·馮·哈特曼）[7]與那個太平時代一樣，不疾不徐，從容不迫。儘管他們有高超的藝術技巧和強大的精神力量，我們對他們已經不再感興趣了。我們憑直覺感到，對於我們躁動的靈魂，他們那種冷靜、中庸的節奏是不協調的，與時代的加速度也不甚合拍。這時，正是在維也納，住著德意志年輕一代最機敏的才俊——赫爾曼·巴爾[8]，這名思想界的開路先鋒，為一切正在轉變和到來的事物勇猛地開闢道路。通過他的幫助，維也納舉辦了「直線派」展覽，這個展覽震驚了舊的畫派，展出了來自巴黎的印象派和點描派藝術、挪威孟克[9]的藝術、比利時羅普斯[10]的藝術以及一切能夠想得到的激進藝術家的作品，也為他們不受人重視的先驅格呂內瓦爾德[11]、葛雷柯[12]和哥雅[13]開闢了道路。人們突然獲得了一種嶄新的視野，同時，在音樂領域，由於穆索斯基[14]、德布西[15]、理查·史特勞斯和荀白克，出現了新的節奏和音色；在文學領域，左拉、史特林堡和霍普特曼開創了現實主

6 Wilhelm Leibl，1844—1900，德國畫家。
7 Eduard von Hartmann，1842—1906，德國哲學家，代表作為《無意識的哲學》。
8 Hermann Bahr，1863—1934，奧地利詩人、文學評論家。
9 Edvard Munch，1863—1944，挪威表現主義畫家。
10 Félicien Rops，1833—1898，比利時畫家、版畫家，所繪女性裸體極具肉感。
11 Mattias Grünewald，1455—1538，德國畫家，他的不少宗教畫是中世紀到文藝復興時期德國祭壇畫中的突出作品。
12 El Greco，1541—1614，西班牙畫家，原籍希臘。所繪人物消瘦修長，色調陰暗，多為宗教題材。
13 Francisco José Goya，1746—1828，西班牙畫家。
14 Modest Mussorgski，1839—1881，俄羅斯作曲家，作品富有民族特色。
15 Claude Debussy，1861—1918，法國作曲家，開創音樂上的印象派。

義，杜斯妥也夫斯基帶來了斯拉夫的群魔，魏崙、韓波[16]和馬拉美賦予抒情詩歌藝術前所未有的純粹和精鍊；尼采使哲學發生了革命性的變化；一種更加大膽而自由的建築藝術摒棄了繁縟的古典主義風格，提倡樸素實用的建築新風格。突然之間，原來舒適的舊秩序被破壞了，迄今為止對它不可或缺的「美學上的美」（漢斯利克）[17]受到了質疑，「正統」的中產階級報紙的官方評論家詫異於這些冒失的實驗，企圖用「頹廢墮落」或「無法無天」的罪名來遏止不可逆轉的時代潮流。年輕人則熱烈地投身於這股潮流之中，在最洶湧的激流中弄潮。我們覺得，我們的時代終於到來了，年輕人終於可以在這個時代獲得自己的權利。我們那躁動不安、四處尋覓和摸索的狂熱之情，頓時獲得了意義：我們這些坐在課堂裡的年輕人可以加入這場為新藝術而進行的瘋狂而不乏粗暴的戰鬥。凡是舉辦藝術性探索的地方，無論是魏德金德[18]的戲劇演出，還是新詩歌的朗誦會，我們都全心全意地在場支持，不僅精神上全神貫注，兩隻手也沒閒著。我親眼見到，有一次，在年輕的荀白克的十二音列作品首演音樂會上，當一位紳士起勁地吹口哨，發出噓聲時，我的朋友布許貝克同樣使勁地給了他一個耳光。我們到處充當新藝術的先鋒突擊隊，只是因為，它們新，因為，它們願意為我們改變世界，因為，我們覺得，它們是和我們相關的事情。現在，終於輪到我們過自己的生活了！

16 Jean-Arthur Rimbaud，1854—1891，十九世紀法國象徵主義代表詩人之一。
17 Eduard Hanslick，1825—1904，德國的音樂學家、評論家、美學家。
18 Frank Wedekind，1864—1918，德國劇作家。

不過，我們之所以對這種新藝術如此熱愛和著迷，還有另一個原因：因為它幾乎完全是年輕人的藝術。在我們父輩的時代，一位詩人、一位音樂家，只有「經過磨練」和適應了市民階級那種循規蹈矩的審美趣味後，才可能成名。看看人們教我們要加以尊敬的那些先生們，舉手投足、面部表情都那樣讓人敬畏。他們都是美髯公，蓄著灰白的大鬍子，穿著華美的絲絨短外套——維爾布蘭特[19]、埃貝斯[20]、達恩[21]、保爾·海澤[22]、倫巴赫[23]——他們都是那個時代的寵兒，如今也都銷聲匿跡了。他們拍照時做沉思狀，擺出「尊貴的」「富有才智的」姿態，一舉一動都像樞密顧問和紅衣主教，而且還像這些人物一樣佩戴著勳章。而年輕的詩人、畫家和音樂家最多只被當作「有希望的人才」而已，再進一步的肯定就得等上一陣子了。在沒有見到一個人多年的「扎實」成績，以證實他的實力之前，那個小心謹慎的年代不喜歡太早表露自己的好感。但是，新湧現的藝術家都是年輕人，由寂寂無名而一鳴驚人的霍普特曼，才三十歲就做了德意志戲劇的統帥，格奧爾格和里爾克在二十三歲的時候（還未到奧地利的法定年齡）就獲得了文學上的聲譽並擁有狂熱的追隨者。在我們自己這座城市，一夜之間就出現了一個「青年維也納派」，他們就是史尼茨勒、赫爾曼·巴爾、理查·貝爾·霍夫曼、彼得·阿騰貝格，

19 Adolf von Wilbrandt，1837—1911，德國作家，1881—1887 年任維也納城堡劇院經理。
20 Georg Ebers，1837—1898，德國作家、埃及學研究者。
21 Felix Dahn，1834—1912，德國作家、歷史學家、法學家。
22 Paul Heyse，1803—1914，德國作家，1910 年獲諾貝爾文學獎。
23 Franz von Lenbach，1836—1904，德國寫實主義肖像畫家。

經由他們細膩加工過的藝術手段，獨特的奧地利文化第一次在歐洲產生了影響。但是，最使我們迷戀、崇拜，讓我們想一味追隨到底的，只有一個人，他就是舉世無雙的天才人物胡戈．馮．霍夫曼斯塔爾。在他身上，這些年輕人不僅見到了自己的理想，而且，在這個幾乎是我們同齡人的身上，我們看見了一個完美的詩人。

◊ ◊ ◊

年輕的霍夫曼斯塔爾是心智早熟的偉大奇蹟，是一個里程碑。就我所知的世界文學範圍內的早熟天才，除了葉慈和韓波，沒有人能像他這樣完美無瑕地駕馭語言，沒人能像他這樣富有如此廣闊的想像力，即便是他偶然寫下的詩句也富有這樣的詩意。這位天才在十六、七歲時就寫下了不朽的詩篇和至今仍無人企及的散文，被永遠載入德語文學的史冊。他突然出現，一開始就表現成熟，這實在是個奇蹟，在他那一代人當中不會出現第二例。他的現身實是不可思議，簡直可說超乎自然，也令那些一早就知道他的人瞠目結舌。赫爾曼．巴爾經常對我說起他當時的驚訝，有一天，他的雜誌收到一份從維也納發來的投稿，投稿人署名「洛里斯」（中學生不允許用真名在報刊雜誌上發表作品）。從世界各地來的稿件中，從來沒見過這樣優秀的作品，語言高貴典雅，富有想像，內涵深厚，筆法又瀟灑、飄逸。這個「洛里斯」，這位陌生人究竟是誰呢，他問自己。無疑是一位老人，歷經數年，默默提煉自己的見解，在他那隱士的寒舍中，將語言最純粹的精華培育成一種接近肉欲的魔力。就在這座城市，竟然住著這樣一位智者，這樣一位天才詩人，而他竟然從來沒聽說過！巴爾立刻給這位陌生人寫了一封信，約在一家咖啡館見面——他將這次約會訂在著名的青年文學大本營：格林斯泰特咖啡館。突然，一位身材頎長的中學生敏捷地走到巴爾面前，他穿著童裝短褲，下頷光潔，沒有一根鬍鬚。他鞠了一躬，用還未完全變聲的略尖嗓音簡短而堅決地說：「我是霍夫曼斯塔爾，我就是洛里斯。」多年之後，當巴爾說起自己當時的愕然時，仍舊忍不住激動。他說自己簡直不能相信，這樣的藝術、這樣寬闊的視野、這樣深刻的認識，竟然出自一名中學生！在尚未經歷生活之前，他竟然就將生活看透了！而史尼茨勒告訴我的話幾乎和巴爾說的一模一樣。當時，他還是一名醫生，因為他最初的文學成就還不足以維持生計。但是，他當時已經是「青年維也納派」的領袖，很多更年輕的人喜歡接近他，聽取他的意見和建議。一次偶然的機會，他認識了這位高個子中學生，這個孩子的機智聰明引起了他的注意。當這個中學生後來請求為史尼茨勒朗誦自己創作的一齣詩劇時，史尼茨勒請他來自己的住處，但並未對此有多少期待——他心想，一個中學生的作品，頂多不過是多愁善感或者是假古典主義一類吧。他約請了幾個朋友一道來參加，霍夫曼斯塔爾穿著他的童裝短褲出現了，有些緊張拘束，他開始朗讀作品。「幾分鐘之後，」史尼茨勒這樣告訴我，「我們突然都豎起了耳朵，互相交換著驚訝、甚至是驚奇的眼神。如此完美的詩句，意象巧奪天工，音樂性如此鮮明，我們從來沒有見過在世的任何人寫過這樣的傑作，我們甚至以為，自歌德之後，無人出其右。而比這無以倫比的講究形式（在他之後再無人勝出）更加卓越而教人驚歎的是對於世界的知識，這樣一個天天坐在課堂裡的孩子，對世界的認識只能來自神祕的直覺吧。當霍夫曼斯塔爾朗誦完畢，所有人都悄然無聲。史尼茨勒說：「我覺得自己生平第一次遇見了天才，後來我一生中再也沒有被如此強烈地震撼過。」一個在十六歲時就開始偉大成就（或者更準確地講，不是開始，而是剛開始就已登峰造極）的人，肯定會成為歌德和莎士比亞的兄弟。事實上，的確如此，這種完美也愈臻成熟：繼首部詩劇《昨日》之後，霍夫曼斯塔爾又創作了氣勢恢弘的《提香之死》的片段，在劇中，他使德語獲得了義大利語般美妙的音韻。接著，他創作詩歌，他的每首詩對我們都至關重要，數十年後的今天，我還能一句一句地背誦那些詩。他還寫短劇和散文，他的散文將豐富的知識、完善的藝術見解、寬廣的眼光，神奇地濃縮在十幾頁稿紙上。這位中學生、這位大學生所寫的一切，猶如一顆水晶，從內在深處散發出光彩，既璀璨又深邃。在他手中，詩歌和散文如同伊米托斯山上芬芳的蜂蠟[24]，糅合成為一體。他的每部作品各有不同的迷人之處，但總是恰到好處，不多也不少。人們總是覺得，一定是有種神祕而不可知的力量引導著他踏上這條前無古人的道路。

當時我們已經領悟到真正的價值所在，很難描述霍夫曼斯塔爾這樣的天才是多麼讓我們癡迷。對於年輕人而言，知道有位如此卓越、純淨的天才詩人就在自己身邊，就在我們這代人當中，而且，只能把他想像成與賀德林、葉慈、萊奧帕爾迪[25]比肩的傳奇人物，是那樣高不可攀、如夢似幻的感覺，這難道不是最讓人陶醉的一種感覺嗎？因此，我至今還清晰記得自己初

24 Hymettus, Mount，希臘雅典東區的石灰岩山。羅馬時代詩人奧維德曾描繪過。
25 Giacomo Leopardi，1798—1837，義大利詩人。

次見到霍夫曼斯塔爾本人的那一天。當年我十六歲，由於一直密切注意這位理想中的良師的一舉一動，所以藏在報紙角落的一條消息尤其令我興奮，他將在「學術俱樂部」做一場關於歌德的報告。（我們覺得真不可思議，這樣一位天才竟然在如此狹小的空間內演講，照我們這些中學生的想像，霍夫曼斯塔爾公開露面時，最大的大廳也應是聽眾爆滿才對。）而這件事再次證明了我們那群小小的中學生的判斷力和直覺（不僅只是對這件事，而是對一切有生命力事物的直覺）是多麼正確，並且超過了大眾和官方評論。在那個狹小的大廳裡，總共只有一百多人，所以我為了占座位，迫不及待地提前半小時出發，看來全無必要。我們等了一會兒，忽然有一位身材修長、並不起眼的年輕人穿過我們這排座位，向講台走去。還不等我仔細端詳，他直接就開始發言了。霍夫曼斯塔爾上唇蓄著柔軟而還未完全成型的鬍鬚，身材靈巧，比我想像的還要年輕。他的面龐輪廓分明，膚色如同義大利人一樣有點深，神情嚴肅，有些緊張。他有一雙漆黑、柔和的眼睛，近視得厲害，眼神中流露出的不安更加深了上述的印象。他毫不猶豫，一下子就專注於演講之中，彷彿泳者潛入熟悉的波濤，他越講，神情就越放鬆，態度越鎮定，思路一展開，他的拘束全消，取而代之的是輕鬆自如，他侃侃而談，就像平日靈思泉湧時一樣（我後來在和他的交往中發現，他總是這樣）。我只在他剛開始演講時發現他的聲音並不悅耳，有時近乎假嗓，很容易變得刺耳。但是他的演講很快就讓我們興奮和激動起來，也就沒再去注意他的聲音和相貌了。他發言不用講稿，也沒有筆記，也許，連充分的準備也沒有。然而，出於他與生俱來的神奇的形式感，他的每句話都完美無缺，他提出了最令人不解的反證命題，隨後又以清晰而令人驚異的陳述將它們闡釋清楚。人們不禁覺得，他所說的只不過是他知識汪洋中的一小瓢，他的演講如此自在從容，視野如此之高，他完全可以接著再講好幾小時而不會讓內容貧乏或水準降低。在後來的歲月中，當我私下和他交談時，我覺得他的魅力，誠如史蒂芬·格奧爾格對他的稱讚：「他的話如同氣勢恢弘的吟誦和妙語連篇的對話。」他的個性激動敏感、靈巧善言。他對任何細微的壓力都很敏銳，與人交往時，往往鬱鬱寡歡，容易激動，與他交往不是件容易的事。當一個問題吸引住他時，他就像一團火，彷彿奪目的煙花綻放那樣，把所有討論迅速而熱烈地引入他自己的、只有他自己才能夠進入的領地。除了有時和考慮問題更加穩重明晰的梵樂希，以及脾氣急躁的凱澤林[26]談話之外，我還沒有遇到過像和霍夫曼斯塔爾對話時這樣具有思想深度的談話。在這些真正靈感迸發的時刻，他讀過的每本書、見過的每幅畫和每處風景都在他精靈般警醒的記憶中活了起來；他的譬喻一個接著一個，像手牽著手一樣自然流暢；他的論點突出鮮明，彷彿佇立在地平線盡頭的布幕背景——在那次講座上，我第一次感受到了他身上的這種氣息，一種令人振奮、激動而又不可言喻的神祕氣息，在後來與他的私人交往中，我也真切地感受到這種氣息。

在某種意義上，霍夫曼斯塔爾再也沒能超越他在十六至二十四歲創造的無以倫比的奇蹟。他後來的某些作品我也同樣讚賞，像優美的散文、《安德莉亞斯》的片段（這可能是德語中最美的長篇小說）以及戲劇的一些段落。但是，由於他比以前更傾向於現實戲劇和時代趣味，他

26 Graf Hermann Keyserling，1880—1946，德國哲學家。

的創作計畫帶有更強烈的野心和目的，先前那種夢幻般的筆觸消失了，少年時代純粹的靈感遠去了，隨之遠去的，還有我們自己年輕時候的癡迷和沉醉。我們憑著孩童的神奇直覺，事先知曉了這個事實：我們青春時代的奇蹟僅此一次，然後，一去不返。

◊ ◊ ◊

巴爾札克曾用獨特的方式描述過，拿破崙．波拿巴這個人物是如何令那時法蘭西整個時代的人激奮起來。在他看來，波拿巴這個小小少尉竟然榮登帝王寶座，這讓人瞠目的事件不僅是個人的勝利，而是年輕人思想的勝利。一個人不必出身皇族或侯門才能獲得權力，即使出身寒微，同樣可以在二十四歲當上元帥、三十歲統治法國，繼而統治全世界。這個舉世無雙的成功激勵著數以百計的青年離開自己卑微的職位，離開小小的省城——波拿巴少尉使得整整一代的青年頭腦發熱，野心勃勃，他造就了偉大軍隊中的將軍，造就了人間喜劇裡的主人公。只要一個年輕人在某個領域裡達到前人未達到的高度，這個成功的事實就會鼓舞他身邊和後來的所有年輕人。在這個意義上，霍夫曼斯塔爾和里爾克對我們這些年紀更小的孩子來說，是對我們尚未成熟的力量的巨大動力。我們倒不是指望我們當中還會出現像霍夫曼斯塔爾這樣的奇蹟，但是，因他的存在，我們的力量就加強了。他本人證明了，在我們那個時代、在我們自己的城市裡、在我們這樣的環境下，同樣可以有詩人。他那當銀行經理的父親，和我們的父親一樣，原來也是出身猶太市民階層。這位天才和我們一樣，在有著相似家具和相似的道德教條的屋子裡長大。他念的課本和我們的相同，並且也在木頭板凳上坐了八年。他和我們一樣不耐煩，和我們一樣渴望一切精神的財富，但是，瞧啊，他成功了，雖然要在硬板凳上磨蹭，在體操房裡踏步走，他卻跳出了狹隘的小圈子，擺脫了城市和家庭，一躍進入無垠的世界。霍夫曼斯塔爾的實例在某種程度上向我們顯示了，即使在我們這樣的年齡，在奧地利中學牢獄般的環境中，創作詩歌作品、乃至詩意地完成作品，原則上是可能的。當一個人在家裡和學校還被當作未成年的、無足輕重的孩子看待時，他的作品就出版了，他已經受到了讚譽，成名了——對於幼稚的心靈來說，這是多大的誘惑啊！

而里爾克對於我們來說，又是另一種鼓舞，它用平和寬慰的方式補充了霍夫曼斯塔爾對我們的激勵。因為即使是我們當中最狂妄的人，也覺得挑戰霍夫曼斯塔爾簡直就是大不敬。我們明白，他這種早熟的完美是舉世無雙的奇蹟，不可再得。當我們這些十六歲的孩子將自己的詩句與他當年十六歲時寫下的膾炙人口作品相對照，真是相形見絀，同樣，與他讀中學時就已博學多能相比，我輩也只是鴻鵠腳下的燕雀而已。里爾克則不同，他雖然也早在十七、八歲開始寫作並發表作品，但他早期的詩作與霍夫曼斯塔爾的相比，或是獨立觀之，還是幼稚、簡單、不成熟的，只有以寬容的眼光，才能覺察其中些微天才的光芒。這位受到我們無比熱愛的傑出詩人直到二十二、三歲才逐漸開始成型，這個事實對於我們就是極大的安慰了。我們不必像霍夫曼斯塔爾那樣在中學就達到完美，我們也可以像里爾克這樣摸索前進，逐步成熟和進步。我們不必因為目前寫出的東西不像樣、不成熟、缺乏責任感，就馬上放棄希望，也許，我們是不會再現霍夫曼斯塔爾的奇蹟了，但是，我們還能像里爾克那樣安靜而平凡地獲得成功。

這是因為，我們每個人都早早便開始了創作、寫詩、從事音樂和朗誦，年輕人對於這些愛好，不可能是被動的，因為他們的本性不會只滿足於獲得若干印象，而是對這些印象做出創造性的回應。熱愛戲劇對於年輕人而言，至少意味著期望自己能登台表演或在劇院工作。他們崇拜所有的天才人物，於是不可避免地導致他們回頭審視自己，看看在自己未被完全開發的軀體和尚且蒙昧的靈魂中是否有一絲精華的痕跡。於是，與維也納的氣氛和那個時代的特殊性相吻合，藝術的創作欲在我們班上相當強烈。每個人都在自己身上尋找天賦，並想一展長才。我們當中有四五個人想成為演員，他們模仿城堡劇院的演員們的腔調，鍥而不捨地練習台詞和朗誦，他們偷偷地去上表演課，在學校放假的時候，分配角色，表演整場古典戲劇，其他人則充當既好奇又挑剔的觀眾。還有兩三個人是相當有素養的音樂愛好者，但是他們還沒有決定是否要去當作曲家、演奏家還是指揮。我最初掌握有關現代音樂的知識，應該歸功於他們，因為官方的愛樂管弦樂團根本瞧不上新的現代音樂——雖然愛樂管弦樂團總是向我們索取供他們演唱的歌詞。班上還有一位同學，他的父親是當時非常出名的畫家，這個同學在上課的時候替我們在作業本上為未來的天才們畫滿了肖像。而班級裡最普遍的愛好就是文學了。我們通過互相激勵，在文學方面成熟得越來越快，對每首詩都相互切磋，使得我們這些十七歲學生遠遠超過業餘愛好者的一般水平。我們當中有些人獲得了真正的成果，以下有事實為證：我們的作品不僅只被一些沒沒無聞的地方小報採用，而是被新一代創辦的主流刊物登載，最有力的證明就是——稿酬。Ph. A.，我曾把他當作天才般崇拜的同學，他的名字赫然出現在當時最出色的高品質雜誌《牧神》上面，與戴默爾、里爾克的名字一起排在前列。另一個同學A.M.，曾經用「奧古斯特．厄勒」的筆名進入當時所有德語雜誌中門檻最高、最古板的文藝刊物《藝術之頁》，這可是史蒂芬．格奧爾格專為自己精挑細選的小圈子菁英所保留的園地。第三個同學在霍夫曼斯塔爾的鼓勵下寫了一部關於拿破崙的劇本，第四個同學提出了一種新的美學理論，並創作了寓意深刻的十四行詩，而我自己的名字則登上了現代主流報紙《社會》，和一份以德國政治和文化史為核心的重要刊物，馬克西米利安．哈爾登[27]創辦的《未來》週刊。撫今追昔，我不得不客觀地承認，就十七歲的年齡而言，我們當時知識的廣博、文學技巧的圓熟和藝術水準，確實驚人。這種情況只能由霍夫曼斯塔爾早熟的神奇事例做解釋，正是因為霍夫曼斯塔爾的天才在前，才有我們的發奮努力，不甘示弱。我們掌握語言的各種藝術，熟諳所有奇異古怪、不拘一格的用法，我們創作了數不清的詩篇，將各種形式詩歌的技巧、風格，從品達[28]的激情到民歌的淳樸，全部演練了一遍。每天我們都相互交換作品，指出不足之處，討論每個韻律的細節。當那些夫子們還在用紅筆劃出我們作文中少了幾個逗號時，我們早已相互展開批評，那種嚴格、仔細和內行，已是大報上那些官方文學評論權威對待古典大師作品所未有的。由於這樣

27 Maximilian Harden，1861—1927，德國政論家和作家，1892年創辦政治週刊《未來》，個人經營，宣揚自己的政治和文化理念。

28 品達（Πινδαρο，約公元前518年—前438年），古希臘抒情詩人，被後世的學者認為是九大抒情詩人之首。

的狂熱，到了中學的最後幾年，我們在專業眼光和修辭表達方面，甚至已經勝過那些職業評論家了。

這樣如實描述我們在文學方面的早熟，也許會讓大家以為我們這一班都是特殊的神童。但實際上並非如此，在當時維也納十幾所鄰近的中學裡，同樣可以見到這種對文學的狂熱和文學上早熟的現象。這不可能是偶然的，這是一種極其幸運的氛圍，這座城市的藝術沃土、不以政治為核心的年代、世紀交替時文學藝術日新月異的局面，這種種因素都和我們在那個年齡必然產生的巨大創作欲相結合，而形成了這一切。每個人在青春年華都有詩情，都會產生寫詩的衝動，當然，對於大多數人，這只是心海泛起的一絲漣漪而已，像我們這樣，如此持久地保持愛好倒是少見，因為，狂熱本身只是青春的一種表現。後來，我們課堂裡的五位演員沒有一個真正登上舞台成為演員。在《牧神》和《藝術之頁》上留過名的那幾個詩人[29]，也在那驚人的初啼之後，變為庸碌的律師和公務員。也許，他們會對著自己當年的雄心傷春悲秋或付之一哂——在他們當中，我是唯一保持創作熱情的人，並成為我一生的核心和意義所在。但是，今日，我是多麼感念這些昔日同窗啊！他們曾經給予我多少的幫助！那些熱烈的討論、那種你追我趕的勁頭、那些相互的稱讚和批評，使我的雙手與精神早早得到了鍛鍊，拓展了我的眼界，提升了我的視野，我們就這樣輕鬆自在地擺脫了學校的單調無聊。「你，迷人的藝術啊，總是在那無比空虛的時刻，讓我們沉醉於更美好的世界。」每當這首舒伯特的不朽歌曲在耳邊響起，

29 由於奧古斯特・厄勒英年早逝，此處作者可能記憶有誤。

我就彷彿看見，課堂的硬板凳上，當年的我們垂著肩膀，沒精打采可憐兮兮地坐著；而在放學途中，我們卻兩眼炯炯，評論著詩歌，朗誦著詩歌，興奮得完全忘記了時空，真是「沉醉於更美好的世界」了。

◊ ◊ ◊

這種對藝術的癡狂和對美的偏執，自然是以犧牲我們那個年紀該有的一般興趣為代價。如今當我自問，當時每天的日程都被學校和家教排得滿滿的，怎麼還會有時間閱讀那些書籍，我才意識到，那時自己大部分的睡眠時間被挪用，身體健康為之付出了代價。雖然每天早晨我必須七點起床，但在夜裡一、兩點之前，我一定書不釋手，從那時起，我就養成了一個壞習慣，即使睡得再晚，我也要先看一、兩個小時的書。因此在記憶中，我永遠都睡不飽，匆忙洗漱之後，在最後一分鐘被催促著趕著上學，一路上還啃著塗著奶油的麵包。所以毫不奇怪，我們這群小書呆子看起來都面黃肌瘦，活像青澀澀的水果，而且，衣著也相當不修邊幅。我們把每分零用錢都用來看戲、聽音樂會和買書，而且，我們也根本不在乎是否得到女孩的青睞，我們可是嚮往更高層次的肯定啊。和女孩子散步根本是浪費時間，因為我們在知識方面有一種傲慢與偏見，認為女性在智力上低我們一等，所以不願將寶貴的時間浪費在淺薄的閒扯上。現在的青年可能不太容易理解我們當年對體育運動有多冷淡，甚至還很鄙視。在上個世紀，體育運動的浪潮還沒有從英國衝擊到歐洲大陸。當時，還沒有這樣的運動場，可以容納數以千計的觀眾，讓他們在看見拳擊手將對手的下顎擊碎時，興奮地狂呼亂叫。報紙還不會派出記者，讓他們以荷馬史詩般的激情對一場曲棍球比賽做整欄的報導。在我們那個時代，摔角比賽、體操協會、舉重紀錄等等，這一切都還只是發生在城市近郊，觀眾也盡是些屠夫和搬運工。吸引「上流社會」的運動頂多是比較文雅、高貴的賽跑，一年有幾次而已，但我們這些將任何體力勞動視為浪費時間的人是絕不會去的。當我十三歲開始染上對文學藝術的愛好，我就停止了溜冰，把父母給我用來學跳舞的錢全部用來買書。到了十八歲我還不會游泳、跳舞，也不會打網球。直到今天，我既不會騎自行車，也不會開車。在體育方面，任何一個男孩都可以嘲笑我。即使到現在，一九四一年，我仍舊分不清壘球和足球，曲棍球和馬球。報紙上的體育版對我來說，活像天書，一點也看不懂。我對所有體育運動的成績，無論是速度還是技巧都一竅不通，就好像波斯的沙阿[30]，有一次，有人鼓動他去參加賽馬，他卻以東方人的智慧回答：「為什麼呢？我本來就知道總有一匹馬比另一匹跑得快，哪一匹跑得快，干我何事？」我們對鍛鍊自己的身體也同樣抱以輕視的態度，覺得那是把時間白白浪費掉了。只有下棋能得到我們幾分垂青，因為得要動腦筋。而更加荒謬的是，雖然我們自認為正在成為詩人或者具備詩人的潛能，我們卻很少關心身邊的大自然。在我生命最初的二十年裡，我對維也納美麗的風光視而不見。當最迷人、最炎熱的夏天來臨，城裡四處空蕩蕩的，我們卻覺得特別好，因為我們可以趁機在咖啡館讀到更多的報刊雜誌，到手快，種類也豐富。後來，我用了數十年的時間彌補身體無法避免的笨拙，

30 古代波斯國王的稱謂。

調整這種幼稚、貪心而過度緊張的生活。不過，總體而言，我對中學時代的狂熱，這種只用眼睛和腦筋生活的時期從未後悔過。它將一種求知熱情注入我的血液，我永遠也不願失去這種熱情，從此之後我所讀到、學到的一切都建立在這幾年奠定的堅實基礎上。一個人如果沒有鍛鍊過肌肉，以後還可以彌補，而智力的飛躍和心靈的內在理解力，只有在那形塑精神的關鍵幾年中得以實現，一個人只有早早地學會敞開自己的心靈，日後才能將整個世界納入心中。

◊　◊　◊

那時我們正年輕，也正是藝術上醞釀著新生事物的時候，這些新的藝術比曾經滿足過我們的父輩和當時社會需求的藝術更加熱烈、不講規矩，更具實驗性。由於被生活這部分的內容深深吸引，我們沒有注意到，美學範疇內的這種變化只是更廣闊、更深遠的巨變的先兆，而這巨變最終將動搖和毀滅我們父輩的世界，毀滅那個太平盛世。在我們古老的、昏昏欲睡的奧地利，一場令人矚目的社會變革正在醞釀。幾十年來默默將統治權心甘情願地讓給自由派中產階級的廣大群眾，突然不再沉默，他們組織起來，要求獲得自己的權利。就在上個世紀的最後十年，政治如同疾風暴雨打破了寧靜安逸的生活，新的世紀呼喚著一種新秩序與新時代。

在奧地利聲勢浩大的群眾運動中，首先興起的是社會主義運動。在此之前，被我們錯誤地稱為「普選權」的選舉權，實際上只賦予了繳納了一定稅款的有產階級。然而，由這個階級挑選出來的律師和農場主人們卻真誠地相信，自己在國會中充當的是「人民大眾」的代言人。

他們為自己受過教育、尤其是受過高等教育而自豪，他們講究尊嚴、體面、高雅的談吐，因此國會開會時就像一家高級俱樂部的夜間沙龍。這些中產階級民主主義者信仰自由主義，他們相信，憑藉寬容和理性，世界必然進步，他們真誠地以為，通過小小的妥協和逐步的改良，全體民眾的福利將以最佳方式得以改善。但是他們根本忘記了，他們自己只是代表了大城市裡五萬或十萬名富裕居民，並不代表全國幾十萬、上百萬的人民。此時，機器生產也開始產生作用，把以往分散的人群集中到工業中來了，在傑出的維克多．阿德勒博士[31]的領導下，奧地利成立了一個社會主義政黨，旨在實現無產階級的各種要求，無產階級要求有真正的普選權，要求人人擁有同等的選舉權。這種選舉權剛實行，或者更確切地說，等它剛被迫實行時，人們立刻發現，即使備受推崇，自由主義其實是一層多麼脆弱的隔板。隨著它的消失，政治生活中的和睦也不復存在。各種利益尖銳衝突，鬥爭開始了。

我現在還清楚記得，在我很小的時候，奧地利的社會主義政黨發生了決定性轉折的那一天。工人們頭一次想顯示自己的力量和聲勢，他們提出了一個口號，宣布五月一號是勞動人民的節日，並決定在普拉特遊行，而且遊行隊伍要進入那條主要的林蔭大道，在平日，這條布滿栗子樹的寬闊美麗大道，只有貴族和富人的香車寶馬招搖過市。本分的自由派市民聽到工人們的這個決定都嚇得目瞪口呆。在當時的德國和奧地利，社會黨人這個詞是帶著血腥氣的，有恐怖主義的味道，就像以前的雅各賓黨和後來的布爾什維克一樣。人們乍聽工人要進城遊行，根

31 Viktor Adler，1852—1918，奧地利社會民主黨創始人。

本不相信這群來自郊區的赤色份子在進城後不會放火、搶劫，他們什麼壞事幹不出來呢。於是城內亂成一團。城區和周邊地區的所有員警都被派往普拉特大街值勤，軍隊進入戒備狀態，沒有一輛私人馬車或出租馬車敢到普拉特附近，商人放下了商店門前的鐵護欄。我記得，父母嚴厲禁止我們這些孩子在這天上街，因為這天維也納將成為一片火海。但是，這一切只是虛驚一場。工人帶著自己的妻小，列成四人一排的整齊隊伍，十分守紀律地走進普拉特。他們每個人都在釦眼裡插了一朵紅丁香，這是社會民主黨的標記。他們一邊列隊前進，一邊高唱《國際歌》，而當孩子們第一次邁進那「高貴大道」的美麗草地時，他們無憂無慮地唱起了學校裡的歌曲。沒有人罵人，沒有人打人，也沒有人揮拳頭。員警和士兵都向遊行的人們報以友善的笑容。由於工人們的行為無可指責，中產階級後來也就不好再把他們斥為一群「革命歹徒」。就像在古老和明智的奧地利通常做出的決定一樣，無產階級和中產階級最終相互作了讓步。當時還沒有今天這樣的棍棒政策和徹底滅絕的制度，人道主義的理想（當然已經褪色了）在那些黨派的領導者身上還有所保留。

紅丁香作為社會民主黨的標記剛出現不久，突然出現了另一種插在釦眼裡的花——白丁香，這是基督教社會黨的標記（當時的人們不用戰靴、短劍和骷髏作為黨的標記，卻選用了花，這怎教人不感動？）。基督教社會黨完全是小市民階級的政黨，其實只是與無產階級運動相對抗的一種組織運動，它與無產階級運動一樣，在本質上也是機器生產戰勝手工業的產物。機器生產將大批人群集中到工廠，賦予工人地位和權力，同時也威脅著小手工業的生存。大商店和大規模生產使中產階級和手工業企業的師傅面臨破產。一位機靈能幹、頗有人緣的領袖人物，卡爾．盧埃格爾博士利用他們的這種憂慮和不滿，提出「必須幫助小人物」的口號，將整個小市民階級和怒氣沖天的中產階級籠絡到自己的陣營，他們對自己將從有產者降為無產者的恐懼，遠遠超過對有錢人的妒忌。也正是這個心懷恐懼的階層，日後成為被希特勒最先收買的人群。除去在這一點上卡爾．盧埃格爾成為希特勒的榜樣外，還有另外一點也為希特勒提供了先例，那就是隨心所欲地高喊反猶口號，為滿懷怨氣的小市民階級找到一個出氣筒，將他們的仇恨悄悄地從大地主和封建權貴身上轉移。而通過對這兩種人物的比較，我們可以看出當今政治已變得徹底的庸俗和野蠻，我們這個世紀在可怕地倒退。卡爾．盧埃格爾留著金黃色的柔軟絡腮鬍，儀表不凡——維也納人都叫他「美男子卡爾」，他受過高度教育，不愧是在一個奉精神文明為最高準繩的時代上過學。他口才極好，措詞激烈但詼諧，即使在最激烈的演講當中（或者說，被那個時代的人們視為激烈的演講）也從未失去應有的風度。他雖擁有一把利刃，一把可以幹出啖肉飲血之類的荒蠻勾當的利刃，卻從來都小心謹慎地握著它。他對自己的對手始終保持著君子風度，他的私生活簡樸而無可非議，他的排猶政策從未妨礙他對從前的猶太朋友表示善意和加以關照。當他領導的運動終於戰勝了維也納市議會，被任命為維也納市長後（法蘭茲．約瑟夫皇帝對排猶傾向有反感，曾兩度拒絕批准這個任命），他一直秉公辦事，政績無可指責，甚至稱得上是民主的表率。在這個排猶主義政黨勝利之前，一度心驚膽戰的猶太人繼續和從前一樣生活，享有平等的權利，並且受到尊重。仇恨的毒素和互相滅絕的意志還沒有侵入到時代的血液中。

這時，又出現了第三種花——藍色的矢車菊。這是俾斯麥最喜愛的花，是德意志民族黨的標誌。這個黨具有激烈的變革意識（當時的人們不明白這一點），它的目標是用暴烈的衝擊毀滅奧地利君主國，建立一個在普魯士和新教領導下的大德意志國家——這比希特勒夢想的還早。當時，維也納和鄉村是基督教社會黨的天下，社會主義政黨扎根在工業中心，德意志民族黨幾乎只有在波西米亞和阿爾卑斯山區等偏遠地帶招募到黨徒，他們雖然人數少，勢力弱，卻具有野蠻的攻擊性和極端的殘忍，令人不能輕視。這個黨的一些議員後來成了奧地利議會暴政和恥辱（以傳統的眼光來看）的代表。一個同樣出身奧地利偏遠地區的人，希特勒，在他們身上找到了自己思想和策略的根源。他從格奧爾格．舍納雷爾[32]那裡繼承了「擺脫羅馬統治」的口號——當時有數千名德意志民族黨的黨員忠誠地跟隨著這口號，從天主教皈依到新教，激怒了皇帝和天主教的教士。希特勒還從他那裡學到反猶的種族主義理論，「一位高貴的前輩說過：『猶太鬼都是豬玀！』」但最主要的，是他學會了建立一支衝鋒隊，肆無忌憚，打砸搶殺，他的道理就是，通過恐怖暴力，讓一小撮狼征服老實懦弱的一大群羊。為國家社會主義賣命的是衝鋒隊員，他們用橡皮棍攪亂集會，在夜裡襲擊目標，將他們打倒在地；而為德意志民族黨賣命的則是奧地利大學生聯合會的會員，他們仗著大學的豁免權，野蠻鬥毆，開了恐怖行為的先河。每當他們採取政治行動，總是像軍人般列隊前行，一邊打著呼哨，一邊高呼口號。他們

32 Georg Schönerer，1842—1921，奧地利德意志民族黨的領袖，兩度當選為奧地利國會議員。

自行組成「大學生團」，臉上帶著劍痕，酗酒鬧事，控制著大學校園。他們不像別的大學生只戴袖章和學生帽，而是手持又粗又沉的棍棒，四處尋釁，時而圍攻斯拉夫學生，時而毆打猶太學生，時而挑釁天主教學生和義大利學生，把手無寸鐵的這些人趕出校門。這些「大學生團」的成員每次在校園「閒逛」（每週六舉行一次的暴力巡視）一回，必然要發生流血慘劇。由於大學仍享有古老的特權，員警不得進入，所以警方只好眼睜睜在外面看著那幫無賴行兇，他們能做的，只是等這些民族主義的群氓將受傷的人從樓梯口扔到大街上的時候，把傷員抬走。奧地利的德意志民族黨人數雖然很少，卻善於虛張聲勢，每逢想達到什麼目的，總是先派出這些學生團的成員當先鋒。當巴德尼伯爵[33]在皇帝和國會的首肯下頒布一項語言法令，以為它會促成奧地利各民族和平共處，甚至還可能使帝國再延續幾十年的壽命時，這些學生團的成員已經被煽動起來占領了整個環形大道，政府不得不派出騎兵部隊，用軍刀和槍枝鎮壓了這次行動。但是，在那個軟弱得可悲、極端講人道的自由主義時代，人們是那樣憎惡任何的暴力衝突，又對流血事件心懷巨大的恐懼，政府只好在德意志民族黨的暴行面前讓步，總理下野了，那項完全合法的語言法令也被取消。野蠻暴力第一次在政治生活中顯示了它的勝利。寬容的時代曾經那樣努力地去彌合各民族和階層間的裂痕，而今，這些隱藏的隔閡一下子全部爆發了，變成了

33 Kasimir Felix Graf Badini，1846—1909，1895—1897年任奧地利總理，他主張的語言法令規定奧地利帝國所有官員都要通曉捷克語，遭到母語為德語的議員激烈反對。動亂過後，奧地利皇帝下令暫時關閉議會，免去巴德尼伯爵的總理職務。

不可逾越的鴻溝。實際上，在新世紀之前的最後十年裡，一場全面的內戰已在奧地利拉開序幕。

然而我們這些年輕人還完全沉浸在自己的文學志趣之中，根本沒察覺到自己國家發生的這些危險與變化，在我們眼裡，只有書籍和繪畫。我們對政治和社會問題根本不感興趣，這些刺耳的爭吵對我們的生活有什麼意義呢？全城人皆因大選而激動不已，我們卻只是在圖書館安坐。民眾紛紛集會遊行，我們還在寫詩論藝。我們看不到人們在牆上塗鴉的閃亮標記，而是像古代的伯沙撒王[34]一樣，逍遙自在地品嘗著各種珍貴的藝術佳餚，根本未曾擔心地向前望一眼。直到幾十年後，當我們頭頂的房屋傾塌，我們才意識到，原來基石早已被挖空，隨著新世紀的到來，個人自由也開始在歐洲消亡。

34 Belsazar，巴比倫的最後一個國王。

情竇初開

在八年的中學期間，我們每個人都經歷了一件極其私密的事：那就是，從十歲的小孩長成了十六七、八歲的半大小夥子，生理上開始出現了自然需求。這種青春期的性覺醒以純粹個人的形式出現，每個發育中的少年都必須以自己的方式解決這個問題，誰也不會在公開場合討論。但是，對我們那代人而言，性成熟這個棘手的問題已經超出了它本身的範疇，而表現在我們另一方面的覺醒，因為，它使我們開始以批判的眼光觀察自己置身的世俗社會和風俗習慣。小孩子和年輕人通常一開始都會循規蹈矩，但是，他們必須看到其他人也在誠實地遵守這些規範。教師或父母的任何虛偽都必然使年輕人對環境產生懷疑，使他們用更加尖銳的目光打量這個世界。我們很快就發現，我們至今一直很信任的權威——學校、家長和公共道德，在對待性的態度上特別的偽善；甚至比這還惡劣：他們竟然也要求我們在這件事上做出一副見不得人的樣子。

在三、四十年前，人們對待性的態度與今天有所不同。在社會生活當中，沒有什麼領域像兩性關係這樣，在短短一代的時間之內發生了這麼多的事——婦女解放運動、佛洛伊德精神分析學說、體育運動的興起、青年人的個性解放，而由此產生了巨變。倘若要將十九世紀維多利亞時代的市民道德與當今自由的道德觀念相比，說明兩者之間的區別，就先得認清楚這個狀況：十九世紀的人是因為內心對性的問題沒有把握，而只好膽怯地迴避。而更早時候，在人們虔誠信教的時代，尤其是嚴格禁欲的宗教時期，這個問題反倒容易解決。中世紀的宗教首領深信，感官欲求是魔鬼的毒刺，肉體的享樂是對神的褻瀆，是罪孽。他們以粗暴的禁令和殘酷的處罰貫徹這種僵化的道德——尤其在喀爾文教派統治的日內瓦。而到了我們所處的那個寬容的世紀，人們早就不再相信有魔鬼，甚至也不太信神了，所以也不敢再採取這麼嚴厲的手段。但是，我們那個時代把性問題視作混亂不安的因素，不合倫理道德，不可暴露在光天化日之下，因為，婚姻之外的一切自由愛情均為中產階級的所謂「正派」所不容。在這兩極之間，那個時代發明了一個奇特的折衷辦法。道德規範雖然不禁止年輕人有自己的性生活，卻要求他們用避人耳目的方式做這件丟臉的事。既然性不能從世界上消失，那麼至少不能讓它出現在世俗的視野之內。於是，默契就這樣產生，無論在學校還是家庭，以及在公共場合，誰都不談論這個讓人惱怒的問題，連同所有讓人聯想到的性念頭，都要壓抑。

佛洛伊德告訴我們，刻意去壓抑自然的性衝動，反而消滅不掉，只不過讓它藏入潛意識之中，這是很危險的。所以我們很容易對這樣掩耳盜鈴的無知行為啞然失笑。但是十九世紀的人們可是完全陷於妄想，以為用理性能夠解決一切難題，他們以為將人的自然本能隱藏得越深，那種令人焦慮的衝動就越能得到舒緩；以為只要對年輕人緘口不提性，他們就會忘記自己身上的性欲。當時，社會各方面都抱著這種以沉默來克制性欲的妄想，共同組成了一條封鎖線，守口如瓶。校方、牧師、沙龍、司法機關、報刊、書籍和社會風氣原則上都迴避談到性問題，甚至連科學界（它的任務本來應是對一切問題進行無拘束的探討）也以可恥的方式參與了這個「理所當然的不光彩行徑」。科學屈服了，它的藉口是，研究這類汙穢的課題有損科學尊嚴。翻閱一下當時的書籍，我們會發現，哲學、法學，甚至醫學，凡是涉及性的地方都被小心翼翼地避開了。那些研究刑法的學者在學術會議上討論監獄裡的人道主義措施，和牢獄生活對人非人道的傷害時，對於性這個核心問題卻草草繞開。神經科的醫生雖然很多時候清楚知道某些歇斯底里症的病因何在，卻同樣不敢說出真相。我們今天仍可以在佛洛伊德的著作中讀到，就連他所尊敬的老師夏爾科[1]，也曾私下向他承認，自己雖然知道某些病人的病因，卻從未公諸於眾。當時所謂「美」的文學，對性根本不敢做如實的描寫，因為，它的特長只是表現美學的「美」。在更早的時代，作家都敢於為所處的時代描繪真實而廣博的文化風景，在笛福、普雷沃神父[2]、菲爾丁、雷蒂夫·德·拉布列塔尼[3]的作品中看到完全忠於實際情景的描述。可是

---

1 Jean Martin Charcot，1825—1893，法國著名精神病學家。
2 Antoine Francois Prévost，1697—1763，法國作家。
3 Rétif de La Bretonne，1734—1806，法國作家，用大眾化的語言廣泛表現下層人民的生活。

到我們那個年代，只允許表現「充滿感情」和「高尚」的事，不允許表現任何難堪的真相。因此，都市青年面臨的困惑和內心的陰暗，在十九世紀的文學中幾乎看不到。即使有位作家大膽地觸及「賣淫」這個話題，他也覺得必須精心美化一番，把女主人公裝扮成「茶花女」。我們面臨的是這樣一種特殊的事實：今天的年輕人若想了解父輩和祖父輩在年輕時是如何奮鬥的，即使翻遍那些時代最偉大的作家，如狄更斯、薩克雷、戈特弗里德・凱勒、比昂松[4]的作品（托爾斯泰和杜斯妥也夫斯基的作品除外，他們身為俄國人站在歐洲偽理想主義的對立面），仍會發現，書中描寫的事件都是經過潤飾的，因為那時的人出於時代的壓力，都不能自由表達自己的思想。但文學即使已經克制如此，那個時代竟然仍舊覺得不夠，這恰恰最清楚地說明了那個時代對於古代的道德觀近乎歇斯底里的癡狂，當時的氣氛在今日幾乎是無法想像的。現代人怎麼能理解，像《包法利夫人》這樣一部完全現實的小說竟然被法國的一家法院視為淫書而遭到查禁；左拉的小說在我年輕時竟被視為色情小說；像湯瑪斯・哈代這樣平和的古典主義敘事作家竟會在英美引起軒然大波。這些作家的文筆即使再保守，卻還是揭露了太多的現實啊。

而就在這充滿香水味、教人窒息的不健康空氣中，我們長大了。這種對性諱莫如深的偽道德，違背人性，像一座大山壓在我們身上。出於一致的緘默，也就不可能出現真正反映當時實情的文學作品和文化史料，因此，若想糾正那些根本不可信的事情，也很不容易。但是儘管如此，到底還是留了一條線索，我們只需看看當時的時尚就可明白，因為，每個世紀的時尚都

4 Bjørnstjerne Martinius Bjørnson，1832—1910，挪威劇作家、小說家、詩人和社會活動家，諾貝爾文學獎得主。

以它有目共睹的審美取向反映了當時的道德觀。在一九四〇年的今天，當電影螢幕上出現一九〇〇年社交界的婦女和男子，觀眾看見他們的服裝時，無論歐洲或美洲的任何城市和鄉村的人都會不約而同地開懷大笑，這個現象可不是偶然的。今天即使頭腦最簡單的人也會笑以前人的奇怪打扮——覺得他們的穿著那麼不自然、不舒適、不衛生、不實用，簡直像小丑一樣。而我們自己呢，我們的母親和姨媽、還有女朋友以前都穿過這種滑稽的晚禮服，我們自己在小時候也穿過這樣可笑的衣服，整個時代的人都這樣乖乖地接受如此愚蠢的服飾，這對我們真好像是一場噩夢。男人的裝束就已經夠滑稽的了：僵硬的高領，教人動彈不得，黑色的禮服好像拖著長尾巴，高高的圓筒形禮帽活似一根煙囪。而再看看當時「淑女」的打扮，渾身上下，沒有一處不糟蹋天然麗質，費盡心機，卻可笑至極！她們腰間纏著鯨骨製成的緊身衣，弄成馬蜂般的細腰，下面是鼓脹得彷彿一口大鐘般的裙子，脖頸的鈕釦一直緊緊地繫到下巴，雙足遮蓋嚴實，頭髮梳成無數的髮鬈、螺鬈和辮子，高高盤起，上面綴著沉重的飾物，即使在最炎熱的夏天，雙手也捂在手套裡。這些「淑女」在今天早已成為歷史文物，她們雖然香風習習，穿金戴銀，周身布滿精美的蕾絲花邊和流蘇，卻仍舊是教人憐憫的可憐人。人們一眼便能看出，一個女人，一旦像騎士穿上盔甲一樣披上這樣一套行頭，她就再不可能自由自在而舉止輕盈了。她的每個行動、姿態，乃至氣質都會因此而顯得矯揉造作、毫不自然。且不論社交禮儀，單是這一套淑女服的穿脫，程序就已相當繁瑣，沒有旁人的協助是根本不可能辦到的。首先，得把背後從腰部直至頸部的無數搭釦全部扣上，讓侍女用盡全身氣力將緊身衣束好；長長的頭髮要請每天來做頭髮的女理髮師處理，用數不清的髮針、髮夾、梳子、燙髮鉗和捲髮筒將頭髮燙成髮鬈，梳整齊，做成高聳的髮型（三十年前，除了幾十名俄羅斯女大學生，歐洲的婦女個個都留著齊腰長髮），然後，再像洋蔥般一件件穿上襯裙、內衣、上衣和短外套，直到將她打扮得連最後一點點女人的樣子都消失為止。這種荒唐事其實自有其祕而不宣的意涵：一個女人的線條應該通過這種方式徹底掩蓋起來，即使婚禮上的新郎也無法預知身邊的未來伴侶究竟是不是駝背，是胖還是瘦，是長腿還是O形腿。這種為了順應世俗的審美觀和為了欺騙，對頭髮、胸部以及身體其他部位進行的人為矯飾，在那個「講究道德」的時代看來，根本沒什麼不可以。一個女人越是渴望成為「淑女」，就越不能讓人看見自己的自然體型。其實，這種帶有明顯目的的社會風尚，完全是服務於當時的道德觀，因為那個時代最關心的事情就是：將性掩蓋和隱藏起來。

但是這種智慧的道德完全忘記了，如果把魔鬼關在門外，它往往還會從煙囪或後門溜進來。從今天比較自由的眼光看來，那些挖空心思想掩蓋裸露肌膚和真實身材的時尚，不見得有多麼貞潔，反而挑逗地強調了兩性的不同和異性的存在。在我們這個時代，一名年輕男子和一名年輕女子，身材都修長挺拔，留著短髮，沒有鬍鬚，在外表上一看就很相配。而在以前那個時候，兩性卻盡可能地拉開距離。男人以蓄髯為美，至少要有一撮濃密的小鬍子，不時捻一捻，作為男性氣概的表現。女人則用緊身衣把胸部這個女性最主要的特徵炫耀得讓人一目了然。另外，在舉止儀態方面也特別強調所謂男性的堅強和女性的柔弱。男子要求豪爽、好鬥，有騎士風度，女子則要求害羞、溫柔、小心謹慎。男子要像獵手，女子要像獵物，兩者一定要有差別。由於在儀表上這種人為的分別，使得那種內在的吸引力，亦即性的吸引也必然更加強烈。因此，當時社會試圖將性掩蓋和隱藏起來，最後恰恰適得其反。它唯恐出現有傷風化的事情，在生活、藝術、文學和穿著方面處處防範，杜絕任何會引起性興奮的刺激，這反而使得它實際上時時刻刻都放不下傷風敗俗的念頭。它四處巡查有什麼不得體的地方，於是自己患了窺視癖。在當時的世界看來，「體面」始終岌岌可危，任何一個姿態、任何一句話，都可能有失體統。當時的婦女在運動或打球時若穿長褲，簡直是丟人現眼，這樣的事情今天的人們也許還能理解，但是，當時的婦女連「褲子」這個詞都不能說出口，這種怪事可就匪夷所思了。如果婦女不得已要提到一件有引起性欲嫌疑的物品，比如男子的內褲，她必須選擇一個無邪的詞來替代，例如「下裝」，或者用一個出於此類忌諱而專門發明的詞：「不宜言說之物」。同階層而不同性別的年輕人，根本別想在監護人不在場的情況下共同出行遊玩──說得更具體些，對於這樣的事，人們第一個念頭就是，「恐怕會鬧出什麼事來」。只有當充當監護人的母親或家庭女教師寸步不離地陪在一旁，年輕人才可能被允許這樣相聚一處。即使在最炎熱的夏天，女孩子若想露著腳或光著臂膀打網球，都會被認為不成體統。一個有教養的女子若在公共場合雙足交叉，會被認為極不雅觀，因為，她裙下的踝關節有可能因此而露出來。就連大自然的基本元素，陽光、水和空氣，都沒有一親芳澤的權利。在遼闊的大海裡，女子們穿著笨重的泳衣，吃力地游泳。在寄宿學校和修道院，年輕女孩從頭到腳都包得密不透風，甚至在洗澡時還必須穿著長長的白襯衣，為的是要忘卻自己還有肉身。當年老的女性去世，在她的一生，除了接生婆、她的丈夫和洗屍體的人之外，沒有第四個人見過她的身體，哪怕只是肩部的線條或者膝蓋，這是千真萬確的事實，毫不誇張。在四十年後的今天，這些都不可思議，彷彿經過渲染的笑料。但是，這種對肉體和一切自然的東西的恐懼，確實由上而下貫穿了整個社會，並且還伴隨著嚴重的神經過敏。今天的人們怎麼能夠想像，當年世紀之交時，當女性第一次鼓起勇氣騎上自行車，甚至像男人一樣以跨姿騎馬時，農民會朝這些「大逆不道」的女子扔石塊？怎麼能夠想像，當我還在上小學時，維也納的報紙長篇累牘地討論那次「有傷風化」的革新：皇家歌劇院的芭蕾舞演員跳舞可不可以不穿針織長襪？又怎麼能夠想像，伊莎朵拉．鄧肯[5]在她極其古典的舞蹈表演中，就因為在白色的希臘式長衫下首次未穿傳統的絲綢舞鞋，而赤著雙腳舞蹈，便成為當時的頭號醜聞？設想一下在這樣的時代成長的年輕人，他們清澈的目光一旦發現那件人們用來偷偷隱藏某些東西的「風化」大衣上面，竟然充滿了破綻、漏洞和裂縫，便覺得這種認為體統永遠受到威脅而產生的憂慮是多麼可笑。不可避免的是，最終有一天，在五十個中學生當中，總會有一個學生發現自己的教授在一條陰暗的巷子裡買笑；或者，在家人的談話中，聽說這個或那個在人前總是一本正經的人幹了見不得人的事。事實上，這種笨拙的掩飾最能激起我們的好奇，並使我們難以按捺，由於人們不讓自然的本能自由、坦然地釋放出來，好奇心便在大城市

5 Isidora Duncan，1878—1927，美國著名舞蹈家，主張自然的表演和形體美的和諧，反對保守的舞蹈傳統，是二十世紀初芭蕾舞改革派的代表。

中替自己找到了祕密的、大多不甚潔淨的發洩途徑。由於年輕時受到性的壓抑，社會各階層都感受到一種隱藏的欲望，它只能通過幼稚的形式發洩，根本無濟於事。在柵欄上和廁所內，到處都能看見不堪入目的塗鴉。那些在今天因為道德風氣的自然傾向而日漸衰微的行當，在當時卻悄然興盛，尤其是裸體照片，在每個飯館，都會有人從桌子底下掏出這些照片向青少年推銷。還有「地下」色情文學（嚴肅文學不得不堅持理想主義的說教，言詞不得越軌），這些是最低劣的書籍，紙張粗糙，文字下流，銷量卻奇大。色情雜誌亦然，如今倒是再也見不到這樣噁心、低級的東西了。城堡劇院是以表現高貴的精神和純潔無邪的內容為宗旨的，但是，除了它，還有一些劇場和歌舞場所專門演出低俗下流的滑稽戲。當時的社會，處處都是受壓抑的欲望迂迴發洩的途徑。所以，那個時代的人被迂腐的社會道德剝奪了性啟蒙，又被禁止享有與異性相處的一切機會，他們實際上比我們今天享有高度戀愛自由的青年人好色得多。越是得不到的東西，越是挑起人的欲望；越是遭到禁止，越是渴望得到；越是看不見，聽不到，圍繞它的想像力就越豐富。一個人接觸空氣和陽光越少，性欲就鬱積得越多。總而言之，當時社會給年輕人的壓力不僅沒有提高道德水準，反而引發了我們內心對一切權威機構的不信任和怨怒。自從我們青春覺醒的第一天開始，就直覺地感受到，這種虛假的道德想通過沉默和欺瞞從我們身上奪走真正屬於我們青春年華的東西，為了祭祀一種早已不再真實的習俗，它要犧牲我們誠實的態度。

這種「社會道德」，一方面在私下為性的存在和性的自然宣洩創造條件，另一方面又絕對拒絕對於性加以公開承認，這簡直就是雙重的欺騙。因為，它這邊對年輕男子睜一隻眼閉一隻眼，甚至還對某些人擠眉弄眼，用當時人們在家裡戲謔的隱語說來，就是鼓勵他們「再動點腦子」；而在那邊，它對婦女則滿面愁容地緊閉雙眼，裝作什麼也看不見。當時的社會習俗甚至都承認男子會有性的衝動，也允許有性的衝動。但是，假若老老實實地承認女子也會被性欲征服，大自然為了自身永恆的目的也需要陰性這一極，這就違背了「女性聖潔」這個觀念。在佛洛伊德之前的時代，人們普遍信仰這條公理：女子在被男性引起性欲之前（當然是在正式的婚姻生活中才允許這樣），自己不可以有肉體的欲望。而由於即使在講求道德的年代，空氣中仍舊充滿各種危險的性欲傳染元素（尤其是在維也納），所以，一個出身好的姑娘，從誕生到她和丈夫一同離開婚禮聖壇的那一天止，必須生活在徹底消過毒的氣氛之中。為了保護年輕的姑娘們，人們一刻也不讓她們獨處。她們都有一位家庭女教師，她看管著她們，絕不讓她們在無人保護的情況下邁出家門一步。無論是上學還是去上舞蹈課、音樂課，姑娘們都有人接送。她們讀的每一本書都經過檢查，最關鍵的是，要讓女孩們忙個不停，讓她們沒有功夫胡思亂想。她們必須練習鋼琴，學習唱歌、繪畫、外文、藝術史和文學史。人們培養她們的各種教養，甚至有點過分。而人們一面盡可能地將她們培養得知書達禮，另外一方面，卻擔心她們對最自然的那些事情一竅不通，她們的那種無知在今天的人們看來簡直無法理解。一個出身上流社會的年輕女子不允許對男子的身體有絲毫的了解，也不許知道孩子是如何來到這個世界的，因為，在結婚之前，天使般的女孩不僅身體未受任何玷汙，連靈魂也必須絕對純潔。當時，說一個年輕女子「受過良好教育」，無異於說她對於生活一無所知，而當時的婦女有時會將這種無知保持一生。我今天一想起一位姨媽的荒唐事，還禁不住覺得好笑，她在新婚之夜的半夜一點鐘突然回到娘家，大吵大鬧地宣稱再也不要見那個要她嫁的下流胚子，那男人簡直是個瘋子和混蛋，因為他想盡辦法要脫光她的衣服，她費了好大氣力才擺脫這個人的病態糾纏。

當然，我必須指出，這種無知在當時給了女子一種神祕的誘惑。這些羽翼未豐的年輕女子猜測，在自己的天地之外，還有另外一個天地，關於它，她們一無所知，也不允許知道。這使得她們充滿好奇、渴望和熱衷，使得她們意亂神迷。當大街上有人朝她們打招呼時，她們會臉紅——如今還有會臉紅的女孩子嗎？當她們私底下在一起的時候，她們會嘀嘀咕咕、竊竊私語，像微醺一般，嘻嘻哈哈笑個不停。她們與世隔絕，對外面的世界充滿期待，對生活充滿浪漫的幻想，同時又滿懷羞怯，害怕有人發現自己是多麼渴望連自己都不甚了解的肉體的溫存。一丁點的想入非非就會使她們完全失態，她們走路的姿態和今天的女孩們不同，如今的女孩經過體育鍛鍊，舉止動作和小夥子一樣輕鬆自在。而在當時，只要觀察一個女子走數百步路，就能區分她是未婚姑娘還是已婚婦女。那時的未婚姑娘比如今的女孩更有女人味，已婚婦女就差一點。當時的女孩子本質上猶如溫室的花朵，沒有經過任何的風霜，完全在人工形成的溫和環境下被呵護著長大，她們是特定的教育和文化背景下，被精心養育的產物。

當時的社會就是想把女孩子培養成這個樣子，愚蠢而一無所知、受過良好教育卻懵懂未開化、充滿好奇同時又滿懷羞澀、既不自信又不實際。這種讓人對生活一竅不通的教育注定了她們婚後要心甘情願地受丈夫的擺布和指引。那種社會習俗似乎要把年輕女子當作它最隱密的理想的象徵，當作女性端莊、貞潔、神聖的象徵來加以保護。而當一個年輕姑娘耽誤了青春，直到二十五、三十歲還沒結婚，境遇又是多麼悲慘啊！因為社會習俗冷酷地要求一個三十歲的未婚女子仍舊保持與她年齡不符的無知、無邪、無欲的狀態，只是為了維護「家族」的榮譽和「習俗」的體統。而這些姑娘的孏弱形象日後往往會遭到殘忍惡毒的醜化。未婚的女子成了「嫁不出去的」姑娘，「嫁不出去的」姑娘又成了「老處女」，無聊的小報對她們極盡挖苦之能事。今天若有人翻開從前的「活頁畫報」[6]或當時的一份別的什麼幽默刊物，他都會吃驚地發現，每一期上面都有對年紀偏大的女子最惡毒的諷刺，嘲笑她們神經不正常，不知道掩飾自己的性欲要求。人們無法了解這些超齡女子的悲劇，體諒不到她們犧牲自身的存在，為了家庭和自己的名譽不得不壓抑內心的自然要求，壓抑對愛情的渴望，壓抑生兒育女的願望，反而對她們加以冷嘲熱諷，在今天的我們看來，真是令人厭惡。當一個社會犯下違背自然的罪惡，一旦有人洩漏了這個社會的祕密，並將之昭告天下，它必定會以最殘忍的方式對付這些人，歷史上向來如此。

◊ ◊ ◊

如果說，當時的中產階級社會道德竭盡全力想維持這樣的神話：一個出身「上流社會」的

6 Fliegende Blaetter，1844—1944 年在慕尼黑由 Braun&Schneider 出版社出版的幽默雜誌。

女子，只要未婚，就不會有性欲，也不允許有性欲——否則，她就是一個「沒有道德的人」，將被逐出家門——但是，它同時又承認年輕男子有這樣的性衝動。因為根據經驗，人們不可能阻止一個正成為強壯男子的青年發洩自己的性欲，所以，人們只是希望他們能在神聖化的道德藩籬之外完成自己那見不得人的享樂。正如大都市表面上街道潔淨，高級商店美輪美奐，林蔭大道高貴幽雅，暗中卻隱藏著藏汙納垢之處，年輕人的性生活也全部隱於社會道德表層之下，讓人看不見。至於年輕人在這方面會遇到哪些危險，進入何種境域，人們就不聞不問了，校方和家長都不敢對年輕人進行性啟蒙教育，乾脆就這樣忽略掉算了。只是到了上世紀的最後幾年，才偶爾有幾位懂得未雨綢繆的父親，用當時的話來講，他們是比較「開明」的，一旦發現兒子開始長出小鬍子了，就立刻想幫他在這方面走上正軌。於是，家庭醫生被請上門來，他找機會將那年輕人領入房間，先慢條斯理地把眼鏡擦乾淨，再開始長篇大論，講述性病的危險，勸告那年輕人，要懂得節制，不要忽略安全措施，實際上，這些年輕人這時在這方面一般都早已經「自學成材」了。另外一些做父親的會使用一些更奇特的方法，他們僱來漂亮的丫頭，任務就是伺候少爺，教會他這些風月之事。這些父親覺得，讓兒子在自己家裡做這些麻煩事情，既在外表上保持體面，又能防止孩子落入哪個「狡猾的女人」之手。綜其種種，唯獨一種性啟蒙的方式遭到社會各界的一致唾棄，即公開、坦誠的性教育。

◊ ◊ ◊

那麼，一個中產階級社會的年輕男子，有什麼途徑能夠發洩自己的性欲呢？對於下層社會而言，這根本不成為問題。在農村，十七歲的長工就已經和女傭睡覺了，如果這種關係有了後代，往後的日子也沒什麼羈絆。在阿爾卑斯山區的大多數村莊，非婚生的孩子數量遠遠超過婚生孩子的數量。在無產者當中，一個工人在結婚之前，可以和一個女工同居多次。在信奉東正教的加利西亞猶太人中間，小夥子在十七歲稚氣未脫的時候就已經成親了，四十歲的時候就當上了爺爺。唯有在我們中產階級的社會，早婚這種用來解決性欲的手段受到鄙棄，因為，沒有哪位父親會把女兒交付給一個二十二歲或二十歲的小夥子，他們覺得這個年齡的年輕人遠未成熟。這裡，又一次暴露出一種本質上的虛偽，市民社會的日曆與大自然的日曆根本不一致。從自然的角度看，十六、七歲就已經成年了，而對於社會而言，只有獲得「社會地位」的年輕人才真正成熟，而這在二十五、六歲之前是不可能的。於是，在身體的實際成熟與社會意義上的成熟之間，產生了為期六年、八年，或者十年的人為間隔，在這段時間裡，一個年輕男子不得不自己尋找解決性欲的機會，為自己的「豔遇」操心。

那個時代可沒有為他們提供太多這方面的機會，只有極少數非常富裕的年輕公子才能奢侈地「養」一個情婦，這意味著，為她提供一套住所，負擔她全部的生活費用。同樣，像當時文學中描繪的愛情典範一樣，與一個已婚女子發生關係（這是長篇小說裡唯一可以描寫的愛情）也只是極個別幾個幸運兒才能碰上的事。大多數人是通過女售貨員和飯店女招待來解決欲望問題的，內心得不到什麼滿足。在那個年代，婦女解放運動尚未興起，婦女尚未獨立地參與社會活動，只有極貧窮的無產階級出身的女孩子才會拋頭露面，因為她們既不受什麼清規戒律的約束，毫無顧忌，又有充分的自由可以草率地和人相好，不必認真考慮婚姻。她們衣衫破舊，賣完十二小時的廉價勞力之後，渾身一絲氣力也沒有了，蓬頭垢面（當時，浴室尚屬富裕人家的特權）。這些可憐的姑娘在狹小的天地長大，地位遠遠低於她們的情人，因此她們大多數都自慚形穢，不好意思公然教人瞧見自己和情人在一起。雖然當時的習俗已費心地為這種窘迫發明了特殊的設備，即餐廳裡所謂的「單間」房，在那裡和一個小妞吃飯是不會被人看見的，而其他的事情則在偏僻街巷裡的小旅館裡進行，這些小旅館是專門用作這個目的的。但是，這所有的約會都很匆忙，毫無情趣可言，只是性交，沒有性愛，只是倉促中祕密地完成，好像在做違禁的事。除此之外，年輕男子還有一種機會，亦即和一半在社會內，一半在社會之外的所謂「兩棲人」交往，她們是女演員、女舞蹈演員、女藝術家，是當時社會唯一「解放」了的女性。但一般說來，當時社會婚外的性生活還是以嫖娼為主。賣淫是中產階級社會這座華麗建築的黑暗地下室的拱頂，在它之上，豎立著這個社會完美無缺的外牆，光彩奪目。

◊ ◊ ◊

如今的這代人很難想像，二次大戰之前，賣淫業在歐洲蔓延得多麼廣泛。現在的大街上很難再看見妓女，就像現在車行道上很難看見馬車了，而當時，人行道上站滿了妓女，找她們容易，躲開她們難。另外，還有無數個「不公開的場所」，如夜總會、歌舞場、有歌女、舞女的舞廳、有應召女郎的酒吧。當時，賣笑的女人是公開按小時出賣的，價格分成幾等，男人就像買包香菸或一張報紙一樣，毫不費力就能買來一個女人，消受一刻鐘、半小時或一小時。而對於當今的年輕人，過去這些曾經這樣必不可少的場所已經很自然地失去功效了，把賣淫從我們這個世界清掃出去的並不是警察和法律，這種偽善的悲劇性產物基本上之所以消亡，完全是因為對它的需求減少了。我認為，僅上述事實，就有力地證實了現在的生活和戀愛比先前誠實和自然得多。

面對那些不光彩的事情，政府和社會道德觀都覺得非常尷尬。從社會道德的角度出發，誰也不敢公開承認女性可以賣身，但是從生理需要的角度，賣淫又必不可少，因為它是人們發洩婚外性欲的管道。於是，權威機構便開始求助於模稜兩可的解釋，他們將賣淫分為兩類，一類是祕密的賣淫，國家不允許它的存在，斥之為不道德和危險的行業；另一類是國家允許的賣淫，有營業執照，向政府納稅。一個姑娘如果決心成為妓女，就從警察局領取一份特別許可和一本准予營業的證書。假如她願意接受警方的監督，並且接受每週讓醫生檢查兩次身體的義務，她就有營業的權利了，可以將自己的肉體以她認為合理的任何價格出賣。這種合法的賣淫和其他職業一樣，也被承認是一種職業，但是（這裡露出了道德的馬腳）它又不完全受到承認，比如，一個妓女出賣身體給一個嫖客，完事後嫖客卻拒絕按照約定付錢，這時她無權控告他。她的要求突然變成了不道德的，得不到政府的保護——因為按照法律的解釋，這個案情可恥而不予接受。

從這樣的細節可以看出來當時觀念的矛盾性，一方面，它把這些妓女納入國家合法的職業範圍內，另一方面又視她們個人為無權享受公民權利的棄民。而實質上的不公是表現在差別待遇上，所有這些限制只針對貧窮的階層。一個妓女一小時只值兩克朗，而一個芭蕾舞演員在維也納可以一小時要價兩百克朗，她可以把自己賣給任何一個男人，當然不需要什麼營業執照。而那些大牌交際花的名字甚至被登在報紙上，關於跑馬或賽馬會的報導裡，和那些達官貴人的名字在一處，因為她們已經躋身「上流社會」。同樣的，一些為宮廷、貴族和富豪提供奢侈享受的高級女經紀人往往也受到法律的庇護，而實際上，法律對拉皮條是課以重刑的。嚴酷的條例、無情的監督和社會的鄙斥，都只是針對成千上萬的妓女大軍罷了，它們要她們用自己的肉體和被玷汙的心靈，去維護那反對自由和自然愛情，並且早已腐爛的陳舊道德。

◊ ◊ ◊

這支賣淫的大軍——如同真正的軍隊分成騎兵、炮兵、步兵和要塞守衛兵團一樣——也分成不同的種類。最早的妓女就像要塞守衛兵團，她們占據城裡固定的幾條街道，作為自己的大本營，這些地方一般是中世紀的刑場、痲瘋病地區或者墓地，幾百年來，中產階級一直避開這裡居住，只有無業遊民、屠夫和其他一些受歧視的社會底層的人才在這裡棲身。當局在那裡開闢了幾條巷子作為皮肉生意的市場，在二十世紀，這些地方就像日本的吉原街和開羅的鮮魚市場，青樓一幢挨著一幢，兩百個或五百個婦女一個又一個地坐在平房的窗前，招攬著生意。她們身價低廉，分成日班和夜班，晝夜工作。

還有無數自己在街上攬客的妓女，組成流動賣淫大軍，彷彿是騎兵和步兵。在維也納，人們把她們稱作「遊蕩女郎」。警方為她們劃了一條無形的界線，只允許她們在某一段人行道上做生意。她們穿著好不容易弄到的一身假名牌，無論晝夜，甚至一晚到天明地在街上遊蕩，即使下雨、下雪，儘管妝容不整，滿臉倦意，也要對著每個過往的行人，擠出賣弄風情的微笑。她們強顏歡笑地為別人提供歡樂，不停地從這個角落遊蕩到那個角落，但是結局卻都一樣：走進醫院。自從大街上再見不到這些飢餓、悲慘的女人，我覺得今天所有的城市都比以前美麗和人道多了。

即便有了這麼多妓女，仍舊是供不應求。有些男人不滿足於在大街上追逐這種行蹤不定的「夜貓子」和可憐兮兮的「天堂鳥」，他們想要更舒服、更隱密的享受。他們希望更加愜意的愛情：要有燈光，要在溫暖的屋子裡，有音樂，能跳舞，還要有一副闊綽的派頭。為了這些顧客，有專門所謂「不公開的場所」，即高級妓院。在那兒，有一間用冒牌奢侈品裝飾成的所謂「沙龍」，一群女人聚在一起，有的身著貴婦長禮服，有的乾脆只穿著睡衣。有個鋼琴師負責弄出點音樂，客人在裡面喝酒、跳舞、聊天，然後再成雙成對地偷偷溜進臥室。在某些比較高級、享有國際盛名的妓院，尤其是在巴黎和米蘭，涉世不深的人往往會產生一種錯覺，還以為自己被請進了某人的私邸，遇見了一群脾氣乖張傲慢的貴婦呢。這類妓院裡的女人相貌比大街上拉客的女人漂亮些，她們不必冒著風雨在骯髒的街巷中遊蕩，她們坐在溫暖的房間裡，穿戴漂亮，食物豐富，尤其可以喝不少酒。但是，實際上，她們因此而成為鴇母的俘虜，鴇母讓她們穿漂亮衣裳，是為了抬高她們的身價，供應她們膳宿，是為了讓她們永遠背負還不清的債，即使最勤勉、最有毅力的女人，都永遠無法按照自己的意願離開這座妓院。

假如將幾家這類妓院的祕史寫出來，一定會引人入勝，而且會成為當時文化的重要文獻。因為，它們隱藏著最奇特的祕密，而平日非常嚴厲的官府對這些祕密無疑是相當熟悉的。那裡有祕密的後門和專用的樓梯，社會最上層的人物（民間是這樣傳說的），還有宮廷裡的人，能夠從此進入妓院而不被其他該死的人看見。那裡有牆壁和天花板上都鑲滿鏡子的房間，還有的房間，能夠在那裡窺見隔壁男女尋歡作樂。那裡有專為有戀衣癖的性變態者準備的最怪異的扮裝服飾，從尼姑的長袍到芭蕾舞演員的裙子，統統鎖在抽屜和箱子裡。恰恰就是這座城市、這個社會、這種道德，看見年輕女人騎自行車，就大為光火；當佛洛伊德用冷靜、清晰、透徹的理論揭示出它不想承認的真相時，就指責佛洛伊德有損科學的尊嚴。恰恰是這個激昂地要維護女性貞操的世界，卻容忍了如此可怕的賣淫，甚至將這種行為加以組織，並從中牟利。

◊ ◊ ◊

因此，但願人們不會被那個時代多愁善感的長篇小說和中篇小說迷惑，對於青年人來講，那個時代非常糟糕，年輕的女孩在家庭的管束下，完全與現實生活隔絕，身心的自由發展都受到阻礙；男孩子迫於那個沒人相信、沒人遵從的道德規範，不得不去幹偷偷摸摸的事情。真誠的、無拘無束的兩性關係，是自然規律賦予青年男女最美好的歡樂，在當時卻難得一見。在那一代年輕人當中，誰也不記得，在和女性的初次接觸當中，有多少值得懷念的插曲，有多少發自內心的歡愉。因為，除了始終逼迫著他們小心和保密的社會壓力之外，還有另外一個因素使心靈蒙上一層陰影，即使在溫存時刻也趕不走它，那就是：對性病的恐懼。在這一點，那時的年輕人和現在的青年相比，也很吃虧。不能忘記的是，四十年前，性病的傳播程度比今天嚴重百倍，更加重要的是，它的後果要比現在危險和可怕一百倍。因為，當時的醫院對性病還是束手無策，沒有今天這樣的科學方法，能夠又快又好地治療它。現在，性病已經不是什麼大不了的事，在中小型大學的校醫院，用保爾．埃里希的療法，往往只需幾個星期，性病就能被治癒，以至於教授都來不及給學生看病人剛傳染上梅毒的初期病症。但在當時，根據軍隊和大都市的統計，十個年輕人當中，至少有一兩個成為性病的犧牲品而喪命，因此，年輕人不斷被警告提防這種危險。走在維也納街頭，每隔六七家門面，就能看見這樣的招牌：「皮膚病和性病專科醫生」。當時的人不僅害怕性病，而且怕那種令人喪失尊嚴的可怕治療方法，現在的人們不再會知道那是什麼情形。一個梅毒患者必須讓人用水銀塗遍全身，一連好幾個星期，它的副作用會使牙齒脫落，身體其他部位也受到損害。一個偶然傳染上這種惡疾的不幸犧牲者會感到，不僅心靈，而且肉體也被玷汙。即便經過這樣的治療，患者也不能一輩子肯定，可怕的病毒會不會從包囊中隨時復發，會不會因為脊椎麻痹而全身癱瘓，會不會令前額後面的大腦軟化。所以，毫不奇怪，當時有許多年輕人一旦得知自己被診斷患上梅毒，便立即舉槍自殺，因為他們無法忍受，自己和自己的近親被懷疑患有不治之症而受到別人的嫌棄。不僅如此，一種始終只能處於地下狀態的性生活還會帶來其他憂慮。當我仔細地回憶往事，我幾乎不知道年輕時代的那些朋友哪個沒在我這裡做過面色蒼白、目光迷茫的不速之客，第一個是因為得了梅毒，或者說他擔心自己得了梅毒；第二個是因為想讓女方墮胎而遭到敲詐勒索；第三個是想背著家裡人去治病，但是又缺錢；第四個是因為他不知道拿什麼贍養女招待扔給他的孩子；第五個是因為錢包在妓院被偷了，但他不敢去報案。那個道德偽善的時代，年輕人的生活比御用文人在小說和戲劇裡描寫的要戲劇性得多，同時也緊張、壓抑得多，就像在學校和在家裡一樣，他們在性愛方面沒有得到任何自由和幸福，而這些本該是他們那個年齡理應得到的。

我之所以強調這些，是想為那個時代提供一幅真實的畫面，當我和戰後出生的年輕人聊天時，往往要強迫他們相信，與他們這代人相比，我們這一代根本談不上幸運。誠然，從公民意義上來講，我們比當今的青年享有更多的自由。今天的青年被迫服兵役、勞役，在許多國家，人民還必須服從同一種意識形態，這實質上都是在受愚蠢的世界政治的擺布。而我們當時可以不受任何干擾，投身於自己的藝術和各種精神上的愛好，使得個人的存在更具個性和特色。我們生活得更富有世界性的眼光，整個世界對我們都加以開放。我們無需護照和通行證就能隨意地四處旅行，沒有人檢查我們的思想、出身、種族和宗教信仰。我毫不否認，實際上，我們享有比今天多得多的個人自由，我們不僅熱愛這自由，而且充分利用了它。但是，就像弗德里希·

黑貝爾[7]精闢的言說：「我們一會兒缺酒，一會兒缺酒杯。」一代人能夠同時擁有兩者是很少見的，如果從社會風俗那裡得到自由，就必須接受國家政府的約束，如果從國家這裡得到自由，社會風俗又要設法奴役他。我們曾有過更好的生活，也見過更多的世面，而現在的年輕人生活得更豐富，而且是更加有意識地度過自己的青春年華。今天的青年從中學、大學校園裡走出來的時候都興致勃勃，昂著頭，帶著愉快的神情；男孩女孩自由而無憂無慮地在一起結伴，無論在學習、運動還是玩耍時都沒有那種不自然的羞怯；他們一起在雪地裡滑雪，在游泳池像古希臘時代那樣自由自在地比賽，一起開著汽車四處兜風，像兄弟姐妹似地過著健康無憂的生活，沒有內在或外在的任何壓力，每當我看見這些情景，總覺得自己這代人和他們不是相隔四十年，而是隔了一千年，在我們那時候，無論是傾訴愛情還是接受愛情，都得找個隱蔽之所。我欣喜得見，社會風尚有了巨大的變革，對於青年人是多麼有利。他們在愛情和生活方面重新獲得了那麼多的自由！他們的身心在這自由當中變得非常健康。我感到，自從婦女行為得以自由以來，她們變得更加美麗了，她們昂首挺胸，眼睛明亮，言談也不再做作。新一代的青年除了對自己的責任心負責，不需要向任何人彙報每日的行動，他們擺脫了父母、親戚和老師的監督，獲得了另一種自信心，以前阻礙我們發展的各種阻力、緊張和羞怯的情緒，對他們而言是那樣陌生。我們當年為了做被禁止的事情必須拐彎抹角、偷偷摸摸，而如今他們不再會懂得這些，因為當初受到禁止的事情現在已經成為他們的權利。他們熱情蓬勃，充滿朝氣，漫不經心、無

7 Friedrich Hebbel，1813—1863，德國著名作家。

憂無慮，他們享受著這一切，享受著自己的青春。不過，我覺得，這些幸福之中的最大幸福，還是不必再人前撒謊，而是可以忠實於自己，坦誠面對自己的自然情感和欲望。也許，今天的年輕人因為可以無憂無慮地過一生，他們會缺乏當年曾使我們在整個青年時代滿懷鼓舞的那種對精神理想的敬畏之情。也許，由於現在能輕而易舉地表達和得到愛情，他們會失去愛情當中對當年的我們尤其珍貴、尤其具有吸引力的東西，那是由膽怯、羞澀組成的阻力，充滿了神祕，那是溫存時的多愁善感。甚至也有可能，他們根本就不明白，正是對禁忌的恐懼，使得享樂趣味神祕地增加了強度。但是，所有這一切，在我看來都不值一提，面對如今這拯救性的轉變，它實在太渺小了，亦即，今天的年輕人不會再有恐懼和壓抑，他們充分享有我們當年不曾有過的東西：自由與自信。

人生大學

盼望已久的時刻終於來臨，在上個世紀的最後幾年，我們也終於邁出了討厭的中學大門。好不容易通過了期末考試（我們對那些數學、物理和經院式瑣碎的課程又知道些什麼呢？），我們被迫穿上莊重的黑禮服，校長慷慨熱烈地演說了一番，向這群畢業生表示祝賀，說我們已經長大成人，今後應勤奮努力，為國增光。於是，八年的夥伴紛紛分道揚鑣，從那之後，我只見過少數幾個當年風雨同舟的夥伴，我們當中的大多數都進了大學，而那些不得不找份工作謀生的人就只有對我們抱以羨慕的眼神。

因為在那個已經遠颺的時代，大學在奧地利具有一種浪漫而特殊的榮耀。當上大學生，意味著擁有許多特權，使得年輕的學子們比其他所有同齡的人受到無比的優待。在德語國家之外，大概很少有人了解這種古老的奇怪現象，所以，我必須對這種現象做些解釋，以便大家了解它的荒誕和不合時宜。我們的大學大多成立於中世紀，在那個時期，從事學術被視為非比尋常之事，為了吸引年輕人向學，人們賦予他們一定的特權。中世紀的學者不受一般法律的約束，在大學校園，警察不得進入搜捕，或者找麻煩，大學生有特別的制服，有權與人決鬥而免受懲罰，他們組成封閉的圈子，有著自己的規矩或惡俗，這些都受到當時社會的認可。隨著時代的進步，公共生活日益民主化，中世紀的所有社團和組織都已解體，在整個歐洲，這種學者的優越性已不復存在，唯獨在階級意識總是勝過民主意識的德國和奧地利，大學生頑固地抱著這些早已失去意義的特權不放，甚至將它們擴大，使之成為大學生的特殊慣例。德國的大學生除了享有市民的榮譽和一般的其他榮譽之外，還專門擁有一種特殊的大學生「榮譽」。誰要是冒犯了他，誰就必須答應「決鬥」，這就是說，假如對方證明自己是「有權決鬥」的，就要用武器一決勝負。所謂「有權決鬥」，根據這種本身就自命不凡的說法，不是指商人或銀行家，而僅僅是指受過教育、有學位的人，或者軍官——芸芸眾生之中，只有這些人配得上有這個榮譽，與一個嘴上無毛的愚蠢年輕人進行擊劍決鬥。另一方面，為了說明自己是「真正的」大學生，為了「證明」自己的男子氣概，他必須盡可能與別人決鬥，甚至在臉上留下「劍痕」，作為這種英雄行為的真正標誌，光潔的面龐和沒有一絲傷痕的鼻子簡直就是真正的日爾曼大學生的恥辱。所以，大學聯誼會的成員，也就是那些衣服上佩著彩色標記的大學生，為了不斷挑起群毆，他們認為有必要經常互相挑釁，或者去向安分守己的學生與軍官找碴兒。在聯誼會的擊劍場上，每個新生都被迫領教過這種光榮的主要活動形式，並且通過儀式被命令加入到這樣的學生會中。被叫做「小鬼頭」的新生都要跟著一位師兄，做他的奴僕，師兄則教會他那些高貴的「品嘗」藝術，就是說：一口氣喝乾一大杯啤酒，點滴不剩，直到嘔吐為止，就可以證明自己不是「懦夫」；或者，在夜晚成群結隊地穿過街道，大聲喧譁，嘲弄警察。這一切行為被冠以「男子漢氣概」「大學生氣質」「德意志氣派」的美名，每個星期六學生會的學生們戴著五顏六色的帽子和袖章、揮舞著旗幟出去「閒逛」時，這些頭腦簡單、盲目地為自己的行為感到驕傲的年輕人，還覺得自己是青春精神的真正代表呢。對於那些根本不懂得讚美大學生的文化和德意志男子氣概的「賤民」，他們一概嗤之以鼻。

對於一個剛從省城來到維也納的小中學生而言，這種自信而快樂的大學生生活就是一切浪漫的化身了。事實上，不少已經回到故鄉的上了年紀的公證人和醫生，還會數十年如一日地在仰望交叉掛在牆上的劍和彩色袖章，一陣心潮澎湃，他們驕傲地將自己臉上的劍痕當作「受過高等教育」的標誌。而在我們看來，這種頭腦簡單的粗暴行為真是教人厭惡，因此，當我們遇見某個帶有此類標誌的人物時，便明智地退避三舍，對我們而言，個性自由才是最高理想，而這種侵略性和公然挑釁的嗜好，則是德意志精神中最糟糕和最危險的部分。況且，我們也知道，在這種矯揉造作和生硬的浪漫主義後面隱藏著精心算計過的、相當實際的目的。一個大學生一旦成為「好鬥的」大學生聯誼會成員，就能保證得到這個組織的「元老」提攜，日後將飛黃騰達，對今後的事業有不少好處。對於波恩的「普魯士人」而言，這是進入德國外交界唯一可靠的途徑，對奧地利的大學生而言，參加信奉天主教的大學生聯誼會，則是在執政的基督教社會黨中謀得肥缺的終南捷徑。大多數「英雄」心裡都明白，他們擁有的各色袖章將來必然會彌補如今耽誤的緊張課程而造成的損失，而額頭上的劍痕對他們的事業要比腦殼裡裝的內容更加管用。單是這副軍國主義黨徒兇神惡煞的尊容，帶著傷疤無恥尋釁的面孔，就已經讓我在跨進大學校園時大失所望，其他有著求知欲的學生也一樣盡量避開這些人，在去圖書館的時候寧願走不顯眼的後門，也不願穿過大廳，為的是避免碰見這夥人。

我應該上大學，這是全家早已商定的事。但是我該選哪門學科呢？父母完全讓我自己作主。兄長已經在父親的企業裡做事，所以，次子的事便可以不那麼著急了。其實關鍵只是在於，為了家族的榮譽要弄到一個博士學位，無論什麼專業都無所謂。奇怪的是，我自己對學什麼專業也根本不在意，我早已將自己的靈魂奉獻給了文學，所以，對我來講，任何一門專業都引不起我的興趣了，甚至，對任何一所學院，我心底都暗藏著不信任，直到今天仍然如此。對我來說，愛默生[1]的公理：好的書籍勝過好大學，是放諸四海皆準的。所以我至今仍然堅信，即使一個人沒讀過大學，甚至沒念過中學，還是可能成為一名傑出的哲學家、歷史學家、語言學家、法學家或其他任何什麼家。在實際生活中，我多次證實了這個觀點，我發現，一個舊書店的店員對於書籍的了解常常勝過相關領域的教授，經營藝術品的商人總是比研究藝術的學者更懂得藝術。各種領域中大部分重要的理論和發現，通常都是由行外人提出的。因此，即使大學對於素質的普遍提高有實際的意義，是可行而且是有益的，但是對於那些有創造力的個人卻是多餘的，甚至還可能對他們產生阻礙。尤其是像維也納大學這樣有著六、七千名大學生的大

1 Ralph Waldo Emerson，1803—1882，美國著名哲學家、詩人。

學，根本人滿為患，教師與學生之間那種有益的個人接觸一開始就受到限制，而且，由於過於因循傳統，它已經遠遠跟不上時代，在這裡，我看不出有哪位教授的學問對我有吸引力。因此，讓我做出選擇的前提不是哪門專業吸引我，而正好相反，是哪門專業最不使我頭痛，能提供我充分的時間和自由讓我從事自己的愛好。最後，我決定選擇哲學——或者按照舊有的概念說得更確切些，是「嚴謹的」哲學。這實在不是出自我內心的愛好，因為我純粹抽象思考的能力很差，我的思想都一律成形於事物、事件和形象，純粹的理論和形而上我是學不會的。但是，畢竟這門學科的紀律要求是最低的，「嚴謹的」哲學課程和討論課很容易蒙混過關，唯一必須完成的事情，是在第八個學期末交一篇論文，參加唯一的一場考試，所以，我一開始就把時間都安排好了：在前三年，對大學的學習根本不聞不問！然後在最後一年全力以赴弄到講義，草草寫一篇論文交差！這樣，大學給了我唯一想在那裡得到的東西：讓我的一生有幾年完全自由的時間，專心鑽研文學藝術——這就是我的人生大學。

◊ ◊ ◊

當我現在回顧自己的一生，沒有任何時刻像我剛進大學又不用上課的那幾年那樣幸福。當時我還年輕，沒什麼責任感和事業心。我完全自由，一天二十四小時，全歸我自己支配。我可以隨心所欲地讀書、寫作，不需要向任何人彙報。大學考試的陰霾還未出現在晴朗的天際，在十九歲的青年人看來，三年是多麼漫長、多麼豐裕的時間啊，在這段時間，可以得到多少意外的驚喜和收穫啊！

我著手的第一件事，就是篩選自己的詩作，編成一個集子——當時我的態度可是毫不留情的。今天我可以大言不慚地承認，對於一個十九歲的中學畢業生而言，鉛字的油墨味是世界上最好聞的氣味，比設拉子[2]的玫瑰油還要香。不管哪家報紙刊登了我的作品，都會使我生來脆弱的自信心振奮一次。難道我現在不應該準備那質的飛躍，出版一本詩集嗎？那些比我自己還要相信我的同學紛紛讚歎，終於促使我下了決心。我莽撞地將稿子直接投寄給了舒斯特勒夫勒出版社，它是當時出版德語詩歌聲望最高的出版社，曾出版了李林克隆[3]、戴默爾[4]、比爾鮑姆[5]、蒙貝爾特[6]等一整代詩人的作品，同時也出版了里爾克和霍夫曼斯塔爾等人的新的德語抒情詩。接著，奇蹟和吉兆就出現了——令人難忘的幸福時刻接踵而來，這樣的幸福時刻在一個作家的一生中只會有一次，以後即使他獲得了多麼輝煌的成就，也再也不會體驗到了。我收到一封蓋有出版社印章的信，我把它捏在手中，心情激動，遲遲不敢拆開。當我讀到，出版社決定出版我的詩集，並且提出要保留出版我今後作品的優先權時，我簡直連氣都透不過來了！接著我收到出版社寄來第一次清樣的包裹，我無比激動地打開包裹，看著那排印的鉛字、版式

2 Schiras，伊朗西南部城市，以盛產玫瑰花著稱。
3 Detlev Liliencron，1844—1909，德國詩人。
4 Richard Dehmel，1863—1920，德國詩人。
5 Otto Julius Bierbaum，1865—1910，德國作家。
6 Alfred Mombert，1872—1942，德國作家。

和書的樣本。幾週之後，第一批樣書寄來了。我毫無倦意地看了一遍又一遍，反覆反覆撫摩著、比較著，然後，我還很孩子氣地去書店閒晃，查看自己的書是否已經擺上櫃檯，看它們是被擺在書店中央，還是怯生生地待在角落裡。再接下來，我就等待著讀者來信，等著最初的評論，期待從某個陌生人、某個料想不到的人那裡得到回應——這所有的緊張、激動和振奮，每個第一次出版作品的年輕人都會有這樣的感受，現在我心底對這一切是多麼羨慕啊。不過，我的這種陶醉只是對最初時刻的迷戀，並不是自我滿足。我以後不僅再沒有重印我的《銀弦集》（這是我那已消逝的處女作的名字），而且在我的《詩集》中也沒有選其中任何一首詩，這個簡單的事實就證明了我事後很快對自己的作品產生了不同於最初的看法。那些詩句只是一些模糊的預感和不自覺的模仿，並非出自自身的體驗，而是出自對於語言的熱情。但是至少，它們表現出了一定的音樂性和形式感，引起了圈內人的注意。我不能抱怨自己沒有受到足夠的鼓舞，當年詩壇的領袖人物如李林克隆和戴默爾，都衷心稱讚了我這個十九歲的後生，將我視作他們的同行。受我無比崇拜的里爾克，因為收到我送給他的「一本如此美好的書」，也回贈了我他新近詩作的單行本，表示感謝。這本書是我青年時代最珍貴的紀念品，日後還被我從奧地利的廢墟中搶救出來，帶到了英國（它現在又在哪裡呢？）。當然，如今我自己想來，也覺得悚然而驚，里爾克送我的這第一件禮物（這之後他還送過我很多禮物）距今已有四十年了，那上面熟悉的字跡已是來自冥府的問候了。當時最出乎我意料的驚喜來自馬克斯．雷格[7]，他是當時與

7　Max Reger，1873—1916，德國作曲家。

理查·史特勞斯齊名的最偉大的作曲家，他親自問我是否可以從我的詩集中挑選出六首詩譜成歌曲，從此，我便經常在音樂會上聽到自己的這首或那首作品——沒想到這些連我自己都早已遺忘和捨卻了的詩句，卻藉助大師的音樂藝術一直流傳了下來。

這些出乎意料的讚許，當然還伴有坦率友好的批評，及時地對我產生了影響，使我有勇氣又邁出一步，倘若靠我自己那無可救藥的、不足的信心，我是永遠，或者說，不會這樣快就邁出這一步的。早在中學時代，除了詩歌之外，我還在《現代》文學雜誌上發表過一些短篇小說和評論，但我卻從來不敢向聲望高、影響大的報紙投稿。其實，在維也納只有一家大報，那就是《新自由報》。這份報紙格調高、關注文化，享有很高的政治威望，它對於整個奧匈帝國的影響，就像《泰晤士報》之於英語世界、《時代報》之於法語世界一樣。而在德意志帝國，還沒有哪家報紙為達到卓越的文化水準而如此努力過。《新自由報》的發行人莫里茨·貝內狄克特是個具有非凡的組織才能和孜孜不倦的人，他使盡渾身解數，要使這份報紙在文學和文化方面超過所有的德文報紙。當他想向某位知名作家邀稿時，會不惜任何代價連發十份、二十份電報，他會預付所有的稿酬，在耶誕節和新年的節日版增加文學副刊，將當時最著名的文學家所有作品的目錄都刊登出來。阿納多爾·法朗士、蓋爾哈特·霍普特曼、易卜生、左拉、史特林堡和蕭伯納就會藉機在這份報紙上聚會。這份報紙對整座城市、乃至整個國家的文學導向有著不可估量的貢獻。不言而喻，它的世界觀是「進步」的，是自由主義的，它的態度謹慎而有節制，在代表古老的奧地利的高度文化水準方面，這份報紙堪稱表率。

在這座「進步」的聖殿內，還有一處特殊的神聖，那就是所謂的「副刊」。像巴黎著名的日報《時代報》和《論壇報》一樣，副刊只登載有關詩歌、戲劇、音樂和藝術方面最精闢和最優秀的文章，和那些瞬息萬變的政治新聞與日常通訊有「顯著的」不同。只有長期禁得住考驗的權威人士才能在副刊上發言，一位作者，只有當他具有犀利的判斷力、豐富的經驗和嫻熟的文筆，並經過幾年試用之後，才能來到這神聖之地擔任主筆。就像聖伯夫以他的《月曜日》文學評論成為巴黎的絕對權威一樣，小型舞台劇的大師路德維希·斯派達爾和愛德華·漢斯利克是《新自由報》副刊上戲劇和音樂方面的權威，他們的一句讚賞或否定，都決定著一部作品、一齣戲劇和一本書在維也納是否能成功，從而也常常決定一個人的命運。副刊上的每篇文章都是當時知識界的每日話題，他們討論、批判、驚歎或持敵對態度，一旦在那些早被人們認可並受到尊敬的「副刊作家」中冒出一個新名字，那真是一件轟動的大事。年輕一代當中，只有霍夫曼斯塔爾以幾篇精采的文章偶爾在那裡露個面，其他的年輕作家必須有自知之明，還是將自己的作品拿到文學刊物上去發表吧。誰如果能在《新自由報》的頭版上發表文章，就是在維也納為自己豎立了大理石豐碑。

在我的父輩眼中，《新自由報》是先知，是舉行神聖儀式的聖殿，現在我已經記不得自己當初怎麼會有勇氣把一首小詩投給了它。但結果，我遇到的不是簡單的拒絕。該報的副刊編輯每週只有一天對外接待的時間，而且是在下午兩點至三點，在依次接待完那些著名的固定撰稿人之後，他只有極少的時間來處理一個外行的投稿。我順著螺旋式樓梯來到他的辦公室，心怦怦亂跳，我請人進去通報，幾分鐘之後，通報人回來了，告訴我，副刊編輯先生有請，於是我走進那間又窄又擠的房間。

◊ ◊ ◊

《新自由報》的副刊編輯名叫特奧多．赫爾茨爾[8]，這是我見到的第一位應當享有世界歷史地位的人物——當然他本人並不知道，他擔負了多大的使命，使猶太民族的命運和我們時代的歷史發生了這麼重大的轉折。當時他的態度還很矛盾，曖昧不清。最初他嘗試寫詩，但很早就顯現了記者的才華，於是先是擔任《新自由報》駐巴黎的通訊員，後來就成了《新自由報》副刊的編輯——維也納讀者最喜愛的人。他的文章富有敏銳的觀察力，並且往往非常明智，他的文風優美，帶有一種高貴的魅力，無論是寫筆調輕鬆的文章還是寫批判性的文章，均不失大家風範。他的文章是我們所能想像的記者文章中最有修養的，足教這座挑剔的城市為之傾倒。他也曾有一齣戲劇在城堡劇院演出成功，因此成了名人，為青年們所崇拜，也受到我們父輩的尊重，直到那一天，意想不到的事情發生了。命運總是有辦法找到它需要的那個人，以完成那祕密的使命，哪怕這個人自己想躲起來也無濟於事。

赫爾茨爾在巴黎的一件經歷，震撼了他的內心，從那個時刻起，他的一生都為之改變。那

8 Theodor Herzl，1860—1904，奧地利猶太作家，猶太復國主義運動創始人。

時他身為記者，列席了對阿爾弗雷德·德雷福斯[9]的公開審判，目睹人們將這個面色慘白的人的肩章撕下，而這個人卻呼喊著「我沒有犯罪！」在這一瞬間，他從內心知道德雷福斯確實是清白的，他之所以蒙受了那可怕的叛變罪名，只因為他是猶太人。赫爾茨爾這個正直的男子漢自大學時代就為猶太人的命運而憂慮——雖然那時還未顯現厄運的端倪，他卻憑先知的本能預知了猶太民族悲慘的命運。他感覺得到，自己是天生的領袖，他那豐富的思想和對世界的認識和他的堂堂儀表相比，可是一點也不差。所以，上大學時，他就提出過一個幻想計畫，試圖徹底解決猶太人的問題，也就是說，他想通過自願集體受洗禮的方式，將猶太教和基督教聯合起來。他總是沉浸在戲劇性的想像之中，幻想自己有朝一日帶領著成千上萬的奧地利猶太人走向史蒂芬大教堂，用象徵性的行為做出榜樣，將這個沒有國家的流放民族，一舉從歧視和仇恨中拯救出來。但是不久，他就意識到，這個計畫無法實現，後來一年又一年的工作將他的注意力引開，使得他不再關注這個「最根本的問題」，他原本認為「解決」它才是自己真正的「責任」。但是現在，當德雷福斯遭到貶黜的時刻，他一想到自己的民族將永遠受到歧視，就像一把利刃刺進他的胸膛。如果種族隔離勢所難免，那麼就徹底隔離好了，他這麼想。如果遭到凌辱就是我們的命運，那麼就驕傲地迎上去。既然我們飽嘗沒有祖國之苦，那就自己建立一個國家！於是，他出版了《猶太國》這本小冊子，他在其中宣稱，無論是寄希望於同化，還是渴望徹底的

9 Alfred Dreyfus，1859—1935，法國軍官，出身猶太中產階級。曾任法軍總參謀部上尉，被控向德國出賣情報，史稱「德雷福斯事件」。

寬容，對於猶太民族都是虛妄。猶太人必須在自己古老的故鄉巴勒斯坦建立起自己的新國家。

當這本極具穿透力的小冊子問世時，我還在念中學，但是我卻記得它當時在維也納猶太人的中產階級圈子裡引起的普遍震驚和憤怒。他們不悅地說，這樣一位能幹、風趣、有教養的作家到底想幹什麼？是什麼讓他寫出這些蠢話？我們為什麼要上巴勒斯坦去？我們說的是德語，不是希伯來語，我們的祖國是美麗的奧地利。在好心的法蘭茲．約瑟夫皇帝的統治下，我們不是過得很好嗎？我們不是生活得越來越好，地位也很牢靠嗎？我們難道不是與別人一樣享有平等權利的公民嗎？我們難道不是世代居住在這可愛的維也納，是它的忠實市民嗎？我們所在的時代難道不是一個進步的時代，再過幾十年，一切偏見不是都會煙消雲散嗎？為什麼他身為猶太人，一心想幫助猶太民族，卻要為我們最兇惡的敵人提供證據呢？他為什麼試圖把我們和這個德意志世界隔開呢，而且我們每天都在和這個世界更緊密，更融為一體啊。於是猶太教的傳教士激動得離開了佈道壇，《新自由報》的負責人嚴禁在他的「進步」的報紙上出現猶太復國主義這個詞。維也納文學界的忒爾西忒斯[10]，最擅長惡毒諷刺的卡爾．克勞斯還寫了一本名為《錫安山上的國王》的小冊子，只要赫爾茨爾走進劇院，人們就會一排排地暗暗地發出嘲諷：「國王陛下駕到了！」

赫爾茨爾起初覺得自己受到了誤解，在維也納，他長年受到愛戴，這是他認為最安全的地方，維也納人怎麼會背棄他，甚至嘲笑他呢？然而，突然間得到這樣憤怒激烈的回應，他幾乎

10 Thersites，荷馬史詩中的人物，希臘軍隊中最醜陋的人，多言、好鬥。

嚇壞了，他沒想到自己這幾十頁的文章，竟然在世界各地引起了如此巨大的、遠遠超越了他本人所預期的運動。這運動自然不是來自那些在西方過著舒適安逸生活的猶太中產階級，而是東方的廣大群眾，來自加利西亞、波蘭和俄國的猶太無產階級。赫爾茨爾無意之中用自己的小冊子重新喚起了流落異鄉的猶太人心中暗藏的熱烈嚮往，他們希望實現在舊約中說了千年之久的彌賽亞復國夢想——這既是希望，又是宗教信仰，它讓那些被踐踏、被奴役的千百萬人覺得人生尚有意義。在人類兩千年的歷史當中，只要一個先知或騙子觸動了這根弦，整個民族的人心都會激奮起來，但是，這一次的聲勢最浩大、反響最激烈澎湃。光靠一個人的一支筆，互相爭鬥、一盤散沙似的民眾就被聯合起來了。

當這個主張還帶著夢想的色彩，沒有具體成形的最初時刻，肯定也是赫爾茨爾短暫的一生中最幸福的時刻。一旦他開始在現實中設定目標、聯合各方勢力時，他才發現，他的猶太民族分成了那麼多不同的族群，各自有那麼多不同的命運。這裡的猶太人信教，那裡的猶太人不信教，這裡的猶太人信奉社會主義，那裡的猶太人奉行資本主義。他們用各種語言互相爭吵，都不願意接受同一個權威的領導。當一九〇一年我見到赫爾茨爾的時候，他正處在這種鬥爭之中，而且，可能他本人也很矛盾，還沒有足夠的勇氣和信心，為了這場事業放棄維持家庭生計的職位。他還必須把精力分散在微不足道的記者生涯上，在報社的任務是他真正的生活。這就是當時接見我的副刊編輯特奧多·赫爾茨爾。

◊ ◊ ◊

赫爾茨爾站起身，向我問好，我不禁感到，「錫安山上的國王」這個語帶諷刺的綽號真有些名副其實。他天庭飽滿，輪廓深刻，留著黑得發青的教士式長鬚，深藍色的眼睛帶著憂鬱，儼然一副國王氣派。他那帶有幾分戲劇化的表情毫不做作，因為他有一種自然而然的高貴氣質，而且他也不需要利用這個特別的場合，在我面前故意擺出一派威嚴的樣子。在這間異常侷促、只有一扇窗戶的編輯部小房間裡，他坐在一張堆滿了紙張的舊寫字檯前工作，好像一個貝都因人的部落酋長。即使身套一件貝都因人的白色寬大長袍，他也會和現在穿著精心裁剪的巴黎式樣的深色燕尾服一樣自然。在他有意稍作間歇之後（我後來經常看見他這樣，他喜歡這種短暫的間歇產生出來的效果，這大概是從城堡劇院學來的），他以對待晚輩的姿態，卻滿懷善意地向我伸出手，指著身邊的椅子讓我坐下，對我說：「我相信，在什麼地方聽說過您的名字，或者看過您的詩作，您寫過詩，對嗎？」我只好點頭承認。於是，他將身子向後一靠，問道：「那您這次給我帶來了什麼大作？」

我說，我很願意請他看看我的一篇散文，接著，我把手稿遞給了他。他看了看封頁，然後一頁一頁翻看，一直看到最後一頁，估算了一下篇幅，整個人又更深地陷入了座椅之中。我很驚訝地發現（我沒想到會這樣），他已經開始閱讀我的稿子了。他讀得很慢，頭也不抬地一頁頁往下翻，看完最後一頁，他慢條斯理地把手稿疊整齊，將它放進一個文件袋，然後用藍色鉛筆在上面做上記號，卻始終沒有看我一眼，當他用這一連串莫測高深的動作，將我長時間懸置於緊張狀態之後，他抬起頭，用深沉的目光看著我，故意緩緩地、鄭重其事地對我說：「我很高興告訴您，您的這篇美文將發表在《新自由報》上。」當時的情景簡直就像拿破崙在戰場上將一枚十字勳章佩戴在一位年輕的中士胸前一樣。

這件事看起來就像是一段微不足道的插曲，但是只有那個時代的維也納人懂得，他的這種提攜意味著今後什麼樣的進步。就這樣，我在十九歲那年，一夕之間躋身名流。赫爾茨爾自打這次見面起對我就備加關照，同時，也藉這個偶然的機緣寫了一篇文章，告訴人們，維也納的藝術並未式微。相反的，現在除了霍夫曼斯塔爾之外，年輕人中人才輩出，他們當中將會出現當代最優秀的作家。這時，他首先提到我的名字。像赫爾茨爾如此重要的人物，率先出面為我說話，為了讓我獲得意義與責任重大的社會地位，這始終讓我覺得有莫大的殊榮。然而，我並沒有如他所願，參加甚至共同領導他的猶太復國主義運動，做出這樣的決定，對我而言的確非常困難，因為這顯得我看起來像是個忘恩負義的人。

但是我一直無法和這個運動產生真正的聯繫，首先，赫爾茨爾自己黨內的同志對他那種不尊重的態度就令我無法與他們接近，這種態度至今都令人難以想像。他被東方的同志指責根本不懂猶太精神，甚至連猶太人的風俗都一竅不通。而國民經濟學家只把他視作副刊編輯，反正每個人都有反對他的理由，而且對他都不太禮貌。我知道，那個時候他是多麼需要有人完全投身於運動，尤其是年輕人，然而這個圈子裡爭強好鬥的風氣和缺乏真誠、正派的組織關係，讓我疏遠了這場運動，我當初之所以好奇地接近它，只是為了赫爾茨爾的緣故。有一次，當我們談到這個話題，我坦率地告訴他，我對他的隊伍中缺乏紀律的現象感到不滿，他苦笑了一下，對我說：「您要知道，幾個世紀以來，我們已經習慣了這樣反覆務虛，沉溺在問題之中，在兩千年的歷史裡，猶太人根本沒有為世界創造出什麼真正的東西。人們首先必須學會完全的奉獻，這一點至今連我自己都還沒有完全學會，因為我還得間或寫些文章，我還是《新自由報》的副刊編輯啊。其實，我理應將精力專注於一點，畢竟一心不能二用，雖然這本是我的職責。不過，我已經著手準備完全獻身了，只有當我自己真正做到完全的奉獻，也許別人就會跟著做了。」我至今還記得，他這番話讓我印象深刻，因為，我們大家都不了解，為什麼赫爾茨爾久久不能下決心放棄他在《新自由報》的職務——我們當時認為，是為了家庭的緣故。但實際上並非如此，他後來甚至為了這事業獻出了自己的財產，但大家都是很晚以後才了解這一點的。不僅在當時與我的這番談話，在他的日記中也有不少內容透露了當時他忍受了多麼痛苦的矛盾煎熬。

在那之後，我還曾見過他數次，不過，其中只有一次是值得回憶和難忘的，也許，因為那是最後一次吧。我在國外待了一段時間之後（在此期間我和維也納只保持著書信聯繫），回到維也納，有一天，我在市公園遇見了他。他顯然是從編輯部來的，走得很慢，有些佝僂，不再像從前那樣健步如飛了。我禮貌地和他打聲招呼，就想與他擦肩而過，而他卻迅速地向我迎過來，並且朝我伸出手，說：「您為什麼總是要躲著我？您根本沒必要這樣做。」他非常讚賞我經常去國外，「這是我們唯一的出路。我所有的知識都是在國外學的，只有在那兒，人才會習慣獨立思考，我相信自己在這裡不會有勇氣產生建立猶太國的思想，它在萌芽狀態的時候就會遭到毀滅。但是感謝上帝，當我將它帶回國時，這個想法已經成熟了，對於已經邁出的步伐，他們想阻止也已經無能為力了。」接著，他語氣異常沉痛地說起維也納，在這裡他遇到了最大的阻礙，而且，阻礙並非來自外部，從外部而來的都是督促的力量，尤其是東方，如今甚至多來自美國。他說，他感到非常疲憊。「我的錯誤就是，開始得太晚。維克多．阿德勒在他精力和鬥志最旺盛的年華，三十歲，就當上了社會民主黨的領袖，而歷史上的大人物就更不在話下了。您知道嗎？我一想到逝去的光陰就覺得很痛苦——我真應該早些從事自己的事業。如果我的健康狀況像意志一樣堅強的話，那還好些，但是歲月不饒人啊！」我一直陪他走了很長一段路，一直到他家門口，他在那兒停下來，和我握手話別：「您為什麼不到我家來做客？您從來沒來過。下次您事先打電話來，我會抽空等著您的。」我答應一定去拜訪他，卻暗自決定不遵守這個諾言，因為，我越是愛戴一個人，就越珍惜他的時間。

但最終我還是去了他家一次，那是在幾個月以後了。上回我遇見他時，他已經病魔纏身，這一次病情突然發作，我所能做的只是陪伴他走完去墳墓的這段路。那是一個不尋常的日子，是七月的某一天，當時在場的人都不會忘記這一天。因為，就在突然之間，到達維也納所有車站的所有列車，無論晝夜，都載著世界各地的人前來為他送葬：東方和西方的猶太人、俄國、土耳其的猶太人，他們從大大小小的地方蜂擁而至，臉上還帶著因為這噩耗而震驚的表情。現在人們發現了一個先前因為無休止的爭吵和流言蜚語而被忽視的事實，那就是，此刻他們安葬的是一個偉大運動的領袖。送葬的隊伍一眼望不到頭，維也納驟然發現，逝世的人不僅僅是一位作家和不算重要的詩人，而是一位思想家，這思想在一個國家、一個民族當中要經過相當長的時間才以必勝的面貌顯現出來。在墓地附近發生了一場騷動，太多的人撲向他的靈柩，嚎啕哭喊著，一種瘋狂的絕望情緒爆發了，像山崩地裂一般，一種強大的令人昏厥的悲哀衝破了一切秩序，這種景象真是空前絕後，當是我生平僅見。看到由成百萬民眾組成的民族，集體從內心深處迸發出這樣深切的悲痛，我才第一次知道，這個孤獨的人通過自己的思想為這世界帶來了多少熱情和希望。

我有幸成為《新自由報》副刊的作者，這對我個人而言有著深遠的意義。我沒有想到自己通過這件事獲得了家人的支持。我的父母對文學本來不甚熱心，也沒有自己的判斷。和維也納整個中產階級一樣，他們關心的是，什麼事情在《新自由報》上受到了讚揚，而至於《新自由報》譴責和批判了什麼，他們根本就無所謂。他們覺得在《新自由報》副刊上發表的文章必然有絕對的權威，凡是在那上面發表過見解的人，僅憑這個作者的地位就會贏得人們的尊重。試想這樣一家人，每天懷著崇敬和期待，看報總是先看副刊。突然一天早晨，他們簡直不能相信自己的眼睛，坐在桌邊的那個很不聽話、在學校也不怎麼頂尖的十九歲男孩，竟然被允許在這個至關重要的版面，躋身在一群有經驗的知名人士當中發表自己的觀點，而他們一向只是善意地將他的寫作當作是「無害的」兒戲（這總比打牌或和輕浮女子打情罵俏好），在家也不太重視他的想法。當時這件事對家人的震撼可真是不小，就算我寫出了葉慈、賀德林和雪萊那樣最美的詩，周圍的人也不會像那樣對我刮目相看。當我走進劇院的時候，總有人對我這個躋身於德高望重老人行列的無名小卒指指點點。由於我經常地、幾乎是有規律地在《新自由報》副刊上發表文章，所以很快就面臨了成為受人尊敬的地方名人的危險。好在我及時地擺脫了這個險境，一天上午，我給了父母一個驚喜，告訴他們，下個學期我將轉到柏林去上大學，我的家人尊重我的意見，或者更確切地說，他們是因為對《新自由報》懷有無比敬意，我頭頂《新自由報》的光環，他們也就不好反對我的這個願望了。

◊　◊　◊

當然，我想的可不是去柏林「上大學」。我在那裡，和在維也納一樣，一學期只去學校兩次，一次是為了去辦聽課註冊，一次是讓教務人員在我的聽課證上蓋章。我在柏林尋求的，既非學堂，也非教授，而是一種更加徹底、更加高層次的自由。在維也納，我總是感到自己受到環境的限制，和我往來的文學同行，幾乎全部來自和我同樣的階層，都是猶太中產階級。在這狹小的環境，同城的人彼此了解，我必須永遠扮演一個「上流」家庭裡的公子形象，而我已經厭倦了所謂的「上流」社會，我甚至渴望起所謂的「下層」社會來，去那裡過一種自由自在的生活。在柏林時，我從沒看過一眼課程表，根本不知道教哲學的教授是誰。我只知道，這裡的「新」文學比維也納的更加活躍和繁榮，在柏林，可以遇見戴默爾和其他年輕的詩人，在柏林，不斷有新的刊物出版，有新的歌舞劇院和戲劇院成立，簡而言之，在柏林，用維也納人的話來講，就是「總有些新鮮事兒」。

實際上，我到柏林時，正值一個有趣的歷史時刻。自從一八七〇年，柏林從普魯士王國不太富裕的小小都城變為德意志帝國皇帝的京城以來，這個位於施普雷河畔不起眼的地方，猛然間繁榮了起來。但它在文化和藝術領域還不具有領導地位，擁有眾多畫家和詩人的慕尼黑才是當時真正的藝術中心，而樂壇的領導地位，則由德勒斯登歌劇院所擁有。那些小小的諸侯國的首都也都各有所長，尤其是維也納，憑藉著數百年的文化傳統，菁英薈萃，人才輩出，當時遠遠領先於柏林。不過，隨著那幾年德國經濟的迅猛發展，歷史翻開了嶄新的一頁。規模巨大的康采恩[11]和富裕人家開始遷居柏林，新的財富和隨之而來巨大的冒險精神，為這裡的建築業和劇院的修建開闢了在德國其他大城市所沒有的前景。在威廉皇帝的聖諭保護之下，博物館都紛紛開始擴建，劇院也找到了像奧托·勃拉姆[12]這樣傑出的領導者。正因為柏林沒有真正的傳統，沒有百年的文化，於是吸引了青年人來嘗試自己的想法。因為，傳統往往同時意味著阻力，束縛於傳統的維也納，將自己的歷史視為偶像，對青年人和他們的大膽嘗試總是採取謹慎和觀望的態度。而柏林正希望迅速為自己豎立起充滿個性的形象，所以，在那裡可以進行新的探索。

11　編注：一種通過由母公司對獨立企業進行持股而達到實際支配作用的壟斷企業形態。一般情況下，基本是由集團中的銀行以及其他金融企業來擔當控股公司這一角色。

12　Otto Brahm，1856—1912，德國文化歷史學家和戲劇領導者，與易卜生、豪普特曼同是當時文學運動的先鋒，1889年成立「自由舞台」組織並擔任領導，1894—1904年任德意志劇院負責人，後任萊辛劇院負責人。

因此，毫不奇怪，來自整個德國、甚至奧地利的年輕人都湧向了柏林，其中天賦出眾者自然就有所成就。維也納人馬克斯·萊因哈特為了謀得一個職位，在維也納不得不耐心等了二十年，而在柏林，他只用了兩年就得到了。

當我到達柏林的時候，正趕上它由一座普通的都城轉變為國際大都市的轉折期。我從備承祖蔭的美麗維也納來到這裡，第一印象其實相當失望。那種提倡擴充新建築，取代只是為了擺闊的動物園的西化過程，在這裡才剛剛開始，構成城市中心的是建築單調乏味、豪華得不太得體的弗德里希大街和萊比錫大街。要想去趟市郊，像維爾默村、尼克拉湖和施他格利茨這些地方都很困難，只能搭乘有軌電車。要想去欣賞一下湖光山色，在當時就像去探險。除了古老的「菩提樹大道」之外，市裡面就再沒有其他的中心區了，也沒有像我們維也納格拉本大街上的那種「彩車大隊」，由於普魯士古老的節儉精神，這裡處處都缺乏優雅的風姿。婦女們穿著自家裁剪的毫無品味的服裝去看戲，這裡的人們沒有那股巧勁兒，缺乏維也納人和巴黎人那樣的能耐，不懂怎樣把便宜貨變成迷人的奢侈品。從每一個細節都可以感受到弗德里希二世時代那種近乎吝嗇的勤儉持家精神：咖啡淡而無味，因為每一顆咖啡豆都要節約使用；飯菜也無甚滋味，缺乏營養。在維也納，處處都是樂音，而在柏林，處處都一絲不苟、井井有條。我覺得最有代表性的例子就是我的維也納女房東和柏林女房東的不同了：維也納的女房東性格活潑，很愛說話，雖說不能將一切都打掃乾淨，而且還會丟三落四，但是對人很熱心。柏林的女房東做事則一絲不苟，將一切都打理得無可挑剔，但是，在第一個月結帳的時候，我發現她用清清楚楚的斜體字把帳算得一分不差，每件小事情可都不是白幹的：縫一粒褲子鈕釦要三芬尼，除去桌子上的一塊墨漬要二十芬尼，算到最後，她為我做的事情一共值六十七芬尼。我一開始覺得這十分可笑，但是，幾天之後，連我自己也向這種令人不快的普魯士一絲不苟的精神屈服了，我生平第一次，但也是最後一次，寫了一份詳細的支出帳單。

我帶來了很多封維也納朋友為我寫的介紹信，但是，我一封也沒有拿出去。我之所以這樣超出常規地跑到柏林來，為的就是擺脫中產階級安安穩穩的生活狀態，完全獨立自主、無拘無束地生活。我只想認識一種人，就是我自己在文學努力的道路上結識的朋友——而且盡可能結識一些有趣的人物，畢竟，我可沒有白看《波西米亞人》，當時二十歲的我，不由得也相當希望自己也能這樣浪漫地生活。

我沒花多長時間就有了一個放蕩不羈、氣味相投的圈子。早在維也納時，我就和柏林的先鋒報《現代人》（它自嘲似地稱自己為「同仁團體」）合作了，主編是路德維希·雅各博夫斯基。這位年輕的詩人在早逝之前不久成立了一個組織，有個對於青年人很有誘惑力的名字：「後來者」。這個組織每週在諾倫多夫廣場旁的一家咖啡館二樓聚會一次，在這個仿效巴黎「丁香園」的大型聚會當中，各色人物濟濟一堂。有詩人和建築家、附庸風雅之徒和記者、打扮成工藝美術家和雕塑家的年輕女子、想來此提高德語水平的俄國大學生和滿頭金髮的北歐女子，還有來自德國各地的人，骨骼健壯的威斯特法倫人、憨厚的巴伐利亞人、西利西亞的猶太人。大家濟濟一堂，激烈地討論，完全不受任何約束。時而會有人朗誦詩歌或戲劇，但是對於每個人來講，最重要的事情是相互認識。令人感動的是，在這群以波希米亞人自居的年輕人當中，還有一位酷似聖誕老人的灰鬍子老者，他受到所有人的尊敬和愛戴，他是一位真正的詩人和波希米亞人，他就是彼得．希勒。這位七十歲的老人瞇著藍眼睛，慈祥地望著這群與眾不同的孩子，他總是穿著一件灰色的風衣，藏著裡面那件被蟲蛀的西服和邋遢至極的襯衣。每當我們簇擁著他，要他朗誦點什麼的時候，他總是很高興地從上衣口袋裡掏出一張皺巴巴的手稿，為我們朗誦自己的詩。那是完全與眾不同的詩作，是天才抒情詩人的即興作品，只是形式太鬆散、太信手拈來了。他在電車上或咖啡館用鉛筆寫下這些詩句，然後就將它們拋諸腦後，在朗讀給我們聽的時候，他總是吃力地從那張紙條的塗鴉中辨認自己的字跡。他向來就沒有錢，但是，他也從不為錢發愁，他東家、西家地去做客，他的出世和對名利的淡泊，含有一種真諦。人們根本不知道，這個不食人間煙火的好人是什麼時候、怎樣來到柏林的，也不知道他想在這裡找尋什麼。可是，他一無所求，既不想成名，也不想出人頭地，由於他那種詩人的夢想，他反而更加無憂無慮，更加自由自在，這種情形我後來還曾在另一個人身上見到過。在他身邊，野心勃勃的人們高談闊論，大聲喧譁，他總是溫和地傾聽，不和任何人爭論，有時會向某人友好地舉杯問候，但幾乎不介入任何交談。他給人這樣的感覺：即使在一片喧囂混亂之中，他彷彿還在頂著一蓬亂髮、稍感疲憊的腦袋裡搜尋著詩句，卻始終不見這些詩句的蹤影。

也許是這位天真的詩人身上散發出來的真實和童心（他在德國幾乎已被遺忘），分散了我對從「後來者」這個組織選舉出來的新領導的注意力，正是這個人的思想和話語後來決定了無數人的生活方式，他就是人智學[13]的奠基者，魯道夫．史坦納。他是我繼赫爾茨爾之後遇見的又一個命中注定為千萬民眾指點明路的人，他的追隨者為了發展他的學說，創辦了規模恢弘的學校和研究院。他不像赫爾茨爾那樣具有領袖風度，但是更加富有魅力。他的眼眸具有一種催眠的力量，當我眼睛不看他，只用耳朵聽他說話的時候，能夠更專心、更具有批判意識，因為他瘦削的面龐充滿了激情，他的相貌那樣英俊，為他著迷的絕不僅僅是女性。史坦納當時還未創建自己的學說，那時他還不過是個探索者和學習者，他有時教授我們歌德的色彩學說，歌德的形象在他的講述中愈發顯得像浮士德和巴拉塞爾士[14]了。史坦納說話總是引人入勝，他知識淵博，尤其和我們這些僅限於文學領域的人相比，他的知識顯得十分多樣化。每次聽完他的講座，或者和他私下談完話，我總是既興奮又帶幾分沮喪地回到住處。但是，當我今天捫心自問，當時自己是否預感到這個年輕人，以後會在倫理學和哲學領域發揮如此巨大的影響，我只能慚愧地回答說，沒有。我只預計到他的探索精神將使他在自然科學方面獲得極大的成就，如果我聽說他憑那直觀的智慧在生物學上獲得了重大發現，我絕不會感到驚訝！但是，當數年之後，我在多納赫見到那座雄偉的歌德大樓時（這座「智慧學校」是他的學生捐贈給他的人智學的「柏拉圖學院」），我真有點失望，沒想到他的影響竟如此深入到現實生活之中，有時甚至

13 編注：人智學（Anthroposophy）是由魯道夫．史坦納（Rudolf Steiner）所創立的一派哲學，他認為人智學是一種靈性科學，希望扭轉這個世界過度朝向唯物主義的發展。

14 Paracelsus，1493—1541，德國自然科學家、哲學家、醫生和神學家。

顯得陳腐起來。我無意對人智學妄加評論，因為，直到今天，我還不甚清楚它究竟是什麼，有什麼意義。我甚至相信，這門學問之所以這樣有誘惑力，關鍵不在它的思想，而在史坦納的個人魅力。但無論如何，在這樣一位極具魅力的人物尚未成名前，當他還不以權威自居，還能以友善的姿態與青年人交談時，我就有幸與他結識，這對我而言終究是無法衡量的財富。通過他那極富想像、同時又相當深奧的學識，我了解到，原來我們上中學時自負地以為自己已擁有的廣博知識根本只是些皮毛，真正淵博的學問不是通過草草的閱讀和討論得來的，而是需要花數年的苦功，不懈地鑽研。

但是，在那個很容易交朋友，政治和社會隔閡尚且不太嚴重的開明時代，年輕人要想學到真正的知識，最好和志同道合的夥伴相互敦促，勝過跟有名望的人學習。我再次感到志同道合的熱情會結出怎樣的碩果（這次可比在中學的環境更加高級、更加國際化）。我在維也納的朋友幾乎都出身中產階級，而且，十之八九都是猶太人。所以我們的愛好只能是大同小異，千篇一律。而在柏林這個新世界當中，年輕人來自截然不同、上下對立的階層，這一位是普魯士貴族，那一位是漢堡船業老闆的公子，另一位則是威斯特法倫的農民。我突然置身於這樣一個社交圈，其中還有人衣著襤褸和穿著破舊的鞋履，這是我在維也納從未接觸過的社會階層。我和那些酒徒、同性戀者和吸毒者同坐一桌，很驕傲地和一個相當有名又坐過牢的大騙子握手。（他出獄後出版了自己的回憶錄，其中包括了和我們交往的過程。）我被帶進的小酒館和咖啡館裡，充斥的人物都是只在現實主義小說中看見過的，而且以前我還不太相信會真有其人，越是聲名狼藉之徒，我的興趣越大，越想和他結識。這種對弱勢人物的愛好，或者說是好奇，伴隨了我一生，即便到了該慎重擇友的年齡，我的朋友們還往往責備我交友不慎，不該和那些缺乏道德、沒有信譽、令人丟臉的傢伙交往。可能正是因為我出身於正派體面的階層，而我在某種程度上對這種所謂「可靠」的情結感到厭倦，使得我覺得那些揮霍自己的生命、時間、金錢、健康和名譽的人獨具魅力，對於這些東西，他們的態度幾乎稱得上是蔑視。這些人是狂熱份子，是沒有目標、只為了生存而生存的人，也許，在我的長篇和短篇小說裡，人們會發現我對他們這種不羈而濃烈的本性的偏愛。此外，還有來自外國友人帶有異域色彩的誘惑，他們幾乎每人都為我的強烈好奇心帶來一份異國世界的禮物：畫家埃．默．利林來自德羅霍畢茨地區，信奉東正教，是個窮工匠的兒子，他是我遇見的第一個真正的東方猶太人，使我對猶太精神的力量和頑強不滅的狂熱有了第一次的了解；一位俄國青年為我翻譯了當時德國人尚不知曉的《卡拉馬助夫兄弟們》中最精采的章節；一位年輕的瑞典女子讓我頭一次見識到孟克的作品，我在那些（劣等的）畫家的畫室閒逛，為的是觀察他們的技法，有名教徒還把我領進靈媒的圈子——這一切都讓我感到大千世界無奇不有，真正令我興味盎然。在中學時代我鑽研形式、韻律、詩句、詞語的那股勁頭，現在轉向了人。在柏林，我從早到晚和各色人混在一起，一會兒興奮，一會兒失望，甚至還會受騙。我相信，在柏林短短一個學期的時間內——完全自由的第一個學期，自己的密集社交行動超過了以往十年的總和。

◊ ◊ ◊

從理論上來講，這種非同小可的廣泛交際自然會大大提升我的創作欲。實際上卻恰恰相反，在中學時代，通過夥伴間相互激勵而培養起來的高度創作自覺，令人憂慮地消失了。在我那本詩集出版四個月後，我簡直弄不懂自己當初怎麼會有勇氣出版這樣不成熟的東西。這些詩句在我看來仍然是優秀的、講究技巧的，有的甚至稱得上令人矚目的藝術佳作，在形式上精雕細琢，但是，它們的情調是虛假的。自從接觸現實之後，我對於自己的第一篇短篇小說也有同感，覺得帶有脂粉氣，是在對現實完全無知的情況下寫成的，使用的是從別人那裡模仿來的二手技巧。我來柏林時帶來了一部長篇小說，只差最後一章未完成，原本想讓我的出版人高興高興，這下也被扔進了火爐，因為，對於現實生活的初步認識已經嚴重打擊了我原先對自己的那一點中學菁英水平抱有的信心。我當時的感覺就好像自己在學校留了幾級一樣。事實上，出版第一部詩集之後，隔了六年，我才出版第二部詩集，首部散文集也是在三、四年後出版的。我當時聽從了戴默爾的意見，好好利用時間從事翻譯工作，至今我仍然認為，從事文學翻譯是讓年輕作家更深刻、更創造性地了解母語的最佳途徑。直到現在，我都為此感謝戴默爾。我翻譯了波特萊爾的詩，還譯過一些魏崙、葉慈、威廉·莫里斯[15]的詩，以及夏爾·范·賴爾貝爾

15 William Morris，1834—1896，英國詩人、手工藝術家，反對用機器生產手工藝品，提倡手工製作實用性強、質地良好的家居用品。

赫[16]的一個小劇本和卡彌爾・勒夢尼耶[17]的小說《熟能生巧》。正由於每種外語都有自己極其獨特的成語、諺語，這是文學翻譯首先遇到的阻礙，它要求譯者具備豐富的表達能力，需要反覆斟酌，才能運用得當。絞盡腦汁去發掘外語中最獨特的表述方式，又在母語中找到與之對應、同樣生動的用法，這種苦思冥想對於我而言始終是一種特殊的藝術創作樂趣。因為這種沒沒無聞、外人難以知曉其艱辛的工作，要求譯者具備耐心和毅力，這正是我在輕浮、鹵莽的中學時代所忽略的品德，因此我尤其珍愛這份工作，通過這種介紹不凡藝術財富的平凡工作，我生平第一次感到自己在做真正有意義的事，生平第一次感到自己的存在有了價值。

◊ ◊ ◊

在內心深處，我已經明白了今後的路該怎麼走：多看、多學，然後才開始動筆。不能急於發表作品，急於表現——而應先了解這個世界的本質。柏林彷彿為我打開五味罐，令如飢似渴的我更加胃口大開。我環顧四望，考慮暑期旅行可以去哪。最後選擇了比利時。在十九和二十世紀交替的時候，這個國家在藝術上出現了非比尋常的飛躍，在態勢上甚至超過了法國。在繪

16 Charles van Lerberghe，1861—1907，比利時象徵主義詩人兼劇作家。

17 Camille Lemonnier，1844—1913，比利時作家，作品描繪比利時工人和農民的生活。

畫界有克諾普夫[18]、羅普斯[19]，在雕塑界有康斯坦丁．默尼埃[20]、米納[21]，工藝美術界有范．德．韋爾德[22]、文學界有梅特林克[23]、埃克豪特[24]和勒夢尼耶，他們顯示了歐洲強大的新興力量。但最令我著迷的是愛彌爾．魏爾哈倫[25]，因為他為抒情詩照亮了一條全新的道路。我對他的發現帶有私密的性質，當時，德國人對他還一無所知——官方的文學界一直把他和魏崙混為一談，就像把羅曼．羅蘭[26]和羅斯丹[27]相混淆一樣。這樣獨一無二地鍾愛一個人，往往意味著這愛具有雙倍的濃烈。

也許有必要在這裡做點解釋，如今我們經歷的事情太多，獲得經驗也太快，記得這些經歷的方法也更好，所以我不知道愛彌爾．魏爾哈倫這個名字在今天是否還有意義，在法語詩人中，魏爾哈倫是第一個想將惠特曼[28]貢獻給美國的東西也貢獻給歐洲：就是對時間的認識，對未來

18 Fernand Khnopff，1858—1921，比利時象徵主義畫家和版畫家。
19 Félicien Rops，1833—1898，比利時版畫家。
20 Constantin Meunier，1831—1905，比利時雕塑家，以勞動者為雕塑主題。
21 George Minne，1866—1941，比利時雕塑家和畫家。
22 Henry van de Velde，1863—1957，比利時建築家和工藝美術家。
23 Maurice Maeterlinck，1862—1949，比利時作家，1911 年獲諾貝爾文學獎。
24 George Eckhoud，1854—1927，比利時小說家、詩人、文藝評論家。
25 Emile Verhaeren，1855—1916，比利時詩人。
26 Romain Rolland，1866—1944，法國詩人、作家，1915 年獲諾貝爾文學獎。
27 Edmond Rostand，1868—1918，法國戲劇家。
28 Walt Whitman，1819—1892，美國詩人，他的詩集《草葉集》是歐美現代抒情詩的里程碑。

的認識。他已經開始熱愛現代世界了，並且希望將它變成詩歌的題材。就在其他人認為機器是惡魔，都市面貌醜陋，現代生活毫無詩意時，他卻為每個新發明、每項機械成果，興奮不已，他為自己的這種歡欣而歡欣，他是有意識在這麼做的，為的是使自己在這樣的激情中有更多的敏銳。他最初的短詩最終發展成噴湧而出的偉大讚美詩。《相互尊重，彼此友好》，這是他向歐洲人民發出的號召。我們這個時代的樂觀主義，在如今這個最恐怖的倒退年代，不再被人理解的樂觀主義，最早在他的詩歌中得到表現。在他某些最優秀的作品中，還一直見證著我們當時對歐洲和整個人類生活的夢想。

我之所以去布魯塞爾，其實就是想去認識魏爾哈倫。但是，卡彌爾．勒夢尼耶，這位曾經寫過《男人》，筆力遒勁，而今卻被讀者不公平地遺忘了的作家（我還翻譯過他的一篇長篇小說）遺憾地告訴我，魏爾哈倫極少離開他所在的小村子，到布魯塞爾來，現在他也不在布魯塞爾。為了安撫我的失望，他熱心地為我引見了其他幾位比利時藝術家，於是，我見到了年老的大師康斯坦丁，這位具有英雄氣概的工人，最有力度地描繪勞動的雕塑家。然後，我見了范．德．施塔彭[29]，在今天的藝術史當中，他的名字已經完全消失了。但是，他是個多麼友善的人啊，這個個子矮小、雙頰豐滿紅潤的人，和他高大、開朗的荷蘭太太熱情接待了我這個青年人。他給我看他的作品，在那個晴朗的上午，我們談論了很久的藝術和文學，這兩位主人的善意很快就將我的靦腆一掃而空。我毫不掩飾地告訴他們我的遺憾，我來布魯塞爾其實就是為了見魏

29 Charles Pierre van de Stappen，1843—1910，比利時雕塑家。

爾哈倫，可是偏偏錯過了。

也許是我太多嘴？也許是我說了傻話？反正，我注意到范．德．施塔彭和他的太太都微微一笑，並且互相交換了一下眼色。我覺得是自己的話引起了他們之間的一種默契，於是很不自在，便起身告詞。但是，他們執意留我吃午飯，並且，又流露出那種神祕的微笑。這讓我感覺到，即使他們有什麼祕密瞞著我，那也是善意的，於是便愉快地放棄了去滑鐵盧的打算。

很快就到了中午，我們坐到飯廳——和所有的比利時家庭一樣，他們的飯廳在一樓，透過飯廳的彩色玻璃可以看到大街，這時，突然有個人影停在飯廳的窗前。有人用指節敲打著彩色玻璃窗，門鈴同時也響了起來。「他來了！」范．德．施塔彭太太說，並站起來去開門。客人走了進來，腳步沉重有力，是魏爾哈倫，我一眼就認出了這張從照片上早已熟悉的面容。魏爾哈倫是這家的常客，今天也正好前來做客，當他們聽說我在布魯塞爾到處找他而不得見時，迅速地交換了眼神，有默契地什麼都不告訴我，要我在他到來時得到一個驚喜。現在，他就站在我面前，因為施塔彭夫婦和我開的這個玩笑而微笑。我第一次握到他那雙有力而敏感的手，觸到他那清澈而善良的目光。他一走進來（他一向如此）就急切地說個不停，還在一口口吃飯的時候，就已經滔滔不絕了。他剛剛和朋友們在一家美術館，還沉浸在剛才的激動情緒中。他總是這樣，不管從哪裡回來，總是為偶然的經歷而興高采烈，這已經成了他改不掉的習慣了。他的歡樂從唇齒之中傾瀉而出，他唯妙唯肖地描述著，寥寥數語就能把人緊緊抓住，因為，他這個人胸襟坦蕩，對每個新認識的人都報以歡迎的態度，對人毫不拒斥。他將自己和盤托出，將真心奉獻給對方，和在最初認識他的這個時刻一樣，我在後來無數的時刻，都欣悅地見到他這種巨大的感染力為別人所帶來的快樂。他當時還不了解我，卻已對我毫無保留，僅僅是因為聽說我喜愛他的作品。

午飯後，接著出現了第二個驚喜。范．德．施塔彭與魏爾哈倫很久以來就有個夙願，因此，范．德．施塔彭一連工作了好些天，為的是給魏爾哈倫塑尊胸像，今天，是魏爾哈倫最後一次做模特兒了。范．德．施塔彭說，我的出現是上天賜給他的好運，因為，他需要一個人和這位閒不住的模特兒聊天，讓他的面容在談話中生動起來。於是，我盯著這張臉看了兩個小時，這張面容真令人難忘，高聳的前額，無情的歲月在上面刻滿了深深的皺紋，灰色的鬈髮垂下幾綹搭在額上，整個面龐的輪廓很硬，棕褐色的皮膚飽經風霜，下顎像岩石一樣朝前突起，薄薄的嘴唇上蓄著兩撇很長的維欽傑托列克斯[30]式的八字鬍。他的神經質反映在手上，這雙手修長、靈巧、細膩而有力，血管在薄薄的皮膚下面強烈地搏動。他全部的意志力體現在他的雙肩，相形之下，他瘦削而精神飽滿的頭顱顯得太小，只有當他邁開步子時，才能看出他的力量。當我今天看著這尊胸像（這是范．德．施塔彭最好的作品），我才明白，它是多麼真實，它攫獲了魏爾哈倫性格的全部。它記錄了一位詩人的偉大，為一種永不消逝的力量豎立了一座紀念碑。

◊ ◊ ◊

30 Vercingetorix，82B.C.—46B.C.，曾率領高盧人抵抗凱撒入侵，失敗後，為使人民免遭屠殺，自願被凱撒斬首。

在這三小時裡，我已經熱切地喜愛上了這個人，而這種熱愛也保持了一生。魏爾哈倫的秉性中有一種從不自以為是的穩重。他淡泊金錢，寧願過鄉村生活，也不願鬻文為生。他淡泊名利，從不曲意迎合，或利用關係取得功名——擁有自己的朋友，擁有他們忠誠的友誼，這已經使他滿足。他甚至擺脫了對人最危險的誘惑：榮譽。但是，榮譽最終還是在他最年富力強時降臨了。魏爾哈倫在各方面都十分光明磊落，心中毫無塊壘，也無絲毫虛榮之心，完全是一個自由、歡快的人，很容易興高采烈，和他在一起時，會覺得自己被他獨特的生機給啟動了。

他那樣生氣勃勃地出現在面前，就像我年輕時那樣，一個和我想像的完全一樣，和我期望的完全相同的詩人。就在這初次晤面的一小時之內，我就已經打定了主意：要為這個人和他的作品效勞。這決心確實有幾分大膽，因為，這位歐洲的頌歌詩人在當時的歐洲，名氣還很小，我也知道，翻譯他的宏大詩篇和三部詩劇要花上我兩至三年的時間。但是通過我將全副精力、時間和熱情都付諸一部外語作品翻譯上的決心，我為自己的決定找到了最好的理由：這是在完成一項具有道義的任務。我原先無意識的追尋和摸索現在有了意義。如果今天，我要對某位對自己的道路沒有把握的年輕作家提出建議的話，我會告訴他，首先可以去當一名演員或者翻譯。這樣去認真理解一部重大的作品，對於初出道的人來講，所有這些自我犧牲的工作都要比自己本身的創作更可靠，最初做出的所有奉獻將來都會得到回報。

在隨後兩年中，我埋首只做兩件事，翻譯魏爾哈倫的詩集，以及為寫他的傳記做準備。在這期間，我經常出門旅行，有時是去公開演講。翻譯魏爾哈倫的詩集看起來好像是吃力不討好的事情，但是，為此我卻得到了一次意外的感謝：魏爾哈倫在國外的朋友們開始注意我，不久，他們也成了我的朋友。有一天，艾倫．凱伊[31]這位優秀的瑞典女性前來看我，她在那個目光狹隘、充滿阻力的年代英勇地為婦女解放而奮鬥，在她的著作《孩子的世紀》中，她早在佛洛伊德之前就曾對童年時代的精神創傷提出過警告。我在義大利時，是她把我介紹給喬凡尼．切納[32]和他的朋友，並且讓挪威人約翰．伯耶爾[33]成了我的摯友。文學史上的國際大師格奧爾格．勃蘭兌斯[34]對我也產生了興趣。不久，由於我在德國的宣傳，魏爾哈倫的名聲在德國比在他的祖國還響亮。偉大的演員凱恩茨和莫伊西登台朗誦我翻譯的魏爾哈倫詩作，馬克斯．萊因哈特也將魏爾哈倫的《修道院》搬上了德國的舞台。我可以感到欣慰了。

接下來，我該回憶另外一件事了，除了對魏爾哈倫所盡的義務，我還有另外一項任務，那就是，我必須從大學畢業，帶著哲學博士的頭銜回家。這意味著，一般學生要在上面花四年時間才能啃完的大學教材，我必須在短短數月之內讀完。我和一個年輕的文友艾爾溫．吉多．科本海伊爾[35]一起開夜車，死記硬背，他如今可能不願再提往事，因為他已經是希特勒德國的官方作家和普魯士藝術研究院的院士了。但是，學校沒有用考試為難我，那位因為我公開的文學

31 Ellen Key，1849—1926，瑞典著名女權活動家、作家、教育家。
32 Giovanni Cena，1870—1917，義大利作家。
33 Johan Bojer，1872—1959，挪威小說家和劇作家。
34 Georg Brandes，1842—1927，丹麥文學史家。
35 Erwin Guido Kolbenheyer，1878—1962，德國詩人、劇作家，後為納粹文人。

活動對我知之甚詳的好心教授和我開了個小玩笑，他在考前的一次私下談話中對我說：「我知道你可是最怕考嚴格的邏輯學哦！」但實際上，他後來有意只問我他確定我會回答的問題。這是我頭一回以優異的成績通過的考試，而且正合我意的是，這也是最後一次。從這時起，我只是在外表上看起來自由了，此後直至今日的全部歲月，我都在為取得內心的自由而奮鬥，這在我們這個時代也變得越來越艱辛了。

巴黎，永遠青春的城市

在獲得自由的第一年，我送了一件禮物給自己，那就是，去巴黎旅行。以前，我雖曾兩次到過這座具有無窮魅力的城市，但每次都行色匆匆。我知道，誰年輕時曾在巴黎生活過一年，從此他的一生都將擁有無可比擬的幸福回憶。任何地方都難以和巴黎相比，只有在巴黎這樣的氣息當中，才會深深體會到自己的年輕與這兒是多麼搭配，巴黎將自己奉獻給了所有人，但是，沒有人能夠徹底看透它。

我現在很清楚，年輕時生活過的那個歡樂的、令人心曠神怡的巴黎已經一去不復返了。自從它的土地被全副武裝的侵略者打上征服的烙印，巴黎那種美妙的怡然氣息也許永遠就此消失了。現在，當我寫下這些句子時，德國的軍隊和坦克正像一群白蟻一樣湧向巴黎，想徹底毀掉它和諧的景象，將它的斑斕、歡樂、柔媚和永不凋謝的繁盛連根拔掉。如今，終於出現了這樣的景象：艾菲爾鐵塔上，納粹的旗幟在飄揚；身穿黑衫的衝鋒隊挑釁地列隊踏過拿破崙的香榭麗舍大道。身在遠方的我，這時也能感同身受，我知道，當侵略者的鐵靴踐踏著那些舒適的酒吧和咖啡館時，待在屋裡的巴黎市民的心都揪作了一團，這些善良市民的眼神充滿了屈辱。我自己所受的任何不幸都從未像這座城市所遭受的侮辱那麼令我震驚、悲傷和絕望。這是一座獨一無二的城市，只有巴黎能做到令每個接近她的人感到幸福。她曾賜予我們許多，給了我們最睿智的教導，教會我們同時具備自由和創造力，並且為我們作了最卓越的榜樣，巴黎向每個人敞開，而這種美妙的揮霍只讓巴黎越來越富有。然而這些財富還能留給後人嗎？

我很清楚明白，如今正在受苦受難的不僅只有巴黎一座城市，歐洲其他城市在今後幾十年內也不會再出現像一次大戰之前的那種面貌。一戰前，歐洲的地平線曾經那樣明朗，而在那之後，有一種陰影就再也沒有完全消失過，國與國之間、人與人之間的怨恨和猜疑像毒素一樣殘留在歐洲傷殘的肢體裡，還在破壞它的健康。雖然兩次世界大戰之間的二十五年裡，社會和科學技術有了極大的進步，但是，在我們這個狹小的西方世界，又有哪個國家沒有大量地失去過去曾擁有的生活樂趣和悠然自得的氣氛呢？以前，義大利人像孩子一般歡樂，對人充滿信任，即使在極度貧窮的時候，他們也是這樣，又唱又笑，戲謔地開著政府的笑話——這樣的事我可以說上幾天幾夜。而現在，他們不得不高昂著頭，內心充滿憂鬱地行軍打仗。現在還能想像奧地利人和以前一樣舒舒服服、吊兒郎當嗎？和以前一樣對皇帝和賜予他們幸福生活的上帝充滿了虔信？還有俄國人、德國人、西班牙人，他們都不知道自己靈魂深處有多少自由和歡樂被「國家」這個血盆大口的殘忍怪物吸乾了。各國的人民都感到，有一片巨大、濃重的陌生陰影籠罩著他們的生活。我們曾經見識過個人享有自由的世界，我們知道，也可以作證，歐洲曾經無憂無慮地玩著自己的萬花筒，而今，這個世界充滿了自我毀滅的怒氣，變得暗無天日，到處都是奴役和牢獄，直讓人毛骨悚然。

不管怎麼說，最能感受到逍遙自在這種最單純、最睿智的生活真味的地方，莫過於巴黎了。巴黎的形式優雅，氣候溫和，同時具有財富和傳統，這些都證明了它的特質。我們每個年輕人都吸取了它的一部分逍遙，同時，又反過來讓自己為它增添了一份逍遙。中國人、斯堪地那維亞人、西班牙人、希臘人、巴西人和加拿大人都覺得塞納河畔就是故鄉。這裡沒有任何壓力，人們可以說話、思想、歡笑、咒罵，做什麼都行，每個人按照自己喜歡的方式生活，可以合群或者獨處，可以揮霍或者節儉，可以奢侈，也可以像波西米亞的文人那樣簡樸，每樣特性在巴黎都有空間，巴黎具有一切的可能性。巴黎的豪華餐廳有各種美味佳餚，有價值兩三百法郎的各種葡萄酒，還有馬倫哥[1]和滑鐵盧時代釀造的價格驚人的干邑。但是，在一旁街角的隨意一家小酒館，也可以吃到同樣豐盛的菜餚，同樣可以暢飲。在拉丁區人頭攢動的學生餐館，只需要花上幾個小錢，就能吃到最美味的小菜，再加上肉汁肥美的牛排，還有紅葡萄酒或白葡萄酒，再來一條扁擔似的香噴噴的白麵包。人們還可以隨意穿衣打扮：大學生頭頂俏皮的四方帽，在聖米歇大街上閒逛；而那些畫家打扮起來可不含糊，他們頭戴寬邊禮帽，身穿帶有浪漫氣息的

1 Marengo，義大利地名，1800 年拿破崙在此大勝奧軍。

黑色天鵝絨外套；工人則穿著藍色的上衣或者襯衫，在最優雅的林蔭大道上悠閒地漫步；奶媽們戴著寬大而具熱帶風情的女帽；侍應生則圍著藍色的圍裙。假如深夜還有年輕的情侶在大街上跳舞，那也未必就是法國國慶日，警察會笑著在一邊旁觀，因為，大街屬於每個人！在巴黎，誰也不會在誰面前不自在，漂亮的女孩子手挽著膚色漆黑的黑人小夥子的胳臂走進最近的一家小旅館，一點也不會不好意思——在巴黎，誰去管什麼種族、階層、出身？這些無稽之談都是後來被捏造出來的。人們和自己喜歡的人一起走路、交談、睡覺，壓根就不會去關心別人的閒事。呵，假如誰在柏林待過，就絕對會愛上巴黎。他必須體驗過那種刻板、殘酷畫分的等級觀念和德國絕對服從的精神，他要知道在那裡，軍官的太太不會和教師的太太「交往」，教師的太太不會和商人的太太「交往」，而商人的太太又不會和一個工人的老婆「交往」。可是在巴黎，大革命的遺風猶存。一個無產階級的工人覺得自己和老闆一樣，是享有自由、地位重要的公民；在咖啡館，侍者和穿鑲金邊軍服的將軍握手，彷彿他們是老朋友；勤勞、規矩、整潔的小市民主婦不會看不起同一樓裡的妓女，反而每天都會和那妓女在樓梯上聊天，她的孩子們還會送花給那妓女。我有一次看見一群諾曼第的富農參加完洗禮後走進一家高級餐館——那是瑪德蓮附近的拉律餐館，他們穿著笨重的鞋，踩在地上像釘了馬掌一樣響，他們一個個村裡人打扮地走進來，頭髮上抹了厚厚的髮油，連廚房的人都聞得到那氣味。他們大聲說話，喝得越多，話音越響，一邊還肆無忌憚地拍著自己胖女人的屁股。這些地道的村夫坐在身穿筆挺燕尾服的紳士和盛裝的淑女中間，絲毫不感到拘束，而且，那個下巴刮得光潔的侍者也不會給他們臉色，對待他們像對待部長或國王一樣禮貌而周到。這要在德國或英國，侍應生早就鼻孔朝天了。而巴黎的梅特大酒店甚至特別樂意熱情接待這樣有些粗野的客人，還將這當成一種樂趣。巴黎只知道對立事物可以並存，卻沒有高低之分。在豪華的街區和骯髒的小巷之間沒有明顯界限，處處都是一樣的熱鬧，一樣的快樂。在市郊的農家院落中，賣藝人在演奏樂曲，在女縫紉工的窗前，可以聽見她們邊幹活邊哼著歌兒。空氣中總是洋溢著笑聲，還有一聲聲親切的呼喚。如果兩個馬車夫「吵架」了，事後還會握手言歡，相邀同去小酌一杯葡萄酒，再吃上幾枚相當便宜的牡蠣。沒什麼困難、棘手的事情教人為難。和女人的關係也是一樣，大家好聚好散，每個人都找得到自己的意中人，每個小夥子都可以有一個思想開放的活潑女友。啊，在巴黎的生活是多麼輕鬆和美好啊！尤其是當你還年輕的時候！光是閒逛就已經樂趣無窮，同時也好像在上課學習，因為一切都向人敞開：你可以走進一家舊書店，翻上一刻鐘的舊書，店主人不會在一旁嘟囔埋怨；你也可以去參觀幾家小美術館，在舊貨商店內磨磨蹭蹭地挑來選去；你還可以在德魯奧特大飯店單靠拍賣維生，或者在花園裡和女管家們聊天。一旦開始閒逛，想停下來可不容易，大街上具有磁鐵般的吸引力，不斷有新鮮玩意兒出現，令人眼花撩亂。如果逛累了，你可以在巴黎上萬個咖啡館中找一家坐下來，在免費提供的信紙上寫信，一邊聽任街頭攤販兜售那些愚蠢無用的劣質品。只有一件事難以辦到，那就是，在家待著，或者回家。特別是當春天來臨的時候，塞納河上波光粼粼，林蔭道上的樹木開始泛出新綠，年輕少女個個都佩戴著一束只需花一個銅幣的紫羅蘭，但是，在巴黎，如果想要好心情，也並非一定要在春天。

當我初到巴黎之際，這座城市還沒有完全像今天這樣成為一個整體，因為當時還沒有地鐵和汽車。當時的主要交通工具還是馬車，由渾身冒著熱氣的、強健的馬來拉動。但是，坐在這種廂式馬車的頂層，或者坐在跑得不太快的敞篷馬車上遊覽巴黎是最方便不過的了。當然，那時想從蒙馬特去一趟蒙帕納斯，可就算是一趟小小的旅行了。因此，我認為那些關於巴黎小市民如何節儉的傳聞是可信的，那些傳聞說，有些住在塞納河左岸的巴黎人從來沒有去過塞納河的右岸；有些小孩子只在盧森堡公園玩過，卻從來沒有去過杜樂麗花園和蒙梭公園。真正的巴黎市民和門房更樂意待在家裡，待在自己的小天地裡，在大巴黎之中，他為自己營造出一個小巴黎來，而且，巴黎的這些區域都具有自己的鮮明特色，甚至帶一點地方性的特徵。所以，一個異鄉客在決定在哪裡住宿時是得面臨一番選擇的。拉丁區已不再吸引我了，當年我二十歲在巴黎做了一次短暫旅行時，一下火車便直奔拉丁區，當天晚上就已坐在瓦榭咖啡館（Café Vachette），滿懷崇敬地聽人告訴我哪個是魏崙的位置，哪張大理石桌子總被喝醉酒之後的他為了自己的尊嚴用沉重的梠杖狠砸。出於對他的尊敬，我這個滴酒不沾的晚輩還灌下了一杯苦艾酒，儘管我覺得那發綠而味道怪異的液體一點也不好喝，但是對法國抒情詩人滿懷敬意的年輕的我，還是認為自己應該在拉丁區遵守詩人們的這個儀式。按我當年的感覺，我最願意住在索邦區一棟六層住宅的閣樓裡，以便能對自己從書上看來的拉丁區氣氛真正有所感受。二十五歲時，我已經不再那樣幼稚地認為那裡浪漫了，我反而覺得大學生區過於國際化，太缺乏巴黎味。最主要的原因是，我已不再出於文人的懷舊之情選擇住處了，而是要盡可能讓自己便於工作。我迅速地環視周邊地區，從工作考慮，香榭麗舍大道根本不適合，和平咖啡館附近一帶就更不適合了，所有來自巴爾幹的富裕外國人都在那裡約會，除了侍者，那兒沒人說法語。倒是里爾克和蘇亞雷斯[2]也曾住過的聖敘皮斯一帶很吸引我，那兒密布著教堂和修道院，非常清淨；而我最希望居住的地方，則是在連接塞納河兩岸的聖心島上。但是沒想到，在第一週的時候，我在散步途中發現了比這些都更美的地方。當我在巴黎皇家宮殿的畫廊裡閒逛時，發現在十八世紀由平等公爵建造的這一大片清一色的房屋中，有一座當年建築高雅的宮殿，現在降格為一家設備簡陋的小旅館。我要求看看其中的一間房間，驚喜地發現，從窗子向外看，正好就是巴黎皇家宮殿花園，隨著暮色降臨，花園已經關閉了。市內的喧囂在這裡只隱隱聽見些許，若隱若現，好像洶湧的海浪有節奏地拍打著遠方的堤岸。月光下，雕塑閃著光亮，清晨的時候，風有時會把附近「大廳」裡菜餚的濃郁香味吹過來。在巴黎皇家宮殿這座具有歷史意義的方形建築中，十八、十九世紀的詩人和政治家曾在此居住，在它的正對面，是瑪塞利娜·代博爾德—瓦爾莫[3]的舊居，巴爾札克和雨果都曾登上成百級的狹窄樓梯，到閣樓去拜訪這位我非常熱愛的女詩人。在巴黎皇家宮殿，卡米耶·德穆蘭[4]號召人民進攻巴士底監獄，當年那個歷史場所至今仍閃耀著冷峻的光芒；在鋪著地毯的走廊上，德行不端的貴婦悠閒漫步，可憐的小少尉波

2 André Suarés，1868—1948，法國詩人、評論家和劇作家。

3 Marceline Desbordes—Valmore，1786—1859，法國女詩人，詩歌風格憂鬱，同時受到浪漫派和象徵主義詩人的推崇。

4 Camille Desmoulins，1760--1794，法國資產階級革命時期的政治活動家。1789 年 7 月 12 日，他在巴黎皇家宮殿發表演說，號召群眾起義，攻打巴士底監獄。

拿巴曾在她們之中尋找自己的恩主。這裡的每塊石頭都述說著法蘭西的歷史，而且，距離國家圖書館也只有一街之隔，我上午的時間都在那裡度過，附近還有收藏了無數名畫的羅浮宮，以及人流如梭的林蔭大道。我終於住進了我最期望的地方，幾百年來，那裡始終是法蘭西的心臟，可以感受到它均衡有力的脈搏，那裡是巴黎的中心。我還記得，有一次，紀德[5]前來看我，他驚訝於巴黎深處這個寧靜的所在，對我說：「我們自己城市最美的地方還得讓外國人指給我們看啊。」確實，在這座世界上最有活力的都市最繁華的中心，我再也找不到比這間浪漫的書房更具有巴黎風情、同時又更加僻靜的地方了。

◊ ◊ ◊

當時我迫切地走遍大街小巷，對迫不及待的我來說，巴黎有多少要看，有多少要尋找的內容啊！我不僅只要看見一九〇四年的巴黎，我還要全心全意地去尋找亨利四世、路易十世、拿破崙和大革命的巴黎，雷蒂夫·德·拉布列塔尼、巴爾札克、左拉和夏爾—路易·菲力普[6]筆下的巴黎，我要找到他們筆下所有的街道、人物和事件。我在巴黎和法國其他地區，一直深切地感受到，忠於現實的偉大文學賦予了人民永恆的力量，因為，在我親眼目睹巴黎的一切之前，它們早已通過詩人、小說家、歷史學家和風俗畫家的描繪，在我心中非常熟悉了。在實際的接

5 André Gide，1869—1951，法國作家，1947 年獲諾貝爾文學獎。
6 Charles-Louis Philippe，1874—1909，法國小說家。

觸中，巴黎只是更加生動，實際上，肉眼的觀看已經變成了一種「再次確認」，這種希臘悲劇中故人重逢的樂趣，被亞里斯多德譽為一切藝術享受中最美妙和最神祕的。但是，當然，要認識一個民族或一座城市最本質的面目和最隱密的性格，不是通過書本就能得到的，即使鎮日到處遊蕩，也未必有效，這種認識只能通過與這個民族最優秀的人物交往得來。只有通過與日常生活中的人交遊，才能真正認識到這個民族與其鄉土之間的關係，如果只停留在外部旁觀，只會得到虛假、草率的結論。

我有幸獲得了這種友誼，其中，萊昂．巴札熱特[7]與我的友誼最為深厚。幸虧我和魏爾哈倫關係挺好（每週我都要去聖克盧大街拜訪他兩次），始能倖免於像很多外國人那樣，陷入各國畫家和文人的浮華小圈子裡，他們一般都在多摩咖啡館（Café du Dôme）聚會，而且，這種圈子無論在慕尼黑、羅馬和柏林都是一成不變，一個樣。我和魏爾哈倫去拜訪的畫家和詩人卻是另一種藝術家，繁華鬧市之中，他們卻因埋首於工作而彷彿置身孤島。我還見過雷諾瓦的畫室和他弟子中的佼佼者。這些印象派畫家的作品如今都是值數萬美金的，然而他們的生活和一個小市民或靠養老金度日的人並無二致。他們的房子不大，旁邊有間另外搭建的畫室，不像慕尼黑的法蘭茲．馮．藍貝赫[8]和其他著名畫家一樣講究氣派，還仿造龐貝式的豪華別墅來炫耀。詩人的生活也同樣簡樸，我和他們很快就熟絡起來。他們大多都有一份事務不多的公職，

7　Léon Bazalgette，法國翻譯家。
8　Franz von Lenbach，1836－1904，德國寫實主義肖像畫家。

由於法蘭西上上下下都對文學創作相當尊重，所以，多年以來就形成了這樣一種聰明的方法，為從創作中所得菲薄的作家和詩人們準備一些不太重要的閒差，比如說，讓他們當海軍部或者參議院的圖書館管理員。那種差事薪水不多，工作也少得很，因為參議員難得才去借本書，因此，幹這份差事的幸運兒就可以坐在那幢寂靜古老、窗前就是盧森堡公園的參議院大樓裡，在上班的時間安逸地寫他的詩，根本不必為稿酬而分心，這種微薄的收入保障對於他們而言已然足夠。另外一些詩人的職業是醫生，像後來的喬治．杜阿梅爾[9]和呂克．杜爾丹[10]；有些詩人則開了間小小的畫廊，像夏爾．維爾德拉克[11]；有的是中學教師，像儒勒．羅曼[12]和讓－里夏爾．布洛克[13]；有的就在哈瓦斯通訊社打發時間，比如保羅．梵樂希；還有的做出版社的助理編輯。沒有人像他們的後輩那樣自以為是，因為那些後進被電影和作品的高印量給毀了，在初次顯露藝術天賦之後，便立刻想過隨心所欲的生活。而當初這些詩人之所以做這些樸實平凡的工作，只是為了讓生計有一點保障，讓自己可以毫無牽掛地去從事精神勞動。多虧有這層保障，讓他們能夠不去理會腐朽的巴黎大報，卻無償地為自己的小刊物寫文章，而為了維持這些刊

9 Georges Duhamel，1884—1966，法國作家，法蘭西學院院士。
10 Luc Durtain，1881—1959，法國小說家、評論家。
11 Charles Vildrac，1882—1971。法國詩人、小說家、評論家、劇作家。
12 Jules Romains，1885—1972，法國作家，法蘭西學院院士。
13 Jean-Richard Block，1884—1947，法國小說家、評論家、劇作家，與羅曼．羅蘭長期保持通信，1964 年發表了他們的《通信集》。

物，需要不斷地犧牲個人。他們可以聽任自己的作品只在文學性的小劇場上演，任自己的名字在一開始只有圈內人才知道，保羅．克勞岱爾[14]、夏爾．貝璣[15]、羅曼．羅蘭、蘇亞雷斯、梵樂希，他們的名字在數十年當中，只有少數的文學菁英才知道。在匆忙焦躁的城市裡，唯獨他們不慌不忙，他們認為，寧靜地生活，為遠離「塵囂」的團體安靜地創作，比出去風光更加重要。他們一點都不覺得自己的小市民生活有什麼不好，生活上安貧樂道，是為了在藝術上自由和大膽地思想。他們的妻子親自下廚，操持家務，晚上朋友們聚會的時候，招待都很簡單，但因此也更顯親切。他們圍坐在桌前，上面隨意鋪了塊格子桌布，坐的是廉價的草編圈椅——家裡的擺設不比同樓的技工闊氣，但是大家都感到很自在，無拘無束。他們沒有電話，沒有打字機，沒有祕書，不用任何機械器具，也避開政治宣傳的工具。他們像古人一樣喜歡手稿，即使在像《法蘭西信使》（Mercure de France）這樣的大出版社，也沒有口授打字，或複雜的器械。他們不慕虛榮，不為任何名譽和排場而浪費時間和精力。這些年輕的詩人和法蘭西整個民族一樣，是為了生活的樂趣而活著，不過，當然，是通過最高尚的形式，即懷著對創作的喜悅而生活。我結交的這些新朋友用他們無瑕的人格糾正了我心目中原有的法國詩人形象，他們的生活方式和保羅．布林熱[16]及其他著名的時代小說家所描繪的生活方式是多麼不同啊！那些小說家

---

14 Paul Claudel，1868—1955，法國詩人、戲劇家。他和梵樂希在文學史上都被認為是後期象徵主義最重要的詩人。

15 Charles Péguy，1873—1914，法國作家。1900 年創辦《半月叢刊》，在法國思想界和文學界影響很大。

16 Paul Bourget，1852—1936，法國小說家，文學評論家。

還以為他們的「沙龍」就是整個世界呢！而這些詩人的妻子則糾正了我以前通過閱讀得到的有關法國女性的錯誤印象，以前我總以為法國女人只是滿腦子豔遇的驕奢女子，光想著揮霍，不明事理。而這些詩人的妻子勤儉持家，性情質樸，即使家境窘迫，她們也能在小小的灶台創造出小小的奇蹟。她們相夫教子，在精神方面與丈夫心心相印，我確實沒見過比她們更賢慧、更溫良的家庭主婦了！只有成為這些充滿友情的藝術家的朋友和夥伴，才能了解真正的法蘭西是什麼模樣。

我是透過朋友認識萊昂·巴札熱特的，在大多數新的法國文學史版本中，他的名字都被遺忘了，這很不公平。但是他在那一代詩人當中卻有特殊的意義，因為巴札熱特將全副心力都傾注在翻譯外國作品上，為自己所熱愛的作家奉獻了全部的才華。我在這位天生的「戰友」身上頭一次見到自我犧牲的具體典型，巴札熱特做到了真正的奉獻，他認為自己畢生的任務就是讓那個時代最有價值的作品充分地展現價值，而他自己從來不以發現者或推動者自居，但實際上，這些榮譽對他來說都是理所當然的。他的這種積極和熱情完全是道德自覺的自然反應。巴札熱特雖然是個激進的反軍國主義者，在外表上卻頗有軍人氣質，在和人交往時，身上流露出真正戰友袍澤的誠摯。他隨時都樂於助人，替別人作軍師；他為人一向誠實不二，而且像時鐘一樣準時；他對別人的遭遇都很關心，唯獨不考慮自己的利益。假如有朋友需要他的幫助，他捨得任何的時間和金錢；世界各地都有他的朋友，雖然人數不多，但個個都是知交。他為了讓法國人了解惠特曼，花了十年的時間將這位詩人的全部詩歌譯成法文，還寫了一部關於惠特曼的豐贍的傳記。他以這位精神自由、熱愛世界的詩人為榜樣，引領自己的民族讓思想跨越國界，讓自己的人民胸懷更廣，更加團結合作，他一生致力於這樣的人生目標：一個最優秀的法國人，同時也應該是一個最熱忱的反民族主義者。

我們很快就成了親兄弟般的朋友，因為我們倆都不只是心懷祖國，而且都願意不計個人得失，全力翻譯國外的作品，我們都把精神的獨立視為生命中最重要的事。我從他身上第一次了解到所謂的「地下」法蘭西，當我後來在羅曼．羅蘭的《約翰．克利斯朵夫》中讀到奧里維是如何反對德國人約翰．克利斯朵夫時，我覺得，他簡直就是在描寫我和巴札熱特的親身經歷。我們的友誼當中，最美好而令人難忘的一點，就是我們始終都必須克服一個棘手的問題，通常這個頑強的難題必然會損害兩個作家之間真誠的情誼。這個棘手的難題是，巴札熱特對我當年創作的所有作品都抱以無比誠實的拒絕態度。他喜歡我這個人，他對我傾注精力翻譯魏爾哈倫的作品表示極度的尊重。我每回來巴黎，他總是在車站迎候，第一個向我問好。凡是能幫我的地方，他都一定盡力。我們在所有重要事務上的看法比親兄弟還要一致。但是，他就是拒不接受我的作品，他讀過昂利．吉爾波（吉爾波後來在戰爭期間成為列寧的朋友，發揮了重要作用）所翻譯的我的詩歌和散文，隨後便直率而嚴厲地加以批駁，他毫不留情地指責說，那些作品與現實毫無關係，都是些玄祕文學（這是他相當厭惡的一種文學形式），讓他生氣的是，這些偏偏是我的創作。他為人一向耿直，在這點上從來沒得商量，也根本不顧及情面。比如說，在他負責一家雜誌的時候，曾經向我求助——所謂的幫助，指的是讓我替他從德國物色一些優秀的撰稿人，也就是說，要我幫他找比我自己的作品更好的稿子。而我，他最親密的朋友的作品，卻堅持不予發表，也不向我邀稿，但同時，他又出於珍貴的友誼，充滿奉獻精神地為一家法文出版社校訂我的著作，並且分文不取。正是由於在十年當中，我們之間手足般的友誼根本沒有因為這怪異的情況有絲毫的削減，我才更加覺得這友情的珍貴。後來，在一次大戰期間（我自己宣布早年的作品一律作廢），我在創作上終於找到了自己的表達方式，而最令我高興的，非巴札熱特的讚許莫屬了，因為，我明白，他對我的新作品的讚許，和他那堅持了十年的嚴厲否定一樣，是真誠的。

◊ ◊ ◊

我在此還要提到萊納·馬利亞·里爾克這個偉大的名字，雖然他是一位德語詩人，我之所以在回憶巴黎生活的這個章節提到他，是因為，我在巴黎時見他的次數最多，和他在一起時最愉快。他是如此熱愛這座城市，勝過其他地方，我總是看見他的容貌出現在這城市的背景前，彷彿老照片一樣。今天，當我想起他和其他那些錘煉語言的大師時，當我想起這些可敬的名字，曾像不可企及的星河一樣照亮我青春的名字，我就不由自主地想到這個教人傷感的問題：在這個動盪不安、充滿驚恐的亂世，還有可能出現這樣只專注於抒情詩的純粹的詩人嗎？這些我熱愛的、讓我感到悲痛的詩人啊，難道他們不是已經消亡的族群嗎？如今的歲月慘遭命運的各種風暴侵襲，這些詩人已經後繼無人了——這些不貪圖任何浮華的詩人，不是一般的凡夫俗子，他們淡泊名利，只是追求在平靜而熱情的創作中完成一段又一段的詩句，讓每一句詩都充滿音樂的韻律，閃耀豐富的色彩，充盈生動的畫面。他們形成了一種行會，在我們日常喧嚷的生活之中，他們簡直像一個僧侶團。他們有意地遠離日常的一切，對他們而言，普天之下，最重要的，莫過於那些溫柔的、卻比時代的轟鳴更富有生機的聲響。當一個韻腳妥貼地配上另外一個韻腳時，一種無以言喻的律動得以傳達，它比風中的一片落葉還輕，卻能以自己的迴響觸動最遙遠的心靈。對於我們這些年輕人，這些忠實於本我的人是多麼崇高啊，這些一絲不苟的語言的守護者真正是我們的榜樣，他們的愛只奉獻給詩歌的語言，這語言不屬於時代和報紙，而是永恆不滅的。仰望這些大師，真是讓人自慚形穢，他們是那樣沒沒無聞，活得那樣低調、那樣不事張揚。他們有的在鄉村過著農夫的生活，有的從事著一份簡單的工作，有的是熱情的朝聖者，雲遊四方。知道他們的人很有限，但是，這些知道他們的人是那樣熱愛著他們。他們有的在德國，有的在法國，有的在義大利，但是，他們有一個共同的故鄉，因為，他們只活在詩歌當中，他們決絕地捨棄了世上一切如朝露般易逝的東西，但是，通過藝術創作，卻將自己的生活也塑造成了藝術品。我始終認為，在我們的青年時代，身邊能夠有這樣純潔的詩人，是多麼美好啊！但是，我也始終懷著隱隱的憂慮自問：在如今這個時代，在現在新的生活方式下，就像野獸被森林大火從最隱密的藏身角落驅逐出森林一樣，人們內心的專注也有滅頂之虞，那麼，像這樣全心奉獻給抒情詩歌藝術的人還會存在嗎？當然，我很清楚，每個時代都會有一位詩人創造出奇蹟，歌德在為拜倫寫的輓歌中說的那句感動而撫慰人心的話語，永遠正確：「因為大地之母仍會生育出新人，就像她曾經生育出他們一樣。」這樣的詩人如同奇蹟一般一再出現，因為，即使在最糟糕的年代，不朽的藝術也還是會偶爾在人間留下珍貴的信物。而我們這個時代不就是我說的最糟的年代嗎？即使是最純潔、最與世無爭的人，在我們這個時代都不得安寧，得不到醞釀、成熟、思索和專注所需的寧靜。而在戰前的歐洲，在那個還比較友善和冷靜的年代，詩人是能夠得到這種寧靜的。我不知道，所有這些詩人，梵樂希、魏爾哈倫、里爾克、喬凡尼·帕斯克里[17]、法蘭西斯·雅姆[18]，在如今還有多少價值，不知道對於聽慣了兩次世界大戰的隆隆炮聲，耳朵聽不到柔美的音樂，而被喋喋不休的政治宣傳磨出老繭的這一代人而言，他們還有多大價值。我只知道一點，而且我覺得有義務懷著感激之心將它說出來，那就是，在一個越來越機械化的世界裡，這些畢生追求盡善盡美的詩歌藝術的神聖奉獻者，他們的存在對我們曾是極為深刻的教誨，也是一種幸運！回首一生，我覺得自己擁有過的最大財富，莫過於有機會親自結識他們當中的一些人，並且能從早年對他們的崇敬發展為與他們持久的友誼。

這些詩人當中，生活最隱密、最不張揚、最低調的就是里爾克了。但是，他的這種寂寞不是史蒂芬·格奧爾格在德國刻意為之的那種孤寂，不是被逼無奈，像牧師般裝飾性的孤寂。無論他走到哪裡，無論他身在何處，這寂寞彷彿圍繞著他生長。他避開一切喧囂，甚至連同自

17 Giovanni Pascoli，1855—1912，義大利詩人對義大利現代詩歌有重大影響。
18 Francis Jammes，1868—1938，法國詩人和小說家。

己的名譽——就像有一次他自己的絕妙描述，名譽只是「圍繞著一個人的名字，而聚集起來的所有誤解的總和」——因此，那種發自好奇心，洶湧而來的虛榮的波浪，只打濕了他的名字，卻沒有沾濕他本人。里爾克是難以靠近的。他沒有居所，沒有可以讓人找到他的地址，他也沒有家，居無定所，更沒有辦公室。他總是在世界各地漫遊，沒有人能事先知道他的下一個目的地，因為就連他自己也不知道。對於他那無比敏感、極其多愁善感的靈魂而言，任何死板的決定、計畫和預告都已是壓力。所以，假如誰遇見里爾克，那只可能是偶然。那一次，我在一間義大利畫廊裡，忽然感覺到有人在對我友善地微笑，我沒能認出來到底是誰。但是，當我發現那雙湛藍的眼睛時，就知道是里爾克，他的眼睛在注視別人時，原本不引人注意的容貌因為他那含蓄的眼神變得分外有神采。而正是這種低調才是他性格中最深的祕密。這個年輕的男子留著金黃色的髭鬚，髭鬚略微下垂，顯得有幾分憂鬱。他的面部輪廓不很明顯，臉型有點像斯拉夫人，千百個人從這個年輕人面前走過，根本無從知道他是一位詩人，而且是本世紀最偉大的詩人之一。他的獨特之處，他內心巨大的克制，只在更貼近的交往中才會流露出來。他的言談舉止都難以形容的斯文。當他走進眾人聚會的房間，步履是那樣輕盈，幾乎沒有人會發現他的到來。接著他坐下來靜靜傾聽，當他若有所思時，有時會無意識地抬起額頭。當他開始發言，他不會裝腔作勢或者語氣激烈，他就像一位母親給孩子講童話故事一樣，語調自然、樸素，卻那樣親切。聽他說話真是享受，即使再一般的話題，他都能講得生動活潑，富有深意。但是，一旦他發覺自己引起了更多人的注意，成為眾人矚目的對象，他便會停止發言，重新回到沉默的傾聽當中。他的一舉一動、一顰一笑都是如此輕柔，即使發出笑聲，也就是點到為止。輕聲細語對他而言是一種需要，沒有什麼比噪音和激烈的情感更容易侵擾他了，有一次他對我說，「那些像吐血一樣要把自己的感受一吐為快的人，讓我感覺很疲憊。所以，我很少接近俄國人，就像喝烈酒，頂多小啜幾口罷了。」除了舉止斯文，整齊、乾淨和安靜也是他生理上的需求。如果不得不搭乘擁擠的電車，或者坐在一家嘈雜的飯館裡，都會使他鬱悶好幾個時辰。任何粗野庸俗他都不堪忍受，雖然他生活並不寬裕，但還是很講究衣著，穿戴總是很精心，既整潔又富有品味。他的穿著也同樣是一件煞費苦心、卻又不露痕跡的藝術精品，而且總是戴著一個不顯眼的、完全代表他個性的標記——一個他暗自得意的小飾物，比如戴在手腕上一副薄薄的銀手鐲。這是因為他對完美和勻稱的審美要求，一直深入到他內心最深處和最隱密的個人生活之中。有一回我在他的寓所看他出門前如何整理箱子——他不讓我幫忙，覺得我幫不上他。他以近乎輕柔的動作小心地將每樣東西都放在預留好的位置，簡直就像鑲嵌馬賽克一樣。我幾乎覺得，倘若自己前去插上一手，破壞了他那繡花一樣的安排，無異於作孽。他這種愛美的秉性一直貫穿到最無關緊要的小事上，不僅是他在最漂亮的紙張上，用字帖般端正的字體精心謄寫稿件，行與行間的距離就像用尺丈量過一樣均勻，而且當他寫一封最普通的信時，也要挑選一張好紙，工整、清晰地用書寫體把字寫在格子內。他從不允許自己塗改一個字，即便匆匆寫一張便函，一旦覺得有句話或者有個詞表述得不恰當，他都立刻以極大的耐心將整封信重新寫過。不完美的作品，里爾克是絕對不拿出手的。

他的這種慢條斯理，同時又專心致志的性情，對接近他身邊的每個人都有一種克制力。我無法想像里爾克會情緒激動，我也無法想像，在他身邊的人，處在他周遭散發出來的寧靜氣息當中，還會有人喧譁、激動。因為他的舉止本身就是一種神祕推進的道德力量和教育力量。和他長談之後，我總有幾小時、甚至幾天的脫俗之感。當然，另一方面，他這種一貫克制的性格，這種從不讓自己完全敞開的理性，也限制了誠摯知心的情感，我相信，只有極少數人才有榮幸自稱是里爾克的「朋友」。在他已出版長達六卷的書信集裡，幾乎看不見這樣的稱呼，而自從中學時代以來，他就難得再用兄弟般親切的「你」來稱呼任何人了。對於他那異乎尋常的敏感神經來說，讓某人或某件事情離自己太近，都是無法忍受的，尤其是陽剛男子會引起他生理上的不適。他覺得和婦女交談要輕鬆些。他給女性寫很多信，也喜歡和她們通信，在女性身邊，他覺得自在多了。也許，這是因為她們沒有男子般的喉音，使他感覺舒服，因為，他實在無法忍受不悅耳的嗓音。我見過他和一個大貴族交談的情景，只見他全身緊繃，肩膀緊張，眼睛根本不朝上看一眼，以免洩漏他因為聽到對方用假嗓子說話，而有多難受。但是，如果他喜歡某個人，和他在一起是多麼愉快啊！這時就會感受到他內心的善意，雖然這種善意在他的言語和表情中流露不多，但仍然像一道溫暖的光芒，直射入對方靈魂的最深處，治療其中的傷痛。

在這座令人心胸開闊、世界上最開放的城市，里爾克謹小慎微地生活著，這可能也是出於他的名字和作品在這裡還不為人所知的緣故，而且，他始終認為，不出名會更自在、更快樂。我曾經拜訪他兩次，是在他租來的不同居所。每一處的陳設都很簡單，沒有任何裝飾，但是，由於他的美感，讓人一進去立刻就感受到布置的風格和寧靜。他從來不租鄰居嘈雜的大樓房，而寧可去尋一幢老屋，即使不甚方便，卻也可以讓他布置得很溫馨，他無論住在哪兒，都深諳室內布置之道，能夠馬上將一間居室收拾得井井有條，並且完全吻合他的性情。他的家具一向很少，但是，花瓶中或者碗裡總是有鮮花，這花兒也許是女子送給他的，也許是他自己小心帶回家的。牆上總有書架，書籍裝訂得都很漂亮，或者精心用紙包著書封，因為，他愛書，把它們當作不說話的動物。書桌上，筆直並排著鉛筆和羽毛筆，沒有寫過的紙疊成整齊的四方形，房間裡還有一張俄羅斯聖像和一尊十字架上的耶穌雕像，雖然里爾克的宗教情緒與任何教條無關，但它們還是為這間工作室蒙上了一層淡淡的宗教氣息。我相信，他無論去哪兒旅行隨身都帶著這兩樣東西。這每個細節都可以讓人感到，這兒的一切都是精挑細選過的，都受到了主人用心的呵護。倘若有人借他一本沒有讀過的書，那麼書還回來的時候，會是包在一層光潔的絲綢書封裡，並且繫著彩帶，彷彿禮物一般。我還記得，他當初是怎樣把《愛與死之歌》的手稿當作一件貴重的禮物帶到我這裡來的，我至今還保留著當時繫在稿子上的彩帶。而最愜意的事就是和里爾克在巴黎散步了，因為，這意味著，用一雙慧眼去發掘最不顯眼的風景：他什麼細微的地方都注意得到，就連公司招牌上的名字他也要唸出來，只因為他覺得那個音饒富韻味。他有心將巴黎這座城市的每個角落都看遍，這幾乎是我在他身上發現的唯一熱情。有一次，我們在一個朋友家邂逅，我告訴他，前一天我偶然走到了皮克魯斯公寓的舊「柵欄」旁，這裡掩埋著斷頭台上最後一批犧牲者的遺骸，其中有安德列．謝尼耶[19]。我向他描述了那塊教人興歎的小小綠地，上面遍布荒塚，無人問津，我還告訴他，在返回的路上，我從路旁一扇敞開的大門望見一座修道院裡的情景，一群在俗修行的修女手中捏著十字架，默默地在院內轉圈，彷彿正沉浸在虔敬的夢中。這時，他幾乎已經迫不及待了，他平日那樣沉靜、克制，我難得看見他這樣，他告訴我，他一定要去看看安德列．謝尼耶的墓地和那座修道院，問我能不能帶他去。

我們第二天就去了。在那座孤寂的墳塋前，他默立、出神，後來他稱此地為「巴黎最富有詩意的地方」。但是，在回來的路上，那座修道院大門緊閉，這回我可以考驗一下他那沉靜的耐心了，他在生活中，和在自己的作品中一樣，是很有耐心的。「讓我們等待一次巧遇吧。」他說，然後，他略微垂著頭，找一個位置站好，以便大門一打開他就能看見裡面的情形。我們大約等了二十分鐘，從街道的一頭走來一位修女，拉響了門鈴。「時機來了。」他悄悄地說，人也變得激動起來。但是那修女聽見了他的聲音（我先前說過，人們從遠處就能感覺到他身上的氣息），向他走過來，問他是否在等人。他對她報以他那溫和的微笑，這笑容令人馬上產生信任感，坦誠地對她說，他很想看一眼修道院的長廊。那修女卻微笑地對他說，對不起，她不能讓他進去。可是她隨即又為他出了個主意，告訴他可以到旁邊的園丁小屋去，從那裡樓上的窗子可以好好地望見院內。這個小小的建議彷彿給了他巨大的恩惠。

19 André Chénier，1762—1794，法國詩人，最初贊同法國大革命，後來暴露出「溫和」派的政治立場，1794年被判以「人民公敵」而被送上斷頭台。

我們後來還多次邂逅，但是，只要我想到他，就會想到在巴黎的他，而巴黎最悲慘的日子他沒有經歷到。

◊ ◊ ◊

對於一個初出茅廬之輩而言，遇見這樣非凡的人物，確實受益匪淺。但是這時，我還未獲得那個讓我終生受益的重要教義，它後來像一件意外的禮物一樣降臨到我身上。有一天，在魏爾哈倫家，我們和一位藝術史家討論起來，那位藝術史家抱怨說，產生偉大雕塑和繪畫的時代已經逝去了，我激烈地表示反對。我們這個時代不是還有羅丹嗎？作為一位雕塑家，他並不比以往的大師遜色。我開始列舉他的作品，並且變得怒氣沖沖，我在反駁一個觀點時，總是那樣。魏爾哈倫在一旁暗自發笑，他最後說：「你這樣熱愛羅丹，真應該去認識他。明天我要去他的工作室，你要是願意，我就帶你一塊去。」

他還問我願意不願意？我簡直高興得睡不著覺。但是，在羅丹面前，我笨口拙舌，說不出話來。我沒有對他說一句話，站在那些雕像當中，我自己也彷彿其中一員。奇怪的是，他好像很喜歡我這副傻樣，因為，在告別時，這位老人問我是否願意去他在默東的工作室看看，甚至還請我一起用餐。我通過這一次得到了第一個教誨：偉大的人總是最善良的。

而第二個教誨是，偉大的人在生活上幾乎總是最簡樸的。這個人名揚四海，我們都非常熟悉他的作品，幾乎每根線條都認識，和它們就像老朋友一樣。而在他家吃飯的時候，飯菜簡單得好比一個中農家庭的伙食，一塊厚實的肉、幾顆橄欖、豐富的水果，還有本地產的葡萄酒。但這一切都讓我漸漸放鬆下來，最後，我終於能毫無拘束地聊天了，和這兩位老夫婦好像已是多年相識一樣。

吃完飯，走進工作間，這是一間大廳，裡面聚集了他最重要作品的複製品，另外還有上百件珍貴的單個習作，或立或臥——一隻手、一條胳臂、一束馬鬃、一隻女人的耳朵，大多數由石膏製成。我還記得一些他自己作為練習用的造型草稿，在他工作室參觀的這一小時，我可以說上幾個小時。最後，大師把我帶到一座台基旁，上面擺放的是他的新作，被一塊濕布蒙著，那是一尊女性塑像。他用那雙滿是皺紋、農民般厚重的手揭開濕布，向後退了一步，我一直屏息以待，這時，終於忍不住大喊：「太棒了！」但立刻為自己的鹵莽感到羞愧。而大師一面打量著自己的作品，一面冷靜客觀地、不帶任何虛榮地輕輕應了我一聲道：「是嗎？」隨即卻又遲疑了，「在肩膀那裡還是有點……等一下。」他邊說邊脫去上衣，穿上白色工作服，拿起一把刮鏟，在塑像肩頭嫻熟地抹了一下，使那生動得好像有呼吸的女人的肌膚變得平滑起來。他又向後退了一步，「還有這裡。」他又輕聲說了一句，又修改了一處微小的細節，使塑像更顯生機。接著，他不再說話，一會兒趨向前，一會兒退後，從一面鏡子裡端詳塑像，喃喃自語，發出別人聽不懂的聲音，再修改，再潤色。剛才用餐時，他的眼神是那樣悠然自得，現在卻閃爍出奇特的光芒，他彷彿變得更高大、更年輕了。他工作著，工作著，以他那魁梧身軀內的全部熱情和力量工作著，他每次用力地向前邁進或者向後退時，地板都被踩得吱吱作響。可是他充耳不聞。他沒有察覺到，在身後，有個年輕人的心已經提到了喉頭，這個年輕人靜靜地佇立著，因為可以如此旁觀一位舉世無雙的大師工作而欣喜若狂。他已經全然將我拋在腦後了。在他眼中，只有那尊雕塑，只有作品，而在作品的身後，是那無法看見的完美的幻象。

一刻鐘過去了，半個小時過去了，我已經不記得那天我在羅丹的工作室待了多久，偉大的時刻總是逾越了時間的概念。羅丹深深地沉浸在自己的工作當中，哪怕在他耳邊響起一聲轟雷都未必能驚動他。他的動作變得越來越激烈，帶著越來越猛的怒氣，他身上出現了一種野性，或者說，出現了一種迷狂狀態，他幹得越來越急促了。接著，他的雙手漸漸變得遲疑起來，它們彷彿發現自己已無需再做什麼。他一而再、再而三地向後退步端詳，沒有再做任何修改。最後，他唇間輕輕嘟囔了一句，輕柔地用那塊濕布將塑像圍好，好像為愛人在肩頭搭上披巾。他深深地鬆了口氣，神態重新變得莊重起來，剛才的激情消褪了。接著，出現了不可思議的情景，這對我也有很深的教益：他脫下工作服，穿好外套，轉身準備出門。在精神高度集中的這些時間內，他已經把我忘得一乾二淨了。他壓根就不知道自己帶進工作室參觀的這個年輕人正感動地站在自己身後，連大氣都不敢出，像是他的雕塑一樣一動也不動。

他朝大門走去，正在關門的當兒，發現了我，他幾乎滿臉怒容地瞪著我：這個偷偷溜進他工作室的陌生人是誰？但隨即，他全都想起來了，他向我走來，顯得很不好意思地對我說：「對不起，先生。」我沒有讓他繼續說下去，只是心存感激地握住了他的手，我真想俯身親吻這雙手！在這一段時間內，我親眼目睹了一切偉大藝術的永恆祕密，也就是所有藝術家成就事業的要義：全神貫注。將所有的精力和思想都集中於一點，徹底忘我，忘記整個世界。我那天學到的東西讓我終生受益。

◊ ◊ ◊

我原本打算五月底從巴黎去倫敦，但是，後來不得不把行程提前了兩週，因為我本來非常得意的住處，由於一個意外而變得讓人很不愉快了。這是一個很奇特的插曲，讓我覺得非常有趣，同時也給了我一個教訓，讓我更加了解到法國環境下與自己截然不同的思維方式。

在聖靈降臨節的兩天時間裡，我離開巴黎，和朋友們去參觀那座尚未有機會謀面的壯麗的夏爾特大教堂（Cathédrale Notre-Dame de Chartres）。週二回到旅館，在房間裡正要更衣，卻發現幾個月來一直安然無恙立在角落的行李箱不見了。我下樓去找旅館老闆，他每天和老闆娘輪流坐在小的門房間值班。老闆是個矮胖的馬賽人，總是紅光滿面，我常常和他開玩笑，有時甚至還同他在街對面的咖啡館玩他最喜歡的十五子遊戲。他聽我一說這事，馬上變得怒火沖天，狠狠地用拳頭擂桌子，大聲嚷道：「原來如此！」讓我摸不著頭腦。他一邊匆匆套上外套（他像往常一樣在門房間只穿著襯衣），換下舒服的拖鞋，穿好皮鞋，一邊向我述說原委。要說清楚這件事，有必要先解釋一下巴黎住房和旅館的一個特點。在巴黎，較小的旅館和大部分私宅都沒有大門鑰匙，大門由「門房」看管，一旦外面有人敲門，大門就由門房自動開啟。在小旅館和住宅，房東或者門房不會整夜待在門房間看門，他們會借助床前的按鈕為客人開門

（大多數時候還處在半夢半醒的狀態），如果誰要外出，就喊一聲「請開門」；同樣，為了防止陌生人在夜晚進入，每個從外面進來的人都要先自報一聲家門。這天的凌晨兩點，我住的這家旅館的門鈴被人拉響了，進來的人也報了自己的名字，聽起來像是旅館的一位住客，於是他取走了在門房間掛著的房間鑰匙。其實，門房應該透過窗子證實一下來客的身分，可是，很顯然，他當時太睏了。可是，一個小時後，裡面又有人喊「請開門！」要出去，這時，已經開過一次門的門房本應警覺起來，凌晨兩點鐘以後，誰還會出門呢？據旅館老闆自己說，他是起床了，往街上查看，看見一個男人提著一隻箱子離開，他馬上穿上睡袍和拖鞋，跟蹤這個可疑的人。但是他立刻又發現，這人拐一個彎，走進小田園街的一家小旅館去了，於是自然不再懷疑他是賊，便重新回去睡覺了。

現在，他對自己犯下的錯誤感到很懊悔，帶著我急急忙忙去最近的警察局報案。警方隨即到小田園街的那家小旅館查問，很快便發現了我的箱子，但是那賊卻不見蹤影，顯然，他是去附近的酒吧吃早餐去了。於是，兩名便衣在那家小旅館門房間裡等著那個賊，半小時後，他毫無提防地回來了，馬上被逮捕了。

接下來，旅館老闆和我必須去一趟警察局履行公務程序。我們被領進警長的辦公室，警長是一位胖得要命的和善先生，留著小鬍子，外套敞開著，坐在寫字檯後面。他的寫字檯上亂七八糟地堆滿了各種文件，整間辦公室瀰漫著菸味，桌子上還放著一大瓶酒，說明此人絕非冷酷的警署公僕，而對生活充滿熱愛。他先命人將箱子搬進來，讓我檢查一下有沒有丟失貴重物品。我唯一好像值點錢的東西就是一張總額為兩千法郎的信用狀了，但是來巴黎的幾個月裡，裡面的錢已經花了不少。而且，誰都知道，這樣的信用狀對別人是毫無用處的，實際上，它仍然文風不動地放在箱子底。我做完筆錄，承認這箱子是我的財產，並且沒有損失任何物品。接著，警長便命令把那個賊帶進來，這使我很好奇，我很想知道他究竟用意何在。

這回我可真是大開眼界了。兩名健壯的警察押著小偷進來了，他本來就很瘦弱，被夾在他們當中就顯得更加怪異，活像個可憐蟲。他的衣衫破舊，連領子也沒有了，看得出來，因為飢餓，那張面黃肌瘦的臉尖得像隻老鼠，還掛著兩撇鼠鬚。要我說啊，這個賊還真不怎麼樣，手段一點也不高明，早晨偷到箱子之後竟然沒有馬上溜走。他站在警長面前，兩眼低垂，好像冷得微微打著寒戰。我不得不難為情地說，我不僅為他感到難過，甚至對他產生了憐憫。當一名員警將搜身得來的東西鄭重其事地放在一塊大木板上時，我的同情心變得更強烈了。我簡直想不出比這些東西更稀奇古怪的玩意兒了：一塊非常髒、非常破的手帕、一串掛在鑰匙串上叮噹作響的各種尺寸的萬能鑰匙和撬鎖鉤、一只破錢包，還好沒有發現兇器，這證明，他雖然盜竊，但是沒有使用暴力。

最先在我們眼前展示的是那個錢包，結果真是讓人吃驚，在那裡面找到的不是千百塊錢，也不是銀行支票——卻是二十七張著名女舞蹈演員和女演員袒胸露背的照片，還有三、四張裸照。無需再加以深究，很明顯，這個瘦弱、憂愁的小夥子是一個美的熱烈崇拜者，他只求將這些可望不可即的巴黎舞台明星的相片放在心窩處。雖然警長用嚴厲的目光一張一張地檢視這些裸體照片，但我也看得出來，他和我一樣，對這件事其實很感興趣：這樣一個落魄的違法者竟然會有此類獨特的收藏癖。我因為看到這個可憐的罪犯對美有這樣的愛好，對他的同情再次明顯地增加了。所以，當警長煞有介事地問我是否要「起訴」時（我知道他也只是拿筆裝裝樣子），也就是問我是否要對那個罪犯提出控告時，我當然立即就說「不」。

為了弄明白其中究竟，也許還需要再做些補充說明。在奧地利和其他很多國家，凡是遇到犯罪事件，都是由官方起訴，國家將司法權掌控在自己手中。但是在法國，受害人有權自主決定是否要對罪犯提出指控。我個人認為，這種法制觀念比那種所謂固定的法律更加公正，因為它提供了一個機會，讓受害人有可能原諒另一個人犯下的罪行。比如說，在德國，有個女人出於嫉妒用槍打傷了自己的情人，無論她的情人如何哀求，都無法使她免遭審判。國家介入了這件事情，將這女人從她的情人身邊強行奪走，將她投入監獄，而實際上，她由於激動而擊傷的情人可能會因為她熱烈的感情反而更愛她呢。這事如果發生在法國，這對情人就可以在道歉之後手挽手地回家，視這場風波已經消弭平息了。

我剛把「不」字說出口，立刻出現了三種反應。夾在兩名警察中間的那個瘦弱的人馬上直起了身子，向我投來一種無以描述的感激目光，這目光真教我難忘。警長滿意地將筆擱下，很顯然，他也對我不予追究表示滿意，因為這省卻了他不少案頭勞牘。但是我的房東可不樂意了，他滿臉漲紅地對我大聲嚷嚷，說我不能這樣辦，這種無賴、「壞蛋」非得滅絕不可。他還說我絕對想不到這類貨色會幹出什麼壞事來。他說，正派人必須每天都提防著這些壞蛋，今天放走了一個，就等於縱容了一百個。這個覺得自己的生意受到侵擾的小市民此刻爆發了胸中所有的誠實、正派和狹隘。為了避免和自己有牽連的麻煩，他用威脅的語氣毫不客氣地要求我收回成命。但是我不為所動。堅決地說，我已經拿回了自己的箱子，而且沒有任何損失，對我來說，一切都已經解決了。我一生當中從來沒控告過什麼人，當我今天中午大嚼牛排的時候，如果想到有人因為我的緣故不得不咽下牢飯，我就會很不愉快。我的房東一再堅持他的主張，並且情緒越來越激動。警長於是聲明，做決定的人是我，而不是他，既然我決定不控告，事情也就了結了，他聽警長這樣說，便突然轉身，氣憤地離開了警署，將門摔得震山響。警長站起身，微笑地望著那憤怒的房東離去，心照不宣地與我握手告別。這樣，公務程序終於完成了，我拎起箱子，準備回旅館。但此時又發生了奇特的事，那個小偷快速地向我湊過來，以謙卑的口吻對我說：「哦，不，先生，我替您拿回去。」於是，這懷著感激之情的小偷跟在我身後，走過四條馬路，回到我的旅館。

就這樣，這場一開始很教人惱火的風波最後似乎以最愉快的方式收場了。但是，一波剛平，一波又起，緊接著發生的兩件事情使我深刻地了解了法國人的心理。當我第二天去魏爾哈倫家時，他帶著一絲別有用意的微笑向我問好，開玩笑地說：「你在巴黎經歷了特別的奇遇啊！我可壓根不知道，原來你還是個闊綽公子啊！」我一下子還不明白他在說什麼，他遞給我一份報紙，原來，上面長篇累牘地對昨天那件事情加以報導，當然，在這篇肆意渲染的文章中，我已找不到任何事實真相。這篇報導以新聞記者的卓越技巧這樣描述道：一位下榻在市中心旅館的高貴外國人的行李被盜（為了更吸引人，我變成了「高貴的」外國人），箱子裡有很多貴重物品，其中有一張兩萬法郎的信用狀（一夜之間，兩千法郎變成了兩萬法郎），還有其他價值昂貴得無法補償的東西（實際上只是些襯衫和領帶）。報案後，起初幾乎找不到任何線索，因為那竊賊手法非常老練，而且看起來對本地情況非常熟悉，但是警察分局的警長，「某某」先生，以他「眾所周知的破案能力」和「非凡的洞察力」立即採取了一切措施，他給巴黎所有的客棧和旅館打電話，在一小時之內，對這些地方統統進行了最嚴密的搜查。由於他採取的措施一向周密，因此在極短時間內捕獲了那個罪犯。警察局長當即對這位優秀警長的出色表現予以表彰，因為他用自己的能力和遠見再次為巴黎警察局樹立了光輝的榜樣——這篇報導當然沒有一句話屬實，那位警長根本沒離開自己的寫字檯一分鐘，是我們自己將箱子和小偷一同送進他的警察局的。不過，他倒利用了這次良機，為自己做了一次宣傳。

如果說，這個小插曲對於那小偷和警察局的警長都以歡喜結局，那麼對我可就完全不同了。因為，從這時開始，原先對我那樣和氣的房東卻處處刁難我，想方設法阻止我繼續住下去。我走下樓梯，向坐在門房間裡的老闆娘打招呼，可她根本對我不理不睬，生氣地把那小市民的腦袋扭向一邊。那個小學徒不再認真地替我收拾房間，我的信件也莫名其妙地丟失。甚至在隔壁的幾家店鋪和那家專賣菸草店裡，我也遭到冷眼，而在以往，我因為大量消費菸草，在那家菸草店原是相當受歡迎的，已經被當作老「朋友」了。受傷的小市民道德不僅使那幢房子裡的人與我對立，而且整條街的居民，甚至全區的人，都一致反對我，因為我幫助了那個小偷。最後我沒有辦法，只好帶著那只找回來的箱子，灰溜溜地黯然離開那家舒適的旅館，好像我自己倒成了罪犯。

◊ ◊ ◊

倫敦給我的感覺，與巴黎比起來，就猶如從炎炎烈日之下猛然進入蔭涼世界，在最初的剎那，不禁要打個冷戰，但是很快地，眼睛和各種知覺都會恢復適應。我原本打算在英國好好待上兩三個月，不這樣似乎有悖情理，因為，我們的世界幾百年來都沿著這個國家的軌道前進，假如不了解這個國家，又怎能理解我們的世界和評價它呢？而且我還希望通過大量的對話和頻繁的社交，好好練習一下我的蹩腳英語（我的英語從來都說得不流利），但遺憾的是，目的沒有達到，我和所有從歐洲大陸去的人一樣，和英吉利海峽彼岸的文學界接觸甚少。在各種早餐對話以及那個小出租公寓裡的所有關於宮廷、賽跑和晚會的簡短交談中，我總覺得自己完全是局外人，和這些都格格不入。當人們談論政治的時候，我無法參與，因為我不知道他們說的那個「喬伊」指的就是「張伯倫」，他們稱呼那些爵爺的時候，也統統只稱其名，而不提姓氏。另外，面對馬車夫的俚語，我也幾乎聾了一般。所以我在英語方面的進步並沒有像希望的那樣快。我曾試圖從教堂的傳教士那裡學到文雅的措詞，也曾旁聽過兩三回法庭審理，為了聽到正確的英語，我還去戲院看戲——但是，社交、友誼和歡樂，這些在巴黎是如此唾手可得的東西，在倫敦卻需要費力尋求。我找不到人討論那些在我看來最重要的話題，由於我對於體育、娛樂、政治以及他們平日關心的事抱著完全無所謂的態度，所以在那些好心的英國人看來，我可能是一個相當沒有教養的呆子。我從來沒有成功地、使自己發自內心地，和某個環境或某個圈子打成一片，所以，在倫敦的絕大部分時間，我其實是待在自己的房間或大英博物館裡度過的。

當然，我起初希望通過閒逛來好好了解倫敦，在最初的八天，我在倫敦的大街小巷穿行，直到腳底發疼為止。我以大學生的心態認為自己必須跑遍導覽手冊上列出的所有景點，於是，從圖梭夫人的蠟像館到國會大廈，我都跑遍了。我學會了喝英國淡啤酒，並且用風靡整個英倫的菸斗替代了巴黎的菸捲。從成百件的小事著手，我竭力去適應新環境，但是，無論在社交還是文學方面，我都沒有和英國人有真正的接觸。誰如果只從外表上看英國，那麼他就忽略了真正重要的內容，這就像從城中那些擁有百萬鉅資的公司門前走過，只見到大門前一律擦得黃澄澄的黃銅招牌，而不知箇中奧祕一樣。當別人把我領進一家俱樂部，我不知道裡面的人正在做什麼，但那深深的皮椅和周遭的氛圍已讓我昏昏欲睡，因為我無法像其他人那樣通過集中精力做某件事，或者通過體育運動來休閒放鬆，我消受不了這樣的休閒方式。一個閒蕩的人、一個純粹的旁觀者，如果他不懂得將休閒提升為一種高雅的社交藝術，倫敦這座城市就會堅決地將他視作異類而排斥在外，相反，巴黎則會愉快地將他納進自己熱鬧的生活中來。當我認識到自己的這個錯誤，已經為時晚矣，其實，我實在應該找一份事情做，以此來消磨在倫敦的兩個月時間，或者去店家當實習生，或者去報館當文書，這樣，至少還可以對英國人的生活有一定的管窺。而當時我只在外部旁觀，自然所知甚少，一直到了數年後的戰爭時期，我才對真正的英國有所了解。

英國的詩人我只見過亞瑟．西蒙斯[20]，通過他的幫助，我弄到了一張葉慈的邀請函，我非常喜歡葉慈的詩，而且完全是出於自己的愛好，我還翻譯了他那部柔美的詩劇《水影》的一部分。我沒有想到那次邀請是朗誦晚會，應邀而來的是經過挑選的少數幾個人，我們擠坐在並不寬敞的房間裡，有人甚至坐在擱腳凳和地板上。葉慈在一張黑色的（或者是鋪著黑布的）斜面桌之後，桌的兩旁燃著兩支胳臂粗的聖壇蠟燭，他終於開始朗誦。房間裡的燈火都熄了，在微弱的燭光下，葉慈那留著黑色鬈髮、線條強健的頭部顯得像一尊雕塑。他朗誦得很緩慢，嗓音低沉而憂鬱，沒有顯出絲毫的慷慨激昂，每行詩句都飽含金屬般的質感。他朗誦得很美，確實莊重肅穆。唯一讓我感覺不舒服的，是他那身煞有介事的打扮，那身袈裟似的黑色長袍使葉慈看起來像修道院的神父，還有那兩支燃燒著的粗大蠟燭，散發出一股淡淡的香味，使得這次文學欣賞活動不像是自發的詩歌朗誦會，而更像是一次祭詩的儀式——但在另一方面，這一切對於我又有一種新奇的誘惑力。與之對照，我不自覺地想起魏爾哈倫朗誦詩歌時的情景：他穿著襯衫，為的是讓自己那強有力的胳臂更方便揮打節拍；他不講排場，也根本不刻意安排什麼。還有里爾克朗誦詩歌的樣子：他偶爾也會朗誦自己書中的詩句，簡單、清晰，就只是唸出來。在葉慈這裡，我是第一次參加被「導演」過的詩歌朗誦會，儘管我熱愛他的詩歌，對於這種儀式化的東西還是抱有懷疑的態度，當然，作為他的客人，我當時還是心懷感激的。

20 Arthur Symons，1865—1945，英國詩人、文藝評論家。

不過，真正稱得上是我在倫敦發現的詩人，並不是當時在世的詩人，而是一位在當時已遭人遺忘的藝術家：威廉·布萊克[21]。這位孤寂而飽受非議的天才，結合了樸拙和細膩的完美藝術，直到今天還令我心馳神往。有位朋友建議我去當時由勞倫斯·比尼恩負責的大英博物館的印刷品陳列室，去看看那些有彩色插圖的書籍：《歐洲》《美國》《約伯記》，這些書今天都已經成為古籍書店裡的稀世珍寶，而它們確實也使我著了魔。在那裡，我第一次看到他的作品，布萊克是那群具有魔力天賦的人才中的一員，他們由幻想引領著，彷彿長著天使的雙翼一般，穿掠過想像的荒原，我花了數週的時間，企圖深入這個稚純同時又帶有邪氣的靈魂迷宮，並且想把他的幾首詩歌譯成德文。得到一幅他的親筆畫，這簡直成了我的熱望，但好像又那麼難以企及，只是夢想罷了。有一天，我的一位朋友阿奇博爾德·G·B·拉塞爾（他當時已經是最傑出的布萊克作品鑑賞專家）告訴我，在他舉辦的展覽期間，有一幅「夢幻般的肖像」將出售，據他看（也是我的看法），這幅「約翰國王」是布萊克大師最美的一張鉛筆畫。他信誓旦旦地向我保證：「這幅藝術品您將百看不厭！」他說得完全正確。在我的書籍和繪畫當中，只有這一幅陪伴了我三十餘年。多少次，這位困惑的國王都用他那神奇閃爍的目光，從牆上望著我，在我遺失和留下的物品中，在我漫遊的途中，最想念的就是它了。我費力地在街頭巷尾和都市之中尋找英倫天才而不得，他卻突然以布萊克這個真正脫塵出世的形象出現在我眼前，於是，在我對世界的眾多熱愛中，又多了一份愛。

21 William Blake，1757—1827，英國詩人、水彩畫家、版畫家。

通往自我的曲折道路

巴黎、英國、義大利、西班牙、比利時、荷蘭，這些充滿新奇、四海為家式的漫遊本身是令人愉快的，而且都令我多方受益。但是，人終歸還是需要安定的家（如今我最能體會這點，因為我現在的世界漫遊已不再是出於自願，而是被四處驅趕的流亡），讓他可以從家出發，再一次次重返這個歸宿。自中學畢業後的這些年，我的藏書已經漸漸有了一間小圖書館的規模，還有眾多的繪畫和紀念品，手稿也已經厚厚一堆，但這些讓人欣喜的負擔卻不能總是裝在箱子裡到處拖來帶去。因此，我在維也納買了一套小小的公寓，它算不得是長久的居所，只是一個「臨時歇腳的地方」，這是法國人乾脆俐落的說法。在一次大戰以前，我的生活始終充滿著莫名的臨時感，我在做每件事情的時候，都對自己說，這並不是我真正要的——在寫作方面，我只是將它當作真正創作前的試筆，甚至和女性交往時，我也不乏這種感覺。因此，我年輕時並不是很有責任感的人，花起錢來毫無顧忌，無論創作還是享樂，什麼都想嘗試，什麼都想體驗。

當別人已經成家立業，有了孩子和地位，並且集中起所有的精力，準備進行人生的最後衝刺時，我還照樣把自己當作年輕人、當作初出茅廬的新手看待，覺得自己來日方長，遲遲不想將自己固定在隨便某個角色上。於是，既然我的工作只是「真正」創作前的演練，只是預告我創作生涯開始的一張名片，所以，我的那套寓所也只不過是我的一個地址而已。我特意在郊區選了一套小寓所，這樣不至於因為費用昂貴而妨礙了我的自由。我也沒有買特別好的家具，因為不想像我的父母那樣精心「保養」它們，他們將每把扶手椅都套上罩布，只在接待來客時才取下。我有意識地避免自己在維也納定居下來，這樣就免得在情感上和一個地方難以割捨。多年以來我都覺得自己這種臨時的觀念是一個錯誤，但是，後來，當我一次又一次地被迫離開自己構築的家園，親眼見到自己周遭的一切都遭到毀滅時，這種神祕的置身事外的生活理念對我幫助很大。我早已形成的這種生活觀，使我在每次遭受損失和被迫離別時，都能多幾分泰然。

◊ ◊ ◊

在我的這第一處寓所內，我還不想買太多貴重的物品。但是，那幅在倫敦買到的布萊克畫作已經掛在牆上了，還有一幅歌德的手跡，字體灑脫奔放，抄錄的是歌德最美的詩篇之一——我從中學開始收藏名人手跡，這一幅在當時算是其中翹楚了。就像當年我們整個文學小組都熱衷於作詩一樣，那時我們也處處收集詩人、演員和歌唱家的簽名；畢業之後，我們之間的大多數人都放棄了寫詩和這項愛好，而我對收集天才人物墨寶的興趣倒是有增無減，並且也越發深入了。一般的簽名對於我已經失去吸引力，連國際知名人物的名言或某人寫的頒獎讚詞也打動不了我，我收集的只是詩人和作曲家的原稿和手跡，因為，我最關注的是藝術品的誕生過程，無論從傳記還是心理的角度，都引起我極大的興趣。一句詩詞、一段旋律，藉由字跡的定型，從一位天才不可見的想像和直覺之中化作塵世中的一份子，這個最最神祕的轉化瞬間，除了在大師們殫精竭慮、冥思玄想寫下的原稿上，還會在什麼地方更可琢磨，更可體味呢？一位藝術家，假如我只看過他完工的作品，不能稱得上完全了解他。我信奉歌德的話，他說，為了充分領會偉大的作品，我們不僅要看到它們最終成型的樣子，還必須仔細傾聽它們在形成過程中發出的聲音。一張字跡狂野、潦草的貝多芬草稿，即使僅僅在視覺上，也給予我巨大的震撼，各種業已展開的和後來又被刪去的主題怒氣沖沖地胡亂糾纏在一起，那用鉛筆草草畫出的線條之中，凝聚著從他那豐富的天才當中噴湧而出的非凡創造力，正因為這筆跡令我的精神極端興奮，在生理上它也給了我相當的刺激。就像別人觀賞一幅畫一樣，我可以對著這樣一張天書般的舊手稿，入迷地看上半天，對它愛不釋手。還有一張巴爾札克的校樣稿，每一句話幾乎都修改過，每一行字都塗塗畫畫，四周的空白處由於擠滿了各種修改記號和字跡，已經變成了黑色，這手稿簡直教我欣喜若狂。一首多年一直熱愛的詩，一旦見到了它的手稿，見到它最初問世時的樣子，我心中便升起了一股敬畏的宗教情感，簡直不敢用手碰觸它。擁有這樣的手稿，讓我感到自豪，同時，還伴隨著一種體育競技般的熱情，那就是在拍賣場或者通過拍賣清單追蹤它們的行跡，最終將它們弄到手。這種追蹤讓我經歷了很多驚心動魄的時刻，令人悸動的巧合真是太多了！有一回，我本來不幸晚到一步，但結果出人意料，原先我孜孜以求的那件手稿竟被證實是件贗品；還有這樣的怪事，我原藏有一小件莫札特的手稿，但遺憾的是，其中有一段樂譜被人剪掉了。但是，突然有一天，這段在五十年前或者一百年前被某個愛之過切的藝術破壞者剪去的樂譜，在斯德哥爾摩的拍賣會上出現了，我又可以將這部詠歎調拼完整了，就像莫札特在一百五十年前遺留下來的樣子，一模一樣。那時候，我的稿費收入當然還不足以大量購買手稿，但是每個從事收藏的人都明白，當你不得不犧牲別的樂趣而致力於獲得一件收藏品時，他從這件物品上獲得的樂趣會是平常樂趣的多少倍。此外，我要求所有的作家朋友捐獻他們的手稿。羅蘭給了我一卷他的《約翰．克利斯朵夫》，里爾克給我的是他最受愛戴的作品《愛與死之歌》，克勞岱爾給了我《給聖母的受胎告知》，高爾基[1]給了我大量的草稿，佛洛伊德給了我一篇論文的手稿，他們都知道，沒有一家博物館會比我更加精心地保存他們的手稿。但如今，這些承載了我最大歡樂的手稿，連同其他微小的樂趣，統統都已飄散在風中了！

後來，我才通過一次偶然的機會發現，那件堪稱最特別、最珍貴、最值得珍藏的文學瑰寶雖然不在我的書架上，卻藏在同樣位於市郊的一所房子裡。在我的樓上，在一套和我的居所同樣簡單的寓所內，住著一位頭髮花白的老小姐，她的職業是鋼琴教師。有一天，她在樓梯上非常客氣地和我攀談，她說自己一直感到抱歉，因為我在工作時間不得不被迫聽她的鋼琴聲，她

1 阿列克謝．馬克西莫維奇．彼什科夫（Алексей Максимович Пешков），1868—1936，筆名馬克西姆．高爾基（Максим Горький）。社會主義、現實主義文學奠基人，蘇聯文學的創始人。

希望我不至於因為她學生們不完美的彈奏技巧而深受困擾。在談話中，她告訴我，她的母親與她同住，那老人已經半瞎，不能再邁出房門一步，而這位八十歲的老媼不是別人，竟然是歌德的保健醫生福格爾博士的女兒！一八三〇年，由奧蒂麗．馮．歌德[2]當著歌德的面受洗。這真讓我有些眩暈，到了一九一〇年，在這世上竟然還有受過歌德的神聖目光注視的人！由於我始終對這位天才遺留人間的一切都懷有特別崇敬的心情，除了那些手稿之外，我還收集各種可以收集到的遺物，後來（在我的「第二次生命」當中）我住所的一個房間成了遺物保存室，那裡有貝多芬的書桌和他的小錢匣，在他臨終前，他還曾從床上伸出顫抖的手，從這個小錢匣裡取出幾筆小錢給女傭；還有他家廚房帳簿裡的一頁紙，以及一綹貝多芬那已經灰白的頭髮。我將歌德的一枝羽毛筆壓在玻璃板底下保存了多年，為的是抵禦誘惑，防止自己這隻不般配的手去握它。但是現在，居然還有一個被歌德圓圓的黑眼睛帶著愛意專注凝視過的人活生生地存在，那些沒有生命的對象和這個人比起來簡直不值一提了——這是最後一根脆弱的、隨時可能斷裂的線，它通過這位年邁的老媼，將威瑪的神界和我偶然撞上的廚師巷八號這幢市郊住宅聯繫在一起。我請求見這位德梅麗烏斯老夫人一面，於是受到了老夫人親切友好的接待，在她的小房間裡，我見到了一些歌德用過的物品，那是老夫人童年的女友——歌德的孫女送給她的：有歌德書桌上曾用過的一對燭台，還有幾個好像是歌德在婦女廣場[3]舊宅的徽章。但是，這位老夫

2　Ottilie von Goethe，歌德的兒媳。

3　Frauenplan，位於威瑪，歌德在此居住過。

人本人不就是最大的奇蹟嗎？這位老人，頭上戴著一頂家常小帽，蓋住了業已稀疏的白髮，嘴角四周遍布皺紋，但是非常健談，她很願意回憶自己在婦女廣場家中度過的十五年青春，那時，婦女廣場歌德故居還沒有成為今天這樣的博物館，在這幢房子裡，自從最偉大的德語詩人歌德永遠離開了這個家和世界後，那裡的每件東西都沒有再被動過。和所有老人一樣，這位老夫人對自己的童年生活記憶最深，她因為「歌德學會」幹了一件嚴重侵犯隱私的事情而憤恨不已，這點倒挺教我感動，她說，他們竟然「現在就」出版了她的童年好友奧蒂麗·馮·歌德的情書——「現在就」——哎呀，她忘了，奧蒂麗死去已經有半個世紀了！在她看來，歌德的這個寵兒還活著呢，還正當青春年華，那些在我們眼中早已成為陳年老帳或者歷史傳說的事情，對於她卻還是活生生的現實。和她在一起的時候，我總感到自己彷彿不在人間。在這幢磚造的房子裡，人們可以用電話交談，用電燈照明，用打字機寫信，但是，再往上踏上二十二級台階，便恍然進入了另一個世紀，被籠罩在歌德世界的神聖陰影之中了。

後來，我多次遇到過這樣白髮蒼蒼的老夫人，在她們的腦海中，還依舊保留著那個輝煌而充滿神性的年代，其中有李斯特的女兒科西瑪·華格納[4]，她的神情激昂，嚴峻、肅穆卻雍容大度；有尼采的妹妹伊莉莎白·弗爾斯特，她身材小巧玲瓏，愛賣弄風情；還有亞歷山大·赫爾岑[5]的女兒奧爾加·莫諾，她小的時候常常坐在托爾斯泰的膝上。我聽老年的格奧爾格·勃

4 Cosima Wagner，1837—1930，音樂大師華格納的妻子。

5 Alexander Herzen，1812—1870，著名俄國作家、政論家，代表作有《往事與隨想》。

蘭兌斯對我講述過他遇見惠特曼、福樓拜、狄更斯等人的情景，我也聽過理查．史特勞斯向我描述他第一次見到華格納的情景。但是這所有人都不如老態龍鍾的德梅麗烏斯夫人那樣教我感動，她是還活在人間，被歌德的目光注視過的最後一人了。而我自己也許也是今天可以說這話的最後一人：我曾認得一個人，歌德的手曾溫柔地在她的頭上撫摸過。

現在，在一個接一個旅程中，我終於找到了一個臨時歇腳的地方，而比這更重要的是，我同時找到的另一個家——那就是三十年來一直維護和促進著我整個事業的出版社。選擇哪家出版社，對於一位作家而言，是一生中相當重要的決定。而對我來說，這是我一生中最開心的決定。若干年以前，有一位文化修養非常好的文學愛好者這樣決定，他情願將自己的財產花在一件文學作品上，而不花費在養賽馬上。他就是阿爾弗雷德．瓦爾特．海梅爾[6]，作為詩人，他不算出色，但是，他決定在德國創辦一家出版社，一反當時以盈利為基準的出版風氣，他根本不注重是否獲利，甚至做好長期虧損的準備，只出版那些內在品質優秀的作品，而不以它們是否暢銷作為限制。娛樂性的讀物，即使再賺錢，海梅爾也不打算出版，相反，他要出版的是那些最深奧難懂的作品。只出版藝術意願最強烈、藝術形式最完美的作品，是這家孤傲的出版社的口號，它的讀者群只限定在一小群真正識貨的內行人當中，它很為這種特意的孤絕而自豪，而將自己命名為「島嶼」，後來稱為「島嶼出版社」（Insel Verlag）。島嶼出版社的出版物從來不是職業化的產物，每件文學作品都被精心設計，使書在裝幀形式上達到與內容一樣的完

6　Alfed Walter von Heyel，1878—1910，德國詩人、小說家與劇作家。

美。因此，在設計每本書的書名字體和版型，確定其開本和紙張時都會遇到新的特殊問題，即便像廣告目錄和信箋這樣的副產品，這家注重信譽的出版社都很在意，製作起來頗費苦心。在三十年當中，我不曾在它為我出版的書裡發現過一處印刷錯誤，就連出版社給我的信件當中，也從來沒有過修改的痕跡，事無鉅細，包括每個最小的細節，都反映出島嶼出版社立下典範的雄心。

霍夫曼斯塔爾和里爾克的抒情詩都是由島嶼出版社結集出版的，當時，由於這兩位詩人還健在，出版社在一開始就為自己的作家隊伍訂下了最高的標準。因此，你完全可以想像，當二十六歲的我榮幸地入選島嶼出版社的固定作者時，我是多麼的欣悅和自豪！從外表上看，這個身分提高了我在文學界的地位，但實際在我內心，它也加強了我的責任感。一旦成為這個菁英群的一員，就必須嚴以律己，慎言慎行，絕不能潦草馬虎，或者像新聞記者那樣只求速成。因為，一本書一旦打上了島嶼出版社的標誌，對於它的數千名讀者，以及後來擴充到的數十萬名讀者而言，就是一個強有力的保證，無論書籍的內涵，還是印刷的品質，都肯定是一流的。

對一個年輕作家來說，遇見一家年輕的出版社，和它一道發展成長，真是再幸運不過的事情了。只有這樣的共同發展才能真正使得作家、他的作品和這個世界有機地相連。我和島嶼出版社的負責人，安東・基彭貝爾格[7]教授很快地建立了誠摯的友誼，而由於我們雙方都熱衷於

7 Anton Kippenberg，1874—1950，德國出版家和收藏家，1905 年開始任島嶼出版社社長，1938—1950 年任歌德學會會長。

收藏，因此進一步加強了我們的友誼。在合作的三十年當中，基彭貝爾格收藏的歌德遺物和我收藏的名家手跡並駕齊驅，達到了私人收藏的顛峰。他給了我很多寶貴的建議和勸告，而我對國外文學的了解也為他提供了不少重要的啟示。就這樣，在我的提議下，島嶼叢書誕生了，它以幾百萬冊的出版物在原先的「象牙塔」周圍建立起一座宏大的世界都城，使島嶼出版社成為德國最具代表性的出版社。三十年後的景況真可謂今非昔比了：原先的小企業已經躋身德國規模最大的出版社行列，原先極為有限的讀者群已經壯大，使它成為德國最有影響力的出版社。我和基彭貝爾格之間如此愉快而自然的友誼堅不可摧，說實在的，這友誼的毀滅，也只可能是發生在世界性的災難之中，毀滅於最野蠻的強權暴力之下。我必須承認，再也見不到我書上那個熟悉的島嶼標誌，真讓我比背井離鄉還要難受。

現在，我的道路已經暢通無阻。雖然在相當早期我就開始出版自己的作品，但內心一直認為自己二十六年以來沒有創作出真正的作品。在青年時代和當時最傑出的藝術家交往並和他們結成友誼，這本是我在年輕時的最大收穫，但奇怪的是，它卻使我的創作面臨危險的障礙。我見識得太多，反而使我弄不清楚自己哪些作品真正有價值。這很教我猶疑。由於缺乏勇氣，我在此之前於翻譯以外發表的作品，均謹慎地限於較小的篇幅，都是些中篇小說和詩歌。我遲遲提不起勇氣創作長篇小說（這種狀況一直延續到三十歲），我第一次敢於嘗試較大的篇幅，是在戲劇方面，而且，在這初次的嘗試之後，出現了一些令人充滿希望的預兆，這使我全力以赴地投入了戲劇創作。在一九〇五還是一九〇六年的夏天，我創作過一齣戲劇——按照我們那個時代的風格，它自然是一部詩劇，而且是古典風格的。這部詩劇叫做《色希提斯》，至於我今天怎麼看待它，除了認為形式還可以之外，以下這個事實可以說明我自己的態度：這部作品，以及我在三十二歲之前出版的幾乎所有作品，我統統沒有再重印。但是，這部詩劇至少顯示出了我創作思想的一個明顯特徵：我從來不會去對「英雄人物」歌功頌德，而始終只是關注失敗者的悲劇。在我的中篇小說當中，吸引我自己的始終是遭到命運挫折的主人公。在我的傳記作品中，我的主人公不是在現實中取得勝利的人，而是在道德意義上立於不敗之地的人，是伊拉斯謨[8]，而不是馬丁．路德，是瑪麗亞．斯圖亞特[9]，而不是伊莉莎白[10]，是塞巴斯蒂安．卡斯特利奥[11]，而不是讓．喀爾文[12]。因此，我在這部詩劇中，不是以阿基里斯為英雄式的主人公，而將筆墨放在他對手中最不起眼的色希提斯身上——我筆下的主人公都是歷經苦難的人，而不是憑藉自己的武力和明確的野心為別人造成痛苦的人。我沒有把完成的劇本交給任何一位演員看，包括熟稔的演員朋友，畢竟我還是有些自知之明，明白像這樣用無韻詩寫成的劇本，

8 Erasmus von Rotterdam，1469—1536，尼德蘭文藝復興時期的人文主義者。他是歐洲人文主義最傑出的代表，著有《愚人頌》。
9 Maria Stuart，1542—1587，蘇格蘭女王，因為王位糾紛被表姐伊莉莎白一世處死。
10 Elisabeth I，1533—1603，英國都鐸王朝女王。
11 Sebastian Castellio，1515—1563，瑞士人文主義者和宗教改革家。1545 年因為宗教意見分歧和喀爾文分裂。他主張宗教信仰的寬容，是現代寬容思想的主要代表。
12 Jean Calvin，1509—1564，十六世紀歐洲宗教改革領導人，喀爾文教派創始人。他樹立宗教權威後，敵視其他教派，曾以「異端」罪名，火刑處死西班牙科學家塞爾維特等五十多人。

再加上古希臘的道具服裝，即使出自莎孚或莎士比亞之手，也很難在現實的舞台上創造票房收入。我只是給幾家大劇院寄去了幾份腳本，然後就將此事徹底忘了個精光。

因此，當三個月後，我收到一封印有「柏林皇家劇院」字樣的信件時，感覺驚訝極了。我暗忖，這家普魯士國家劇院想要我做什麼呢？出乎我意料的是，劇院經理路德維希．巴爾奈（他以前是德國最著名的演員之一）在信中告訴我，我的這部詩劇給他留下了相當深刻的印象，而且，尤其讓他高興的是，阿基里斯正是演員阿達爾貝爾特．馬特考夫斯基一直以來非常想扮演的角色，因此他希望我能將此劇在柏林的首演機會賦予柏林皇家劇院。

我簡直被這驚喜嚇呆了，德意志民族在那時只有兩位最偉大的演員，一位是阿達爾貝爾特．馬特考夫斯基，一位是約瑟夫．凱恩茨。前者出身北德意志，氣質雄渾大氣，激情澎湃，無人可比；後者是我們維也納人，氣質優雅，台詞處理時而婉轉，時而鏗鏘，高超的語言能力天下無雙。現在，馬特考夫斯基將演出我劇中的人物，唸我寫的詩句，德意志帝國首都最有聲望的劇院將大力提攜我的劇本——這一切都讓我覺得自己的戲劇前程無限美好，實在是天賜良機。

但是，這一次我得了一個教訓：在布幕尚未真正拉開之前，不要高興得太早。雖然排練已經開始，而且一次接著一次，並且，我的朋友們也都向我證實，馬特考夫斯基在排演時唸我的那些詩句台詞時，那氣勢和派頭是從來沒有過的。然而，當我已經訂好去柏林的臥鋪車票，在最後時刻卻接到一份電報，上面寫道：由於馬特考夫斯基生病，演出延期。我原以為那是劇院慣用的一種藉口，當他們不能按期舉行演出或者不能守約時，這是他們經常使用的藉口。沒想到，八天之後，報紙上竟然刊登了這樣的消息：馬特考夫斯基病逝。我的台詞竟成了從他善於言詞的嘴裡發出的最後聲音。

我心想，完了，一切都結束了。雖然此時又有兩家頂級的宮廷劇院希望排演我的劇本，德勒斯登劇院和卡塞爾劇院，但是我已興味索然。馬特考夫斯基之後，我想不出誰能扮演我的阿基里斯。但隨後，又傳來更加令我困惑的消息：一天早晨，有個朋友前來拜訪，把我從睡夢中喚醒，他告訴我，是約瑟夫．凱恩茨派他來的。凱恩茨偶然看到我的劇本，認為其中有個角色非常適合他來扮演，那不是馬特考夫斯基想扮演的阿基里斯，而是命運悲慘的色希提斯。凱恩茨會立即和城堡劇院的經理聯繫此事。當時城堡劇院的經理是保爾．施倫特，他是當時正處在高潮的現實主義先驅人物，從柏林來到維也納，以標準的現實主義者態度領導著城堡劇院（這讓維也納人非常生氣）。施倫特很快就給我回音，他說，他在我的劇本中看到頗為有趣的內容，但是，很遺憾，他認為，除了首演，這部劇不會取得更大的成功。

我再次對自己說，算了吧，我對於自己和自己的文學作品向來持有懷疑態度。但是凱恩茨卻因此大為憤慨，他馬上向我發出邀請，這樣，我第一次見到了這位自己在年輕時崇拜得五體投地的偶像，那時，我們這群中學生恨不得能夠親吻他的手和腳呢！他雖然年逾五旬，卻身體輕健，充滿機智，黑色的眼睛炯炯有神，整個人都顯得神采奕奕。聽他說話，真是一種享受。即使在私人談話中，他吐出的每個詞都字正腔圓，每個輔音都相當清脆俐落，每個母音都飽滿清晰。我至今還一直不能朗誦某些詩篇，只因為我曾聽他朗誦過，而今，沒有他陪我一道吟誦，沒有他那樣的鏗鏘、完美的節奏和洶湧的激情，我已無法再誦讀了。在他之後，我再也沒有覺得德語如此悅耳了。這位曾被我奉若神明的人，竟因為沒有為我的劇本爭取到演出機會而向我這位晚輩致歉。他強調，我們再不能錯過彼此了。他又說，他其實有一事相求（我簡直喜形於色，凱恩茨竟有求於我！）：他現在有很多場訪問演出，為此他已準備了兩部獨幕劇，但是他還需要一部。他傾向於要一齣小短劇，以詩劇的形式，最好帶有大段的抒情性台詞——憑藉他卓越的語言技巧，他能一口氣將珠玉般的詞藻暢快淋漓地傾瀉在屏息聆聽的觀眾面前。他問我是否能為他寫一部這樣的獨幕劇。

我答應試試。正如歌德所言，意志有時能「指揮詩性」，我完成了一部獨幕劇的初稿，《粉墨登場的喜劇演員》，這是一部洛可可風格的輕鬆作品，其中有兩大段戲劇化的抒情獨白。我全力體會著凱恩茨的氣質，就連他說話的方式，我也細加斟酌，這樣，在構思每句話時，我都不由自主地從他的意志出發，所以，這部應命之作幸運地成為一部佳作，不僅技巧嫻熟，而且充滿激情。三週之後，我將半成品的草稿給凱恩茨看，其中還外加一首「詠歎調」。凱恩茨興致勃勃，立即將每段長篇獨白都朗讀了兩遍，第二遍的時候，已經是精采絕倫，讓人難忘了。他問我還需要多久才能寫完，顯然，他已經迫不及待了。我告訴他還要一個月。太棒了！時間正合適！他說。現在，他要去德國進行為期數週的訪問演出，等他回來，就馬上排演我這部短劇，因為，這部劇將在城堡劇院上演。接著，他又向我許諾說：不管他到哪裡演出，都會把這部劇當作保留節目，因為對他說來，這齣劇簡直就像手套一樣合適。他握著我的手，由衷地晃了三下，一邊還不停地重複這句話：「像手套一樣合適。」

顯然，在凱恩茨動身之前，城堡劇院就已被他弄得心神不安了。劇院經理親自打電話給我，用很親切的語氣告訴我，我可以把這部獨幕劇的草稿先拿給他看。而後來，儘管劇本沒有完全完成，他便提前接受了。圍繞著凱恩茨的角色已經分配給城堡劇院的演員們排練了（這一次，我好像又不費吹灰之力地做了最大的贏家），我們維也納人最引以為傲的城堡劇院終於要上演我的作品，而且，除了埃萊奧諾拉．杜塞[13]之外，當代最偉大的演員將演出我的角色：這一切對於一個新手而言真是有太多的收穫了！現在，我只面臨一種危險，就是在劇本完成之前，凱恩茨改變主意，但是這完全不可能發生！如今，我倒是變得迫切起來。終於，我在報紙上看到這個消息：約瑟夫．凱恩茨結束訪問演出回國。我出於禮貌，等了兩天，不想在他剛回國之際就立刻去打擾他。等到第三天，我終於鼓起勇氣，把名片遞交給沙河飯店那位我非常熟悉的老看門人，請他進去通報。我說道：「請您將我的名片交給宮廷演員凱恩茨先生。」那老頭透過夾鼻眼鏡驚訝地看著我，說：「您真的不知道嗎？博士先生？」「什麼？不知道什麼？」「凱恩茨先生今天一早就被送進了療養院。」這時，我才得知：凱恩茨回國時已身染沉痾，面對毫不知情的觀眾，他強忍病痛，最後一次做了最精采的表演。隨後次日，他被確診為癌症，做了手術。根據當時報紙上的報導，我們還期望他能康復。我前往他的病房去探望他，只見他滿臉

13 Eleonora Duse，1858—1924，著名義大利悲劇女演員，演過《娜拉》和《茶花女》。

疲憊地躺在病榻上，形容憔悴，在皮包骨的臉上，那雙黑眼睛顯得比平日更大。我被嚇呆了，在他那永遠年輕、具有雄辯口才的雙唇上，第一次出現了灰白的鬍鬚。在我面前的，儼然是一個行將就木的老人。他苦笑著對我說：「不知親愛的上帝還會不會讓我演出我們的那部劇。它會讓我康復的。」但是，幾週之後，我們已經佇立在他的靈柩旁了。

◊ ◊ ◊

你們現在可以理解，我繼續堅持戲劇創作會有多麼不愉快，每當我將新作交給劇院，我立刻便會憂心忡忡。因為德意志兩位最偉大的演員都是在排演了我的劇本之後去世的，我不得不坦然承認，這讓我變得迷信起來。過了若干年之後，我才重新振作精神寫作劇本，當城堡劇院的新任經理，傑出的戲劇專家和演講大師阿爾弗雷德·貝格爾男爵很快採納我的劇本後，我幾乎是懷著忐忑不安的心情瀏覽了一遍演員名單，然後鬆了口氣，心情卻相當矛盾：「謝天謝地！沒有一位是著名演員！」這樣的窘境任誰也無能為力。但是，不可思議的事情還是發生了，真可謂防不勝防啊！我只想到了演員，而沒有考慮到劇院經理阿爾弗雷德·貝格爾男爵，他將親自導演我的悲劇作品《海邊的房子》，而且已經寫好了導演腳本。而事實是：在排演的十四天前，他去世了。看來，附在我的戲劇作品上的詛咒依然在施展著魔法。即使到了十多年之後，《耶利米》和《沃爾波內》在戰後的舞台上被人用各種語言演出，我仍舊有不安的感覺。於是，當我一九三一年完成一部新劇《窮人的羔羊》時，我有意違背自己的意志行事。我將手稿寄給我的朋友亞歷山大．莫伊西，有一天我收到他的電報，問我是否可以把首演的主角留給他。莫伊西從故鄉義大利把一副悅耳的嗓音帶到德國的舞台上，起初寂寂無名，而後成為約瑟夫．凱恩茨之後唯一優秀的繼承人。他的外表充滿魅力，聰明、富有活力，並且心地善良，相當熱誠。他表演每個角色時，都賦予這個角色他個人的某些魅力，我確實想不出比他更適合扮演主角的人選了。但是，當他提出這個建議時，我卻想起馬特考夫斯基和凱恩茨來，我找了個托詞，拒絕了莫伊西，沒有告訴他真正的原因。我知道，他從凱恩茨那裡繼承了那枚伊夫蘭德指環[14]，德國最偉大的演員總是將這枚指環傳給他最出色的繼承人。難道他最終還會繼承凱恩茨的命運嗎？無論如何，我不能讓德國最偉大的演員第三次再遭遇這樣的厄運。因此，出於這個迷信的想法，也出於我對他的愛，我放棄了對這部劇至關重要的演出完美。然而，儘管我選擇了放棄，儘管我拒絕了他演出這個角色，儘管在此之後我再也沒有新劇作上演，我還是沒能保護他。雖然我這次沒有絲毫的過錯，卻依然被捲入那莫名的厄運之中。

◊ ◊ ◊

我明白，別人會以為我在講鬼故事。馬特考夫斯基和凱恩茨的遭遇可以解釋為意外的厄運。但是，莫伊西的命運又如何解釋呢？我不僅拒絕了他出演主角，而且在此之後再也沒有上

---

14 伊夫蘭德是德國十八、九世紀的著名演員，伊夫蘭德指環是一枚刻有他頭像的指環，傳說由伊夫蘭德捐贈，一代代傳給最優秀的德語演員。

演過新劇作。事情是這樣的：幾年之後，即一九三五年的夏天（此處我沒有遵照編年史的順序敍事，而是將內容提前述說了），毫不知情的我，正在蘇黎世，突然收到亞歷山大．莫伊西從米蘭發來的電報，他說，當天晚上要來蘇黎世找我，請我務必等他。我覺得有些蹊蹺。為何那樣著急呢？我並沒有寫什麼新劇，多年來對戲劇已經無所謂了。當然，我還是很高興地等他到來，因為我確實很喜歡這個熱情親切的人，視他為兄弟一般。他一出車廂就朝我奔來，我們以義大利人的方式互相擁抱，還在離開火車站的路上，他就迫不及待地在轎車裡告訴我，是為了什麼事要求我幫忙。他告訴我，他要請我幫他一個忙，一個很大的忙。路易吉．皮蘭德婁[15]賦予了他一項殊榮，將自己的新作《修女高唱五月之歌》交予他首演，而且，不僅僅是義大利的首演，而是舉辦一次真正全球性的首演，第一站是維也納，用德語演出。像皮蘭德婁這樣一位義大利大師讓自己的作品優先在國外演出，還是首次。以前，就連巴黎這樣的城市都不在他的考慮範圍之內呢。現在，皮蘭德婁因為擔心自己的作品在翻譯過程中喪失音樂性和感染力，所以抱有一個殷切的願望，希望不要隨便找個譯者，而是請我將他的作品譯成德文，因為他對我的語言藝術青睞已久。當然，皮蘭德婁又頗費躊躇，擔心這翻譯工作會耽誤我的時間。於是，莫伊西便自告奮勇地前來，將皮蘭德婁的願望傳達給我。而確實，多年以來，我一直沒有再從事翻譯了。但是我很敬重皮蘭德婁，曾經有幾次友好的邂逅，我於心不忍讓他失望，更何況，我很願意通過此事向知心好友莫伊西表達我對他的友情。於是，我將自己的工作擱置了一到兩

15 Luigi Pirandello，1867—1936，義大利小說家、戲劇作家。1934年獲諾貝爾文學獎。

週，幾週之後，我翻譯的皮蘭德婁作品在維也納開始世界性的首演，加之當時某些政治背景，該劇一定會相當轟動。皮蘭德婁答應親自前來參加首演，而且由於當時墨索里尼是奧地利公開的保護人，因此以首相為首的官方高層人物全部都答應出席。首演的那天晚上應該成為奧—義兩國友誼的政治秀。（實際上，義大利以保護的名義凌駕於奧地利之上。）

在原定排演的那段日子，我正巧在維也納逗留。我很高興與皮蘭德婁重逢，而且我一直盼望著能聽見莫伊西用音樂般的語言朗讀我譯的台詞。但是，二十五年之後，好像有鬼怪作祟一般，同樣的事情又發生了。當我清早打開報紙，看到有報導說，患了重感冒的莫伊西從瑞士前來維也納，因為他的病情，排演不得不延期。我當時想，一點感冒沒什麼要緊。但是當我去探望生病的莫伊西，走近飯店大門時，我的心仍然跳得很猛烈（我自我安慰道，感謝老天，這次不是沙河大飯店，而是格蘭特大飯店！），當年我去探望臨終的凱恩茨的那幕情景仍舊歷歷在目。而同樣的厄運在二十五年後又在這個時代最偉大的演員身上重演了。我沒有再被允許去探望莫伊西，由於高燒，他已經陷入昏迷。兩天之後，就像上一次發生在凱恩茨身上的情景一樣，我沒能在排演現場見到莫伊西，而站在他的靈柩旁。

◊ ◊ ◊

我在此提前做了述說，這是那神祕阻力最後一次的應驗，它始終和我的戲劇創作聯繫在一起。當然，當我現在重述往事，我只認為這一切純屬偶然。但在當時，馬特考夫斯基和凱恩茨接連去世，對我的人生方向毫無疑問產生了影響。假如當時二十六歲的我，處女劇作在柏林由馬特考夫斯基上演，在維也納由凱恩茨上演，我將藉由他們二位化腐朽為神奇的藝術一夜成名（這樣的名聲可能來得太快），而不再有時間慢慢學習，逐漸地了解世界。可想而知，我認為這一切都是命運的安排，戲劇界在最初提供給我想都不敢想又相當誘人的大好時機，卻又在最後時刻殘酷地將它們從我手中奪走。但是，一個人只會在非常年輕的時候才把偶然的事件和命運畫上等號，後來，我終於明白，一個人真正的生活道路是由他的內心決定的，無論我們的道路偏離願望多遠，無論這種偏離是多麼莫名而沒有意義，它最終還是會把我們引向我們那看不見的目標。

那個時代充滿了改變，將我們的世界從頭到腳徹底改變若干個世紀，那時的時間莫非就因此比現在過得更快？在第一次世界大戰之前的日子裡，在我青年時期的最後幾年，我一心埋首於規律的寫作，是否因此而使得我現在對那時的記憶相當模糊呢？我寫作、發表，在德國和其他國家漸漸有了點名氣，有了自己的崇拜者，而且（這更說明問題）也有人反對我。德意志帝國的各大報紙任我發表文章，我不必再投稿，而是這些報社向我約稿。但是現在我心裡很清楚，我當年寫的東西和做的事情，在今天看來都無關緊要。我們當年所有的抱負、憂慮、失望和怨恨，在今天的我看來都那樣微不足道。現在這個時代的概念強硬地使我們改變了目光。假如我早幾年開始寫這本書，我會記錄下與蓋爾哈特・霍普特曼、史尼茨勒、貝爾—霍夫曼、戴默爾、皮蘭德婁、雅各·瓦塞爾曼[1]、沙洛姆·阿施[2]、阿納托爾·法朗士等人的對話（與法朗士的談話實在愉快，這位老先生為我們講了一個下午的不正經故事，卻偏偏擺出一副相當嚴肅和極其高雅的姿態），我會述說那些了不起的首演盛況，比如馬勒的第十交響曲在慕尼黑的首演，《玫瑰騎士》[3]在德勒斯登的首演，塔瑪拉·卡爾薩溫娜[4]和瓦斯洛·尼金斯基[5]的首演，因為作為一名熱心的客人，我見證了藝術界很多的「歷史」事件。但是，用我們今天判斷事物重要性的嚴格標準來看，所有和當下的時代問題無關的事件，都是微不足道的。今天的我早已形成如下的觀念：當年將年輕的我的目光引向文學的那些人，其重要性遠遠不及後來將我的目光引向現實的那些人。

那些將我的目光引向現實的人當中，首先要提到的這個人，是在那個最悲慘的年代能夠駕馭德意志命運的人物，他是納粹最先暗殺的人物，在他死後十一年，希特勒才當權，他就是瓦爾特·拉特瑙。我和他的友誼由來已久，而且相當誠摯，我們的友誼是以一種非常特殊的方式開始的。馬克西米利安·哈登[6]是我最先要感激的人之一，我十九歲的時候，就受到他的提攜。他創辦的政治刊物《未來》在威廉皇帝統治的德意志帝國的最後幾十年中，發揮過決定性

1 Jakob Wassermann，1873—1934，，德國作家。
2 Schalom Asch，1880—1957，猶太文學的傑出代表。
3 理查·史特勞斯作曲，霍夫曼斯塔爾編劇的三幕歌劇，1911 年首演。
4 Tamara Karsawina，1885—1950，俄國芭蕾舞女演員。她和尼金斯基的合作，有助於恢復西歐觀眾對芭蕾舞的熱愛。
5 Waslaw Nijinski，1890—1959，俄國著名芭蕾舞蹈家，有「舞聖」之稱。
6 Maximilian Harden，1861—1927，政治週刊《未來》的創辦者，俾斯麥的支持者。

的作用。哈登是由俾斯麥親自提攜進入政治領域的，而他本人也很願意充當俾斯麥的喉舌和擋箭牌，他攻擊當時的內閣大臣，造成了奧伊倫堡事件[7]的爆發，使得德國皇宮每週都因面對不同的攻擊和揭露而如履薄冰。儘管政治上如此激進，哈登的個人愛好仍然是文學和戲劇。有一天，《未來》雜誌上出現了一組格言，所署的筆名我已經不記得了，但是因為寫得極其機智，語言也非常洗鍊，讓我留下了深刻的印象。我當時是《未來》的固定撰稿人，便寫信問哈登，「這位新人是誰？我多年沒有看到這樣精闢的格言了。」

我並未從哈登那裡得到答覆，而是收到了一封署名為瓦爾特·拉特瑙的來信，從他的來信和其他的消息來源，我了解到，他正是聲名顯赫的柏林電氣公司總經理的公子，而他本人也是一位大商人、大工業家，是無數家公司的董事，屬於新一代「面向世界」（在此借用讓·保爾[8]的一個詞）的德國商人。他的信寫得相當誠摯，帶有感激之意，因為我寫給哈登的信是他第一次得到的對自己文學嘗試的讚美。雖然至少比我年長十歲，他仍舊很坦誠地對我傾訴了他的困惑，他不知是否現在就應該將自己的思想和格言結集成書出版。他說，畢竟自己是外行，至今為止一直將全副精力用在經濟領域。我則真誠地鼓勵了他，於是，我們一直保持著通信。當我再次來到柏林，便打了電話給他，話筒那邊傳來一個遲疑的聲音：「啊，您來柏林了！但是，真遺憾，明天一早，六點我就要出發去南非了……」我打斷他的話，「那麼，我們下次再

---

7 奧伊倫堡侯爵 1822 年出任普魯士總理，因選舉法的問題與帝國首相發生矛盾，1894 年二人同時被德皇免職。

8 Jean Paul，1763—1825，德國小說家。

見吧！」但是，他一邊思忖著，一邊慢悠悠地說道：「不，您等等……我考慮一下……下午，我要開幾個會……晚上，我得去部裡，然後還要去俱樂部參加晚宴……十一點一刻，您能來我這裡嗎？」我同意了。這天我們一直聊到凌晨兩點，六點鐘，他就啟程去南非和西非了——後來我才得知，他這次是擔負著德意志皇帝的使命。

我在此之所以描述這些細節，是因為這樣可以說明拉特瑙的性格。這位被事務纏身的人總是會擠出時間。在第一次世界大戰最艱苦的日子裡，我還曾見過他，就在熱那亞會議前夕，也就是他遭暗殺的前些天。在那條我們稍早曾共同駛過的大街上，就在我們會面的同一輛轎車裡，他被人用手槍暗殺。他總是將自己的日程安排精確到每分鐘，但隨時都能毫不費勁地從一件事轉到另一件事，因為他的頭腦一直保持著應變的能力，就像一具精密而運轉迅速的機器，這種情形我在別人身上從未見過。他說起話來口若懸河，彷彿在唸一份看不見的講稿，但他的每句話都是那樣生動清晰，他的談話一旦速記下來，就完全是可以立即付印的完整大綱。他的法語、英語、義大利語說得和德語一樣流暢——他的記憶力從來不會教他難堪，他從來不需要為了某份材料做特別的準備。和他交談的時候，面對他的冷靜和清晰的思路，以及權衡一切利弊得失的理性，你會覺得自己很笨、缺乏教養、缺乏自信，思路混亂。但是，在他這樣清楚透徹的思路和令人著迷的縝密思維之中，也有教人感覺不舒服的地方。這就好像在他的宅邸，家具是最講究的，畫也是最漂亮的，儼然一座博物館，但是在這座路易絲女王昔日的王宮裡，雖然一切都井井有條、一塵不染、視野無礙，卻沒有家的溫馨感。他的心智彷彿是一項天才發明，但在他的思想當中，總是有些東西像玻璃一樣透明，因此缺乏一種核心。我在他的身上最深切地感受到猶太人的悲哀，在一些顯而易見的問題上，他卻充滿了深深的不安和猶疑。我的另外一些朋友，比如魏爾哈倫、愛倫·凱伊、巴札熱特，他們雖然不及拉特瑙十分之一的聰慧，不及他百分之一的博學，不及他那樣了解世界，卻對自己充滿了自信。而在拉特瑙身上，我始終感到，他雖然聰慧過人，卻懸在半空，雙腳沒有踩著堅實的大地。他的生活是一個矛盾體，由各種各樣的矛盾對立組成。他從他父親那裡繼承了所有可以想到的權利，卻不想做父親的繼承人；他是一名商人，卻希望自己成為藝術家；他擁有百萬資產，卻奉行社會主義理念；他知道自己是猶太人，卻去和基督教言歡；他心懷世界，卻將普魯士主義奉若神靈；他夢想一種人民民主，但每次受到威廉皇帝的接見和過問時，又感到萬分的榮幸；他雖然洞察皇帝的各種弱點和虛榮，卻仍然克服不了自己的虛榮心。因此，他忙忙碌碌，日理萬機，也許只是要麻醉自己，為的是掩飾內心的焦慮，驅除盤據在他內心最深處的孤寂。只是到了一九一九年，德國軍隊崩潰，歷史賦予了他最艱鉅的使命，要他在一片混亂之中重建淪為廢墟的國家，使它重現生機。在這個需要他擔負重任的時刻，他蘊藏的所有潛力才一齊迸發出來。拯救歐洲成為他唯一的理想，他全心奉獻，為之奮鬥，因而也成就了自身，終於贏得了與自己天賦的才能相匹配的聲名。

◊ ◊ ◊

與拉特瑙交談，令人眼界開闊，心情振奮，論思維的深度和明晰，可能只有霍夫曼斯塔爾、梵樂希和凱澤林伯爵可與之媲美了。拉特瑙令我開闊了視野，不再將目光侷限在文學領域，而開始關注時事。除此之外，我還要感謝拉特瑙的是，是他首先鼓勵我走出歐洲。他對我說：「假如您只去過英倫半島，是不會了解英國的。如果您從來不曾離開過歐洲大陸，也不會了解歐洲。您是自由人，充分利用你的自由吧！文學之所以是頂好的工作，因為它不要求趕時間。對一本真正的書而言，早一年完成和晚一年完成沒什麼區別。您為何不去印度或者美洲一趟呢？」這句偶然說出的話打動了我的內心，我決定，立刻聽從他的建議，走出歐洲。

印度給我的印象，比我想像的更加可怕憂鬱。那裡的人骨瘦如柴，黑眼睛裡沒有一絲歡樂，那裡的景色常常單調的可怕，還有嚴格的階級區別和種姓制度，都令我吃驚不小。當我還在輪船上的時候，就已經領教了等級分別的厲害了。在我們船上，有兩位很可愛的姑娘，烏黑的眼睛，苗條的身材，待人謙虛，氣質高雅，相當有教養又懂禮貌。但是，在頭一天，我就注意到，她們倆有意與別人保持距離，或者說，有一道我看不見的牆將她們隔離了起來。她們不去舞池，不參與聊天，總是坐在角落裡，讀著英文或法文小說。直到第二、三天我才發現，並不是她們在迴避英國人的社交圈，而是英國人在躲避著這兩個「歐亞混血兒」，儘管這兩個迷人姑娘的父親是一位波斯血統的印度大商人，母親是法國人。在洛桑上寄宿學校，以及在英國上女子家政學校的兩三年裡，她們曾被人平等對待。但是在這艘駛向印度的船上，這種冰冷的歧視便開始了，這歧視並不因為無形而不殘酷。我第一次目睹種族純粹的妄論如此囂張，它像瘟疫一般危害著我們的世界，比幾百年前的真正瘟疫更加危險。

通過這第一次的外界接觸，我的目光變得敏銳起來。我懷著慚愧的心情享受著人們對歐洲人的敬畏之情（由於我們自己的過錯，現在這種敬畏之心早已不存在了），他們把歐洲人奉為白皮膚的神，當他要出門探險，比如去錫蘭的亞當峰，必然要有十二至十四名傭人跟隨，這是他至高無上的「尊嚴」。我總也擺脫不掉這樣可怕的感覺：未來的數十年和幾個世紀，這種狀況必將得到徹底的改變。在我們那個舒適和自以為很保險的歐洲，我們對此一無所知。多虧有這樣的觀察，使我不像皮埃爾·洛蒂[9]那樣，給印度塗上一層頗具「浪漫色彩」的粉紅顏色，我看到的印度是一個警告。此行給我內心感受最深的不是輝煌的廟宇，不是飽經歲月侵蝕的宮殿，不是喜馬拉雅山的風光，而是我在旅途中認識的、來自另一個世界、完全另一種類型的人，他們和一個作家在歐洲大陸慣常遇見的人完全不同。由於那個時代的人還很節儉，庫克船長倡導的享樂旅遊還沒有開始，因此，凡是去歐洲之外的地方旅行的人，往往都是自己那個階層裡的另類人物。假若他是商人，那肯定不是目光短淺的小商販，而必定是巨賈；假若是醫生，那肯定是一個真正的研究者；如果是世襲的企業主，那必定是從事開拓的征服者，他們統統勇於冒險、慷慨豪爽、無所畏懼。縱然是一名作家，那肯定也是一個好奇心很強的人。在旅途中，漫長的日日夜夜裡，當時還沒有收音機可供消遣，我通過和這類人物打交道，了解到不少影響我們這個世界的力量和局勢，真是勝讀十年書啊。由於遠離了故土，我內心的價值觀也隨之變

9 Pierre Loti，1850—1923，法國海軍軍官和小說家，著有許多關於熱帶國家的小說和遊記，1891年起任法蘭西學院院士。

化。回國之後，原先我過於熱衷但其實目光短淺的事情，開始被我視作不登大雅之堂，而且，我早已不再將歐洲視作全世界的永恆軸心了。

在我印度之行的旅途上遇見的人當中，有一個人對我們當代的歷史產生了不可忽視的影響，即使這影響不是公開且顯而易見。在從加爾各答出發，沿著伊洛瓦底江駛向中南半島的船上，我每天都要和卡爾．豪斯霍費爾[10]及其夫人共度幾個小時，他當時正作為德國武官出使日本。他身材筆挺修長，面龐瘦削，尖尖的鷹鉤鼻，我一眼便看出這位德國總參謀部軍官具有非凡的素質和修養。在維也納時，我偶爾和軍界有過來往，他們大多是友好、熱情、快樂的年輕人，由於家庭條件所迫而穿上軍裝，企圖在服役的過程中尋找最舒適的生活。豪斯霍費爾卻正相反（我立刻就感到了這一點）：他出身富裕的書香門第，他的父親曾發表大量的詩歌，我相信，他父親曾是大學教授。而且豪斯霍費爾在軍事方面的知識也相當淵博。他被委任實地考察日俄戰爭，為此，他和他的夫人學習了日語，並對日本文學相當了解。在他身上，我又再次驗證了這一點：任何學科，即使是軍事學科，如果想達到博大精深的境界，必須超越狹隘的學科界限，和其他學科聯繫起來。豪斯霍費爾在船上整天工作，用雙筒望遠鏡仔細觀察每一處地方，記日記，寫報告，研習詞典，我很難得見到他手裡不拿本書。作為一名仔細的觀察家，他善於描述，在和他的交談中，我了解到很多東方之謎，回國之後，我和豪斯霍費爾一家保持著友好

10 Karl Haushofer，1869—1946，德國地理政治學家。1921—1939 年在慕尼黑任地理政治學研究所所長，1924—1944 年主辦《地理政治學雜誌》。他的思想對納粹和第三帝國的外交政策產生過重要影響。1946 年自殺。

的聯繫。我們互通信件，也互相去彼此在薩爾斯堡和慕尼黑的家中拜訪。因為患上嚴重的肺病，豪斯霍費爾在達沃斯或者阿洛沙待了一年，離開軍隊的這一年，反而促使他去鑽研軍事科學。等他康復之後，便又能在第一次世界大戰中當一名指揮官了。德國戰敗後，我經常懷著極大的同情想到他，可以想像，他長年致力於建設德國的強國地位，即使在不顯眼的隱退時期，他可能還一直參與戰爭機器的工作，可想而知，當他看見自己曾有很多友人的日本成為敵對的戰勝國之一，會是多麼痛苦。

隨後的事實很快證明，他是系統性和長遠考慮重建德國強國地位的先驅人物之一。他出版了一份地理政治雜誌，但是，就像經常會發生的情形一樣，在這次運動興起伊始，我並不明白其深沉的含義，我單純地以為，所謂地理政治，只是對國家間勢力均衡的遊戲加以觀察和研究而已，即使他談到各民族的「生存空間」（我相信，這個詞是他首創的），我也只是按照奧斯維德·史賓格勒[11]的意思，將它理解為在風水輪流轉的時代循環過程中，每個國家都會煥發一次的輪迴的活力。豪斯霍費爾還主張，要仔細研究各民族的個性，建立起學術性的常設指導機構，我認為這也是完全正確的，因為我認為，這樣的研究對於民族間的接近是相當有益處的，也許（這話我今天不能說了）他的本意也確實完全是非政治的。我當時懷著極大的興趣閱讀他的著作（有一次他還在其中引用了我的話），對他的思想根本沒有任何懷疑。我聽到的各方客觀反映，都讚譽他的講座相當有水準，沒有任何人指責他的思想是新瓶裝舊酒，無非是為泛德

11 Oswald Spengler，德國歷史哲學家，代表作有《西方的沒落》。

意志的主張換了一種新說法，是為新的強權政治和侵略政策服務的。可是，有一天，當我在慕尼黑偶然提到豪斯霍費爾的名字時，有人用不言而喻的語氣對我說：「啊，您說的不是希特勒的朋友嗎？」當時我真是驚訝極了。因為，首先，豪斯霍費爾的妻子根本談不上是純種的亞利安人，他的幾個兒子（都相當有天賦，也非常可愛）也根本禁不住紐倫堡猶太人法[12]的審查，而且，一位是文化修養非常高、學識相當淵博的學者，另一個是以自己最狹隘和野蠻的想法去理解德意志民族性的瘋狂的煽動家，我實在看不出這兩者之間在思想上會有什麼直接關聯。但是，豪斯霍費爾有過一個學生，就是魯道夫·赫斯[13]，是他在豪斯霍費爾和希特勒之間建立起了聯繫。希特勒是很少接納別人的思想的，但是，自從開始政治生涯，他就有一種本能，凡是有利於他要達到的目的，都被他占為己有。因此，「地理政治學」完全變成了納粹的政策，他盡可能地利用這個學說，讓它為自己的目標效力。國家社會主義一貫的伎倆就是，用意識形態將自己極端自私的強權欲望，偽善地加以隱藏，「生存空間」這個概念終於為它那赤裸裸的侵略欲望，蓋上了一層哲學的外衣，由於它定義模糊，表面上好像只是一個無害的口號而已，但是，它能為任意一種兼併作辯解（即便是最霸道的兼併行動），把它說成是符合人種學的需要，是合乎道德的。於是，我的這位昔日旅伴，不得不為希特勒對他「生存空間」理論所做的危害

12 納粹德國迫害猶太人的法律，1935年希特勒在紐倫堡納粹黨代會上宣布該法律，規定猶太人不再是國家公民、沒有選舉權和被選舉權、嚴禁亞利安人和猶太人通婚等等。德國從此展開全面排猶行動。

13 Rudolf Hess，1894年出生，希特勒的祕書和侍衛長。曾替希特勒筆錄《我的奮鬥》，1946年作為戰犯被紐倫堡國際法庭判處終生監禁。

世界的完全竄改承擔責任——我不知道，豪斯霍費爾對此是否明瞭，是否有意任希特勒竄改。他的理論原先完全只限於民族和種族純粹的範圍，後來卻蛻變為這樣的一句口號：「今天我們擁有德國；明天，我們擁有全世界。」這個例子清楚地說明，一種言簡意賅的表述，有可能通過詞語的內在力量，轉化成為行動和災難，就像以前百科全書派[14]關於「理性」統治的表述一樣，最終卻走向自己的反面，變成恐怖和群眾激情的迸發。據我所知，豪斯霍費爾在納粹黨內從未擔任過要職，甚至也許他從來沒有加入過納粹黨。我壓根看不出他像是給納粹元首出謀畫策的幽靈「軍師」，躲在幕後策畫最險惡的陰謀，今天耍筆桿子的記者倒是這類角色。然而，不可否認的是，無論是出於無意識還是有意，他的理論將國家社會主義的侵略政策從狹隘的國家範圍推至全球範圍，在這一點上，他的理論對納粹的影響勝過希特勒所有最狡詐的謀士。我們得到的資料有限，只有當後代人掌握了比我們更多的歷史資料時，才能對豪斯霍費爾加以公正的歷史評價。

◊ ◊ ◊

在這第一次飄揚過海的旅行之後，過了些日子，我又啟程去美國。此行的目的也無非就是

14 十八世紀下半葉，法國一部分啟蒙思想家在編撰百科全書時形成的進步思想派別，提倡理性主義和批判精神，為法國大革命做了思想上的準備。但是在大革命期間，尤其在雅各賓專政時期，曾一度採用恐怖手段，處死持大批不同政見者。

想見識一下世界，以及看一看我們眼前的一小段未來。我相信，自己確實是極少數遠涉重洋的作家之一，這些作家去美國不是為了掙錢或販賣美洲新聞，而純粹是為了印證自己對這塊新大陸毫無把握的設想，去和那裡的現實做個對比。

我必須坦承，當時自己對美國的想像完全是浪漫的，美國之於我，是惠特曼，是一片韻律新穎的土地，是正在實現世界大同理想的土地。在我越過大西洋之前，我再次閱讀了偉大的《卡美拉多》那狂野如怒濤奔湧的長長詩句，當我踏上曼哈頓的土地時，我完全沒有歐洲人普遍帶有的高傲，而是懷著兄弟般的情誼和寬闊的胸襟。至今我還清楚地記得，當我在旅館第一次問守門人惠特曼的墓地在何處時，那位可憐的義大利人感覺相當尷尬，因為他從來沒聽說過這號人物。

雖然紐約在當時沒有現在這樣迷人的夜景，它給我的最初印象還是很好的。那時，時代廣場上還沒有瀑布般的燈光照明，城市上方也沒有夢幻的人造星空，那是數百萬盞小星星燈和天空中真正的繁星交相輝映而成的景象。當時的市容和交通都不像今天這樣有大膽的宏偉規畫，因為新建築還只是在一些高層建築上進行沒有把握的嘗試。而且，櫥窗設計和裝潢方面爭奇鬥妍的局面才剛剛開始。但是，站在始終微微搖晃的布魯克林大橋上俯瞰港口，或在形如石谷的街區內遊蕩，都足以讓我感到興奮和新鮮。當然，兩三天之後，這種新鮮感就會被另一種強烈的感覺替代，那就是極度的孤獨。我在紐約無所事事，一個沒事可幹的人最不該去的地方就是紐約了。當時，那裡還沒有電影院，可以讓人在裡面消磨一小時，也沒有方便的小咖啡餐廳，沒有像今天如此豐富的畫廊、圖書館和博物館，在文化生活方面，它比歐洲落後很多。當我兩三天後仔仔細細地看完了所有的名勝和博物館，我就像一艘沒有舵的小船一樣飄蕩在紐約寒冷多風的街道上。終於，我覺得這樣在大街上閒蕩太沒有意義了，因此，我只好想辦法讓自己這樣的溜達變得有趣一點。於是，我發明出一種自己一人玩的遊戲，我把自己想像成是眾多離鄉背井者當中的一員，在此舉目無親，口袋裡只有七美元，惶然不知所措。我暗自對自己說，他們不得不去做的事情，你可要自願去做。設想一下，假如你被迫最遲在三天後就必須掙錢來餬口，那麼考慮考慮吧，作為一個無依無靠的外國人，你要怎樣才能很快找到工作。於是，我走了一家又一家職業介紹所，並且仔細研究貼在大門上的各種廣告。有的地方在找麵包師傅，有的地方需要精通法語和義大利語的抄寫員，還有個地方在招聘書店店員。對於假設為異鄉人的我來講，這最後一個位置才算是第一次機會。我爬上三層的迴轉鐵樓梯，問清楚了報酬是多少，同時把這報酬和報紙廣告上的布朗克斯區的租房價格相比較了一下，經過兩天的「求職」，我在理論上找到了五份可以維持生計的工作。這樣，我比單純的閒逛更加了解了在這個年輕的國家，每一個想工作的人會有多少機會和空間，這給我留下的印象很深刻。而且，通過從一家代理公司到一家代理公司的奔波，通過在商店裡的自我介紹，我得知了在這個國家的神聖自由，沒人問我的國籍、宗教信仰和家庭出身，我四處走動而不必帶護照——這對於我們今天處處要蓋手印，要有簽證和警察局證明的世界而言，簡直不可想像。然而，在美國，卻有工作在等著人去做，唯有這才是最重要的。在那個已具有傳奇色彩的自由時代，一分鐘就能簽好一份合約，沒有國家、貿易聯盟和繁瑣手續來干預。多虧了這種「找工作」的方法，使我在初到美國的幾天之內所了解的國情勝過後來逗留的幾週——在後來的幾週時間內，我舒舒服服地漫遊了費城、波士頓、巴爾的摩和芝加哥。除了在波士頓，我在曾為我的幾首詩譜過曲的查理斯·萊夫勒家做了幾小時客，在其他城市，我始終是獨自一人。但唯獨有一次，一個意外打破了我這種完全隱姓埋名的狀態，至今我對這個瞬間仍記憶猶新。當時我正在費城的一條南北向的寬闊馬路漫步，在一間書店前停下，想至少看看那些書籍的作者名字，瞧一瞧裡面有沒有我認識和熟知的人物。突然，我嚇呆了。在書店櫥窗的左下角，有六、七本德語書籍，其中有一本，上面赫然是我自己的名字。我像著了魔一般盯著它看，開始陷入沉思。我在這陌生的異國街道上漫無目的地遊蕩，誰也不認識我，誰也不注意我，看起來似乎毫無意義，但是，這個閒蕩的我的一部分竟然早已來到這裡了，我想，那位出版商一定是將我的名字記在一張紙條上，好讓這本書用十天的時間遠渡重洋來到這裡。這時，我內心的孤寂感頓然消失了。而當我在兩年前再一次在費城行走時，我還情不自禁地尋找著這家書店的櫥窗。

我那時的心情再已堅持不到前往舊金山，當時還沒有好萊塢，但至少，我能夠在另一處目睹太平洋，這是我盼望已久的事，自打童年以來，那些最早關於環球旅行的報導一直讓我對太平洋很著迷。那一次我看太平洋的地方如今已經消失了，人們再也見不到它了，那是在當時正在開鑿的巴拿馬運河所處地面上的最後幾個山丘。我是乘小船，繞過百慕達和海地到達那裡的——我們當時的那一代詩人，由於受魏爾哈倫影響，對當時的科學技術也相當讚賞，那份熱情正如我們的先輩對待古羅馬文化一樣。巴拿馬運河本身已經是相當令人難忘的了，由機器挖掘出來的河床，一片赭黃色，即使戴著墨鏡，還是覺得非常刺目。這項工程真是出於殘忍的欲望，那裡到處是成群的蚊子，密密麻麻，死於叮咬的工人就埋在公墓裡，一排連著一排，沒有盡頭。為了這項由歐洲開始、美國完成的工程，多少人付出了生命啊！經過三十年的災難和絕望，它現在總算完工了。手指一按電鈕，相隔了千萬年的兩個海洋的海水永遠地匯聚一處。但當時，我懷著清晰而充分的歷史感，作為那個時代僅有的幾個人之一，親眼見到它們仍然互相分離的情景。目睹美國這項最偉大的創造性工程，是我與它告別的最佳方式。

歐洲的光芒與陰影

現在，我已在新世紀生活了十年，見過了印度、美國和非洲的一部分，懷著一種自覺的、新的愉悅再來看我們自己的歐洲。以前，我對這片古老土地的熱愛從來沒有像一戰前的這十年那樣強烈，我從來沒有如此渴望歐洲的統一，從來沒有這樣對它的未來充滿信心，因為，我們那時都以為看見了新的曙光。但實際上那是毀滅世界的大火，正在逼近。

如今這個時代的人是在各種災難、毀滅和危機中成長的，他們覺得戰爭隨時有可能爆發，幾乎每天都有所防備，所以，很難向他們描述我們那時的年輕人自從世紀之交以來是多麼的樂觀。四十年的和平使歐洲各國經濟充滿活力，科技加快了生活節奏，科學發現讓那個時代的人充滿了自豪。在歐洲的每個國家，幾乎都普遍能感到繁榮的開始。城市變得越來越美麗，人口越來越多，一九〇五年的柏林已不能與我在一九〇一年見到的柏林相提並論，它已從一座都城一躍成為世界都市，而一九一〇年的柏林又大大超越了一九〇五年的柏林。維也納、米蘭、巴黎、倫敦和阿姆斯特丹——這些城市我每去一次，都會大吃一驚，欣喜不已。街道越來越寬闊，公共建築越來越有氣勢，商店越來越奢華和精美。從點點滴滴當中，人們都能感受到財富在增長，在擴大。就連我們這些作家都從書籍的出版數量上察覺到這種情形，在世紀初的頭十年，書籍的出版數量以三倍、五倍、十倍的比例不斷增加。到處都有新建的劇院、圖書館和博物館，先前屬於少數人特權享受的方便設施，諸如浴室和電話，都開始進入中產階級的家庭。自從工作時間縮短以後，無產階級的生活品質也急遽提高，至少也能享有生活中的一些小小歡娛和方便了。生活處處都在進步。當時只要有膽量嘗試，就會成功。誰若是買了房子、買了珍本書或者一張畫，就眼看著它升值；誰越是大膽，越是捨得本錢投資一家企業，誰就越能賺到錢。整個世界，處處一派無憂無慮的歡樂景象，有什麼會打破這種欣欣向榮呢？人們從這樣的興盛當中不斷產生新的力量，又有什麼會削減人們的這股幹勁呢？歐洲從來沒有這樣強盛、富裕、美麗過，歐洲從來沒有像當時那樣對未來充滿信心，除了幾個老態龍鍾的白髮老人外，沒有人再像以前那樣感嘆和懷念「過去的好時光」。

而且，不僅城市變得更美了，人本身也因為進行體育運動，因為有了更好的營養和更短的工作時間，以及與自然更緊密的聯繫而變得更加美麗健康。以前，一到冬天，生活就變得枯索無味，人們無精打采地在酒館裡玩牌消磨時間，或者在暖烘烘的小屋子裡面無聊地打發日子。而現在，人們發現山上的陽光可以令人呼吸舒暢、舒筋活血，而且，高山、大海和湖泊不再像以前那樣離人遙遠，自行車、汽車和有軌電車將距離縮短了，賦予了世界一種嶄新的空間概念。一到星期天，成千上萬的人身穿耀眼的滑雪服，乘著滑雪板和雪橇沿著雪坡嗖嗖地向下滑行，到處都新建了體育館和游泳池。正是在游泳池，人們可以清楚地看到身體的變化。在我年輕的時候，男人往往脖子粗、胸脯癟平、肚子肥大，身材健美的男子在當時是很少見的。而現在，人們用古典時期流行的令人精神勃發的體育比賽的方法來相互比試，看誰的身體更靈活，誰的皮膚曬得更黑，誰的體型更健美。除了極端窮困的人，沒人在星期日的時候待在家裡，每個年輕人都出去漫遊、爬山和參加比賽，學習各種體育運動。度假的人都不再像我父母那代人那樣只在城市周圍轉轉，或者最遠也就是跑到薩爾茨咯麥爾古特去玩，人們對這個世界好奇起來，紛紛出遠門度假，去看看是否到處都如此美麗，還有沒有其他美麗的地方？以前，要特權階層才能出國旅行，而今，銀行職員和小型工商業者都去義大利、法國旅行。當然，旅行的費用變得更加便宜了，旅途也變得更加舒適了，但是最重要的還是這一點：人們心中產生了新的勇氣，是這新的膽量使他們敢於去外界闖蕩，在生活方面不再那麼謹小慎微和勤儉節約了。是啊，當時的人們已經為自己的怯懦而不好意思了。整個那個時代都決心使自己更加富有青春的活力，這點和我父母那代人剛好相反，這時的人個個都以年輕為榮，突然之間，首先是年輕人唇上的鬍鬚不見了，然後，年長者也學他們的樣刮掉了鬍子，為的是讓自己顯得年輕一些。年輕、充滿朝氣和不再矜持成為當時的口號，婦女丟棄了束胸的緊身衣，不再使用陽傘和面紗，因為她們不再害怕空氣和陽光了。她們縮短了裙子的長度，以便在打網球時能更加輕便地活動腿，當她們露出姣好的身材時，也不再羞答答了。當時的風尚變得越來越合乎自然，男子穿著馬褲，女人們也敢穿上男裝了，男女之間不再相互遮掩和隱藏什麼。世界不僅變得更加美麗，而且也更加自由了。

在我們之後出生的新生代，則以自己的健康和自信改變了風俗，贏得了自由。人們第一次見到年輕的女孩子沒有家庭女教師的陪伴，獨自和年輕男友一起出遊；在體育運動中，她們也公開而自信地表現出相互的友情，她們不再羞怯和忸怩，她們明白自己要什麼和不要什麼。她們擺脫了父母出於擔心的監督，自己賺錢養活自己，有的做祕書，有的當職員，她們獲得了安排自己生活的權利。賣淫，這項舊世界唯一允許存在的色情交易，大大地減少了，由於這種健康的新自由，男女授受不親的思想早已不合時宜了。在游泳池，以前用來將男女泳池強行分開的厚木板不斷在拆除，男性和女性都不再羞於向對方展現自己的身體。在這十年期間，人們獲得的那份自在和無拘無束比一百年前還要多。

這是因為，世界擁有了另一種節奏。一年，現在一年當中能發生多少事情啊！一項發明接著一項發明，一種發現緊隨著一種發現，而且，每項發明和發現都飛速成為公眾的財富。當這財富成為公眾擁有時，各個國家都第一次感覺到彼此是多麼息息相關。齊柏林的飛船首次飛行的那天，我湊巧正在前往比利時的途中，而且恰好在史特拉斯堡稍事停留，我在那裡見到了飛船在大教堂上空盤旋，底下是熱烈歡呼的群眾，飄蕩空中的飛船彷彿想要向這千年的教堂鞠躬。晚上，我在比利時魏爾哈倫的家裡聽說飛船已在艾希特丁根墜毀，魏爾哈倫眼含淚水，激動得不能自已。他不因為自己是比利時人而對德國的空難報以無所謂的態度，作為一個歐洲人，作為時代的一員，他和我們分享戰勝自然的共同勝利，也和我們分擔必須經受的考驗。當布萊里奧駕駛飛機穿越英吉利海峽時，維也納的人們也歡呼雀躍，彷彿他是我們國家的英雄一般。大家都為科學技術日新月異的進步感到自豪，歐洲第一次獲得共同體的概念，我們第一次有了歐洲一家人的情感。心想，如果任意一架飛機都能輕而易舉地飛越國界，那這些國界又有什麼意義呢？這些海關壁壘和邊防崗哨是多麼狹隘做作，是多麼違背我們時代的精神啊！我們的時代所熱切追求的，難道不是四海之內皆兄弟嗎？這種教人振奮的情感的飛躍一點也不亞於飛機騰飛，歐洲在那最後幾年相互之間充滿了信任感，沒有在彼時彼地度過自己青春的人，我真為他們感到遺憾。我們身旁的空氣不是死的，不是空洞的，而是帶著時代的震盪和節奏。它將這節奏暗自帶入我們的血液之中，直把它帶到我們的大腦和內心深處。在這些年，每個人都從時代的普遍繁榮之中汲取了力量，由於集體的自信，我們每個人的自信心也大增。人類是多麼不知感恩啊，當時的我們身在其中，並不知道這時代的波浪是多麼強大，給了我們多少安全感。只有經歷過這世界大同年代的人才知道，自從那以後，世界上所發生的一切，都只是倒退和破壞。

當時的世界充滿力量，燦爛光明，這力量從歐洲的四面八方向我們的心臟席捲而來。但是我們不知道，這令我們感到幸福的一切，同時也是危險。當時襲擊了整個歐洲的自豪和信心的風暴，本身就夾帶著烏雲。那種繁榮可能是來得太快了，歐洲的國家和城市都強大得太急速了，充滿力量的感覺總是會誘導人和國家去運用或者濫用自己的力量。法國已經財富滿倉，卻還想斂取更多的財富；儘管法國已經沒有多餘的人口可以移民到舊殖民地，卻還想再要一塊新殖民地，僅僅為了爭奪摩洛哥，就差點大動干戈。義大利想占領昔蘭尼加（Cyrenaica），奧地利要兼併波士尼亞，塞爾維亞和保加利亞把矛頭對準土耳其，暫時被排斥在局外的德國，早已躍躍欲試，怒氣沖沖地劍拔弩張。歐洲各個國家都頭腦充血，妄圖侵略。為了有效地達成國家內部的鞏固，它們彷彿都受到細菌傳染一樣，野心都在同一時間開始膨脹。賺足了鈔票的法國工業家向同樣的德國工業家發起攻擊，因為兩家公司——德國克魯柏公司和法國勒克勒佐（Le Creusot）的施奈德公司都要傾銷更多的大炮。擁有巨額股票的漢堡海運公司與南安普敦的海運公司是對頭，匈牙利的地主與塞爾維亞的地主是對頭，這一個康采恩反對另一個康采恩，經濟的繁榮使得這些人統統都變得瘋狂了，個個都想攫取更多的財富，而欲壑難填。當我們今天平心靜氣地捫心自問：一九一四年歐洲為什麼會爆發戰爭，我們實在找不出任何合情合理的原因，連個正當的動機都沒有。這場戰爭與思想紛爭無關，也不是為了爭奪邊境線上的幾塊小地方，我認為只能用「精力過剩」來解釋，四十年和平時期積聚的內在力量想要爆發出來，於是造成了這樣悲劇性的後果。每個國家都突然感到自己強大了，卻沒想到，別的國家也有同感，都想更加強大，都希望奪得別人的財富來充實自己的國庫。最糟糕的就是，我們恰恰是受到了自己最熱愛的那種感覺的欺騙，那就是普遍的樂觀主義。因為每個國家都相信，在最後時刻，別的國家會讓步，所以，外交官紛紛玩弄起互相恫嚇的把戲。四次、五次，在阿加迪爾，在巴爾幹戰爭中，在阿爾巴尼亞，採用的都是這種恫嚇的手段。不過，兩大陣營卻越來越明顯，也越來越軍事化。德國在和平時期就開始徵收戰爭稅，法國也延長了服役期限，這些過剩的力量最終要爆發出來，巴爾幹戰爭已經表明，大戰的烏雲已經朝歐洲移來。

當時還沒有出現驚恐，但是，始終鬱結著一種不安，當槍炮聲從巴爾幹那邊傳來，我們總是暗暗感到不快。難道戰爭在我們還不明白為什麼和有什麼意義的時候，就會降臨在我們頭上了嗎？反戰的力量在慢慢地積聚——正如我們今天所知，它來得太緩慢，太懦弱了。反戰的力量中有社會黨，數百萬的社會黨黨員在他們的黨綱裡否定了戰爭，有教皇領導下的強大基督教社團，有若干國際康采恩，還有少數正派、反對陰謀詭計和暗中勾結的政治家。還有作家也站在反戰的一邊，當然，和平時一樣，他們還是各自為陣，不是團結起來一致奮鬥，也不是那樣堅定不移。遺憾的是，大多數知識份子的態度仍是不聞不問，漠不關心，由於樂觀主義作祟，我們的內心還沒有真正認識到戰爭的問題，沒有認識到戰爭引起的各種道義上的後果。在當時社會名流撰寫的重頭文章當中，沒有一篇是專門論述戰爭的，沒有一篇是大聲疾呼，為人們敲響警鐘的。我們覺得自己已經採取足夠的行動了，我們以歐洲的立場思想，以國際的思維相互聯繫，組成兄弟般的關係，在我們的領域內，宣揚這樣的思想：以和平的方式增進理解和思想上的團結，不分語言和國別。（對於當時的局勢，我們只能這樣發揮間接的影響。）我們以為這些就夠了。而對於這樣的歐洲思想最為擁戴的就是年輕一代了。我在巴黎看到一群年輕人集結在我的朋友巴札熱特的身邊，他們與上一代完全不同，沒有狹隘的民族主義和好侵略的帝國主義思想。儒勒・羅曼、喬治・杜阿梅爾、夏爾・維爾德拉克、杜爾丹、雷內・阿科斯[1]、讓・里夏爾・布洛克等人先是一起組織了「修道院」文學社，然後又組織了「爭取自由」文學社。他們是為即將來臨的歐洲主義開路的熱情先鋒隊。歐洲一露出戰爭的苗頭，他們就堅決地抱著憎惡的態度反對任何國家的軍國主義——他們是法國最勇敢、最有才華、道德最堅定的青年，沒有比他們更優秀的了。在德國，為世界和平譜寫出最具詩意的一章的是法蘭茲・韋爾弗爾[2]和他的「世界朋友」雷內・席克勒[3]，身為阿爾薩斯人的席克勒命中注定要介於兩個國家之間，他熱情地為世界各民族的相互理解而努力著。朱塞佩・安東尼奧・博爾塞傑以志同道合的身分，從義大利向我們問候，從斯堪地那維亞和斯拉夫各國也紛紛傳來對我們的鼓勵。一位偉大的俄羅斯作家在信中這樣寫道：「到我們這裡來吧！給那些煽動我們加入戰爭的泛斯拉夫主義者看看，你們奧地利人是不要戰爭的。」是啊，大家都熱愛那個時代，它帶著我們一道快速地發展，我們都熱愛歐洲！我們相信，在最後關頭，理智會阻止那惡意的玩笑。但是，對理智的這份信任正是我們唯一的錯誤。我們沒有抱著足夠的戒心觀察已經出現的徵兆，但是，心中始終懷著真誠的信任，而不是懷疑，難道不是真正的青春歲月該有的品質嗎？我們相信讓・饒勒斯[4]，我們相信社會主義國際，我們相信，鐵路工人寧願把鐵軌炸毀，也不願送他們

1 René Arcos，1880—1959，法國詩人。
2 Franz Werfel，1890—1945，奧地利作家、詩人。
3 René Schickele，1883—1940，阿爾薩斯作家，作品表現了阿爾薩斯—洛林這塊德法相爭的土地上的悲劇。
4 Jean Jaurés，1859—1914，法國社會黨領袖，1914 年被人暗殺。

的夥伴去前線充當炮灰。我們將希望寄託在婦女身上，期望她們不會同意自己的兒子和丈夫去做戰爭的犧牲品。我們堅信，歐洲的精神和道德力量將在最危急的最後時刻獲得勝利。我們共同的理想主義和在進步中必然產生的樂觀主義，使我們低估和忽視了共同面臨的危險。

而且，我們缺乏組織，沒有人把內心隱藏的力量朝同一個目標集中起來。只有一個人在提醒大家提高警惕，只有這樣一個具有遠見的人，但很奇怪的是，他雖然生活在我們之間，我們卻長期對這位命運安排的領導人一無所知。我也是在最後關頭才發現他的，這對我而言是至關重要的一次機遇。要發現這人，不是容易的事情，因為他住在巴黎遠離鬧區的地方。如果今天有人想寫一部二十世紀法國文學史，那他必然會發現這一個令人驚訝的怪現象：在當時巴黎的各大報紙上，所有受到大肆吹捧的詩人和名人之中，恰好沒有這三位最重要的人物，或者，即使提到他們，有關資訊也不正確。在一九〇〇年至一九一四年間，我在《費加洛報》和《馬丁報》上，從來沒有見人提起詩人保爾．梵樂希的名字，馬塞爾．普魯斯特[5]被稱為沙龍裡的小丑，羅曼．羅蘭則被介紹成知識淵博的研究音樂的學者。當榮譽第一絲微弱的光芒照耀在他們的名字上時，他們都已經年近五十了，在這座全世界最富有獵奇之心和最具智慧的城市裡，他們偉大的作品完成於一片悄然之中。

◊　◊　◊

---

5 Marcel Proust，1871—1922，法國小說家，代表作為《追憶似水年華》。

我之所以會及時發現羅曼．羅蘭，完全是出於巧合。一位在佛羅倫斯的俄羅斯女雕塑家邀我去喝茶，為的是要給我看看她的作品，並且還想為我畫張速寫。我四點鐘準時到她那裡，卻忘記她身為俄羅斯人，是超脫於時間和準時的。一位俄羅斯老奶奶（聽她說，曾是女雕塑家媽媽的保母）把我領進她的工作室，請我在那裡等候。工作室內，最具藝術家風格的就是那一片雜亂無章。工作室裡放著四小件雕塑品，只花了兩分鐘，我就看完了。為了不浪費時間，我信手拿起一本書，或者更準確地說，我拿起的是隨便擺在那裡的幾份灰撲撲的期刊，刊名叫做《半月刊》。那時我記起來，在巴黎的時候聽到過這個刊物的名字。但是誰會留心在意這些小刊物呢？它們都是短命的理想之花，一會兒遍布全國，一會兒又消失得無影無蹤。我翻到其中羅曼．羅蘭《黎明》的那一本，開始讀了起來，越讀越覺得驚訝和興味十足。這位對德國如此了解的法國人是何許人也呢？我隨即因為這個發現，而對這位不準時的可愛俄羅斯女雕塑家心存感激了。當她終於回到家，我對她說的第一句話便是：「這個羅曼．羅蘭是誰？」她一時也說不清楚，直到我將其他幾本刊物都弄到手後（羅蘭那部作品的最後幾章當時正在創作中），我才知道：現在終於有了這樣一部著作，不僅是為一個歐洲國家、而是為歐洲所有國家而寫的，這是一部致力於歐洲各民族團結的著作，這位作家表現出各種道德的力量：懷有愛意去理解，真誠地希望理解，讓正直經受考驗和歷練，以及對藝術所負的團結大眾的使命持有令人振奮的信念。當我們在為小小的聲明分散精力時，他卻默默地、鍥而不捨地專注於將各民族的秉性揭示出來，指出他們性格中的可愛之處。這部正在創作中的小說是第一部有意識地描寫歐洲性的著作，它第一次提出了歐洲各國建立友好聯盟的號召。由於它接觸的讀者群更廣，所以具備比魏爾哈倫的讚美詩更廣泛的影響。它比所有傳單和抗議都更加有力，我們在無意識中盼望和渴求的一切，都在這部作品中默默地完成了。

我到巴黎後的第一件事情就是打聽羅曼．羅蘭，一面還想著歌德的這句話：「他學習過了，他能教我們了。」我向朋友們打聽他，魏爾哈倫說，他能記起來的就是那部在社會黨人的「人民劇場」演出過的戲劇《群狼》。巴札熱特聽人說，羅蘭是一位音樂學家，寫過一本關於貝多芬的小書。在國立圖書館的圖書卡片裡，我一共查到羅曼．羅蘭寫的十二本關於古典音樂和現代音樂的著作，還有七到八部戲劇作品，這些作品全部由幾家小出版社出版，或者由《半月刊》雜誌發表。最後，為了要和他聯繫，我寄了自己出版的一部作品給他，不久，他便來信了，請我去他家做客，我們的友誼從此開始，除了佛洛伊德和魏爾哈倫之外，羅曼．羅蘭是最令我受益匪淺的朋友，在某些時候，他的友誼甚至決定了我的人生道路。

◇　◇　◇

人生中值得紀念的日子比平常的日子更具有耀眼的光芒。對於這初次的造訪，至今我仍記得特別清楚。那是蒙帕納斯林蔭大道附近一幢不起眼的房子，走上五層狹窄的盤旋扶梯，在他的房門口就已經感覺到一種特殊的寧靜。窗外是一座古老修道院的花園，在這裡，聽不見蒙帕納斯的喧鬧聲，只能聽見微風吹拂園中樹葉的沙沙聲。羅曼．羅蘭替我開門，將我領進他的小小斗室，屋內，書籍一直堆到天花板上。我第一次見到他那異常有神的藍眼睛，這雙眼睛是我見過最清澈、最善意的眼眸了。在談話的時候，這雙眼睛反映出他內心豐富而熱情的情感；在悲哀的時候，這雙眼睛彷彿蒙上一層陰影；當他陷於沉思，這雙眼睛也跟著深邃起來，而在他激動的時候，它們又閃耀著光芒。由於讀書和熬夜，這雙眼睛顯得有些過度疲倦，眼圈略微發紅，但是那一對眸子在他侃侃而談、興致勃勃的時候，仍能放射出奇妙的光彩。我有些膽怯地打量著他的身材，他高大瘦削，走路的時候微微有些佝僂，看起來像是長期伏案使他的頸項彎曲了。他的臉色蒼白，瘦骨嶙峋，彷彿帶有幾分病容。說起話來聲音非常輕，好像很疼惜自己的身體。他從不散步，吃得很少，不菸不酒，避免任何體力上的緊張。但是我後來發現，在這個苦行僧般的軀體內蘊藏著多麼巨大的耐力啊！在看似虛弱的背後，是多麼強大的精神力量！他在那張堆滿了紙張書籍的小書桌旁，一坐就是好幾個小時，他在床上看書，一看也是好幾個小時。他那疲倦的身體得到的睡眠時間每天不超過四到五個小時，他唯一的消遣和放鬆就是音樂。羅曼．羅蘭的鋼琴彈得極好，指法之柔和，簡直像是在愛撫琴鍵，彷彿他不想強迫琴鍵，而只是引誘著它們發出樂音，那情景實在令人難忘。以前，我在私人的小圈子裡聽過馬克斯．雷格、費魯喬．布索尼、布魯諾．華爾特彈奏鋼琴，但是，沒有一位名家像羅曼．羅蘭這樣使我感動，讓我和敬愛的音樂大師直接溝通。

羅曼．羅蘭的知識十分淵博，令人折服。他的生活就是讀書，他熟知所有國家和所有時代的文學、哲學、歷史，他知曉音樂當中的每個節拍，就連巴爾達薩雷．加盧皮和格奧爾格．菲力普·特勒曼最生僻的作品和三、四流音樂家的作品，他也都熟悉。同時，他還積極參與當時的社會大事。這間修士小屋般的簡樸斗室好像照相館的暗房，反映著現實的世界。他與那個時代的很多偉人都很熟，他曾經是喬治·勒南的學生，是華格納家的客人，是饒勒斯的朋友，托爾斯泰給他寫過那封著名的信，在其中極力讚賞羅曼·羅蘭的文學作品。在他的房間裡，我感到一種人性和道德的優越（這令我感覺幸福），感到一種不帶驕傲的內心的自由，那是一個強大靈魂所擁有的不言而喻的自由。

看見羅曼·羅蘭的第一眼，我就認出，正是這個人，在關鍵時刻將成為歐洲的良知——時間證明，我是對的。我們談論起《約翰·克利斯朵夫》，羅蘭向我解釋，他希望藉此作品盡到三層責任：第一，向音樂表達他的感謝；第二，表白他對歐洲統一的信念；第三，喚起各民族的思考。他說，現在，我們每個人都必須發揮自己的作用，在各自的崗位，在各自的國家，用各自的語言。現在應該清醒了，應該越來越清醒。煽起仇恨的那股力量，根據他們低劣的本性，要比傾向和解的力量更激烈、更具有侵略性，在這股力量背後，隱藏著物質利益，因此這些人比我們要肆無忌憚得多。他說，在這部作品中，可以看見這種荒謬，而與這荒謬的鬥爭，甚至比藝術更加重要。羅曼·羅蘭的《約翰·克利斯朵夫》通篇都在讚美藝術的不朽，但是，在他身上，我感到這世界的脆弱造成了他雙倍的悲哀。他說：「藝術可以給我們以安慰，慰藉我們這些個體，但是，它對現實無能為力。」

◊ ◊ ◊

以上是發生在一九一三年的事。這是我和羅曼·羅蘭的第一次交談，我從中認識到，我們的責任是面對可能爆發的歐洲戰爭，不能毫無準備和無所作為，羅蘭之所以在關鍵時刻在道義上遠遠超過我們所有人，是因為他事先痛苦地歷練了自己的靈魂。而我們同樣可以在自己的領域做些事情。我已翻譯了不少作品，介紹了鄰邦的詩人。一九一二年，我陪前來旅行演講的魏爾哈倫走遍整個德國，這次旅行成為了德法和睦關係的象徵。在漢堡，魏爾哈倫這位最偉大的法語抒情詩人，與偉大的德語抒情詩人戴默爾當眾擁抱。我還為魏爾哈倫的新劇本爭取到了萊因哈特在他的劇院演出，我們之間的合作從來沒有像這樣誠摯、積極和熱烈過。在熱情澎湃的時候，我們誤以為自己給世界指明了一條正確的拯救之路。但是，世界很少去關心這樣一些文學家的宣言，照舊走自己那條險惡之路。世界局勢處於一觸即發的邊緣，隱形的摩擦總是產生一個又一個的火花——察貝恩（Zabern）事件、阿爾巴尼亞危機、一次不得體的答記者問——這每一個火花都可能引爆那堆炸藥。特別在奧地利，我們感到自己正處於動盪的中心。一九一〇年，法蘭茲·約瑟夫皇帝已經年過八十了。這位已經成為帝國象徵的老人不會再統治多長時間了，一種神祕的不祥感開始蔓延，人們相信，在皇帝駕崩之後，千年帝國將無法挽回地分崩離析。在奧地利國內，各民族之間的矛盾在加劇，在國門之外，義大利、塞爾維亞、羅馬尼亞，在某種意義上甚至還有德國，都在等待著瓜分奧匈帝國。克魯柏公司和勒克勒佐的施奈德公司正在巴爾幹半島互相用外國的「活人材料」試驗著自己的大炮，在後來的西班牙內戰中，德國和西班牙也如此試驗自己的飛機。巴爾幹戰爭將我們捲入惴惴不安的漩渦之中。人們總是受到驚嚇，但是隨後又重新長舒一口氣：「還好，這次還沒打起來！但願永遠不要打仗！」

◊ ◊ ◊

根據經驗，原原本本地敍述一個時代發生的事情，要比再現當時人們的精神狀態容易得多。這種精神狀態並非表現在官方的大事件當中，而是最先通過細微的個人瑣事來表現的。我想在此插敍的就是這樣一些小故事。老實說，我當時並不相信會打仗。但是，有兩件事情讓我想到了戰爭，而且讓我驚恐的心靈為之一顫。第一件事就是「雷德爾事件」，和歷史上所有重要的幕後事件一樣，很少人知道這個事件。

這齣相當複雜的間諜劇的主人公是雷德爾上校，我和他只是一般認識而已。他和我住同個街區，但是有一巷之隔。有一次，這位看起來和藹可親、頗懂得享受的先生正在咖啡館吸著雪茄，我的朋友，檢察官 T 先生把我介紹給他，從那以後，我們見面總是互相打個招呼。但是後來我才發現，生活當中有多少祕密在包圍著我們，而我們對近在咫尺的人又了解得多麼少。這位外表看起來和奧地利普通軍官並無二致的上校，原來是奧地利王儲的寵信，他被授予重要的職權——領導軍隊的祕密情報局，並負責破壞敵國的情報機構。一九一二年，巴爾幹戰爭危機期間，俄國和奧地利都在進行將矛頭指向對方的戰爭動員，這時，奧地利軍方最重要的祕密情報「進軍計畫」被人出賣給了俄國。雙方一旦開戰，將帶給奧地利絕無僅有的災難，因為，俄國人事前已經對奧地利進攻部隊的每個作戰部署都瞭若指掌。由於這次的洩密事件，造成奧地利總參謀部內一片驚慌，身為軍隊情報部門最高負責人的雷德爾上校發出命令，一定要揪出這個叛徒，而這個叛徒只可能出在情報部門最高層的小圈子內。外交部並不完全相信軍事部門的能力，於是，它未通知總參謀部就祕密發出指令，要進行獨立調查（這是奧地利各部門之間相互爭名奪利的典型例子），外交部授意警察局，除了採取其他措施外，為此任務拆閱所有從國外寄來奧地利留局待取的信件，完全不顧忌公民私人信件的私密權。

有一天，一家郵局收到一封從俄國邊境站波特沃羅奇斯卡寄來的留局待取信件，收信人地址是一個暗號「歌劇舞會」。拆開信封，裡面沒有信紙，卻有六到八張嶄新的奧地利一千克朗鈔票。郵局工作人員很快便將這可疑的發現報告警察局，警察局派了一名偵探守住領信處的窗口，一旦有人來查問這封可疑信件，就立即逮捕他。

這時，這齣悲劇開始轉變為維也納風格的喜劇。中午的時候，來了一位先生，要求領取地址為「歌劇舞會」的信件。櫃檯上的職員馬上向偵探發出祕密的報警信號，但是那名偵探恰巧剛剛走開去喝午前酒，當他喝完酒返回郵局時，人們只能告訴他，那個陌生人叫了一輛出租馬車，不知道往哪個方向去了。接著，這齣維也納喜劇的第二幕便開始了。在那個時代，出租馬車是一種很時髦、很漂亮的雙駕馬車，馬車夫將自己視作高貴人物，從來不親手清洗馬車。所以，在每個停車場，都有一個所謂的「清潔工」負責餵馬和洗車。現在，幸虧這位清潔工記住了剛剛離去的出租馬車編號，一刻鐘之後，所有的員警崗哨都得到警報：那輛馬車已經找到了。清潔工還描述了那位前往卡塞爾霍夫咖啡館的先生的外貌，而卡塞爾霍夫咖啡館正是我總是遇見雷德爾上校的地方，除此之外，還有人湊巧在車廂裡找到一把小刀，那人正是用這把小刀拆開信封的。密探迅速朝卡塞爾霍夫咖啡館飛奔而去，但是，人們描述的那位先生再次離開了。可咖啡館的侍應生帶著最大的自信對密探說，那位先生不是旁人，就是他們的老顧客，雷德爾上校，他剛剛返回克羅姆塞爾旅館去了。

那密探驚得目瞪口呆，祕密揭開了：雷德爾上校——奧地利軍方最高情報首腦，就是被俄國總參謀部收買的間諜。他不僅出賣了奧地利的軍事祕密和進攻計畫，而且，現在也終於一下子能夠解釋，為什麼去年由他派往俄國的奧地利諜報人員先後全部遭逮捕並被判刑。一通驚慌失措的電話之後，最後接到電話的是奧地利總參謀部參謀長康拉德·馮·赫岑道爾夫，當時在場的目擊者告訴我，赫岑道爾夫一接電話，臉唰地就白了，好似一塊白布一樣。電話繼續打進皇宮，人們進行了一次次的磋商。現在怎麼辦呢？警方在此期間採取了防範措施，以防雷德爾上校逃脫。當雷德爾上校想再度離開克羅姆塞爾旅館，還在向門房交代什麼事時，一名密探出其不意地靠近他身邊，拿出那把小刀，禮貌地問他：「雷德爾上校把這把小刀忘在馬車裡了吧？」雷德爾在這一瞬間明白自己完蛋了。他無論走向哪裡，都見到一張張非常熟悉的祕密警察的臉，他們正監視著他。雷德爾再回到旅館的時候，兩名軍官跟隨他進了房間，在他面前放下一把左輪手槍。因為這時的皇宮已經做出了決定，要不聲不響地了結這樁對於奧地利軍方相當不光彩的事件。兩名軍官守候在克羅姆塞爾旅館雷德爾的房間門口，直到深夜兩點，房間裡傳出一聲槍響。

第二天的晚報上刊出了一條簡短的訃告，宣布雷德爾上校，這位恪盡職守的軍官猝死的消息。在追蹤這件事的過程中，有太多人被牽扯進來，以致事情無法保密。人們漸漸了解到這件事的細節，這些細節揭示了雷德爾不少的心理因素。雷德爾上校是名同性戀者，他的上司和同僚對此都一無所知。他落入敲詐者的手中已經長達數年，最終，他們逼他走上了這條絕望之路。奧地利軍隊裡一片恐慌，大家都明白，一旦開戰，成千上萬個人的生命將葬送在這個人手裡，奧匈帝國也將因為他陷入崩潰的危險。只有這時，我們這些奧地利人才恍然驚覺，原來，在過去的一年當中，世界大戰已經迫在眉睫了。

◊ ◊ ◊

我第一次感到戰爭的恐懼。雷德爾事件的第二天，我巧遇了貝爾塔·馮·蘇特納（Bertha von Suttner），這位我們時代的偉大而大度的卡珊德拉[6]。她是一位出身豪門的貴族，青年時代在故鄉波希米亞的家族城堡附近目睹了一八六六年戰爭的慘狀。她以佛羅倫斯夜鶯般的熱情認為自己畢生的使命就是防止第二次戰爭的爆發，或者說，是反對一切戰爭。她寫過一部長篇小說《放下武器》，享譽世界，她組織了無數次和平主義者的集會，她一生的成功在於，她喚

6 編注：Cassandra，又譯卡桑德拉、卡珊卓，為希臘、羅馬神話中特洛伊的公主，阿波羅的祭司。因神蛇以舌為她洗耳或阿波羅的賜予而有預言能力，又因抗拒阿波羅，預言不被人相信。特洛伊戰爭後被阿伽門農俘虜，並遭克呂泰涅斯特拉殺害。

醒了甘油炸藥的發明者阿爾弗雷德·諾貝爾的良知，促使他為了世界和平與各民族的互相理解設立了諾貝爾和平獎，以彌補因為他發明的炸藥而造成的災難。她當時激動不已地朝我走來，在大街上就嚷嚷開了：「大家根本就不明白發生了什麼事！」而她平日是多麼嫻靜和鎮定的人啊。「這已經就是戰爭了，他們又一次對我們隱瞞了真相，他們把真相掩蓋了起來。你們怎麼不採取行動啊，年輕人？這對你們關係最重大啊！你們要反抗啊！你們要團結起來！不要總是讓我們幾個老太太去幹，沒人會理睬我們！」我告訴她，我就要去巴黎，也許我們這次真的可以發表一份聯合聲明。「為什麼只是也許？」她著急地說，「局勢已經惡化了，戰爭機器已經開動了！」雖然當時我自己也憂心忡忡，我還是極力地安慰她。

然而，恰恰就是在法國，通過我本人親歷的第二件事，我才想起來這位老太太的觀點，維也納沒人把她的話當真，而實際上，它們是多麼有預見性啊。那是很小的一件事，但是給我的印象尤其深刻。一九一四年的早春，我和一位女友從巴黎來到都蘭，準備在那裡小住數日，探訪李奧納多·達文西的墓地。我們白天沿著盧瓦河漫步，當時風和日麗，但是一天下來，到了晚上也相當疲倦。於是，我們決定，到那座有點教人犯睏的城市杜爾去看電影，我以前曾經到過那裡瞻仰巴爾札克的故居。

那是一家郊區的小電影院，與新時代所建的有著光閃閃的金屬和玻璃的豪華影院不能相提並論。它只有一間湊合著改建過的大廳，裡面擠滿了小人物，有工人、士兵、女商販等，全是百分百的老百姓。他們暢快地閒聊，根本不管禁止吸菸的規定，汙濁的空氣裡噴雲吐霧，抽的都是斯卡費拉蒂和卡波拉爾牌子的香菸。銀幕上最先出現的是「世界新聞」，有英國的划船比賽，觀眾一邊聊天，一邊發出笑聲；接著是法國的閱兵式，仍然沒什麼人在意；第三條新聞是威廉皇帝在維也納拜見法蘭茲·約瑟夫皇帝。我突然在螢幕上見到醜陋的維也納火車西站那十分熟悉的站台，上面有一些員警正在等候進站的列車。然後法蘭茲·約瑟夫皇帝出現了，他沿著儀仗隊走過去，去迎接他的客人——這是列車進站的信號。當年邁的老皇帝出現在螢幕上，杜爾的人們看見他駝著背，搖搖晃晃地檢閱儀仗隊的時候，都對這位白鬍子老頭發出善意的笑聲。接下來，火車進入畫面，第一節車廂，第二節車廂，第三節車廂，豪華車廂的門被打開了，從裡面走出身穿奧地利將軍制服、高翹著八字鬍的威廉二世。

就在威廉二世出現在螢幕上的一瞬間，漆黑的電影院裡不約而同地響起一陣尖銳的口哨聲和激烈的跺腳聲。人人都在吹口哨和大聲嚷嚷，男人、女人、小孩都對那影像發出嘲笑，好像有人侮辱了他們一樣。這些善良的杜爾人除了當地報紙上登載的政治和世界新聞，對外界便再無所知曉，但是在那一刻，他們就像瘋了一般。這情景使我感到徹骨的寒冷。因為我感覺到，年復一年強調敵對的政治宣傳在民眾之中的危害是多麼深，甚至連這樣一座外省的小城，這些毫無惡意的市民和士兵都這樣被煽動起對威廉皇帝和德國的仇視情緒，哪怕只是電影螢幕上匆匆而過的一個鏡頭，就能引起這樣的騷動。那只是一秒鐘時間，短短的一秒鐘，當別的鏡頭出現，一切便被淡忘了。現在，人們對著正在放映的喜劇電影捧腹大笑，高興得把大腿拍得啪啪直響。雖然那只是一秒鐘，但這一秒卻讓我意識到，雖然我們自己做出了很多努力，想方設法要促進各民族的互相諒解，但是，在真正的緊急關頭，雙方的民眾是多麼容易被煽動起來啊。

那天整個晚上，我心緒頹喪，不能入睡。假如這事情發生在巴黎，雖然也會令我感到不安，但對我的震動不會這樣劇烈。民族仇恨已經這樣深入內地，深入到善良單純的老百姓的心中，這教我不寒而慄。在後來的幾天裡，我把這件事講給我的朋友聽，他們大多數卻都沒有將此事特別當真：「我們法國人以前還嘲笑過肥胖的維多利亞女王哩！但是兩年以後，英法就結成了同盟。你不了解法國人，法國人的政治就那麼回事。」只有羅蘭的看法不同：「越單純的民眾，就越容易輕信。自從彭加勒當選總統以來，局勢就始終不好。他對彼得堡的訪問不會愉快的。」我們還談論了很久那年夏天在維也納舉辦的國際社會黨代表大會。羅蘭對於這次會議也表現出與眾不同的懷疑態度。「一旦政府發布戰爭動員令，還有幾個人能堅守得住呢？這誰能知道？我們身陷的是一個群情激憤、集體歇斯底里的時代，這種歇斯底里的力量在戰爭中絕不可忽視。」

但是，就像我前面說過的，這種憂慮的片刻彷彿風中的蜘蛛網，稍縱即逝。我們雖然時不時想到戰爭，但好比人也會經常想到死亡一樣，覺得雖有可能，卻總認為距離自己尚為遙遠。在那些日子裡，巴黎太美了，而我們太年輕，太幸福。我還記得儒勒·羅曼想出來的那齣令人著迷的惡作劇：為了揶揄「詩壇王子」，我們擁立了一個「理性的王子」，那是一個老實、有點死腦筋的人，大學生們一本正經地把他領到巴黎先賢的羅丹雕塑前。晚上，我們就像一群中學生一樣在滑稽模仿的宴會上胡鬧作樂。那時，佳木吐綠，空氣甜美，微風習習，面對如此良辰美景，誰還願意去想那些不堪設想的事情呢？當時我們這些朋友之間的友誼比以往任何時候都要深，而且，我在這異國他鄉——在「敵國」——又有了不少新朋友，巴黎這座城市從來沒有像當時那樣無憂無慮過，人們也無憂無慮地過著自己的日子，並熱愛著無憂無慮的巴黎。在法國的最後幾天，我陪魏爾哈倫去盧昂做一次演講。我們在夜晚站在盧昂的大教堂前，教堂的尖頂在月光下散發出迷人的光芒——這樣的奇麗美景難道只屬於一個「祖國」，難道它不屬於我們大家嗎？我和魏爾哈倫在盧昂火車站告別，兩年以後，就在這同一地點，一列火車（被他歌頌過的機器之一）從他身上碾過。他擁抱著我說：「八月一日，在我的卡佑基比克再見！」我答應了，因為我每年都要到他的這個莊園去看望他，和他一起攜手翻譯他的新詩。那麼，為什麼這一年不去呢？我又心無牽掛地和其他朋友告別，和巴黎告別，這是漫不經心、毫無傷感的告別，就彷佛只是離家幾週而已。我為接下來的幾個月做的計畫很清楚，我要先在奧地利鄉下某個地方隱居起來，專心寫作「杜斯妥也夫斯基」（五年後才出版），進而完成《三大師》這部著作，在這部作品當中，我介紹了三個偉大民族的最偉大的小說家。[7]然後，我就去拜訪魏爾哈倫，冬天，也許可以實現計畫已久的俄國之行，在那裡組織一個團體，以增進我們兩國人民相互的了解，達成精神上的共識。在我三十二歲的這一年，我覺得一切都將順利美滿，在那個燦爛的夏季，世界美麗而富有意義，豐富一枚成熟可口的水果，令人欣喜。我因此熱愛這個世界，因為它彼時的情況和更加輝煌的未來。

7 編注：即法國巴爾札克、英國狄更斯、俄國杜斯妥也夫斯基。

可是，一九一四年六月二十八日，薩拉熱窩的那聲槍響將這個世界擊得粉碎；這個充滿安全、充滿創造性理智的世界，我們生在其中，長在其中，把家安在其中，最終卻像一只空空的陶罐，碎成無數片。

一九一四年戰爭的最初時日

一九一四年的夏天，即使沒有籠罩在歐洲大地上空的陰霾，對於我們而言，依然是難以忘懷的。我很少經歷那樣繁盛而美麗的夏天，我甚至可以說，那是最富有夏日氣質的一個夏天。那時的天空一連數日都是碧藍，空氣濕潤卻一點兒也不鬱悶，草地上暖融融的，散發出清香，森林鬱鬱蔥蔥，吐出新綠。直到如今，每當我說出夏天這個詞，我總是不由自主想到這一個七月燦爛的夏天，那一年的夏天，我是在維也納附近的巴登度過的。這個浪漫的小鎮，貝多芬經常選擇它作為避暑勝地，而我在那裡隱居，為的是集中精力在這幾個月的時間內完成那部「杜斯妥也夫斯基」的稿子。剩下的時間，我就打算去比利時看我那尊貴的朋友魏爾哈倫，在他那小小的鄉間別墅裡度過。在巴登，不用離開小鎮，就可以欣賞到美麗的自然風景。那兒低矮的住宅房屋仍舊保持著貝多芬時代的簡樸和優雅，丘陵上美麗的森林不事張揚地點綴在房前屋後。到處都是咖啡館和餐館，人們都坐在露天區喝咖啡或用餐。你既可以和前來療養的歡快客人們歡聚一處，在療養公園裡聚會，也可以獨自在幽靜的小徑上散步。

六月二十九日一直是信奉天主教的奧地利為紀念「彼得和保羅」而定的節慶日，就這前一天的晚上，已經有許多遊客從維也納來到這裡。大家都穿著淺色的夏裝，興高采烈，無憂無慮，在療養公園裡隨著音樂起舞。那天的天氣晴朗，高大的栗子樹上面，一片晴空萬里，真是歡慶的好日子。大人和孩子都快放假了，夏季的這第一個節日已經讓他們預感到整個夏天都是如此美妙，空氣清新，綠蔭遍地，平日的所有煩惱都拋諸腦後了。那天，我坐在遠離公園擁擠人群的地方，正在讀一本書（我至今還記得那本書：梅列日科夫斯基著的《托爾斯泰和杜斯妥也夫斯基》），我讀得很仔細，很專心。但是，我也聽得見樹叢間的風聲、小鳥的鳴叫聲和從公園那邊傳來的音樂聲。我清楚地聽見那音樂的旋律，但是它並不打擾我，因為，我們的耳朵適應能力非常強，無論是持續不斷的噪音，還是喧囂的街道或潺潺的小溪發出的聲響，我們的聽覺都能完全適應，而恰恰相反的是，只有當一種節奏戛然而止的時候，我們卻會豎耳諦聽。

因此，當音樂突然中斷時，我不禁停止了閱讀。我不知道樂隊演奏的是哪支曲子，我只是感覺到，音樂驟然中止了。而剛才像一條亮麗的河流般在樹林間穿行的人群也似乎起了變化，他們都突然立定停止。這真奇怪，平日，公園音樂會一般是舉辦一個小時或更長時間，一定是發生了什麼事，音樂會才這樣生硬地中斷。我走近幾步，發現人們都情緒激動地朝樂池前顯然是剛張貼上去的一張通報擠去，幾分鐘後，我打聽清楚了，原來那是一份急電，皇儲法蘭茲·斐迪南陛下和他的夫人在前往波士尼亞視察軍事演習的路上被暗殺，成為政治謀殺的犧牲品。

越來越多人聚在這張布告下面，這意外的消息眾人之間相互傳遞，但是，說實話，從人們的臉上，看不出特別的震驚或憤慨。因為，皇儲並不受人愛戴。我至今還記得，在我很小的時候，皇帝唯一的兒子，皇儲魯道夫在馬耶爾林遇刺。那天，整個城市的市民都震驚萬分，無以數計的百姓湧向街頭，想目睹皇儲的靈柩，並表達出對皇帝的巨大同情。皇儲魯道夫被百姓看作是哈布斯堡王朝中非常有上進心的王子，極富同情心，而且又是皇帝的獨子和唯一繼承人，風華正茂，人們本來對他寄予了最大的期望，而他卻這樣英年早逝，令百姓扼腕嘆息。法蘭茲·斐迪南與魯道夫正相反，他恰恰缺乏在奧地利受人愛戴必備的最重要素質：可愛的個性、個人魅力和平易近人。我好幾次在劇院觀察過他，他坐在自己的包廂裡，威風凜凜，目光冰冷而呆滯，對民眾根本不友善地看一眼，對於藝術家也不報以發自內心的掌聲以示鼓勵。人們從來沒見過他微笑，照片上的他從來都沒有過鬆弛自然的姿態。他對音樂一竅不通，毫無幽默感，他的妻子也是一副陰沉樣子。這兩人周圍的氣氛是冷冰冰的，大家都知道，他們沒有朋友，老皇帝對他其實恨之入骨，因為他迫不及待想得到皇位的繼承權，想獲得統治權，根本不加掩飾。我曾有神祕的預感，覺得這個脖子像哈巴狗的項圈一樣粗、一雙已經冰冷僵滯的人將來會帶來厄運，而且，這根本不是我個人的感覺，而是全奧地利的人都有同感，所以，他的死訊沒有激起深切的同情。兩個小時之後，就再也看不出任何真切的悲傷跡象了。人們又開始有說有笑，晚上，酒館裡又奏響了音樂。這一天的奧地利，有很多人還暗自鬆了口氣，因為，老皇帝的這位繼承人喪命了，這對於比他可愛得多的選帝侯卡爾而言，可是大大有利的事情。

第二天的報紙當然都刊登了詳細的訃告，並對刺殺事件表達出恰如其分的憤慨。可是，沒有任何言論暗示說，這次事件會引發針對塞爾維亞的政治行動。對於皇室，這次事件引出的是另一番麻煩，那就是關於葬禮的禮儀規格。由於法蘭茲．斐迪南身為皇儲，而且又是在為帝國出巡時殉職的，按理說，他完全可以在維也納的聖方濟各會教堂的墓地，也就是哈布斯堡皇族的傳統陵園占上一席之地。可是，法蘭茲．斐迪南生前在與皇室作了長期的激烈鬥爭後，終於娶了他那位肖台克女伯爵，她雖然是大貴族，但是根據擁有數百年傳統的哈布斯堡皇族的神祕家規，她與法蘭茲．斐迪南仍然稱不上門當戶對，她的孩子沒有皇位繼承權。在舉行盛大儀式的時候，那些選帝侯的妻子們紛紛強烈要求比這位皇儲夫人待遇優先。即便對於一個死人，宮廷的傲慢也絕不讓步。怎麼辦呢？讓一個肖台克女伯爵安葬在哈布斯堡皇族的陵園裡？不，絕對不可以！於是，一場大型的幕後行動開始了。選帝侯的夫人們蜂擁至老皇帝那裡，一方面，政府要求老百姓在正式場合表示深切哀悼，另一方面，皇宮裡正在劍拔弩張地爭名奪利。事實往往如此，死人總是沒有理的。負責典禮的官員發明了一種說法：死者生前希望自己身後被安葬在阿茨特滕——奧地利外省的一個小地方。憑著這個假造的藉口，諸如公開向遺體告別、出殯和其他一切與此相關的爭執得以輕而易舉地一筆勾銷。兩位死者的棺材被悄悄送到了阿茨特滕，並排安葬在那裡。生性愛看熱鬧的維也納人因此失去一個大好機會，而他們也已經開始忘卻這個悲劇事件了。經歷了伊莉莎白皇后和魯道夫皇太子的遇刺，以及皇室各成員的出逃醜聞，維也納人已經習慣了這種思維：在多災多難的家族歷經了磨難之後，那位老皇帝仍將寂寞而堅強地活下去。再過幾個星期，法蘭茲．斐迪南的名字和形象都將會從歷史上永遠消失。

可是，大概過了一週時間，報紙上突然爭論起來，而且各報紙出現爭論的時間完全一致，引起了人們的注意。報紙上指責塞爾維亞政府默許了這次刺殺事件，並且半加暗示地說，奧地利對於「據說是十分受百姓愛戴的皇儲」的遇害絕不會善罷甘休。人們不由得會由此產生這樣的想法：政府正在準備進行某個國際法律行動。但是誰也沒有想到爆發戰爭。銀行、商店和個人，誰都沒有改變自己的經營和生活。和塞爾維亞的這種無休止的爭吵，和我們有什麼相干？我們大家都知道的塞爾維亞，不就是因為出口生豬而和我們簽定了若干貿易協定嗎？我已經準備好行李箱，準備去比利時看望魏爾哈倫，我的寫作進行得十分順利，那個躺在棺材裡的死了的皇儲和我的生活有何關係呢？夏天從來沒有這樣美好過，我們大家都毫無憂慮地看著這個世界。我還記得在巴登的最後幾天，我和一位朋友走過葡萄園的情景。一位種葡萄的老農對我們說：「我們好久沒有遇到這樣的夏天了。假如天氣一直這樣好，我們就會釀出絕無僅有的美酒來。以後喝酒的時候就會想起這個夏天。」

這位穿著藍色舊工作服的老人，不知道自己說的這句話一言成讖。

◊　◊　◊

在我像往年一樣去魏爾哈倫的鄉間小別墅做客之前，我先在奧斯坦德附近的海濱小浴場勒克住了兩個禮拜。勒克也同樣是一派無憂無慮的景象。前來度假的人們或者躺在沙灘上五彩的涼棚下面，或者在海水裡游泳。孩子們在放風箏，年輕人在咖啡屋前的堤壩上跳著舞。這裡有來自世界各地的人，大家都和平相處，其中尤其說德語的人居多，因為鄰近德國萊因地區的人每年最喜歡到比利時的這個沙灘來度假。唯一破壞人們心境的是報童的叫賣聲，他們為了賣掉報紙，大聲喊叫著巴黎報紙上嚇人的標題：「奧地利向俄國挑釁！」「德國準備戰爭總動員！」人們買報紙的時候，臉色都變得很陰沉，但是，這到底也持續不了幾分鐘時間。畢竟，我們多年來已經很了解，這些外交衝突總是在最後關頭得到很好的解決。那麼這一次為什麼不會同樣如此呢？半小時之後，那些買了報紙的人重新又高高興興地在海灘上踩水玩，風箏還在飛，海鷗也在展翅翱翔。陽光明媚、溫暖，照耀著那片祥和的土地。

但是，壞消息越來越多起來，形勢變得越來越嚴峻。先是奧地利向塞爾維亞發出最後通牒，塞爾維亞支支吾吾地搪塞了一個回覆，帝國王朝內部電報頻繁往來，到最後，成了毫不隱瞞的戰爭動員。我在這塊偏僻閉塞的小城再也待不住了，為了打聽到更多消息，我每天乘坐小電車到奧斯坦德去，而我聽到的消息越來越糟糕了。人們還在海濱游泳，旅館仍舊客滿，度假的客人還在堤壩上散步、歡笑和閒聊。但是，在這樣的生活中，頭一次出現了新的內容。人們突然見到了比利時士兵，他們本來從來不到海濱來的。機槍安放在小車上（這是比利時軍隊的一個奇觀），被犬群拉著前進。

當時，我正和幾位比利時朋友，一位年輕的畫家和作家費爾南·克羅梅林克[1]，一起坐在

1 Fernand Crommelynck，1886-1970，比利時劇作家。

咖啡館，我們當天下午是在詹姆斯．恩索爾[2]家度過的，恩索爾是比利時最偉大的現代畫家，是一個非常古怪、孤僻和內向的人，他曾經為軍樂隊作過一些簡單的、很差勁的波卡舞曲和華爾滋，比起他自己創作的那些富於幻想、色彩斑斕的油畫作品，他倒更加以這些蹩腳曲子而自豪。他那天給我們看了自己的作品，實際上，他是很不情願這樣做的，因為，他有個奇怪的想法，希望有人買走自己的畫作。朋友們笑著告訴我，他的夢想其實就是以高價賣出自己的畫，但同時又可以把它們都保留在自己身邊。因為，他既貪圖錢財，又捨不得自己的作品，每當他賣掉一幅畫，總是好幾天失魂落魄。這位天才的阿巴貢[3]有各式各樣稀奇古怪的念頭，讓我們那天很開心。正當這時，又有這樣一隊用狗拉機槍的士兵從我們面前走過，我們當中的一位站起身，撫摸著狗兒，這讓隨行的軍官大為惱火，他擔心這種對於作戰工具的親暱行為有損軍方的尊嚴。我們當中有人小聲嘀咕道：「部隊這樣傻呼呼地跑來跑去是幹啥？」另一個卻激動地說道：「必須採取預防措施，就是說，一旦爆發戰爭，德國人會從我們這裡突破。」「不可能！」我非常自信地說，因為，在從前的那個世界裡，我們還是相信條約的神聖性的。「即便發生什麼事，就算德國和法國打得只剩下最後一個人，你們比利時人也不會有事。」但是那個悲觀主義者卻不讓步，他說，比利時採取這些措施，必定有他的道理，早在幾年前，我們就風聞德國總參謀部有一項祕密計畫，一旦進攻法國，就將各種條約拋開，從比利時突破。但我同樣也毫

2 James Ensor，1860-1949，比利時畫家和蝕刻版畫家。
3 莫里哀喜劇《吝嗇鬼》中的主人公。

不讓步，在我看來，正當成千上萬的德國人在這殷勤好客的中立小國悠閒地歡度假日時，說什麼在邊境線上結集了軍隊隨時準備進攻簡直是胡扯。「胡說！」我說道，「要是德國入侵了比利時，你們可以把我吊死在這根街燈的杆子上。」我真得感謝我這些朋友們，他們後來並沒有把我這句話當真。

接著，形式最嚴峻的七月到來了，每時每刻都傳來相互矛盾的消息，威廉皇帝給沙皇的電報，沙皇給威廉皇帝的電報，奧地利向塞爾維亞宣戰，饒勒斯被暗殺。人們感到，事態嚴重了。一夜之間，一股恐懼的陰風襲過海灘，海灘的人群頓時銷聲匿跡了。成千的人群紛紛離開旅館，火車爆滿。即便最不容易受騙的人現在也開始急急忙忙地收拾行李。就連我自己，在聽說奧地利向塞爾維亞宣戰的消息之後，也立刻訂了一張火車票，而且訂得正巧及時，因為這次奧斯坦德快車已經是從比利時開往德國的最後一趟列車了。我們站在車廂的通道上，心情非常焦慮，每個人都在和旁人說話。沒有人能夠安靜地坐下來，或者看書，在每一站，都有人衝下車去，打聽新的消息，人們暗暗懷有渴望，希望有一雙有力的手扭轉這已經脫軌的命運。人們還是無法相信戰爭已經爆發了，更不相信比利時會遭到進攻，人們無法相信這些，是因為不願相信這種瘋子開的玩笑。列車漸漸駛近了國境線，我們通過了比利時的邊境車站韋爾魏耶，德國的列車員上了車，再過十分鐘，我們就會抵達德國境內。

但是，列車在駛向德國第一個邊境車站赫伯斯塔爾的半途中，突然停在野外。我們擠在車廂過道的窗口旁向外望去，究竟發生了什麼事呢？我看見，黑暗中，一節接一節的貨車從我們對面的方向駛來，敞篷車廂上面覆蓋著粗帆布，隱隱約約地，我看出它們下面顯現出大炮的形狀，充滿了威脅。我的心頓時震驚了一下，這肯定是德國軍隊在向前線開拔了。但是，我又自我安慰道，這也許只是自我防衛措施，只是用軍備進行威懾，並不是真正的作戰準備。在危機的時刻，人總是還抱有一線希望，這希望的意志是巨大的。終於，傳來了「通行」的信號，火車繼續開動，駛進了赫伯斯塔爾站。我一躍跳下車廂的踏板，想去買份報紙，再去打聽打聽消息。但是，整個火車站都被軍隊占滿了。當我想走進候車大廳時，一位神色嚴厲的白鬍子職員守衛在緊閉的大門前，不許任何人進入車站大廳。然而，雖然窗子的隔板被小心翼翼地放下了，我還是聽見了門後面傳來軍刀輕輕的響聲和槍托擱在地上發出的聲音。毫無疑問，可怕的事情正在進行，德國違反國際法的所有規定，正準備進攻比利時。我感到不寒而慄，重新登上火車，火車繼續前行，向奧地利駛去。現在，毫無疑問了，我正向戰爭駛去。

◊ ◊ ◊

第二天早晨，到了奧地利，每個車站都張貼著通報，宣布全面發動戰爭總動員。列車上擠滿了剛入伍的新兵，旗幟飄揚，軍樂隊震耳欲聾。我發現維也納全城的人都頭腦發昏，人們起初不要戰爭，人民不要，政府也不要，這戰爭原是外交家用來虛張聲勢和玩弄政治的假把戲，卻不料因為自己笨拙的手腕弄假成真，而現在，當初人們對於這場戰爭的恐懼突然間變成了滿腔的熱情。大街上成隊的人在遊行，傾刻之間，到處都是旗幟、絲帶和音樂，年輕的新兵列隊行軍，因為受到人們的歡呼而臉上喜孜孜的。在平日，這些平凡的小人物，誰會這樣尊敬他們，對他們歡呼呢？

為了說明實情，我必須承認，在最初爆發的群情激奮之中，確實有某些崇高和充滿吸引力的因素，甚至還有令人無法擺脫的誘人之處。儘管我非常憎惡戰爭，我還是不能在回憶中省卻戰爭爆發最初那些日子的情景：當時，成千上萬的人體驗到了一種從未有過的感受：他們覺得自己是一個整體。他們要是在和平時期有這樣的體驗就好了。一座擁有兩百萬人口的城市，一個擁有五千萬人口的國家，在那個時刻，大家都覺得自己是世界歷史的一部分，在共同經歷著一個一去不返的時刻，每個人都受到召喚，要把自己渺小的「自我」融化到火熱的集體中去，在其中克服一切私心雜念。在那一刻，所有地位、語言、階級和宗教信仰的差別都被洶湧的手足情誼所淹沒。大街上，陌生人相互攀談，多年彼此迴避的人互相握住對方的手，處處都能見到人們精神煥發的面龐。人人都感到自己的自我得到昇華，他們不再是以前那個孤立的人，他們現在都是群眾的一份子，是人民，他們原先不被重視的人格獲得了意義。原先只是從早到晚、從週一至週六不停地為信件分類的郵局職工、抄寫員、還有鞋匠，他們在自己的生活中突然都獲得了一種富有浪漫色彩的機會：他們可能成為英雄。而且，每個穿軍裝的人都受到了婦女的青睞，她們懷著崇敬的心情用「英雄」這個浪漫的稱謂來提前稱呼那些留守的軍人。她們承認有一種莫名的力量將自己從日常生活中推了出來，在這最初的熱情洋溢的日子裡，即使是悲傷的母親和恐懼的女人，都羞於將自己的真實情感流露出來。也許，在這種眩暈之中還有一種更加深刻、更加神祕的力量在起作用。這股驚濤駭浪是這樣突然而猛烈地襲擊了人類，將人這種動物自身未意識到的陰暗原始欲望和本能，翻騰到表面上來——那便是佛洛伊德深刻指出的「對文化的厭惡」，即要求衝破這個有法律和條文的正常世界，要求放縱最古老的嗜血本能。也許，這種陰暗的力量也參與到那瘋狂的迷醉中去了，其中混雜著各種成分，有犧牲精神和酒精，有冒險精神和純粹的信仰，有旗幟和愛國主義言詞的古老魔力——這是一種用言語難以描述的令千萬人沉迷的可怕情緒，它在瞬間爆發，為我們時代最大的罪行推波助瀾，令它一發不可收拾。

◊ ◊ ◊

只經歷過第二次世界大戰爆發的當今這代人也許會奇怪：為什麼他們沒有這樣的體會呢？為什麼一九三九年的民眾不再像一九一四年那樣激情澎湃？為什麼他們只是嚴肅而堅決地服從戰爭的召喚，默不作聲，聽天由命？這場戰爭是一場理念的戰爭，不僅僅是為了爭奪邊界和殖民地，難道它所事關的不是比上次戰爭更加崇高、更加神聖的東西嗎？

答案很簡單：因為，在一九三九年，我們的世界不再像一九一四年那樣，有那麼多天真幼稚的群眾了。一九一四年的時候，群眾對於權威人物還很信任，對他們毫不懷疑。在奧地利，沒有人敢有這樣的念頭：認為最令人尊敬的國父法蘭茲．約瑟夫在他八十四歲的高齡，會在沒有特別必要的情形下號召自己的人民起來鬥爭。沒有人敢認為，是約瑟夫皇帝造成了這場流血犧牲，而不是狡詐兇殘的敵人在威脅帝國的和平。再說，德國人也在報紙上看過他們的皇帝致沙皇的電報，在那些電報裡，他一再地爭取和平。當時，每個頭腦簡單的人都非常地尊崇「大人物」，尊崇內閣大臣、外交官和他們的見識以及誠信。假如發生戰爭，那肯定也是違背了這些高官大人的意願，這些大人對此不負責任，整個國家就沒有一個人對這場戰爭負有責任。而挑起戰爭的強盜肯定是對立的作戰國，人們拿起武器是為了自衛，防衛一個卑鄙陰險的敵人，這個敵人在毫無理由的情況下「突然襲擊」了和平的奧地利和德國。一九三九年的歐洲，人們這種對自己政府的誠實或至少對政府的能力，近乎宗教般的信任已經消失殆盡了。自從人們憤怒地看到，在凡爾賽，所謂的外交斡旋是如何背叛了可能長久的和平之後，人們對外交根本就抱以蔑視的態度。人們清楚地記得，外交家是如何無恥地欺騙了他們，說什麼裁軍，說什麼不搞祕密外交，到頭來都是騙局。從根本上來講，一九三九年的人們不尊重任何政治人物，也沒人會將自己的命運信任地託付給他們。在法國，地位最卑下的築路工人可以嘲笑達拉第；在英國，自從慕尼黑協定以來（張伯倫當時提出「為了我們時代的和平！」的口號），沒人再相信他的遠見；在義大利和德國，人們恐懼地望著墨索里尼和希特勒，心想：他們又要把我們引向何處呢？當然，人們也迫不得已，不能反抗，因為這戰爭事關祖國。於是，士兵拿起了武器，婦女讓自己的孩子出發上前線，但是人們不再像從前那樣懷著不可動搖的信念，犧牲勢在難免。人們服從命令，但是，他們不再歡呼。人們走上前線，但是已不再夢想當英雄。人民和個人都已經感覺到，自己只是犧牲品，不是世俗的政治犧牲品，就是那無法把握的險惡命運的犧牲品。

一九一四年，人們在享受了將近半世紀的和平歲月之後，對戰爭還會有什麼認識呢？他們不了解戰爭，他們想都沒想過戰爭是怎麼回事。它是一個傳說，正是因為歲月久遠，反而披上了一層英雄主義和浪漫的色彩。人們總是從教科書和美術館裡的繪畫作品的角度看待戰爭：盔甲錚亮的騎兵部隊激烈地交戰，致命的一槍總是悲壯地正中心臟，整個戰役就是一場軍號嘹亮的勝利行軍——「我們耶誕節就回家了！」一九一四年的八月，新兵們笑著對母親大喊。無論在農村還是城市，誰還記得「真正的」戰爭？至多只有幾個參加過一八六六年反普魯士戰爭的白髮老人才記得起來，而這一次，普魯士倒成了奧地利的同盟國。但是，那場戰爭速戰速決，流血不多，而且距今也很遙遠了。整個戰役三週時間就結束了，沒有多大的死傷，時間之短，讓人剛好喘口氣。在頭腦簡單的普通百姓的想像當中，一九一四年的戰爭好似一次短期的遠足，富有浪漫色彩，同時又充滿野性，是一場男子漢式的探險。年輕人甚至還真擔心自己會錯過人生中這件教人激動的美事呢，所以他們急急忙忙地跑去旗幟飄飄的地方去報名，在將他們載向葬身之地的列車上歡呼歌唱，整個帝國都血脈賁張，陷入顛狂狀態。一九三九年那一代人知道戰爭是怎麼回事，他們絕不會再欺騙自己了。他們知道，戰爭絕不浪漫，而是充滿野蠻。他們知道，戰爭會一年一年地延續下去，一生當中的這段時間是無法再彌補的。他們知道，朝敵人衝鋒的時候不會戴著橡樹葉冠和彩色綢帶，他們知道，全身長滿蝨子，口渴萬分地在戰壕和營地待上幾個禮拜是什麼滋味；他們知道，自己有可能還沒看見敵人的蹤影就被遠處射來的槍炮擊得粉碎或打成殘廢。他們從報紙和電影裡事先就知道新的殘酷殺人技術，他們知道，巨大的坦克在前行的時候會把傷員碾得粉碎，而飛機能把睡在床上的婦女和兒童炸得粉身碎骨。他們知道，由於毫無人性的機械化，一九三九年的世界大戰比以往所有戰爭都卑鄙、殘忍和滅絕人性一千倍。一九三九年的那一代人，誰也不再相信戰爭會具有上帝所希望的正義性了。而更加糟糕的是，人們根本不再相信世界上有什麼正義了，不再相信會有持久的和平，而他們本應為了這和平而鬥爭的。人們對於上次戰爭帶給他們的失望記憶太深刻了，戰爭帶給他們的不是財富，而是災難；不是滿意，而是怨恨，還有饑荒、貨幣貶值、暴動、市民自由的失落、國家的奴役、一種令人發瘋的不安全感，人與人之間失去了信任。

這使得兩次戰爭有所不同。一九三九年的戰爭具有一種思想上的意義，它關係到自由，關係到對一種精神財產的保護，這樣為了一種信念去戰鬥的性質使得人們堅強剛毅。而一九一四年的戰爭對於真相一無所知，它只是為一種妄想效勞，夢想獲得一個更美好、更正義、更和平的世界。教人產生幸福感的正是這樣的妄想，而不是對現實的了解。因此，當年的人們充當了戰爭的犧牲品，他們脖子上佩戴著花環，鋼盔上還繞著橡樹葉，喝得醉醺醺的，歡呼著走向自己的葬身之地。大街上，人聲鼎沸，燈火通明，好像過節一般。

◊　◊　◊

我本人並沒有陷入這種猛然爆發的愛國主義的狂熱，這絕非因為我特別的冷靜或者對於事物的看法特別清楚，而應該歸功於我之前的那段生活。兩天前，我還身在所謂的「敵國」，所以我可以堅信，比利時的人民與我們的同胞一樣熱愛和平，對於戰爭一無所知。另外，我這樣滿世界地跑，已經相當久了，我不可能在一夜之間，就對一個對於我而言絲毫不亞於自己祖國的世界報以敵意。多年以來，我對於政治已經持懷疑態度，恰恰在這之前的近幾年，在和法國與義大利朋友無數次的談話當中，我們討論過可能發生的戰爭的荒謬性。所以，在一定程度上，我在思想上已經有了準備，不相信那種四處蔓延的愛國主義熱情。同樣，我也準備好面對戰爭爆發初期的這種狂熱，保持自己的堅定，堅信歐洲的統一，不為這場由笨拙政客和殘暴軍火商引發的同室操戈所動搖。

因此，在我的內心深處，從戰爭的最初一刻起，就已肯定自己是一個世界公民。要想找到正確的立場，僅僅當一個國家公民是難以做到的。雖然我當時只有三十二歲，但是我暫時還不用服任何軍役，因為在所有的軍役檢查之後，我都被判定不合格，我當時對此真是衷心地感到高興啊。首先，這樣的結果替我節省了一年的當兵時間，免得我無聊地白白浪費時間；其次，我覺得，在二十世紀去練習掌握殺人的兇器，是罪惡的時代性錯誤。在我看來，一個男人正確的態度應該是，在戰爭中宣稱自己是「拒服兵役者」，這在奧地利是要受到最嚴厲的懲罰的（在英國正相反），而且要具備真正為信仰而獻身的堅定靈魂。而我本性缺乏這樣的英雄氣概（我今天並不羞於公開承認這個缺點），在所有危險場合，我始終發自本能地採取迴避態度，我不止一次地受到指責，被斥為不堅定，我也許必須接受這指責吧，鹿特丹的伊拉斯謨，這位我崇敬的大師，在一個我們不熟悉的世紀裡也經常受到這樣的責難。另一方面，在那樣的時代，對於一個相對年輕的人來講，必須等待別人把他從自己的黑暗當中挖出來，然後再把他扔到一個不該去的地方，是很難忍受的事情。所以，我四處尋找活兒，好讓自己多少能出點力，但又不是那種煽動性的工作。我的朋友中，有一位是軍事檔案館的高級軍官，他可以安排我去那裡工作。我要做的是圖書館的工作，我的語言知識派得上用場，或者，我可以幫助對要公布的告示進行文字上的潤色——當然，我很願意承認，這不是什麼顯赫的差事，但是對我本人來說，這工作很合適，比把刺刀戳進一個俄國農民的肚子要好。而且，對我最重要的是，在做完這份並不吃力的工作外，我還有時間去做在我看來戰爭期間最重要的工作：為今後的互相理解而工作。

◊ ◊ ◊

我在維也納朋友圈的處境要比單位裡的處境糟得多，大多數作家幾乎都沒受過關於歐洲理念的教育，完全生活在德語世界，他們認為，自己奉上一臂之力的最好方式就是使民眾的熱情愈發高漲，以富有詩意的號召或者科學的意識形態為美化戰爭打基礎。幾乎所有的德語作家，（以霍普特曼和戴默爾為首的御用文人），都相信自己有責任像古老的日爾曼時代那樣，用詩歌和文字激勵奔赴前線的士兵，讓他們有赴死的熱誠。一時間，詩歌像雪片一樣紛紛飛舞，層出不窮，將戰爭和勝利、災難和死亡譜成和諧的詩篇。作家們紛紛鄭重其事地發誓，再不和任何法國人和英國人進行文化合作。更有甚者，他們在一夜之間拒不承認有史以來曾經有過英國文化和法國文化。與德意志人的氣質、藝術和性情相比較，這所有一切都微不足道。更加惡劣的是學者的作為，哲學家突然之間失去了所有的智慧，只知道把戰爭解釋為能夠振奮各國人民力量的「洗禮」。醫生也站在他們那邊，熱切地誇讚自己補形術的優越，好像人們為了用義肢替代健康的腿，滿心歡喜把自己的一條腿截肢一樣。各教派的教士也不甘落後，參加到這場大合唱中來，我有時覺得自己正在聽一群瘋子的吼叫，而正是這些人，在一個星期前，一個月前，我們還備加讚賞他們的理智、創造力和人性立場呢。

但這種瘋狂最令人震驚之處在於，這些人大多數都是誠實的人。他們當中的大多數，由於年齡太大或者身體不夠格，不能去服兵役，於是他們真誠地以為自己有責任做輔助性的「工作」。他們覺得自己先前所做的工作有負於語言，有負於人民，所以，他們現在要通過語言為人民效勞，讓人民聽到他們想聽到的聲音，即：這場戰爭中，正義完全站在我們這邊，非正義在對方那邊。德國必勝，敵人必將慘敗——他們完全不知道，自己的所作所為完全背叛了作家的真正使命，作家本應是人類一切人性的維護者和護衛者。當最初的狂熱漸漸褪去後，其中有些人也很快嘗到了苦頭，他們感到自己先前說的話非常的噁心。但是，在那最初的幾個月當中，誰喊得最凶，誰的聽眾就最多，於是，在一片瘋狂的合唱當中，他們全都聲嘶力竭地叫喊著。

我覺得，為這種如此真誠卻又荒唐至極的狂熱樹立了一個令人吃驚的典型，是恩斯特·利騷[4]。我和他很熟。他寫一些短小精悍的詩，在我認識的人當中，他的為人數一數二。我今天還記得，當年他第一次拜訪我的時候，我是怎樣緊抿著嘴唇，不讓自己笑出來。我原本把這位抒情詩人想像成細長個子、骨瘦嶙峋的年輕人，一如他筆下洗鍊有力的德語詩，他的詩作極其講究簡練。但搖搖擺擺走進我的房間的卻是一個小矮胖子，身材滾圓得好像一只桶子，雙層下巴上面是一張善意的臉，充滿了自信和熱情。他說話結巴得厲害，完全沉浸在詩歌之中，總是一再引用自己的詩句而不能自拔。他雖然可笑之處甚多，大家卻很喜愛他，因為他是個熱心人，待人親切，為人真誠，對於自己的藝術有一股著了魔般的奉獻精神。

他出身於一個富裕的德國家庭，畢業於柏林的弗德里希－威廉中學，也許是我認識的最普魯士化，或者說被普魯士徹底同化的猶太人。除了德語，他不說其他語言，也從來沒有離開過德國，對他而言，德國就是世界，越是德意志化的事物，他就越熱衷。約克、馬丁．路德、施泰因是他心目中的英雄，德國自由戰爭是他最愛寫的主題，巴哈是他音樂的上帝，儘管他的手指又短又肥，活像海綿，彈起巴哈來卻相當出色。沒有人比他更了解德國抒情詩，沒有人比他更熱愛德語，他是那樣沉迷於這種語言——像很多猶太人家庭一樣，他的家庭也是很晚才進入德國的文化，但是，他比最虔誠的德國人還虔信德國。

當戰爭爆發，他首當其衝地趕到兵營，報名當志願兵。但是我今天仍能想像，當這個胖子氣喘吁吁地爬上樓梯時，那些上士和列兵會笑成什麼樣子。他們很快就把他打發走了。利騷

4 編注：Ernst Lissauer，1882—1937，德國詩人。

感到很絕望，但和其他人一樣，他希望自己至少能用詩歌為德國效力。在他看來，德國報紙和德國的戰報所報導的一切都千真萬確，他的國家遭到了突襲，完全像在威廉大街上做的演習一樣，最大的罪犯就是那個背信棄義的英國外交大臣格雷爵士。英國是進攻德國和發動戰爭的罪魁禍首，他把這種感情表現在一首題為《對英國的仇恨之歌》的詩中，這首詩（現在不在我手邊）以簡潔明瞭、給人印象深刻的詩句將對英國的仇恨提升為一個永遠的誓言，永遠不原諒英國的「暴行」。不久，出現了災難性的局面，說明煽動起仇恨是多麼容易（這個肥胖、矮小、昏了頭的猶太人利騷事先學了希特勒的榜樣）。這首詩就像一枚扔進了炸藥庫的炸彈，也許在德國，還從來沒有一首詩像這首臭名昭彰的《對英國的仇恨之歌》這樣迅速地傳遍全國，即使是那首《守衛在萊茵河畔》，也沒有這樣紅過。德國皇帝深受感動，授予利騷一枚紅色的雄鷹勳章。所有的報紙都登載了這首詩，教師在課堂上唸給孩子聽，軍官走到前線，也唸給士兵聽，直到每個士兵都能把這部仇恨的經文背得滾瓜爛熟。但是這還不夠，這首小詩被配上樂曲改編成了大合唱，在劇院裡上演。在七千萬德國人當中，沒有人不從頭到尾熟知這首詩的，不久，全世界都知道了這首詩——當然，沒有報以很多的熱情。一夜之間，利騷紅得發紫，他獲得了一名詩人在這場戰爭中所能獲得的最高榮譽。而這榮譽在事後像一件內薩斯襯衣[5]一樣將他焚毀。因為戰爭一結束，商人又想重新做生意，政治家也都真心地為促進互相諒解而努力，人們想方設法要拋棄那首要求大家永遠與英國為敵的詩。為了推卸自己的責任，人們把可憐的

5 希臘神話中染有半人半馬怪獸內薩斯的毒血的致命襯衣，比喻會帶來災難的禮物。

利騷稱為「仇恨的利騷」，對於當時歇斯底里的瘋狂仇恨，只有他這個唯一的罪人得負責。實際上，一九一四年時，人人都得對當時的情形負責。那些在一九一四年讚美過利騷的人，在一九一九年都明顯地不理他了。報紙不再登載他的詩作，當他出現在朋友圈當中，立刻便出現難堪的沉默。後來，這位遭遺棄的人被希特勒趕出了他一心要為之獻身的德國，被世人遺忘地默默死去。他是那首詩的悲劇性犧牲品，它曾將他高高捧起，為的是最終將他摔得粉碎。

◊　◊　◊

不過，當時所有的人都和利騷一樣。我並不否認，那些詩人、教授，那些突然之間冒出來的愛國主義者，他們的情感是真實的，他們真心想要做點什麼。但是，事實很快就顯現出，他們對戰爭的讚美和他們放縱的仇恨結出了何等恐怖的惡果。所有加入戰爭的各國人民在一九一四年都處於亢奮狀態，最惡毒的謠言立刻就變成事實，最荒誕的誹謗也有人相信。在德國，幾十個人在一起發誓說，救災戰爭爆發前，他們親眼看見滿載黃金的汽車從法國開往俄國。每次戰爭的第三、四天就會出現的所謂挖眼、斬臂的謠傳充斥了各家報紙。唉，這些散播謠言的無知的人啊，他們不知道，這種將敵方士兵說得無比殘忍的謠言，也是一種戰爭伎倆，就像彈藥和飛機一樣，是為戰爭服務的，而且，在戰爭的最初日子裡，這些謠言的發源地一般都是報刊雜誌。戰爭是與理性和正常的情感格格不入的，它需要情感的衝動，需要人們對自己的家園充滿熱情，對敵人充滿仇恨。

而強烈的感情不會無限持續下去，這是人的天性。個人如此，一個國家和一個民族也如此。軍事當局對此很了解。因此，它需要人為的煽動，需要不斷給人興奮劑，這種煽風點火的工作理應由知識份子（不管他們做這項工作時是心安理得還是問心有愧，是出於真心還是例行公事）詩人、作家、新聞記者來完成。他們敲起了仇恨的戰鼓，他們使勁地猛敲，直到每個對敵國不抱偏見的人都雙耳轟鳴，心裡直發顫。無論是在德國，還是在法國、義大利、俄國、比利時，幾乎所有的知識份子都乖乖地為「戰爭宣傳」服務，以此來煽動群眾的戰爭狂熱和戰爭仇恨，而不是去消除這些狂熱和仇恨。

後果是相當嚴重的，當時，因為政治宣傳在和平時代還沒有遭到濫用而變得聲名狼藉，各國民眾雖然經歷多次的失望，但是對於報紙上登載的一切，他們仍舊確信不疑。所以，戰爭最初那幾天的純粹、勇於犧牲的熱情漸漸演變成了最惡劣、最愚蠢的情感放縱。在維也納和柏林，人們在環城大道和弗德里希大街上「反抗」英國和法國要方便得多。商店門面上懸掛的英文和法文招牌要摘下來，甚至有家修道院因為名字叫做「純潔的少女」（Englisches Fräulein）而必須更名，殊不知，在這裡，englisch 乃天使之意，並非英國之意，但是，群情激憤的民眾已經管不了這些了。那些老實的生意人在信封上貼上或者蓋上「上帝懲罰英國」的字樣，社交界的女士們發誓（她們還寫信給報紙聲明），一輩子再也不說一句法語。莎士比亞被趕出了德國的舞台，莫札特和華格納被趕出了法國和英國的音樂廳。德國的教授聲稱，但丁是日爾曼人，法國的教授則聲稱，貝多芬是比利時人。人們肆無忌憚地將精神文化遺產當作糧食和礦砂，將它們從敵國手上搶來。每天，各國的安分百姓成千上萬地在前線互相殘殺，這還不夠；他們還在後方互相辱罵、中傷對方已經死去的偉人，他們在自己的墳墓中已經靜靜地躺了幾百年了。這樣的精神失常演變得越來越荒誕。連一個從來沒走出過自己所在的城市、畢業後再也沒有打開過地圖冊的廚娘，都相信，如果沒有桑夏克（波士尼亞邊境的一個小地方），奧地利就無法生存。馬車夫在大街上爭論，應該向法國要求多少戰爭賠償，是五百億還是一千億，而他們自己連一億是多少的概念都沒有。沒有一座城市和社團不陷入這樣可怕的歇斯底里的仇恨當中去。教士在教壇上說教，一個月前還將軍國主義指責為最大罪行的社會民主黨人現在叫囂得比任何人都要厲害，為的是遵從威廉皇帝的話，不當「賣國賊」。那是無知的一代人的戰爭，正因為各國人民都一味相信正義在自己這方，造成了當時最大的危險。

在一九一四年戰爭的最初幾個星期內，要想與某人進行理智的交談，漸漸地已經不太可能。就連最平和、最善意的人都像喝醉了酒一樣，充滿了殺氣。我的朋友們，我一向將他們視作堅定的個人主義者，甚至思想上的無政府主義者，一夜之間卻變成了狂熱的愛國主義者，又從愛國主義者變成了貪得無厭的兼併主義者。每次的談話，都以如下的愚蠢的陳詞濫調作結：不會恨，也就不會愛。或者，談話以無端、粗暴的懷疑告終。這些朋友，多年來我從來沒有和他們發生過爭執，卻很不客氣地指責我說，我不再是奧地利人，我應該去法國或者比利時。他們甚至小心地暗示我，他們本應當讓當局知道我所持的觀點，告訴他們我認為這場戰爭是罪惡的，因為，「持失敗主義論者」（這個漂亮的詞是法國人發明的）是對祖國犯下的最大罪行。

於是，我只有一條路可走：在別人頭腦發熱和胡言亂語的時候，退隱到自己的內心，並保持沉默。就算逃亡（我對此有充分的體驗）也比孤獨地待在祖國要強。在維也納，我疏遠了老朋友，而現在，也不是尋找新朋友的時候。只有里爾克，我有時還能和他談談心，彼此能夠溝通。他同樣在我們偏僻的軍事檔案館服役，因為他的神經是如此脆弱，任何骯髒、臭味和嘈雜都會讓他產生生理上的痛苦。他是最不適合當兵的人了。當我想起他穿軍裝的樣子，總還是忍俊不住。有一天，有人敲我的門，一個士兵很畏縮地站在門口，我差點沒認出來：是里爾克！里爾克穿著軍裝！他看起來非常不自在，教人心疼，他的脖子被領子卡得緊緊的，一想到自己隨時必須雙靴併攏向任何一位軍官敬禮，他就完全慌亂了。由於他行事一向追求盡善盡美，所以對這些無所謂的陳規，他也希望模範地去遵守，於是就將自己置於一個持久的惶然狀態之中。他輕聲告訴我：「自打我上軍事學校開始，我就討厭這軍服。我還以為自己可以一輩子都不用再穿了。可是現在，快到四十歲的時候，竟然又穿上了！」幸運的是，有人熱心地保護了他，不久，一次有利於他的健康檢查使他免於服役。他又來過我這裡一次，是和我道別——這次，他重新穿著便服。他走進我房間的時候幾乎像飄過來一樣（他的步伐總是那樣輕，令人難以形容）。他想向我表示感謝，因為我通過羅蘭設法將他在巴黎被沒收的圖書搶救了出來。這是他第一次露出老態，彷彿關於這恐怖局面的思索令他筋疲力竭。他說：「如果我們只能去國外，那就去吧！戰爭永遠是樊籠！」然後，他便走了，我於是重新陷入了孤獨。

幾週之後，我為了躲避這危險的大眾變態心理，堅決地把住處遷到了維也納的郊區，結果，在這戰爭期間，我開始了自己的戰爭：與這利用群眾的激情對理性做出的背叛鬥爭。

為精神團結而奮鬥

隱居並沒有什麼幫助，氣氛仍舊很壓抑，我從而意識到，當對方粗野地發出咒罵時，僅僅這樣採取消極的態度，置身事外，是不夠的。我畢竟是作家，必須出來說話，在審查制度盛行的年代，只要有可能，作家就有責任表達自己的信念。我嘗試著這樣去做了。我寫了一篇文章，標題是〈致外國的朋友們〉，在其中，我的觀點與其他人的仇恨宣傳截然不同，我公開表示，即使現在不可能和他們聯絡，我也會對外國的所有朋友保持忠誠，為的是以後一旦有機會，就能夠立刻和他們一道投入對歐洲文化的建設。我將這篇文章寄給了當時讀者最多的德國報紙——《柏林日報》。令我驚奇的是，它竟然毫不猶豫地登載了全文。只有一句話成了審查制度的犧牲品——「不管誰取得戰爭的勝利」，因為哪怕只是對德國必勝有稍許的懷疑，在當時也是絕不允許的。但即使沒有刪去這句話，這篇文章已經給我招惹來了若干封超級愛國主義者的憤怒信件，他們不明白，在這樣的時刻，我怎麼還可能與那些卑鄙下流的敵人為伍。這些信並沒有令我感到傷心，我一生當中，從來沒有企圖讓別人皈依我自己的信念。將我的信念昭之天下，對我來說已經足夠，何況還是白紙黑字地刊登出來。

十四天之後，我已經幾乎將那篇文章忘記了，這時，我收到一封信，信封上貼著瑞士郵票，並且蓋有通過檢查的章。那熟悉的筆跡告訴我，這封信來自羅曼．羅蘭。他一定是看到了我寫的那篇文章，因為，他這樣寫道：「不，我永遠不離開我的朋友們。」我立刻明白了，這寥寥幾個字是一次試探，是想證實，在戰爭期間和一個奧地利的朋友通信有沒有可能。我立即給他回了信。從這天開始，我們按時通信，後來持續了二十五年之久，直到第二次世界大戰（它比第一次世界大戰更加殘暴）將各國間的聯繫統統中斷。

看到這封信的時候，是我一生中巨大的幸福時刻之一：它猶如一隻白鴿，從擠滿亂吼、亂踩、瘋狂的獸群的諾亞方舟飛來。我感到自己不再孤單，終於又和思想一致的朋友聯繫在了一起。我覺得自己受到了羅曼．羅蘭非凡的堅定意志的鼓舞，隔著國界線，我清楚地知道，他在那邊是多麼令人讚歎地保持著自己的人性！他找到了詩人在那個年代應該選擇的唯一正確的道路：不參與破壞和謀殺，而是遵照惠特曼的偉大榜樣（他在美國南北戰爭期間做過男護士），參加援助和人道工作。羅曼．羅蘭住在瑞士，由於身體狀況時好時壞，他不能參加任何戰地工作。戰爭爆發時，他正好在日內瓦，於是他立即報名參加了紅十字會，每天都在紅十字會擁擠的房間裡埋首苦幹那偉大的工作。後來，我曾經在一篇名為《歐洲的心臟》的文章，對羅曼．羅蘭公開表示感謝。在最初幾個星期殘酷的廝殺之後，任何聯繫都中斷了，每個國家的百姓都不知道自己的兒子、兄弟和父親生死如何，是陣亡了、失蹤了，還是被捕了，一概不知。他們也不知道要向誰去打聽親人的消息，從敵人那邊不會得到任何消息。親人下落不明，這是最折磨人、最可怕的痛苦了，紅十字會就是在那恐怖和殘酷的時刻擔負起了這項任務，讓人們至少可以減輕一些這樣的痛苦，它設法從敵國那裡將被俘人員的信件帶回故鄉。當然，這個有著數十年歷史的組織沒有面對過如此規模和數量的問題，每一天，每個小時，志願者的數量都必須上升，因為，在痛苦的等待中，那些士兵家屬真是度日如年。一九一四年十二月底，每天寄來的信函已達三萬件，最後，每天竟有一千二百人一道擠在日內瓦小小的拉特博物館裡處理和答覆郵件。在他們之中，就有作家當中最富有人性的一位：羅曼．羅蘭。他完全無私地拋開了自己的工作。

但是，他也沒有忘記自己的另一項責任，藝術家的責任，即表達自己信念的責任。即使這樣會與他自己的國家產生對立，甚至與整個捲入戰爭的世界相悖。在一九一四年秋天，當大多數作家在仇恨中已經叫囂得聲嘶力竭，相互進行攻訐和謾罵之時，羅曼．羅蘭已經寫出了那篇值得紀念的《超脫於混戰之上》的自白文章，他在文章中抨擊了國家之間精神的仇視，要求藝術家即使身處戰爭之中也依然必須主持正義和人性——這篇文章史無前例地引發了各種爭論，將整個文學陣營分成截然對立的兩派。

第一次世界大戰有別於第二次世界大戰的一點好處是：當時輿論還擁有力量。輿論還沒有被「政治宣傳」這個有組織的謊言所扼殺。人們還相信印刷品上的言詞，他們期待聽到這樣的話。一九三九年，作家的話，無論好歹，都再也起不了任何作用；時至今日，沒有一本書、一本小冊子、一篇文章或者一首詩能打動人民的心靈，或者影響他們的思想。而一九一四年，一首像利騷所作《對英國的仇恨之歌》這樣的十四行詩，一項如「九十三名德國知識份子」的愚蠢宣言，一篇像羅蘭所撰寫的《超脫於混戰之上》的八頁的文章，或者一部如昂利．巴比塞[1]所作的《火線》的長篇小說，都有可能成為轟動的大事。當時世界的道德和良心也沒有像現在這樣衰頹和乾涸，它會以幾百年來傳統信念的力量對所有公開的謊言，對所有侵害國際法和踐踏人道的罪行做出強烈的反應。今天，自從希特勒將謊言變成真理，將違背人道變成法律以來，像德國入侵中立國比利時這樣違背國際法的事情，就不再受到嚴厲的譴責，而在當時，這樣的事件還能夠在全世界引起軒然大波。槍殺卡維爾護士事件[2]，魚雷擊沉「盧西塔尼亞」號事件，都由於激起了道義的巨大憤慨而使德國遭受了比輸掉一場戰役更加嚴重的打擊。在當時，詩人和作家的發言並不是無濟於事的，因為，人們的耳朵和靈魂還沒有被收音機裡不斷傳出來的胡言亂語淹沒，相反，一位偉大文豪的即興演講要比那些政治家所有的公開演說厲害一千倍，人們知道，那些政客的演說是針對時局的策略，是出於政治的需要，那些話充其量只有一半可信。在那一代人心中，誠信文人是具有純粹思想的最優秀公民，對文人的想法報以無比的信任——

1 Henri Barbusse，1873—1935，法國著名作家和社會活動家，共產黨員。以第一次世界大戰為題材的《火線》使他於一九一六年獲龔古爾獎。

2 伊迪斯．卡維爾護士，英國人，一九一五年，在比利時協助協約國軍人出逃而被德國占領軍處死。

當然，他們後來是大大地失望了。正因為知曉文人的這種威望，軍方和政府便企圖把所有具有道德和精神威望的人物當作他們煽動宣傳服務的工具：這些文人必須聲明、表態、證明和發誓，說明非正義和邪惡都在敵對那一方，一切正義和真理都屬於自己的國家。在羅蘭這裡，他們沒有得逞。他不認為自己應該去進一步毒化那已經被各種手段造成的鬱悶至極的仇恨氣氛，相反地，他認為自己的任務是，去淨化這充滿仇恨的空氣。

假如今天再去看《超脫於混戰之上》這篇八頁文章，人們可能不會理解它當時發揮的廣泛影響。假如頭腦清醒地去看這篇文章，人們會發現，羅蘭所闡述的其實是最簡單不過的道理。但是，這些話是在一個今天幾乎無法再現的集體瘋狂時代說出的。當這篇文章發表時，法國的超級愛國主義者立即叫囂了起來，彷彿他們不小心將一塊燒得發紅的鐵塊攥在了掌心裡。羅曼．羅蘭立刻遭到最好的朋友們的抵制，書商不再敢在櫥窗裡陳列《約翰．克利斯朵夫》，正需要用仇恨來激勵士氣的軍事當局已想好了辦法對付他。小冊子一本接一本地出來，上面的論斷是：「在戰爭期間，祖國失去了人類所有的財富。」不過，這種叫囂永遠只是說明，羅曼．羅蘭打中了他們的要害。一場有關知識份子在戰爭期間應當持何種立場的討論已無法阻擋，這個問題無法迴避地擺在了每個知識份子的面前。

◊ ◊ ◊

在撰寫我的回憶錄過程中，最遺憾的莫過於羅蘭的信件已經找不到了。一想到這些信可能在這新的一場「大洪水」中遭到毀滅或者遺失，我就覺得自己負有責任，心頭沉甸甸的。我是那樣熱愛羅蘭的作品，我認為，有朝一日，人們會將他的這些信當作最美、最富有人性的藝術品看待，在這些信中，他偉大的心靈和充滿熱情的理智得以充分展現。它們發自一顆懷有無比同情的靈魂，發自極端的憤慨，寫給國界另一邊的一位朋友，也就是說，寫給官方意義上的「敵人」，在那樣一個時代，理智需要付出巨大的力量，而忠於自己的信念則需要無比的勇氣，這些信件也許就是最令人震撼的道德紀錄了。不久，從我們這種友好通信中，產生了一個積極的建議：羅蘭提倡，我們應該嘗試將各個國家最重要的文化人物邀請到瑞士，共同舉行一次會議，以達成更具尊嚴的一致性態度，甚至，還可以本著相互諒解的精神，向全世界發表一份見解一致的呼籲書。他從瑞士負責邀請法國和外國的知識界名人，我則負責趁著奧地利和德國的文人和學者還沒有由於公開的仇恨宣傳而名譽掃地，去試探他們的態度。我立即就開始著手去做了。當時德國最重要、最具代表性的作家是蓋爾哈特·霍普特曼，為了不讓他因為是否決定參加會議而感到為難，我決定不直接和他聯絡，而是寫了封信給我們共同的朋友瓦爾特·拉特瑙，請他私下徵詢一下霍普特曼的意見。可是，拉特瑙拒絕了我（這是否也是霍普特曼的意思，我不曾得知），他對我說，現在不是建立文學藝術界的和平的時候。這樣，我的努力實際上徹底失敗了。因為當時托瑪斯曼站在另外一個陣營，並且剛剛在一篇論述弗德里希大帝的文章裡維護德國官方的立場。里爾克，我知道他是站在我們這一邊的，卻遵循自己的原則，不參加一切公開行動和聯合行動。戴默爾，這位先前的社會主義者，在寫信時帶著幼稚的愛國主義自豪用「戴默爾少尉」署名。至於霍夫曼斯塔爾和雅各·瓦塞爾曼，有人私下告訴我，這兩人都不能指望。這樣，德國這邊就沒什麼希望了，而羅蘭在法國那邊遇到的反應也不比我這邊更好。那是一九一四年、一九一五年，我們這樣做是超前了，戰爭對於後方的人而言還很遙遠，我們孤立無援。

我們是孤獨的，但是也絕非完全孤獨。我們通過信件往來已經有所收益：我們初步了解了幾十個人的情況，他們的內心是贊同我們的，無論身處中立國還是交戰國，他們與我們有著共同的想法，我們能夠不時地相互關注對方的書籍、文章和小冊子，在某種程度上，我們是可以得出一致的意見，而且，不斷會有新的人加入——起初他們雖然猶豫不決，但是，隨著時代的壓力越來越大，他們變得越來越堅定。這種不是孤軍奮戰的感覺賦予我勇氣，我更加頻繁地寫文章，為的是通過讀者對我文章的回應和迴響，將那些與我們有共同感受的人從隔絕和隱蔽的地方找出來。畢竟，我可以在德國和奧地利最大的報紙上發表文章，具有一片相當重要的影響範圍，政府當局在原則上是反對我的，但是這並不可怕，因為我從來就不涉及敏感的政治時局。在自由主義的精神影響下，人們對於文學家都是相當尊敬的。當我今天再瀏覽一遍當時寫的文章，那時我將這些文章悄悄地塞到最廣大的讀者手中，我不由得要對奧地利軍事當局的大度致以崇高的敬意了。我竟然可以在世界大戰進行階段熱烈讚譽和平主義的創始人貝爾塔·馮·蘇特納，她將戰爭斥為罪惡中的罪惡。我還在奧地利的一家報紙上對巴比塞的《火線》做了詳細的介紹。要在戰爭期間向廣大民眾宣揚這種不合時宜的觀念，我們當然需要掌握一定的技巧。

為了描述前線的殘酷和後方的冷漠，我們自然有必要在一篇向奧地利讀者介紹《火線》的文章中特別強調一個「法國」士兵的痛苦，但是，幾百封來自奧地利前線的信件向我表明，我們的步兵對於自己的命運認識得也相當清楚。有時，為了宣揚自己的信念，我們佯裝互相攻訐。比如，我的一位法國朋友在《法蘭西信使報》上反駁我的文章〈致外國的朋友們〉，他用這種所謂的論戰將我的文章一字不漏地統統翻譯出來，成功地將它傳到了法國，使那裡的每個人都能看到（這就是我們的目的）。我們用這樣的方法打著閃光的信號燈，它們在我的記憶中奕奕發光。而當時的人們又是多麼深刻地領會了這些信號，關於這點我是通過後來發生的一件小事才明白的。一九一五年五月，當奧地利以前的盟國義大利向奧地利宣戰，奧地利國內掀起了一片仇恨的巨浪，關於義大利的一切都受到謾罵。此時恰巧出版了一本由一位名叫卡爾．波埃里奧的義大利青年寫的回憶錄，他生活在十九世紀義大利統一運動時期，他描繪了自己去拜訪歌德時的情景。我為了在那仇恨的喧囂中證明義大利人和我們的文化早已有過最密切的聯繫，故意寫了一篇文章〈歌德家中的一位義大利客人〉，由於這本書的序言是貝內德托．克羅齊[3]寫的，我便利用這個機會，在文章中對克羅齊說了幾句高度尊崇的話。那時候，奧地利人壓根不允許有人讚揚敵對國家的作家或學者，我對克羅齊的高度評價無疑是一種明顯的示威，這點連國外的人都能夠理解。當時在義大利還是部長的克羅齊後來告訴我，他部裡一位並不懂德文的屬下

3 Benedetto Croce，1866—1952，義大利著名哲學家，代表作有《精神哲學》。他在1920年至1921年任義大利的部長，在此作者記憶有誤。

神色驚慌地對他說，在敵對國的報紙頭版上面，有反對他的文章（他看到克羅齊的名字，只可能將它設想這是對他的攻訐）。克羅齊讓人取來《新自由報》，先是吃了一驚，然後又高興異常，原來，他看到的不是攻訐，而是對他的敬意。

◊ ◊ ◊

我在此根本不想高估這些小小的孤立的嘗試，它們對於當時的局勢自然不會有絲毫的影響，但是，它對於我們自己（以及一些素未謀面的讀者）是有幫助的。它減輕了可怕的孤立無援的感受，緩解了精神上的絕望，一個真正的二十世紀有血有肉的人當時就是處於這樣的絕望當中——而在二十五年後的今天，這樣的情形又出現了，依然是面對強權毫無反抗之力，我對此甚至比以前更加感到恐懼。我在那時就已經清楚地意識到，僅憑這些小小的抗議和小聰明，根本不能卸除我心頭的負擔。於是，我心中慢慢產生了要創造一部作品的計畫，這部作品不僅要描述那些個別的事情，更要將我自己對整個時代、人民、災難和戰爭的看法表達出來。

要想用綜合性的文學手法描述戰爭，我卻缺乏一個最重要的條件：我沒有親眼目睹戰爭。幾乎一年了，我都坐在這間辦公室一動不動，而在眼力所不能及的遠方，真實的、殘酷的戰爭正在進行。我曾經有好多次去前線的機會，幾家大報曾三次請我擔當他們的隨軍記者，但是，他們的條件是，無論做何種戰地報導，都必須本著愛國主義的積極態度。而我已經暗暗發誓——我在一九四〇年也信守了自己的這個誓言——不為戰爭寫一句讚歌，不貶低任何敵國。

後來，我偶然得到了一次機會。一九一五年的早春，德奧發起強大的攻勢，在塔爾努夫突破了俄國人的防線，只用了一次集中兵力的進攻就占領了加利西亞和波蘭。軍事檔案館想在奧地利戰區的俄國宣傳品和告示的原件被撕下或被毀之前，將它們收集到自己的資料室裡。負責檔案館的上校恰巧知道我具備收藏的才幹，便問我是否願意執行這項任務。我當然就立刻行動了。我得到了一張通行證，這樣，我可以不受任何部門的限制，不直接聽命於任何機關或上司，能夠乘坐任何一輛軍用列車，想去哪裡，就去哪裡。這待遇於是導致了最離奇的情形：我不是軍官，只是一個沒有軍銜的上士，身上穿的軍服沒有任何特別的標誌。每當我出示我的機密證件時，總是引起特別的尊敬，因為前線的軍官和公職人員都以為我一定是總參謀部的官員，正在微服私訪，或者身負什麼神祕的使命。又由於我不去軍官食堂用餐，只是在旅館下榻，我得到了另一種方便，即可以置身於這個龐大的軍事機構之外，在沒有任何「導向」的情況下看我自己想看的東西。

收集宣傳品這個任務並不讓我覺得很吃力，我每次來到加利西亞的一座城市，塔爾努夫、德羅戈貝奇或者倫貝格，車站旁總是站著一群猶太人，他們的職業是所謂的「代理」，你想要什麼，他們都能為你弄到。我只要對這些老手當中的一位說，我想要俄軍留下的宣傳品和告示，他就會像黃鼠狼一樣敏捷地跑去把任務通過祕密的方式下達給幾十個下屬的「代理」，三個小時後，我不費吹灰之力就收集到了最齊全的材料。多虧有這樣的傑出組織，為我省卻了大量的時間，使我可以觀看不少東西，而我確實也看了不少。我首先看到的是平民百姓遭受的可怕災難，在他們的眼睛裡，對於自己經歷的厄運所產生的恐懼仍舊像陰影一樣地殘留著。我見到了從來想像不出的猶太人聚居區內的困苦，那裡的人們擠在平房或地下室裡，一間房間要住上八個人或十二個人。我還頭一次看見了「敵人」。在塔爾努夫，我遇到了第一批押解在途中的俄國戰俘。他們坐在一塊被柵欄圍起來的四方形地上，吸著菸，聊著天，有二三十名蒂羅爾人負責看守，這些看守年紀都較大，而且多半都留著大鬍子，他們看起來和戰俘一樣衣衫襤褸、無依無靠，與我們在國內海報上所見到的衣冠筆挺、頭面齊整的士兵形象大相逕庭。但是，他們對戰俘的看守一點兒也不嚴厲苛刻，而戰俘也一點想逃跑的意思都沒有，奧地利的看守們根本不想嚴加防範地看守戰俘，他們和戰俘像夥伴一樣坐在一起，正因為他們語言不通，雙方都覺得特別有趣。他們相互遞眼，互相微笑，一位蒂羅爾人正從一個很髒、很舊的皮夾裡掏出妻兒的照片，拿給「敵人」看，這些戰俘輪番欣賞著，還用手指頭比畫著問，這個孩子三歲了還是四歲。我不由感到，這些粗野、簡單的人對於戰爭的理解要比我們的大學教授和作家正確得多，他們認為戰爭是降臨到他們身上的災難，他們無力抗拒，而每個被捲入這厄運的人，都是同病相憐的弟兄。在整個旅途當中，這種認識一直陪伴著我，令我感到安慰。我經過彈痕累累的城市，商店被洗劫一空，那些店裡的家具就像被肢解的胳臂、大腿和被掏出來的內臟一樣，堆積在馬路中央。但是，介於戰場之間的那些欣欣向榮的莊稼地又賦予我希望，但願這所有毀滅的景象會在幾年後消失。當然，我當時還料想不到，隨著戰爭的痕跡迅速地從地表消失，人們對於戰爭恐懼的回憶竟然也會消失得同樣迅速。

在最初幾天，我還沒有真正看見戰爭的恐怖面目，後來，它猙獰的面目最終超出了我最壞的設想。因為當時沒有常規的客運火車，我有一次搭乘的是運送戰炮的敞篷卡車，還有一次，我坐的是運輸牲畜的車，在一片惡臭之中，很多人東倒西歪地昏昏睡去，在這駛向屠宰場的途中，他們好像已經被屠宰了。但最要命的還是我曾經被迫坐過兩三次運送傷員的車。唉，它和那明亮、清潔又潔白的救護車有多大的天壤之別啊！在戰爭最初的階段，維也納社交界的公爵夫人和名門淑媛紛紛扮作護士的模樣，在那白色的救護車裡讓攝影師幫她們拍照。而我心驚膽戰所見到的傷員車都是一般的貨車，沒有像樣的窗戶，只有一個狹窄的小通風口，用來照明的是被煤煙燻黑的油燈。簡陋的擔架一副挨著一副，上面躺著呻吟不止、渾身汗水、面如死灰的傷員，他們在糞便和碘酒的刺鼻氣味中拚命地呼吸著空氣。護理員們走起路來更是搖搖晃晃，他們已經疲憊不堪了。在那裡根本看不見照片上所顯示的潔白床單和被褥的蹤影，傷員們躺在草垛上，或者躺在堅硬的擔架上，身上蓋的毯子早已被血跡滲透。在每輛傷員車裡，都有兩三名已經死去的士兵夾在這群垂死和呻吟的傷員之中。我和醫生交談，他坦白告訴我，他原先只是匈牙利一個小城裡的牙醫，已經很多年都沒有做過外科手術了。他非常絕望。他告訴我，他已經事先向七個車站發出電報，要求提供嗎啡，所有的藥品都已經用光，他連藥棉都沒有了，乾淨的包紮用品也沒有了，而傷員們還要挺過二十小時才能到達布達佩斯的醫院。他請求我的協助，因為他的手下累得再也幹不動了。我努力去幫他，我雖然笨手笨腳，但總算還能幫上點忙。我在每站停車的時候都下車幫忙提幾桶水，那水又髒又差，實際上只是機車用水，現在卻成了清涼佳品，至少可以擦洗一下傷員，將不斷滴在地上的血跡擦去。對於來自各個民族、被一副塞進這個帶輪子的棺材的士兵來說，還有一個困難，那就是語言不通造成的障礙。醫生與護士都不懂魯提尼人的語言和克羅地亞語，唯獨能幫上點忙的是一位白髮蒼蒼的老牧師（他和醫生一樣，因為弄不到嗎啡而感到絕望），他忿忿地抱怨說，他無法從事自己的聖職工作，因為他沒有油去做臨終塗油禮了。他這一輩子都沒有像這個月一樣為那麼多的人行臨終塗油禮，他說的話教我一生難忘，他用生硬、憤怒的語調說：「我是六十七歲的人了，見識得也不少。但是人類這樣的做惡我可真沒想到啊。」

◊ ◊ ◊

我回維也納搭乘的這趟運送傷員的火車在凌晨時分抵達布達佩斯，我馬上前往旅館，好好地睡上一覺。因為在那輛列車上，我的座位就是自己的行李箱。我實在太疲倦了，一直睡到大約十一點，然後急急忙忙穿好衣服，準備吃早餐。但是，剛邁出幾步，我就不由得有這樣的感覺，想揉揉眼睛，看自己是不是在做夢。那天氣候晴朗，早晨像春天，而午時像夏天。布達佩斯是那樣美麗，而且顯得比以往更加無憂無慮。女人們穿著白色的衣裙，與軍官們手挽手地漫步，這些軍官與我昨天、前天見到的軍人完全不同，彷彿來自完全不同的軍隊。他們由於昨天運送傷員的緣故，衣服上、鼻子裡和嘴巴裡還帶著碘酒的氣味，卻紛紛購買紫羅蘭，向女人們大獻殷勤。我還看見，漂亮得無可挑剔的小轎車在大街上駛過，裡面坐著頭臉整齊、衣著光鮮地同樣無可挑剔的先生。這景象可是出現在距離前線八、九個小時的快車路程的地方啊！但是，我們難道有權指責這些人嗎？他們生活著，並且還想過得愉快，這難道不是人類最自然的天性嗎？也許，他們正是因為感覺到了面臨失去一切的危險，才盡量地享受可以享受的一切，哪怕只是幾件漂亮衣服，幾個快樂的時辰。恰恰是因為我認識到，人是多麼脆弱、多麼容易被摧毀的生物，一顆小小的鉛丸能在千分之一秒的時間將人的生命，連同他所有的記憶、認知和情感擊得粉碎，我可以理解，為什麼在這樣一個瑰麗的上午，在波光粼粼的河畔，千百個人會蜂擁而來，去享受陽光，感受自身的存在，感受自身的血液，感受那也許增添了幾許力量的生命。於是，我在最初大吃一驚之後，幾乎很快就要對眼前的情景釋然了。但是，很不幸，那位殷勤的侍者卻偏偏在此時送來一份維也納報紙。我開始看報，這次，我心底真的升起一股怒火，厭惡之情難以遏止。報紙上通篇全是廢話，什麼勝利意志不可動搖，什麼傷亡人數敵眾我寡，那些毫不羞恥、赤裸裸的戰爭的彌天大謊向我撲來。不，有罪的不是那些散步的人、散漫的人、無憂的人，而是那幫為戰爭煽風點火之徒。而我們若不以牙還牙，我們便也是有罪的。

◊ ◊ ◊

此時此刻，我才真正有了動力，感覺自己必須為反戰而鬥爭！我心中積累的素材已經夠多了，但是要動筆的話，我還缺乏形象證實我自己的直覺的手段。我已經清楚認識了對手，知道自己要和什麼鬥爭——即虛假的英雄主義，它更願意打發別人去受罪和送死；以及那些無知的預言者的廉價愛國主義，無論是政治上的預言家還是軍事上的預言家，他們毫無顧忌地妄言勝利，延長屠殺，在其身後，是一幫僱用來的幫腔團，正如韋爾弗爾在他優秀詩作中斥責的那樣，他們統統都是「戰爭的鼓吹手」。誰表示懷疑，誰就防礙了他們的愛國主義事業；誰提出警告，誰就遭到譏諷，被稱為悲觀主義者；誰反對戰爭，就被這些根本不受戰爭之苦的人打成叛徒。古往今來，總是有這樣一小撮人，將謹慎者目為膽小鬼，將有人性者稱作軟弱的人。而當他們的草率導致災難降臨時，他們自己也都手足無措了！同樣是這樣一小撮人，他們在特洛伊譏諷卡珊德拉，在耶路撒冷嘲笑耶利米，在當時與歷史出奇類似的情形之下，我對於這兩位偉大預言家的悲劇性感受無比深刻。我從一開始就不相信什麼「勝利」，只清楚一點：以無數的犧牲為代價而最終取得的勝利，是不能補償這些犧牲的。我懷著這樣警醒的態度，在朋友當中卻始終是孤立的。在第一聲槍響之前就發出勝利的狂吼，在戰役未打響之前便分配戰利品，這些事實都讓我疑惑，我不知道自己是不是眾多聰明人當中唯一的瘋子，還是所謂的「眾人皆醉我獨醒」。於是，我很自然地選擇了用戲劇化的方式去描繪「失敗主義者」這特殊的悲慘處境，所謂「失敗主義者」這個被發明出來的稱謂，指的是那些力求互相諒解的人，他們卻因此被強加上「失敗」的罪名。我選擇了耶利米這個典型形象作為主人公，他是一位徒勞的告誡者。然而我並非意在寫一部所謂「和平主義」的戲劇，去編寫那些「和平勝於戰爭」的陳詞濫調，而是想描繪那些在激進時代中遭到蔑視的弱者和被人視為膽小怕事之輩的人，這些人在遭遇失敗的時刻，不僅證明自己是唯一能夠承受它的人，還能戰勝它。從我的第一部劇作《色希提斯》開始，關於失敗者在靈魂上的優越這個問題，總是一再令我思索。我總是禁不住地想用筆揭示，無論何種權勢，都會如何令一個人的內心變得冷酷；而任何一種勝利，都怎樣讓整個民族的思想麻痺。此外，我還想將這兩種力量與那能痛掘人的靈魂，在心靈深處掀起驚濤駭浪的失敗的力量相對比。在戰爭正在進行的時刻，當別人都迫不及待地相互得意地證明必然取得的勝利之時，我已將自己拋入災難深淵的谷底，尋找著攀升的道路。

我便是因為這樣而選擇了《聖經》當中的一個主題，卻在不經意之間觸動了我心中至今未曾動用過的部分：我那與猶太命運暗中相連的血脈與傳統。那一再遭受眾多民族征服的民族，不就是我的民族、我的同胞嗎？他們一而再、再而三地被征服，卻由於一種神祕的力量而挺住了所有的磨難，生存了下來，幸虧有這種力量，使他們具備戰勝一切失敗的意志。我們的先知難道不是預先就知曉了自己民族永遭驅逐的命運嗎？這命運讓我們今天又像糠秕一樣被趕出家門。而這些猶太先知不是主張忍受這強權的征服嗎？他們甚至將這當作通向上帝的救贖之路。而失敗的考驗難道不是永遠對大眾和個體都有益處嗎？——我在創作這個劇本時，有幸感受到了這一點，在我看來，這部劇本才是我真正創作的第一本書。我今天很清楚，我在戰爭期間痛苦地預感和感受的一切，如果沒有這些，我現在還會和戰前別無二致，當一個「令人愉快的」（就像音樂術語所描繪的那樣）作家，然而永遠不會有震撼心靈的深刻領悟和理解。而我現在第一次感到，我既要說出自己的心聲，也要說出時代的心聲。當我那時試圖幫助別人的時候，我也幫助了自己，我寫出了這部除了《伊拉斯謨》之外（在一九三四年希特勒統治的日子裡，

《伊拉斯謨》的創作也幫助我擺脫了類似的危機）最具個性的一部作品。從我決定創作它的那一刻起，我因為時代的悲劇而感受到的痛苦也減輕了幾分。

我從未想過這部作品會取得令人矚目的成功。由於匯聚了眾多的問題，諸如先知問題、和平主義問題、猶太人問題等，而且最終一幕以合唱的形式出現，失敗者為自己的命運獻上頌歌，這部詩劇的篇幅超出了正常戲劇，舞台演出實際上需要兩三個晚上的時間。而且，正當報紙每天都在叫囂「勝利，或者毀滅！」的當頭，這樣一部宣揚、甚至稱頌失敗的作品怎麼能夠在德國的舞台上演出呢？這本書能夠出版，在我看來，已經是個奇蹟了。即使不能夠出版，對我也不算什麼，因為，它至少幫助我度過了最艱難的時光。藉由這個詩劇的對話，我將不能對身邊朋友說的那些話和盤托出，擺脫了壓在自己心靈上的重負，恢復了自己的本色。在那些日子裡，我渾身每個細胞都在對整個時代喊：「不！」最後，我終於可以向自己，說一聲：「對！」

在歐洲的心臟

當我的悲劇作品《耶利米》在一九一七年的復活節出版時，我經歷了意想不到的情形。我是在內心對這個時代深惡痛絕的情形下創作這部作品的，所以，我等待的，也是人們對這部作品的強烈牴觸。可是，事實正好相反。兩萬冊劇本很快便銷售一空，對於一部戲劇而言，這是了不起的數字了。對我的作品公開表示支援的，不僅有像羅曼·羅蘭這樣的朋友，而且還有像拉特瑙和戴默爾這些先前站在我的對立面的朋友。我當時根本沒有將這劇本寄給任何劇院的經理（在戰爭期間上演這部劇是不可能的），這些經理卻寫信給我，請求我為他們保留這部劇在和平時期的上演權。就連主戰派人士對於我的這部作品也表現得非常有禮貌，並且充滿了敬意。在此之前，對於這部作品將引起的反應，我已經做好了各種準備，卻萬萬沒有想到會是這樣。

為什麼會這樣呢？原因很簡單，因為戰爭已經持續了兩年半，時間殘忍地喚醒了人們。戰場上血腥的廝殺過後，戰爭的狂熱開始消褪。與最初幾個月的興奮相比，人們用更加冷靜和銳利的眼光正視戰爭的面目。原先那種同仇敵愾的精神開始鬆懈下來，因為人們再也不相信哲學家和詩人鼓吹的所謂偉大的「道德淨化」。人民之間出現了一道巨大的裂痕，整個國家好像分裂成了兩個世界，前方是浴血奮戰的士兵，因供給和藥品的極度缺乏而痛苦不堪；後方是無憂無慮留在家裡安然度日的人，他們看戲享樂，還大發戰爭財。前線與後方的對照越來越尖銳，政府腐敗，裙帶關係氾濫，用金錢或憑關係就可以為自己謀求利益，已成為眾人皆知的事情，而已經奄奄一息的農民和工人卻不斷被驅趕到戰壕裡去。於是，人人都盡可能地為自己打算，根本不顧及其他。日用必需品因為無恥的黃牛的倒賣而一天貴似一天，食品越來越緊缺，在勞苦大眾頭上盤據的是那些發戰爭財的傢伙，他們的奢侈生活就好像鬼火在荒涼的沼澤地裡閃爍。老百姓的心中漸漸產生各種懷疑，他們懷疑日益貶值的貨幣，懷疑將軍、軍官和外交官，懷疑國家和參謀部發出的所有公告，懷疑每一份報紙和上面的報導，懷疑戰爭本身和它的必要性。我的作品之所以取得那樣令人驚異的成功，並非由於它在文學方面有多麼出色，而是因為，我在其中說出了別人不敢公然講的話，那是對於戰爭的仇恨，那是對於勝利的懷疑。

在舞台上用生動的話語將這樣的情緒表達出來看來是不可能的，這樣勢必會招致抗議。於是，我認為必須放棄在戰爭期間上演這首部反戰戲劇的打算。但這時，我突然收到蘇黎世劇院經理的一封信，他希望立即將我的《耶利米》搬上舞台，並且邀請我去參加首演。我竟然忘記了，德語國家裡還有這樣一塊小小的、但是非常珍貴的土地（在第二次世界大戰中也是如此），它承蒙上帝的恩賜，可以保持中立，那是一個民主的國家，言論依然自由，思想仍很開明。毫無疑問，我立即就表示同意了。

當然，我最初只能對蘇黎世方面表示原則上的同意，因為這還有個先決條件，就是我被允許離開奧地利和當時的崗位一段時間。幸運的是，當時所有參戰國家都設有「文化宣傳部」——在現在的第二次世界大戰中就沒有這樣的機構了。為了說明第一次世界大戰和第二次世界大戰在精神氛圍上的不同，我有必要指出，當時那些在人道主義傳統之下成長起來的國家、首領、皇帝和國王，在潛意識中對於戰爭還是感到有愧的。假如被指責為「軍國主義」或曾經是「軍國主義」，所有的國家都會起來反駁，說這是卑鄙的誹謗；相反地，每個國家都競相宣揚自己是「文明之邦」，紛紛證明和展現給別國看。一九一四年時，在人們看來，文明還是高於強權，諸如「神聖的利己主義」和「生存空間」這樣的口號會被視作不道德，人們孜孜以求的還是全世界認同的精神績業。因此，各種藝術演出充斥著中立國。德國將世界著名指揮家率領的交響樂團派往瑞士、荷蘭、瑞典，維也納也派出愛樂管弦樂團，甚至詩人、作家和學者，而且，他們出訪的目的不是宣揚本國的戰爭行為或讚頌兼併野心，而只是為了用他們的詩句和作品向世人表明，德國人不是「野蠻人」，德國人並非只會製造槍炮和烈性毒氣，他們也會創造純粹的藝術，他們的藝術對於整個歐洲都具有意義。我必須一再強調，在西元一九一四年至一九一八年時，人們還能獲取世界的良心，一個國家的藝術創作和道德元素在戰爭中還能起到一定的影響，成為受人重視的一股力量，各個國家還在謀求人類的善意，還沒有像一九三九年的德國那樣以非人的殘暴將它狠狠踐踏。因此，以參加一齣話劇的首演為由，申請去瑞士度假，這是一次極好的機會，我可能面臨的困難無非就是因為這是一部反戰的戲劇，而且身為奧地利人，我在劇中預言了戰爭的失敗——儘管是以象徵的形式。我向文化宣傳部主管部門的負責人提交了申請，並且陳述了我的願望。令我極為驚訝的是，他竟然立即答應為我安排一切，並且還做了異乎尋常的說明：「感謝上帝！您從來沒有和那幫愚蠢的人一樣為戰爭吶喊。好吧，請您在外面盡您所能完成這個事業。」四天之後，我的度假申請獲准，並且拿到了出國護照。

◊ ◊ ◊

在戰爭進行的過程中，聽見奧地利部會裡的一名最高軍官如此放言，我感到有些驚訝。由於不了解政治上的祕密行徑，我不知道，其實，一九一七年時，以新皇帝卡爾為首的政府高層人物就已經在悄悄醞釀一場運動，要擺脫德國的軍事獨裁。德國軍方違背奧地利的意志，肆無忌憚地將奧地利綁在自己兼併主義的戰車上。在我們參謀部裡的人都痛恨魯登道夫的殘暴專橫，在外交部，人們拚命反對不加限制的潛艇戰，因為那必然使美國人與我們為敵。就連老百姓也都議論紛紛，抱怨「普魯士的飛揚跋扈」。但是這些暫時都只是被小心翼翼地規範在人們話語的弦外之音當中，只是在貌似無意的談話中流露出來。而在幾天之後，我就了解到了更多的情況，而且在意外的情況下，比其他人更早知曉了當時最大的政治祕密。

事情是這樣的：我在去瑞士的路上，在薩爾斯堡逗留了兩天，在那裡買了一幢房屋，準備在戰後居住。在這座城市裡，有一個虔信天主教的小圈子，其中的海因里希．拉馬施和伊格納茨．賽佩爾，在戰後奧地利擔任過總理，在歷史上有過重要的影響。前者是當時最傑出的法學家之一，曾經出席過海牙會議，而後者是天主教神父，具有驚人的才智，在奧地利君主政體崩潰之後，他被指定擔負起領導小小的奧地利的責任，在這個崗位上，他施展了自己卓越的政治才能。這兩位都是堅定的和平主義者、虔信的天主教徒、熱情的傳統奧地利人，內心深處都激烈反對德意志、普魯士和基督教的軍國主義，他們認為，這種軍國主義和奧地利的傳統思想及天主教使命是格格不入的。我的作品《耶利米》在這個和平主義的宗教圈子裡引起了強烈的好感，樞密顧問拉馬施（賽佩爾當時恰巧正出外旅行）邀請我去薩爾斯堡找他。這位氣度不凡的老學者相當誠摯地向我談起他對我的劇本的看法，他認為，《耶利米》充滿了奧地利人友善的思想，他急切地希望，這個戲劇將超出文學的意義，發揮更大的作用。令我驚訝的是，他坦率地對我這個初次見面的人吐露了他的祕密，而他的坦率恰恰證明了他內心的勇敢，他告訴我，奧地利人正面臨一個決定性的轉折時刻。他說，自從俄國在軍事上遭受挫敗，一旦它願意放棄自己的侵略意圖，那麼無論對於德國還是奧地利，締造和平就不再存在真正的障礙，這個良機不容錯過。如果德國的反德意志勢力繼續抵制和平談判的話，奧地利就必須掌握領導權，採取自主行動。他向我暗示，年輕的皇帝卡爾已經許諾協助，也許就在最近，人們就能看見他本人發揮的政治影響力。而這一切都取決於奧地利是否具備足夠的力量去達成交戰雙方相互諒解的和平，而不是像德國軍國主義那樣以更多的草率犧牲換取的「勝利和平」。因此，在必要的時候，就要採取極端措施：在奧地利被德國的軍國主義拖進深淵之前，及時擺脫德國的同盟。他堅決而肯定地說：「誰也不能責難我們是背信棄義，奧地利死了一百多萬人，我們已經犧牲得夠多的了，做得也夠多了！現在，我們再也不能為了德國的霸權主義去犧牲一條人命了，一條都不行！」

我聽得屏住了呼吸，這些都是我們以前經常在心中所想的話，但是沒有人有勇氣在光天化日之下說出口：「讓我們及時和德國人還有他們的兼併政策一刀兩斷吧。」這樣的話會被當成對盟友的「背叛」。而現在，一個在奧地利取得了皇帝的信任，在國外也因其在海牙的活動而享有最高聲望的人，對我這個幾乎還是陌生人的人說出這樣的話，語氣這樣平靜而堅定，這教我一下子感覺到，這場奧地利的分離行動已經不再處於準備階段，而是已經展開了。要麼用單獨議和來威脅德國，迫使它進行和平談判，要麼在緊急狀態下實現單獨議和，這想法是很有膽識的。歷史證明，這想法是唯一可行的方案，可以拯救當時的奧匈帝國、哈布斯堡王朝和整個歐洲。只可惜，這個方案在執行的時候缺乏當初制訂時的果敢，卡爾皇帝派他的內弟帕爾瑪親王去見克雷孟梭，實際上帶去一封密信，想在取得柏林朝野同意之前試探一下議和的可能性，並且隨時準備議和。至於德國是如何得知這趟密使的，在我看來，真相至今未被揭示出來。糟糕的是，卡爾皇帝窘迫不堪，不敢公開承認自己的態度，也許是因為（有些人這樣說）德國以武力入侵奧地利相威脅，也許是因為，身為哈布斯堡王族一員，卡爾皇帝害怕沾上歷史汙點，在歷史的關鍵時刻，解散這個由法蘭茲·約瑟夫皇帝締結的、以那麼多的鮮血作為誓約的聯盟。

無論如何，他不會任命拉馬施和賽佩爾為總理，而這兩位信奉天主教的國際主義者憑藉內心的道德信仰，是唯一有勇氣承受背叛德國這個罪名的人。卡爾皇帝的猶疑最後毀了他自己。後來，拉馬施和賽佩爾直到千瘡百孔的奧地利共和國時期才成為總理，而不是在古老的哈布斯堡帝國時期。但是當時，除了這兩位德高望重的人物，沒有人能夠捍衛這貌似不義的行動。如果拉馬施當時能夠公開以脫離聯盟威脅德國，或者脫離行動得以成功，他就不僅解救了奧地利，而且也解救了德國，使它擺脫無限的擴張欲望，這個它最內在的危機。假如這位深信宗教的智者當時對我坦言的這個行動得以實現，而不是因為軟弱和愚笨遭到夭折的話，今日歐洲的情形將會好得多。

◊ ◊ ◊

第二天，我就啟程繼續前進，越過了瑞士的國境線。現在的人很難體會，當時從一個被封鎖、處於半飢餓狀態的戰爭國家進入中立國度，意味著什麼。從國界這邊的車站到那邊的車站只要幾秒鐘的時間，但是，在越過國界的最初那一秒，我好像從一種快令人窒息的環境中一下子來到充滿了氧氣和白雪的另一個世界，一陣眩暈襲來，從頭到腳，傳遍渾身上下的每根神經和感官。多年之後，當我從奧地利再次經過這個車站（我從來不記得這個車站的名字），我又在一瞬間重溫了這種教人豁然舒暢的清新感覺。我跳下列車，第一個驚喜便是看見食品攤上的食品琳琅滿目，我早就想不起來這些以前曾是生活中司空見慣的東西了：金黃飽滿的柑橘、香蕉，還有在我們那裡只有走後門才能弄到的巧克力和火腿，都敞開了放在市場上賣。買麵包不需要麵包券，買肉不需要肉券——旅客就像飢餓的野獸一樣，朝這些物美價廉的食物撲去。車站上還有一個郵電局，在那裡人們可以給世界各地寄信和發電報，無需接受檢查。郵局裡有法文、義大利文和英文報紙，人們可以購買、瀏覽和閱讀，不會受到任何懲罰。五分鐘的路程，在這裡，我們那邊被禁止的一切都受到允許，而在國界那頭，這裡被允許的全部都遭到禁止。在我看來，歐洲戰爭的荒謬通過這個緊挨兩國的空間顯得昭然若揭。回頭看看奧地利的那座邊境小鎮，用肉眼都可以看見告示牌上面的內容，從每幢小屋和每間草屋當中，都有男子被徵募去當兵，被運到烏克蘭和阿爾巴尼亞去和敵人相互殘殺——而在國界這邊，相同年紀的男子卻和他們的妻子寧靜地坐在懸垂著長春藤的家門前，吸著菸斗。我不禁問自己，在邊境線上的這條小河裡，是不是右邊的魚也在打仗，而左邊的魚保持著中立？當我邁過國境線的那一瞬間，我的思維就已經不同了，比以前更加自由、興奮和充滿自尊。而我在接下來的日子裡，還同樣感受到了，不僅我們的精神狀態，而且連同我們的身體機能，在我們的那個戰爭世界已經衰退到了何種程度。當我應邀在親戚家做客時，在餐後無意間喝了杯黑咖啡，並抽了根哈瓦那雪茄，卻突然頭暈起來，而且心跳非常劇烈。我的身體和神經表明，在長期食用咖啡的替代品，吸香菸的替代品之後，我已經不再適應真正的咖啡和菸草了。就連身體也需要在經歷了戰爭造成的不自然狀態之後，調整到和平氛圍下的自然狀態。

這種眩暈，這種舒服的昏沉也在精神上起了效果。在我眼中，每棵樹都變得更美了，每座山丘更顯自由，處處的景色都更加可愛。因為，在戰亂的國家，在人們陰鬱的目光中，一片寧靜祥和的草地只說明大自然對人類的冷漠旁觀，每一次殷紅的落日都讓人聯想到流淌的鮮血。而在這裡的和平的自然狀態下，天地神聖的獨立存在又顯得無比自然了。我因此比以前更加熱愛瑞士。以前，我也多次到過這個疆域奇小、卻異常豐富的國家，卻從未如此體會到它的意義，在瑞士，各民族和平共處，相互尊重，真正實現民主，他們通過這種最明智的生活準則克服了語言和民族之間的差異，使所有人成為同胞手足——對於混亂的歐洲來說，這是多麼好的榜樣啊！瑞士是所有被迫害者的避難所，幾百年來，一直是和平和自由的駐地，它歡迎各種思想觀念，同時也最忠實地保持著自己的特色——對於我們這個世界而言，這樣唯一一個超越民族的國家的存在是多麼重要啊！在我看來，上帝賜予這個國家以美麗和富饒，是完全正確的。在這裡，人不會感覺陌生，在世界的悲慘時刻，一個獨立、自由的人在此會比在自己的祖國更有歸屬感。在蘇黎世，我花好幾個時辰在大街和湖邊徜徉，直至深夜。萬家燈火顯現出一片和平氣象，這裡的人還過著泰然寧靜的生活。我能感覺到，在那些窗戶後面，不會有輾轉難眠、思念著孩子的女人。我見不到傷員、殘疾人，和那些明天、後天即將被運上列車的年輕士兵——在這裡，人們有理由生活下去，而在戰爭國家，生活已經成為一種恐懼，而四肢健全、身體康泰更幾乎是一種罪過。

我覺得最要緊的還不是討論我劇本的上演問題，也不是去和瑞士以及國外的朋友見面，我首先想見的是羅曼·羅蘭，我知道，他會令我更加堅決、清醒和積極，他在我內心最孤獨、最痛苦的日子裡給予我支持和友情，我要去向他表示感謝。我要見的第一個就是他，於是我立即前往日內瓦。現在，像我們這樣的「敵人」的確處於一種相當複雜的境地。交戰國的政府當然不希望見到自己國家的公民和敵國的公民在中立國有私人來往，可是，也沒有任何法律禁止這種來往，更沒有什麼法律條文規定，見個面就要受到懲罰。只有商業往來，所謂「和敵國通商」才是被禁止的，而且和叛國最為相提並論。我和朋友為了徹底擺脫違背這禁令的嫌疑，甚至在原則上都避免相互敬菸，因為，毫無疑問的是，我們身邊都有無數的密探在進行監視。為了避免受到懷疑，遭到「做賊心虛」或者「圖謀不軌」的指責，我們這些國際友人選擇了最簡單的方法，即完全公開的方法。我們相互寫信不用假地址，也不用留局待領，我們不會在深更半夜偷偷地互訪，而是一塊兒走街串巷，公然在咖啡館同坐。因此，我一到日內瓦，就立刻向旅館門房自報家門，並聲言我是來拜訪羅曼·羅蘭先生的。假如德國或法國的通訊社能夠報導我的身分以及我前來拜訪的對象，豈不是更好嗎？在我們看來，兩個老朋友，即使他們分屬不同的國家，而彼此的祖國正好又在交戰，也不會因此而相互躲避，這是很自然的道理。這世界如此荒誕，但我們覺得自己沒有義務去附和它。

最終，我又來到了他的房間——我覺得它幾乎和巴黎的那間房間一模一樣。桌子和椅子上還是像當年那樣堆滿了書，寫字檯上，攤滿了報紙、信函和紙張。這還是當年那樣簡樸的工作室，宛如一間修道士的隱室，卻與整個世界相連，無論他走到哪裡，他都按照自己的習性將房間布置成這樣。我一時說不出問候的話語，我們只是握了握手——這是幾年來，我第一次可以重新相握的法國人的手。三年來，羅蘭是我能夠交談的第一位法國人——但是，在這三年當中，我們彼此貼得更近了。我用外語進行的交談比用母語說的話要坦率和知心得多。我無比清醒地意識到，在我面前的這位朋友是當時世界最重要的人物，和我說話的這個人，是歐洲的良知。只有到了那個時刻，我才認識到他為促進各民族之間互相諒解這件偉大的事業所做的和正在做的一切。他晝夜工作，始終孤獨無援，沒有祕書的協助，他密切關注各國的動向，與無數向他請教良知問題的人通信，每日還要記許多頁的日記。在這個時代，沒有人像他這樣具有這種歷史責任感，他認為自己必須為後代留下歷史的闡述。（可是今天，那些日記都在何處呢？有朝一日，這無數冊手寫的日記必將揭示出第一次世界大戰中所有思想和道德上的問題。）同時，他還發表自己的文章，每一篇都在國際上引起激烈的迴響。此外，他還在創作長篇小說《格萊昂波》——這些都是他為自己自願承擔起的巨大責任而做的奉獻，孜孜不倦、充滿自我犧牲精神的全力奉獻。在人類的瘋狂年代，他事事親力親為，為人性正義做出了表率。他每一封來信都必定回覆，每一份報導時代問題的小冊子都要閱讀。他當時的身體狀況正受到嚴重的威脅，只能輕聲說話，而且不斷伴以輕微的咳嗽，不戴圍巾，他就無法穿過走廊，稍微走快一點，他就必須停下來歇息一下，就是這樣一個身體虛弱的人，在當時卻貢獻出了無比巨大的力量。任何攻擊和詭計都不能令他動搖，他清醒地注視著這個動亂的世界，毫無畏懼。我在他身上見到了另一種英雄主義，這是精神和道德上的英雄主義，在一個有血有肉的人身上形成一道豐碑——即使在我自己撰寫的有關羅曼．羅蘭的著作中，對他的描述可能也不夠詳盡。（因為人總是不好意思對在世的人稱譽過多。）當我看見羅蘭在那間斗室之中工作，從那裡向世界各地投射出一種肉眼看不見的、卻給人以鼓舞的光芒時，我是多麼感動啊，或者說，我感到自己被「淨化」了，若干日子之後，這感受仍舊保留在我的心中。我明白，羅蘭當時單槍匹馬地，或者說幾乎單槍匹馬地與千百萬人喪失理智的仇恨做鬥爭，這種鬥爭所產生的振聾發聵的力量是無法衡量的。只有我們這些人，作為那個時代的見證人才知道，他的一生和他那堪稱表率的堅定在當時是多麼富有意義。正是因為他，陷入癲狂病症的歐洲才挽救了自己的良知。

在那天下午和接下來幾天的談話中，我感到其中包含的輕微的悲哀，就好像和里爾克談到戰爭時所能感到的悲哀一樣。羅蘭對於那些政客和那些為了自己民族的虛榮而不惜犧牲他國無數生命的人深惡痛絕，但是同時，對於那無數不知為何意義（實際上根本是毫無意義）而受苦受難的民眾，他總是寄予同情。他將列寧發來的電報拿給我看——他在離開瑞士之前，在那輛遭到無數非議的列車上發給羅蘭這份電報，列寧在電報中懇請他一起前往俄國，因為他很清楚，羅蘭的道德威望對於他的事業是多麼的重要。但是，羅蘭非常堅定，他不參加任何組織，堅持獨立地以個人的身分為自己立誓獻身的事業效勞，而這事業，則是大家共同的事業。正如他從來不要求別人服從自己的思想一樣，他也不願意屈服於任何束縛。他認為，凡是愛戴他的人，必須保持獨立，拒絕任何約束，而他自己要為世人做出榜樣的，無非就是：怎樣保持獨立，怎樣忠誠於自己的信念，即使與整個世界對抗也毫不動搖。

◊ ◊ ◊

我在日內瓦的第一個晚上就遇見了一群法國人和其他外國人，他們都聚集在兩張獨立小報《報頁》和《明天》的周圍。他們就是皮埃爾—讓．茹弗、雷內．阿科斯、法蘭斯．馬塞雷爾。我們很快便成為密切的朋友，速度之快，只有往日年少交友時才會如此。但是我們憑直覺感到，自己處於一個新生活的開端。我們大多數的老朋友都因為受到愛國主義的迷惑而和我們斷交了，我們需要新的朋友，我們站在同一條戰線上，在同一個思想戰壕裡對付共同的敵人，於是，一種充滿激情的同志友誼在我們當中油然產生，在二十四個小時之後，我們便熟悉得好像相知數年了一般。而且，像所有在前線共同作戰的戰友一樣，我們彼此都用親切的「你」來相稱。我們——「為數不多、快樂的我們，像兄弟一般的我們」——都知道，這樣冒著個人危險的聚會確實是夠大膽的。我們知道，在距此五個小時路程的地方，每個德國人都在窺視著法國人，每個法國人也在窺視著德國人，他們隨時準備用刺刀把對方刺倒在地，或用手榴彈把對方炸得粉身碎骨，並為此得到嘉獎。敵對雙方，成千上萬的人都在做著這樣的美夢：將對方從地球上徹底消滅掉；敵對雙方的報紙也只會相互攻訐謾罵。在那成千上萬的人當中，只有我們這少數幾個人，不僅和氣地共同坐在一張桌子旁，而且彼此都懷著最誠摯的、甚至是自己能夠感知到的熱烈的兄弟情誼在交談著。我們知道，我們這樣做是完全和官方唱反調的，我們知道，我們這樣坦誠地公開彼此之間的情誼，對立於自己的祖國，是將自己陷入險境。但是，恰恰是這種冒險行為令我們處於一種幾近亢奮迷醉的狀態。我們希望去大膽冒險，我們很享受這冒險帶來的樂趣，因為冒險本身就已經顯示出我們抗議的真正分量。我甚至還和茹弗一起在蘇黎世聯合舉辦了一場公開朗誦會（這在戰爭期間可謂是一樁奇聞），他用法語朗誦自己的詩作，我用德語朗誦我的《耶利米》片段——我們正是用這種公開攤牌的辦法，表示我們在這場大膽的遊戲中是嚴肅認真的。我們根本不去想，自己國家的大使館和領事館裡的人會對這些活動持什麼看法，縱然像科爾特斯[1]那樣破釜沉舟，回家的船遭到焚毀，我們也無所顧忌。因為，我們內心深處堅信，所謂的「叛國者」不是我們，而是那些在意外發生的時刻背叛詩人使命的人。這些年輕的法國人和比利時人，他們有著何等的英雄氣概！馬塞雷爾將他自己創作的反戰恐怖木刻展示給我們看，那是為戰爭所刻的永久紀念碑，這些令人難忘的黑白畫面，其中表現的慷慨和憤怒，即使和哥雅的《戰爭的災難》相比，也毫不遜色。這位陽剛的男子日夜不停地在無聲的木塊上雕刻出新的人物形象和畫面，孜孜不倦，狹窄的房間和廚房裡堆滿了這些木板，每天早晨，《報頁》都要刊登他的新作，它們控訴的不是某個特定的國家，而是我們共同的敵人：戰爭。我們多麼希望，能從飛機上撒下這些即使是文盲也能看懂的揭示戰爭悲慘的畫面，將它們投向城市和軍隊，而不是炸彈。我相信，它們會提前撲滅戰火。但是，遺憾的是，它們只能出現在小小的《報頁》上，影響還沒有超出日內瓦。我們所說和企圖做的一切，都只是限制在瑞士狹小的範圍之內，等到能起作用的時候，已經為時太晚。我們大家暗自都明白，和軍事參謀部及政府機構那些龐大的機器相比，我們手無縛雞之力。他們之所以不迫害我們，也許正是

1　埃爾南·科爾特斯，Hernán Cortez，1485—1547，西班牙軍官，一五一九年，在殖民過程中焚毀所乘船隻，以示背水一戰，征服墨西哥。

因為我們對於他們而言並無威脅，我們的言論如此悄無聲息，而我們的影響也始終受到阻礙。但也正因為我們知道自己人少勢寡，孤立無援，我們才更加緊密地團結在一起，心連著心。自打我成年以來，我從來沒有像在日內瓦的那些日子一樣感受到那樣熱切的情誼，我們彼此建立起來的聯繫也保持了終生。

從心理學和歷史學的角度來看（不是從藝術的角度），在那個群體當中，最引人注目的是昂利·吉爾波[2]，在他身上，我看到他比其他人更加令人信服地證實了那條顛撲不滅的歷史規律，那就是，在翻天覆地的突變時期，尤其在戰爭和革命的年代，勇氣和冒險精神往往會在短時間內比內在的信念更重要，而激進的大無畏精神比品格和韌性更顯關鍵。當時代的波浪滾滾向前，後浪推前浪的時候，那些懂得必須毫不猶豫投身進去的人才能占領先機。當時，時代的浪潮使多少本來只是曇花一現的人脫穎而出，讓他們成為風雲人物，像貝拉·庫恩[3]、庫特艾斯納[4]，他們都被時代推到了他們本身的才能並不能勝任的位置。吉爾波，這個能說會道，有著一頭金髮和一雙機靈而不安的灰眼睛的瘦小男人，實際上並沒有多少天賦。雖然他在近十年前就將我的詩作譯成了法文，我還是得誠實地說，他的文學才華並不出色。他的語言才能也沒有超過一般的水平，而他的修養根本算不得深厚。他所有的氣力都花在辯論上。由於他性格中

2 Henri Guilbeaux，1885—1938，法國社會主義政客。

3 Béla Kun，1886—1939，匈牙利共產黨的創始人和領導者之一。

4 Kurt Eisner，1867—1919，德國新聞記者，巴伐利亞社會黨領導人。

某種糟糕的稟賦，他屬於那種無論對什麼事物都一定表示「反對」的人。對他而言，唯一的快樂便是，像個浪蕩子似的四處尋釁，去和比自己強大的對手一較高下。雖然這個小夥子本性還算好，但是在戰前的巴黎，他就已經在文學界不斷和各種人論爭各種思潮，然後又加入了激進的黨派，變換來變換去，卻沒有一個黨讓他覺得足夠激進。如今，在戰爭期間，作為一個反軍國主義者，他終於找到了一個強大的對手：世界大戰。大多數人的膽怯懦弱和他在戰鬥中表現出來的大膽和勇猛，使得他在那世界性的關鍵時刻成為重要人物，甚至是不可或缺的人物。別人害怕的東西，卻深深吸引著他，那就是：危險。正是由於別人都不敢去做，而只有他一人大刀闊斧，這就使得原本在文學界無足輕重的他突然變得很重要了，而把他的宣傳和戰鬥努力誇大到超越了實際的水平——這樣的現象，人們在法國大革命時期的吉倫特派的小律師和小法學家身上同樣可以看到。當別人沉默的時候，當我們正在猶豫不決，在每次行動前都反覆考慮做還是不做的時候，他堅決地出擊了，吉爾波不朽的功績在於，他創辦和主持了第一次世界大戰中唯一一份具有重要思想意義的反戰刊物《明日》。對於每個想真正了解那個時代的各種思潮的人來說，這份刊物都不容錯過。他給了我們正需要的東西：他在戰爭中為我們提供了一個國際主義中心，人們可以在此進行超越國家的討論。羅蘭對他的支持為這份刊物起了決定性的作用，由於羅蘭的道德威望和人際關係，他可以從歐洲、美洲和印度為吉爾波找來最得力的合作者。另一方面，當時正在流亡的俄國革命者列寧、托洛斯基和盧那察爾斯基對吉爾波的激進態度也予以信任，定期為《明日》撰稿。因此，有十二個月或二十個月之久，世界上沒有比這份報紙更加有趣和獨立的刊物，假如它能一直維持到戰後，說不定會對公眾輿論產生決定性的影響。吉爾波在瑞士同時還代表著法國的激進小組，克雷孟梭在法國嚴禁他們發表言論。在著名的昆塔爾會議[5]和齊美爾瓦爾德會議[6]上，堅持國際主義的社會黨人和那些蛻變成愛國主義者的社會黨人進行了決裂，吉爾波在這兩次會議中扮演了歷史性的角色。在整個戰爭期間，在巴黎的政界和軍界當中，沒有一個法國人像這個金髮小矮子這樣教人懼怕和憎恨，就連那個在俄國變成了布爾什維克的雅克·沙杜爾上尉[7]也不及他。最後，法國情報局陷害他的計畫終於得逞。他們在伯恩的一家旅館裡，從一個德國諜報人員的房間裡竊取了幾張吸墨紙和若干份《明日》，當然，這些東西無非是表明德國的一些機構訂閱了幾份《明日》——這本身並沒什麼罪過，從德國人的嚴謹態度來看，這些報紙是為了不同的圖書館和政府機關訂購的。而巴黎方面這時卻因此有了足夠的藉口，把吉爾波說成是被德國收買的蠱惑人心者，對他進行了起訴。他在未出席狀況下被判處死刑——這完全是非法的，事實也證明如此。十年後，這個死刑判決在一次復審後被撤銷了。但是此事之後不久，由於他的偏激和極端行動，他與瑞士當局發生了矛盾，遭到逮捕並被拘禁起來。而他的這種偏激也漸漸危及到羅蘭和我們大家。後來，由於列寧對吉爾波頗有好感，而且對於他在最艱難的時候，對吉爾波給予他的幫助心懷感激，於是他大

5　一九一六年四月二十四日到三十日，在瑞士昆塔爾村舉行的國際社會黨人第二次代表大會。

6　一九一五年九月五日至八日，在瑞士齊美爾瓦爾德舉行的國際社會黨人第一次代表大會。

7　Jacques Sadoul，1881—1956，法國軍官，社會黨黨員，一九一七年作為法國軍事使團成員被派遣至俄國，在十月革命的影響下成為共產主義的擁護者，加入了俄共法國支部。

筆一揮，將吉爾波的國籍改成了俄國，並安排他乘坐第二輛封閉列車前往莫斯科，才救了吉爾波。這時，吉爾波應該說是可以發揮自己的創造才能了。因為，作為一個真正的革命者所應該具備的所有：坐牢、未出席判處死刑等等，他都經歷過了，對於他而言，莫斯科是他再一次顯示身手的地方。就像在日內瓦憑藉羅蘭的幫助一樣，他本來可以仰仗列寧的信任，在建設俄國的事業中大展宏圖。另一方面，在法國，沒有任何人可以指望自己能夠憑戰時的勇猛態度，在戰後的議會和政府中扮演重要角色，因為，所有的激進團體都認為吉爾波是真正有勇氣、有作為的人，將他認作天生的領袖。但是，事實證明，吉爾波並不是什麼領袖人物，和戰時很多的作家和革命政治家一樣，他只是一個非常時期的匆匆過客，在倏然的盛名之後，最終還是要垮台。在俄國的辯論主義者吉爾波也像在巴黎時一樣，將才華都浪費在爭吵和是非上，並且漸漸和那些原先尊敬他的勇氣的人鬧翻，先是列寧，然後是巴比塞和羅曼·羅蘭，最後是我們大家。和他當初事業開端時一樣，他在晚年，只寫了一些微不足道的小冊子和無足輕重的爭論性文章，在被赦免後不久，他就在巴黎的一個角落悄無聲息地去世了。這位戰爭期間最勇敢的反戰者，倘若他懂得善加利用時代賦予他的機遇，他可能會成為我們那個時代的偉人之一。而今天，他已被世人徹底遺忘了。而我自己，恐怕也是最後幾個記得他的人之一了，因為他在戰時創辦了《明日》，我仍舊對他有所感懷。

數日之後，我從日內瓦返回蘇黎世，開始商討我的劇本排演問題。我熱愛蘇黎世，不僅因為它地理位置理想，坐落於湖濱和群山的濃蔭之下，還因為那高雅而略微保守的文化。由於和平的瑞士處於交戰國的包圍之下，蘇黎世也失去了寧靜。一夜之間，它成了歐洲最重要的城市，各種思想流派在此匯聚，當然，它也成為所有商人、投機份子間諜和煽動家的聚集地，而很自然的是，當地的居民對於以上這些人對他們故鄉所突然產生的這份熱愛，也報以懷疑的目光……在餐廳和咖啡館，在有軌電車和馬路上，處處都能聽見各種語言。並且，不管你願意不願意，處處都能遇見喜歡的或不喜歡的熟人，隨時會陷入無休止的激烈爭辯之中。所有被命運沖到這裡來的人，其生存都和戰爭的結局休戚相關，他們有的肩負政府的使命，有的則受到政府的迫害和斥責，大家卻都是脫離了原先的生活，被命運拋到這裡來。由於他們都沒有家，所以人人都在不斷地尋求同伴，而因為他們對於軍事和政治事件都不具備影響力，所以他們整天整夜地爭論不休，那份熱烈既令人興奮，又讓人疲憊。長年累月地在家緘默不語之後，人們確實很難抵抗開口說話的樂趣；當人的思考和寫作不再受監控，就會有一種迫不及待想寫作和發表文章的渴望。每一個人都憋著一股勁兒，想做最大的努力（在那時，就連資質平平的人也會表現得比平日和以後都更加有趣），就像我提到的那個吉爾波。說各種語言、持各種觀點的作家和政治家都聚集在這個地方，諾貝爾和平獎得主阿爾弗雷德．赫爾曼．弗里德在這裡出版了他的《和平瞭望台》；前普魯士軍官弗里茨．馮．甕魯在這裡向我們朗誦了他的劇本；萊昂哈德．法朗克創作了他動人的短篇小說集《人本善良》；安德列阿斯．拉茨科創作的《戰爭中的人們》引起了轟動。法蘭茲．韋爾弗爾曾經前來舉辦自己作品的朗誦會，我所在的古老的施韋德旅館曾是當年卡薩諾瓦和歌德下榻的地方，在那裡，我遇見過各國人士。我遇見過俄國人，他們後來在革命中都紛紛顯露，而我從來不知道他們的真實姓名；我見過義大利人、天主教教士、社會黨的強硬派人士和主戰的德國社會黨人。和我們站在一條戰線的瑞士人當中，有大名鼎鼎的萊昂哈德．拉加茨神父和作家羅貝爾．費齊，在法語書店，我還遇見過翻譯我作品的譯者保羅．莫里斯。在音樂廳，我見到過指揮家奧斯卡．弗利德——那裡什麼樣的人都有，但都是過客。在那裡，可以聽見各式各樣的見解，最荒謬的和最明智的，你會感到氣憤，也會興奮不已。在那裡，各種雜誌在創刊，各種論戰不斷展開，矛盾在產生，在激化，各種團體在成立或者解散。在蘇黎世的這些日日夜夜（更確切地說，是在夜晚，因為人們一直要談論到貝萊菲咖啡館或奧德翁咖啡館關燈打烊為止，而在此之後，還常常會有人走到別人家去繼續討論），我所見識的思想和所遭遇的人群如此紛雜而熱情，形式如此集中，氣氛如此熱烈，真是我從未經歷過的。在這個令人入迷的世界裡，再沒有人遊山玩水，沉浸在寧靜的湖光山色之中。大家都在埋頭讀報，在新聞、傳聞和各種分歧中度日。奇怪的是，在這裡，在精神上，大家對戰爭的感受比在祖國時更加深切了，因為，人們在這裡能夠更加客觀地看待戰爭，完全擺脫了勝利或失敗所造成的民族利害關係。人們不再用政治的眼光看待戰爭，而是從歐洲的角度來看，將它視作一場殘忍的暴力，它不僅會改變地圖上的幾條邊界，更會改變我們世界的未來。

◊ ◊ ◊

在這些人當中，最使我感動的是那些沒有祖國的人，或者說，比這還要不幸的人：他們不是只有一個祖國，而是有兩三個，他們內心也不明白自己究竟歸屬何處——當時的我彷彿已經預感到自己今後的命運了。在奧德翁咖啡館的角落裡，經常獨自坐著一個蓄著褐色小鬍子的年輕男子，他戴著一副很厚的眼鏡，十分引人注目，鏡片後面的深色眼睛目光銳利。有人告訴我，他是一位非常傑出的英國作家。而在幾天之後，當我結識了這位作家詹姆斯·喬伊斯，他卻斷然否認自己和英國有任何關係，他說自己是愛爾蘭人，雖然用英語寫作，但是思維方式並非是英國式的，而且他也不願意用英國式的思維方式思考。他那時對我說：「我想用一種超越一切語言的語言寫作，所有的語言都應該為這種語言服務。英語不能完全表達我的思想，我也不會受任何傳統的約束。」我當時並沒有完全領會他的話，因為我不知道他那時正在創作《尤利西斯》，他只是把他的《一個青年藝術家的畫像》借給我看，那是他僅有的一本樣書。他還借給我那部短劇《流亡者》，我當時為了幫助他，甚至想把它翻譯成德文。隨著我對喬伊斯的了解，我越來越驚訝於他非凡的語言知識。在他那在燈光下顯得和瓷器一樣光亮的又圓又飽滿的額頭下面，匯聚著所有可用的詞語，而他以最嫻熟的技巧排列組合著它們。有一次，他問我，怎樣將《一個青年藝術家的畫像》中一句很難的句子譯成德文，我們一起嘗試用義大利文和法文把意思表達出來。他對每個詞都備有四五個俗語的表達方式，包括方言，他熟知這些詞的色彩和輕重，對於最細微的語氣差別都瞭若指掌。他身上總帶著一絲愁苦，而我卻相信，正是這種多愁善感賦予了他內心的激情和創造力，他對都柏林、英國和某些人物的厭惡形成了他內心的動力，實際上，這些能量只有在文學創作上才能被發揮出來。而他似乎很喜歡自己那副刻板的模樣，我從來沒有見他大笑過，根本沒有見過他開心的樣子，他的身上總好像有一股力量在暗暗地凝聚。當我在大街上看見他，他總是緊閉著薄薄的雙唇，步履匆匆，好像奔赴某個目標。這時，我會比在和他談話時更強烈地感覺到他那與世隔絕、充滿戒備的性格。因此，我後來一點也不奇怪，正是他這個人寫出了那部最孤獨的作品，它與一切都沒有聯繫，彷彿一顆流星墜入我們的時代。

還有一個人也這樣生活在兩個國家，過著兩棲的生活，他就是費魯喬·布梭尼。他出生於義大利，在那裡接受教育，之後卻選擇了德國人的生活，從青年時代起，我最熱愛的鋼琴演奏家就是他。當他專注地彈奏鋼琴時，他的眼睛就會放射出一種奇妙的夢幻般的光芒，而他的雙手則在下面輕鬆地彈奏著，顯現出完美的技巧。他的頭顱微微向後仰著，全神貫注諦聽著自己演奏的音樂，並沉醉於其中，他彷彿總是由此進入一種容光煥發的狀態。多少次，我都在音樂廳著魔似的凝視他那張神采奕奕的面龐，他的琴聲像微微起伏的波浪，閃著清澈的銀色光芒，一直深入我的內心。而現在，我又見到他，他的頭髮已經花白，眼睛籠罩著一層悲哀。「哪裡是我的故鄉呢？」他有一次這樣問我，「當我晚上做夢醒來，我知道自己在夢中說的是義大利語，但是當我寫作的時候，我卻用德語進行思考。」他的學生遍布全世界——「也許，現在，我的一個學生正在朝著另一個學生開槍。」他不敢再去創作自己的那部歌劇《浮士德博士》，因為他感覺心煩意亂。為了排解，他寫了一部短小輕鬆的音樂獨幕劇，但是戰爭帶來的陰霾沒有從他頭上消散，我再也聽不見他那爽朗的笑聲了，而我以前是多麼愛聽他那笑聲啊。有一天深夜，我在火車站餐廳遇見他，他獨自已經喝了兩瓶葡萄酒。當我經過時，他叫住我，「來麻醉一下自己吧！」他指著酒瓶對我說，「我不是叫你喝酒！但是，人有時必須麻醉一下自己，否則真受不了啊。音樂不是每次都能充當麻醉品的，靈感也只會在心情好的時候才來臨。」

最艱難的，恐怕要算處於兩難境地的阿爾薩斯人了，而在他們當中，最不幸的又要數像雷內．席克勒這樣的人了。他們心向著法國，卻又用德語寫作，在他們的家鄉周圍瀰漫著戰爭的硝煙，他們的心被一剖兩半。有人把他們往左邊拉，也有人把他們往右邊拉，逼迫他們要麼承認德國，要麼承認法國。他們根本不接受「非此即彼」的選擇，他們不可能做出選擇，他們和我們大家一樣，希望德法兩國情同手足，用諒解取代仇視。因此，他們為了這兩個國家而備受煎熬。

另外，在他們周圍還有一群人茫然無措，他們是混血兒、嫁給德國軍官的英國婦女，奧地利外交官的法國母親。有的家庭裡，一個兒子在這邊服役，另一個兒子在那邊服役，而父母則盼望著兩邊的來信。還有的家庭，家產在這邊被查抄，而原有的工作在那邊也沒保住。這些家庭遭到四分五裂的人都來到瑞士避難，無論在故土還是在新的祖國，他們都同樣遭到懷疑，他們來此正是為了躲避這樣的懷疑。他們因為恐怕會讓彼此感到難堪而避免講任何語言，這些心靈遭到摧殘的人像幽靈一樣悄悄地行動，不發出任何聲響。一個在歐洲生活的人，他越是具備歐洲意識，那一記粉碎歐洲的重拳就越會將他擊垮。

◊ ◊ ◊

在此期間，《耶利米》上演的日子越來越近了，而它最終取得了巨大的成功。《法蘭克福報》告密似地向德國報導說，美國公使和協約國的幾名知名人士也觀看了演出，但這並沒有讓我感到不安。我們感覺到，戰爭現在已經進入第三年，德國內部越來越虛弱，魯登道夫的鋒頭已不比當初，人們對他強行貫徹的作戰政策的反對，已不再會給自己帶來多少危險。到一九一八年的秋天，戰爭必然會見分曉。但是，在等待戰爭結束的這段時期，我不再想在蘇黎世久留。因為，我的眼光漸漸地變得更加清醒和警覺。初來乍到的那份熱情，讓我誤以為自己能在這些和平主義者和反軍國主義者之中找到志同道合的朋友，找到決心為歐洲和解而奮鬥的戰士。但不久我便發現，在那些偽裝成流亡者和英雄主義理想的殉道者的人群中間，混雜著一些陰險的人物，他們被德國情報機關收買，為它們賣命，對每個人進行監視和竊聽。人們根據自己的經驗很快就能判定，這個平靜安寧的瑞士已經被兩個陣營的諜報人員像鼴鼠打洞似地破壞了。清理字紙簍的女傭、電話接線員，還有那在身邊慢吞吞服務的形跡可疑的餐廳服務生，都效勞於敵國的機構，有時，甚至還是一僕二主的關係。行李箱被人偷偷地撬開，吸墨紙被人偷偷照相，郵件在郵政途中不翼而飛，穿著高雅的女子在飯店大廳裡朝某人拋媚眼，一些我們聞所未聞的出奇熱心的和平主義者會突然到訪，請求你在他們的聲明上簽名，或者假模假樣地索取「可信任的」朋友的地址。曾經有一個「社會黨人」請我為拉紹德封的工人作報告，報酬高得令人生疑，而那裡的工人對此事卻一無所知，那時，真得處處小心，我不久就發現，真正可信的朋友實在是少之又少，而因為我不願捲入政治，所以我的交往範圍也越來越有限。但是，即使在可靠的朋友那裡，我也覺得很無聊，他們爭論起來沒完沒了，卻毫無結果，激進份子、自由份子、無政府主義者、布爾什維克主義者和不問政治的人混在一起，顯得很奇怪。我在那裡第一次學會了如何去觀察一位典型的職業革命家，他總是藉由一味的反對態度抬高自己原本無足輕重的地位，並且因為自己沒有任何立足點而死守教條。如果在這種喋喋不休的混亂當中繼續待下去，結果便是自己也變得混亂，以及盲目地從眾，從而對自己堅信的道義失去信心。因此，我和他們分道揚鑣了。其實，這些整日在咖啡館裡策畫謀反的人，沒有一個敢真正造反；那些湊在一起的政治家當中，在關鍵時刻也沒有一個人懂得如何搞政治。一旦戰爭結束，積極的重建工作開始時，他們還是抱著那種挑剔而抱怨的消極態度，一成不變。這就像當年反戰的作家當中，沒有幾個在戰後寫出像樣的作品一樣。那個讓他們熱烈的創作、討論和謀畫政治的時代已經過去了，由那些有才華的人組成的反戰團體也消失得無影無蹤。因為他們不是為了共同的理想而走到一起，而只是出於一時的相同境遇聚在了一處，一旦戰爭結束，反戰的運動也相繼消失了。

在距離蘇黎世大約半小時路程的呂施利孔，我找到了一個合適的住處。那是一家小旅館，從山丘上可以眺望蘇黎世湖的全貌，還能望見城裡的尖塔，它們顯得又小又遠。在這裡，我只需會見自己請來的真正的朋友，他們是羅蘭和馬塞雷爾。我可以做自己的工作，充分利用那無情流逝的時間。凡是眼睛沒有被蒙蔽、耳朵沒有被本國政府的大話震聾的人，都會覺得美國的參戰使得德國的戰敗不可避免。當德國皇帝突然宣布，他從此要實行「民主」的統治時，我們知道，戰敗的喪鐘已經敲響。我坦白地承認，雖然我們奧地利人和德國人在思想和語言同屬一源，我們還是變得急不可耐，盼望那已是不可避免的事實快快到來。終於，發誓要戰到最後一刻的威廉皇帝越境出逃了，而那個為了所謂的「勝利的和平」而葬送了千百萬人生命的魯登道夫也戴上墨鏡逃到了瑞典。那一天，真是給我們帶來了極大的寬慰，因為我們相信，隨著這場戰爭的結束，世界上不再存在戰爭，全世界的人也和我們一樣相信，那些蹂躪我們世界的野獸都已被制服和消滅。我們相信威爾遜的偉大綱領，那完全是為我們制定的綱領。而由於當時俄國革命還在歡慶人道主義和理想主義，我們彷彿從東方見到朦朧的曙光。我們當時真是太傻了，我現在明白了這一點。但是，也不僅僅是我們傻，每個經歷那個時代的人都記得，每座城市的街道都響徹雷鳴般的歡呼，人們迎接威爾遜，把他當成救世主。敵對國的士兵互相擁抱和親吻，在和平的最初日子裡，歐洲表現出對世界空前的信任。現在，地球上終於有了一個空間，可以去建立人們盼望已久的正義與博愛的王國。現在，正是建立我們夢寐以求的統一歐洲的時候。我們已經度過了地獄般的日子，還有什麼會比這更可怕的呢？另一個世界已經開始，正因為我們年輕，我們便這樣告訴自己：它將是我們的世界，是我們夢寐以求的更美好、更人道的世界。

重返奧地利

從邏輯上來說，在德奧軍隊潰敗之後，我做的最蠢的一件事就是：重返奧地利。此時的奧地利只是歐洲版圖上一塊灰暗而無生氣的地方，前途未卜，還籠罩著專制皇朝的陰影。捷克人、波蘭人、義大利人、斯洛維尼亞人把自己的領土全部從奧地利割走了，剩下的土地彷彿一具殘缺的軀幹，四處流淌著鮮血。在那六七百萬被迫自稱為「德意志—奧地利人」當中，有兩百萬人擠在首都維也納，忍飢挨餓。那些原先為國家致富的工廠現在位於外國的領地之上，鐵路也只殘留下可憐的幾段，國家銀行的儲備黃金已經全被提出來償還巨額的戰爭賠款。由於和平會議還未召開，奧地利新的國境線還沒有確定，戰爭債務也沒有確定，國內沒有麵粉、煤炭、石油。看來，一場革命勢在難免，或者，就會出現災難性的解決辦法。根據各種社會上的預見，這個由戰勝國製造出來的國家是無法獨立生存的（所有黨派，社會主義的、教會的、民族社會主義的，喊的都是這同一個腔調），這個國家也不願意獨立生存。據我所知，這樣矛盾的局面在歷史上也是第一次——一個國家被迫獨立存在，但它自己卻極力拒絕這樣的安排。奧地利希望，或者和先前的鄰國重新合併，或者和同根的德國統一，它不願意在這樣被肢解的狀態下過屈辱的乞丐生活。而奧地利的諸鄰國卻再也不希望和奧地利結成經濟同盟，一方面是因為他們認為奧地利太窮了，另一方面是因為他們害怕哈布斯堡皇朝復辟。協約國禁止奧地利和德國合併，因為，他們不希望看見戰敗的德國因此變得強大。所以，協約國明文規定，這個德意志奧地利共和國必須存在。對一個不願意存在的國家下這樣的命令：「你必須存在！」——這真是歷史上的怪事！

在一個國家最困難的時期，是什麼促使我自願回去的呢？這原因我至今還是說不清楚。但是我們這些在戰前長大成人的一代，無論在什麼情況下都有一種強烈的責任感，我相信，在這樣極度艱難的時刻，我們比平日更屬於自己的國家和家庭。貪圖安逸，逃避眼前發生的悲劇，在我看來，是太怯懦了。身為《耶利米》的作者，我尤其感到自己有責任通過自己的言語去幫助人們克服戰敗所造成的困難。我覺得自己在戰爭期間是多餘的，而在戰敗之後，反倒尋得了適合的位置，因為我反對拖延戰爭，所以我尤其在青年當中，贏得了一定的聲望。即使我對什麼都無能為力，但作為一種補償，我至少還可以和人們一道共同承擔我曾經向他們預言的苦難。

當時，重返奧地利的準備工作簡直就像要去極地進行探險，必須準備好暖和的衣服和羊毛衫，因為，大家都清楚，國境線那邊是沒有煤的——而冬天馬上就要來臨了。我把鞋底換好，因為那邊只有木頭鞋底，並且帶上足夠的儲備食品和巧克力，瑞士政府允許帶出多少，我就帶多少，這樣做是為了讓自己在拿到第一批麵包券和奶油券之前不至於挨餓。儘管保險費用很高，行李還是要上保險，因為，大多數行李車都會遭到搶劫，每丟一隻鞋和一件衣服，損失都是無法彌補的。當時這情形，只有在十年後，我去俄國旅行時才第二次碰見。在布克斯邊境車站，我還猶豫了片刻，在一年多前，我曾經懷著喜悅的心情乘車駛入這個車站，我站在那裡自問，在最後一刻，自己是不是還是回頭更好。我覺得這個時刻是我生命的一個關鍵時刻。但最終，我還是決定選擇艱辛，向困難迎去。於是，我登上了列車。

在一年前，當我到達瑞士布克斯邊境車站時，我曾經歷了那興奮激動的一分鐘。而現在，當我回國的時候，我同樣在奧地利的費爾德基爾希邊境車站經歷了難忘的一分鐘。我一下火車，就感覺邊境官員和員警身上那種明顯的不安。他們對旅客並不特別注意，國境檢查進行得非常草率，顯然，他們正在等待更加重要的事情。終於，鐘聲敲響了，表明有一趟來自奧地利方向的列車就要進站了，站台上的員警紛紛各就各位，全體工作人員都急匆匆地從木板小屋裡走出來，他們的妻子也湧向月台——顯然，她們是事先打好招呼的。人群當中，有一位身穿黑色衣服、帶著兩個女兒的老婦人特別引起我的注意，從她的儀態和服飾來看，可能是位貴族。她顯得很激動，不時拿手帕擦眼睛。

列車徐徐地，幾乎是莊嚴地駛來。這是一輛特別的列車，不是那種被日曬雨淋過的褪色的破舊列車，而是一輛有著寬敞豪華車廂的專車。機車停下了，可以感覺到，列隊等候的人群激動起來，而我還一直沒明白是為什麼。這時，我在車廂的窗玻璃後面瞥見奧地利最後一位皇帝——卡爾皇帝的挺拔身影，還有他穿著黑衣的齊塔皇后。我嚇呆了，奧地利最後一位皇帝，統治帝國長達七百年之久的哈布斯堡皇朝的繼承人要離開自己的帝國了！雖然他拒絕正式退位，奧地利共和國仍然允許他在離開時享受一切禮遇，或者說，是他強烈要求奧地利共和國這樣做的。這位身材高大、面容嚴肅的人站在窗邊，最後再看一眼自己國家的山巒、房屋和人群。這是一個歷史性的時刻，我親身經歷了這個時刻——對一個在帝國傳統中長大的人而言，此情此景更是教人動容。我在學校唱的第一首歌就是對皇帝的頌歌，後來在軍隊服役時，我曾面對這個此時身穿平民服裝、目光嚴肅深沉的人發誓：「和祖國的領土共存亡。」我曾在多次盛大的節慶活動中見過奧地利的老皇帝，那些豪華的場面在今天已經成為傳奇。我曾在美泉宮看見他從台階上走下來，接受八萬名維也納學童的效忠宣誓，他的家族成員和身穿閃亮制服的將軍簇擁在他周圍。學童整齊地站在綠色的大草坪上，用稚嫩的童聲合唱海頓的〈上帝養育歌〉，歌聲教人感動。我也曾在宮廷的舞會上和戲劇表演時，見過身穿金光閃閃制服的老皇帝。在伊施爾溫泉，我看見他頭戴綠色的施蒂里亞人帽子驅車打獵，我還看見他在聖體節的行列中虔誠地低著頭，向史蒂芬教堂前行——而在一個霧氣瀰漫的潮濕冬天，我終於看見他的靈車，在戰爭正在進行的日子裡，人們把這位年邁的老人安葬在卡普秦陵園。「皇帝」這個詞對我們而言，是一切權力和財富的縮影，象徵著奧地利的永恆。我們從小就學會用崇敬的語氣來唸「皇帝」這個詞。而今，我卻目睹他的後人，奧地利最後一任皇帝被驅逐出境。幾百年來，榮耀的哈布斯堡王朝的皇權代代相傳，但是，在這個時刻，終於壽終正寢。我身邊所有人都感受到歷史的存在，在這淒涼的場景中，他們感受到了世界的歷史。憲兵、員警和士兵都顯得很不自然，他們露出一絲羞愧，在一旁觀看著，因為他們不知道是不是還可以像原來那樣向皇帝敬禮，而婦女們也不敢抬頭正視。沒有一個人說話，這時，突然聽見那位不知從什麼大老遠的地方趕來的全身喪服的老婦人，在輕輕啜泣，她要再看看「她的」皇帝陛下。終於，火車司機發出了開車的信號。機車猛地一動，好像必須這樣用力才行似的，緩緩地離去了。鐵路員工們充滿敬意地目送它遠去，隨後紛紛回到自己的工作崗位，帶著一種在葬禮時人們常有的狼狽神情。在這一瞬間，延續了幾乎一千年的皇朝才告以結束。我明白，自己現在要回到的地方是另一個奧地利了，是另一個世界。

列車剛剛消失在遠方，我們就被要求從潔淨明亮的瑞士車廂換到奧地利的車廂。只有登上奧地利的列車，你才會在進入奧地利之前事先明白這個國家究竟發生了什麼。為乘客指點座位的列車員，個個衣衫襤褸，面黃肌瘦，走起路來慢吞吞的，穿破的制服掛在瘦削的肩膀上邋來邋去。窗戶旁邊用來將窗子拉上拉下的皮帶已被割掉，因為每寸皮貨都值一筆錢。就連座位也被人用匕首或刺刀割得不成樣子，整塊坐墊皮面都被恬不知恥的人野蠻地搶走了，為了補自己的鞋子，這樣的人無論在哪裡見到皮革都要順手奪走。同樣，車廂牆壁上安裝的菸灰缸也不翼而飛，就因為它含有那樣一點鎳和銅。深秋的風透過破了的車窗，從外面呼呼地吹進來，劣質褐煤的煙霧和煤灰一道夾雜著湧進來。現在，火車上燒的都是褐煤，它們的煙灰把車廂的地板和四壁都燻黑了，但是，刺鼻的煙味倒是也減輕了一點碘酒的強烈味道，這碘酒的氣味教人記起這些只剩下骨架的車廂在戰爭期間曾經運送過多少傷兵。但無論如何，列車仍舊可以向前開動，這就是一個奇蹟。誠然，這也是一個折磨人的奇蹟，每當沒有上油的車輪發出的刺耳聲音變得和緩些時，我們都擔心這疲勞過度的列車是不是馬上就要完蛋。平時只需一小時的路程現在要花上四五個小時，天色一黑，車廂裡就完全漆黑一片。電燈泡全都被打碎或被偷走，誰要是想找點東西，就必須劃著火柴摸索。車廂裡的人之所以不覺得寒冷，是因為在剛上車的時候人們就已經六人一堆、八人一群地擠在一起了。但是，剛到停靠的第一站，就開始有新的乘客上車。人越來越多，而且大家都因為等候了若干小時而疲憊不堪。通道上擠得滿滿的，甚至在這接近冬天的寒夜，連車踏板上都蜷縮著人。每個人都緊緊抱著自己的行李和食物包，在黑暗中，誰也不敢鬆手放開任何一樣東西。我又從和平之中回到了這個大家誤以為結束的戰爭的恐懼之中。

火車在快到因斯布魯克的時候突然喘息起來，儘管喘著粗氣，汽笛長鳴，它就是爬不上一個小坡。鐵道工人拎著冒煙的提燈在黑暗裡緊張地跑來跑去，一個小時之後，輔助的發動機才呼哧呼哧動起來，而到達薩爾斯堡的時間也從原本需要的七個小時變成了十七個小時。車站遠近，找不到一個搬運工，最後，還多虧了幾位衣衫破舊的士兵自告奮勇地幫我把行李搬到一輛馬車旁。但是拉那輛馬車的馬又老又營養不良，與其說牠拉著馬車，不如說牠是靠著車轅才站得住。我實在沒有勇氣再把行李放上馬車，讓這口可憐鬼一樣的牲口拉著它走。所以，我把行李放在了火車站的寄存處，我這樣做當然相當擔心，怕再也見不著它們了。

戰爭期間，我曾在薩爾斯堡買了幢房子。由於和早年的朋友在戰爭的態度上意見相左，我們的關係疏遠了，這使得我不再想在大城市裡居住，不想混雜在人群當中，而我後來的工作也總是需要這樣退隱的生活方式。在奧地利所有的小城市當中，我覺得薩爾斯堡不僅風景優美，而且地理位置優越，所以成為我的最佳選擇。它位於奧地利邊境，乘坐兩個半小時的火車就可以到達慕尼黑，乘五個小時的火車可以到達維也納，十個小時到達蘇黎世或威尼斯，二十個小時到達巴黎，它是一個通往歐洲各地的名副其實的始發點。當時，薩爾斯堡還沒有因為在那裡舉辦的藝術節而成為「群英薈萃」的名城（在夏天，這裡一片風雅），而是一個坐落在阿爾卑斯山末端的古樸、浪漫而帶著睡意的小鎮。在這裡，阿爾卑斯山的山崗與德國的平原和緩地過渡融合到一起。我居住的那個鬱鬱蔥蔥的小山丘，彷彿是阿爾卑斯雄偉山脈最後的一個浪尖。汽車是開不到那裡的，只能沿著一條已有三百年歷史、由一百多級台階構成的羊腸小徑爬上去。而當你從這山丘的斜坡眺望由塔樓林立的城市的屋頂和山牆構成的迷人景象時，你會覺得剛才攀登的辛苦完全值得。山丘的後面是氣勢恢弘的阿爾卑斯山脈全景（當然，也能望見貝希特斯加登附近的薩爾斯山，不久，就會有一個叫阿道夫·希特勒的無名之輩住在我的對面[1]）。我的那幢住宅富有浪漫色彩，但是不實用。它在十七世紀是一個大主教的狩獵小別墅，倚靠著堅厚的城堡圍牆，到了十八世紀，別墅左右兩側又各擴建了一間房間。別墅內有一幅精美的舊

1 希特勒從一九二三年開始常常在貝希特斯加登避暑。

壁毯和一個繪有花紋的九柱戲球，一八〇七年，法蘭茲皇帝訪問薩爾斯堡時，曾在我這幢別墅的長廊裡親手用這顆球擊倒了九柱戲的柱子。別墅內，還保存著幾張羊皮紙，上面寫著各種基本權利，這一切都是往昔輝煌歷史的見證。

這座小宮殿由於門面寬大而顯得很恢弘，但其實，由於它沒有什麼景深，一共才只有九間房間。這棟稀有的古典建築後來讓我的客人很是驚歎，但在當時，它具有歷史意義的古老卻成為累贅。我們發現自己安在這裡的家幾乎無法居住，雨水滴滴答答地漏進房間，每次下雪之後，門廊裡全是積雪；而且，由於木匠沒有修房椽的木頭，管道工沒有修管道的鉛皮，當時根本不可能修繕屋頂。我們只能用油氈勉強將最糟糕的幾處漏洞堵一下，等到再下雪的時候，唯一的辦法是再爬上屋頂，將積雪及時清掃乾淨。電話也常常不管用，因為電話線不是用銅製的，而是用鐵絲代替。由於山上沒有任何供給，所有的零星物品都必須靠我們自己搬上山去。而最糟糕的當屬寒冷了，這裡遠近都沒有煤炭，庭院裡的樹木還太嫩，當作柴火燒起來時只會像蛇一樣嗞嗞作響，沒有什麼熱量，不是在燃燒，而是劈啪亂響。百般無奈之下，我們只好用泥炭來對付，它至少還能產生些熱氣。有三個月的時間，我只能將自己捂在被窩裡，用凍得發青的手指創作，每完成一頁，我就要把手再放進被窩裡暖上一陣子。而就連這樣的居住條件也還必須珍惜，因為在那災難的年代，除了食物和燃料普遍匱乏，連住房也非常短缺。四年的時間，奧地利沒有建造任何房屋，許多房屋已經倒塌，突然之間，大批退役士兵和戰俘蜂擁而至，無家可歸，在這樣迫不得已的情況下，每間可住的屋子裡都住了一家人。管理委員會已經來過四次了，我們也早就自願地交出了兩間房間，但是，當初教我們非常為難的這又冷又破的房子，此刻卻因為它的惡劣條件起了保護作用，沒有人願意爬一百多級台階，前來這裡受凍。

每次我下山進城，都要遇見令人心痛的事情。我第一次在人們發黃而露出凶光的眼睛裡看見飢餓，麵包發黑，變成碎屑，發出一股霉味；咖啡是用烤糊的大麥熬出來的汁水；啤酒就像顏色發黃的水；巧克力吃起來好比染了顏色的沙子；馬鈴薯是凍壞的。大多數人為了不至於將肉味全部忘掉，自己都養了兔子。有個小夥子跑到我們的院子裡來打松鼠，當作禮拜日的一道菜。養得肥一點的貓和狗走得稍遠一點就很難再回來。人們供應的布料實際上是加工過的紙張，是替代品的替代品。男人幾乎都穿著舊衣服，甚至包括俄國人的制服，那是他們從哪個倉庫或者醫院弄到的，已經被好幾個死人穿過了。而用舊麻袋製成的褲子也不少見。大街上櫥窗裡的陳列品都被洗劫一空，泥灰彷彿瘡痂似地從頹倒的房屋上剝落，人們明顯的營養不良，步履艱難地前去工作，走在這樣的街道上，我的心都要碎了。在平原地區，供給情況要好一些。在道德水準普遍下降的情況下，沒有一個農民會想到要按照法定的「最高價格」出售自己的奶油、雞蛋和牛奶。農民都盡可能多地儲備食品，藏在自己的倉庫裡，等待買主上門出好價錢來買。很快，出現了一種新興職業，就是所謂的「囤積居奇」。那些無業男子背上一兩個背包，到農民家挨家挨戶地收購，甚至坐火車到有利可圖的地方去非法套購糧食，然後在城裡以四五倍的價格兜售出去。農民一開始很是高興，他們的雞蛋和奶油換來了這麼多的鈔票，像肥水一樣流進家門，他們把這些錢都攢了起來。但是，當他們帶著鼓鼓囊囊的錢包進城買東西時，他們憤怒地發現，他們要買的鐮刀、鐵錘、鍋爐的價格都已經上漲了二十或五十倍，但他們為自己的糧食只多要了五倍的價錢。從這時開始，他們只準備將自己的食物換成工業產品，並要求等價交換，以物易物。自打人類進入戰壕而有幸重溫了洞穴生活之後，現在，他們又擺脫了流通千年之久的貨幣，回到原始的以物易物。全國各地開始出現一種怪異的買賣方式。城裡人將農民可能缺乏的物品運到農家，比如中國的瓷花瓶和地毯、劍、獵槍、照相機、書籍、燈具和各種裝飾品。因此，當你走進薩爾斯堡一戶農民的家中，會驚訝地發現有一尊印度菩薩正凝視著你；或者，你會看見一個洛可可風格的書櫃，裡面擺放著法國的皮面精裝書籍，它們的新主人為它們而感到分外的自豪，洋洋得意，「這是真正的皮革！法國的！」他們鼓著腮幫子，炫耀著說。「要物不要錢」，這句話已經成了人們的口頭禪。有些人為了餬口，不得不摘下手上的結婚戒指和身上的皮帶。

最後，政府進行干預，要制止這黑市買賣，它實際上只對擁有實物的人有利。每個省都建立了關卡，繳收那些或坐火車或騎自行車的「囤積者」的貨物，然後將這些東西分配給城市裡的食物供應站。那些囤積居奇的人仿照美國西部的方式組織夜間運輸，或者，他們對自己家中也有小孩在挨餓的檢查人員進行賄賂，以此來對付政府的措施。有時，他們會真刀真槍地幹起來，這些小夥子經過前線的四年訓練，已經能夠熟練地使用刀槍，在平地上逃跑時，也曉得用軍事上那一套技術來掩護自己。人們感覺到，貨幣每天都在貶值，因此，混亂的局面一天比一天嚴重，群眾的情緒一天比一天激憤。奧地利的鄰國用自己的貨幣取代了原先的奧匈帝國貨幣，並且把兌換老「克朗」的負擔，或多或少地丟給了可憐的奧地利。群眾對國家失去信任的第一個標誌便是，硬幣都不見了。畢竟，一小塊銅或者鎳相對於只印了幾個字的紙幣而言還算是「實物」。國家雖然竭盡全力地大印鈔票，想用梅菲斯特[2]的方法造出盡可能多的貨幣，但是，仍然趕不上通貨膨脹的速度。於是，每座城市、每個城鎮，乃至每個村莊都開始自行印刷「救命錢」，而這樣的貨幣到了鄰村就會被拒收，後來人們終於認識到它們沒有價值，乾脆一扔了之。由於這種混亂以越來越奇異的形式出現，假如有一位經濟學家能將這先在奧地利，後在德國出現的通貨膨脹的每個階段都清楚地描寫出來，我想，其情節的扣人心弦並不難超過任何一部長篇小說。不久，沒有人知道還有什麼東西值錢，物價瘋狂地飛漲。一家店鋪及時抬升了貨物的價位，而另外一家店鋪的主人老實、不黑心，仍然按照頭一天的價格出售貨物，那麼，在前一家店裡出售的一盒火柴，價格要比後一個店鋪高出二十倍，而這個老實人得到的報答便是，他店裡的東西在一小時之內銷售一空。因為，人們都奔相走告，也不管那裡的貨品自己是否需要，而盡力搶購一切能買到的東西。即便是一條金魚或者一隻舊望遠鏡，也終歸是個物品，人人都想要物，而不是錢。而最荒唐的是房屋租金的不合理，政府為了保護房客（他們是廣大群眾）的利益，不允許提高租金，從而損害了房東的利益。不久之前，在奧地利租一套中等大小的公寓，一年的租金還不抵一頓飯錢。實際上，在整個奧地利，有五到十年的時間，房子或多或少都是被人白住的（後來，連解除租房契約都不允許了）。由於這樣混亂的局面，情況一

2 《浮士德》當中的魔鬼。

天比一天惡化，道德水準也日漸下降。那些省吃儉用將血汗錢積攢了四十年，又出於愛國熱情拿這些錢買了戰時公債的人，頃刻間淪為了乞丐。而凡是欠債的人，此時都不用再還債了。誰要是一絲不苟地遵守分配糧食的規定，誰就會餓死。只有那些無恥地超支用糧的人才吃得飽肚子。善於行賄的人總是得到好處，投機份子也發了橫財。那些合理按照批發價出售貨物的人被人掏空了腰包，而那些精打細算做買賣的人總是上當受騙。在通貨膨脹和貨幣貶值的時期，沒有什麼規範和價值可言，更沒有什麼道德可言，只有一條準則：人必須八面玲瓏、滑頭善變，並且無所顧忌，才能跳上這匹飛奔的快馬，而不是被牠踩在腳下。

正當奧地利人由於這價值的傾癱而失去所有準則時，有些外國人也意識到這是在我們這裡混水摸魚的大好時機。在這次的通貨膨脹時期（通貨膨脹總共持續了三年，而且膨脹的速度越來越快），國內唯一具有穩定價值的東西就是外幣了。由於奧地利的克朗像水一樣從人們指縫中溜走，所以人人都想擁有瑞士法郎和美元。於是，大批的外國人充分利用這個時機，都想在奧地利克朗垂死的軀體上咬上一口，分上一瓢羹。奧地利被「發現」了，它經歷了一場外國人蜂擁而至的災難性局面。維也納的旅館裡住滿了吞食腐屍的禿鷲，他們什麼都買，從牙刷到農莊。他們將私人收藏品和古玩店裡的古董洗劫一空，事後這些古董的主人才懊惱地發現自己已陷入窘境，那些買主和強盜與盜賊並無二致。瑞士的旅館看門人和荷蘭的女打字員都住進了環城大道上豪華飯店的貴族套房。這樣的事情儘管實在讓人難以置信，我作為目擊者還是想用下面的一樁事實來作證：薩爾斯堡著名的歐洲飯店在相當長的時間內全部出租給英國的失業者，由於他們有英國政府頒發的充足失業金，在這裡過著比在老家貧民窟更加便宜的生活。世上沒有不透風的牆，奧地利生活便宜、物價低廉的消息不脛而走，越傳越遠，於是，從瑞典、法國又來了不少新的貪婪客，在維也納內城的大街上，人們聽到的義大利語、法語、土耳其語和羅馬尼亞語比德語要多。甚至連德國（它的通貨膨脹的速度起初要比奧地利慢得多，但是後來，速度比我們要快百萬倍），也利用自己的馬克來對付我們貶值的克朗。作為邊境城市的薩爾斯堡給了我更好的機會來觀察那些每天出入奧地利的搶劫隊伍。從巴伐利亞州與奧地利結鄰的村莊和城市，數百乃至數千人湧入奧地利，將這座小城市擠得滿滿的。他們在這裡做衣服、修汽車、買藥和治病，慕尼黑的大公司為了利用兩地的郵資差價，特地來這裡寄發國際信函和電報。後來，德國政府終於採取行動，設立了邊防稽查站，以防德國居民從便宜的薩爾斯堡購買所有的生活必需品，而不去自己國家的商店。當時，一馬克相當於七十奧地利克朗，於是，海關嚴格把關，沒收所有產自奧地利的商品。但是，只有一件東西除外，它無法沒收：那就是已經喝到肚子裡的啤酒。愛喝啤酒的巴伐利亞人每天拿著交易所行情表算來算去，看看克朗的貶值是否可以讓自己用同樣多的錢在薩爾斯堡的酒館裡喝上比在自己家多四、五升，甚至十升的啤酒。還有什麼比這個誘惑更大嗎？於是，成群結隊的巴伐利亞人攜妻帶子從費賴拉辛和賴申哈爾越境進入奧地利，就為了好好享受一下，盡情地往肚子裡灌啤酒。每天晚上，火車站成為真正的魔窟，酩酊大醉的酒徒狂呼亂叫，打著飽嗝，嘔吐不止。有些人實在是喝得動彈不得了，只能被抬上平日裝行李的手推車，送進車廂，火車再滿載著這些又吼又唱地發著酒瘋的人回到他們的家鄉。這些興高采烈的巴伐利亞人當然不知道，以後會有多麼可怕的報復在等待著他們。當克朗穩定下來，而馬克以天文數字大幅下跌時，同樣從這個火車站出發，奧地利人來到德國，在那邊痛飲便宜的啤酒，同樣的鬧劇再次上演，只不過，這次是在那邊上演。在德奧兩國通貨膨脹期間的啤酒大戰是令我印象尤其深刻的回憶，因為，它通過小小的細節，也許最透澈地揭示出了那幾年瘋狂的本質。

最奇怪的是，我今天怎麼也回想不起來那幾年我們在自己家裡是怎樣生活的。當時在奧地利，一個人單是維持一天的生計就需要幾千到幾萬克朗，後來在德國，則需要幾百萬馬克，我不知道人們是怎樣弄到這筆錢的。最奇怪的就是，人們有這筆錢。人們已經習慣了，已經適應了那樣混亂的環境。按照邏輯，一個沒有經歷過那個年代的外國人肯定會這樣想，在當時的奧地利，一枚雞蛋的價格相當於過去的一輛豪華轎車，而在後來的德國，一枚雞蛋的價格高達四億馬克（這幾乎相當於以前柏林市所有房產的價格），在這樣的情形下，婦女們肯定是披頭散髮，發瘋似地在大街上疾步穿行，店鋪裡也肯定是一片荒涼，因為沒人買得起東西。而最肯定的是，劇院和娛樂場所必然是空蕩蕩的不見人影。但是，教人驚訝的是，情況恰恰相反，事實證明，人們要求延續生活的意志比貨幣的不穩定性更加強大。在經濟混亂的情況下，人們日常的生活幾乎是不受干擾地照常進行。就個人而言，變化確實很大，富人變窮了，因為他們存在銀行裡的錢和他們的國債都流失了，而投機份子卻富了。但是，生活的飛輪始終在以自己的節奏旋轉，它從不關心個人的命運，也從不停頓。麵包師烤他的麵包，鞋匠做他的皮靴，作家寫他的書，農民耕他的田地，列車正常運行，每天早晨固定時間，報紙都準時送到門口，而且，恰恰是那些娛樂場所、酒吧和戲院總是座無虛席。正是因為遭遇這樣的意外，最最穩定的貨幣每天都在貶值，人們才更加珍惜生活中實實在在的價值——工作、愛情、友誼、藝術和自然，在災難之中，整個民族都比以往生活得更加富有情趣和活力了。小夥子們和女孩們登山郊遊，回家時皮膚都被太陽曬成古銅色。舞廳的樂曲一直響徹深夜，到處都新建了工廠，新開了商店，就連我自己的生活和工作，也從來沒有像那幾年一樣富有朝氣。我們以前認為重要的東西，在那時變得更加重要了。我們奧地利人對藝術的熱愛在那混亂的幾年登峰造極，因為，我們感受到了金錢的欺騙性，只有我們內心永恆的藝術才是真正可靠的。

例如，我永遠不會忘記在那最艱難的歲月裡上演的任何一齣歌劇。當時因為缺煤，不得不控制街道的照明，人們在半明半暗的街道上摸索著走向歌劇院。人們用一大把鈔票才能買到一張頂層樓座的票，這麼多錢原先是足夠買一年的包廂。劇院裡沒有暖氣，人們穿著大衣，和鄰座的觀眾挨得緊緊的，好讓自己暖和一些。原先的大廳是何等景象，男士們制服筆挺，淑女名媛香鬢雲影，相映生輝。而這時，又是多麼慘澹和單調啊！誰也不知道，如果貨幣繼續貶值，如果運來的煤僅夠使用一週的話，此刻上演的歌劇下週是否還能夠繼續演出。在這幢充滿皇家氣派和奢華的劇院之中，一切都顯得倍加淒涼。樂團的成員坐在譜架旁，身穿破舊的燕尾服，面目憔悴，黯淡無光，由於物資的匱乏而筋疲力竭。而在這幢變得陰森森的劇院裡，我們自己的樣子也好像幽靈一樣。但是，當指揮舉起指揮棒，大幕拉開，演出卻呈現出從未有過的精采。

每位歌手和樂師都竭盡全力地表演，因為，他們都感到，在他們所熱愛的歌劇院裡的這次表演，也許就是最後一次了。而我們側耳傾聽，全神貫注，精神之集中是從未有過的，因為，我們也覺得，恐怕這是最後一次了。我們就是這樣生活的，我們這成千上萬的所有人，在這些日子裡，在崩潰前的這段時間裡，我們每個人都做出了最大的努力，我從來沒有像這樣在一個民族身上、在我自己的心中感到如此強烈的生活意志，當時已經是最緊迫的關頭了，事關生存，要繼續活下去。

儘管如此，我還是不知道怎樣對別人解釋，當時被洗劫一空、貧窮而不幸的奧地利是如何撐下來的。當時，在它右側的巴伐利亞創建了共產主義的議會共和國，在它的左邊，匈牙利在貝拉．庫恩的領導下變成了布爾什維克的天下，我至今仍然不明白，為什麼革命沒有蔓延到奧地利來。那時彈藥是絕對不缺的，街道上到處都遊蕩著衣衫襤褸的復員士兵，他們都餓著肚子，憤恨不滿地看著大發戰爭和國難財的暴發戶過著可恥的奢侈生活。在軍營裡，已經有一個「紅色衛兵」營準備起義，當時也不存在任何對立的組織。只要有兩百名決心堅定的人就可以奪取維也納和整個奧地利。但是，最終還是沒有發生任何嚴重事件。只有一次，一群不守紀律的人妄圖滋事，但是被四五十個武裝員警輕而易舉地平息了。所以，奇蹟成為了現實，這個能源被切斷，工廠、煤礦和油井被毀壞的國家，這個被洗劫、僅僅依靠像雪崩一樣飛速貶值的貨幣維持著的國家，終於維持下來了，挺過來了——或許，正是因為它太虛弱，因為人民的肚子餓得太厲害了，一點力氣也沒有了，不可能再去進行什麼鬥爭。不過，也可能因為它自身具備的那種極為神祕的、典型的奧地利的力量：即「性本善」。最大的兩個政黨，社會民主黨和基督教社會黨，儘管彼此間存在著深刻的矛盾，卻在最困難的時刻共同組成了聯合政府。兩黨都做了妥協，以防止出現整個歐洲四分五裂的災難局面。這樣，局面漸漸地得到整頓和鞏固，並且，令我們自己都備感驚訝的是，這個被肢解的國家繼續生存了下去，甚至，當後來希特勒前來向這個充滿了犧牲精神、在貧困中堅強而忠實的民族收買它的靈魂時，它做好了準備，要捍衛自己的獨立。

但是，說奧地利沒有發生極端的顛覆行動，這只是從表面和政治意義上來講的。實際上，在戰後的最初幾年，一場巨大的革命在內部醞釀產生。有一些東西隨著軍隊的潰敗而被摧毀了：那就是在我們的青年時代被培養的對權威的絕對信仰，我們曾經以為權威是萬能的。但是，對於那個自己曾發誓要「戰鬥到最後一息」，最後卻趁著夜色和濃霧越境出逃的皇帝，德國人難道還要繼續效忠嗎？還有那些軍隊的元首、政治家，以及那些只會用「戰爭」和「勝利」押韻，「災難」與「死亡」押韻的作家，德國人還會敬佩他們嗎？只有當現在，疆土上的硝煙散去，戰爭留下的瘡痍變得清晰可見時，處境才顯得真正可怕起來。誰還會認為這樣的道德觀念神聖呢，它藉勇敢的名義進行了長達四年的殘殺，藉合法徵用的名義進行了四年的搶劫。國家將對國民應盡的一切責任視作討厭的負擔，竟然宣布廢除這些責任，這樣的國家，國民怎麼還能信任它的承諾呢？而現在，正是這同樣一幫人，那些所謂有經驗的元老，又做出了比戰爭這樁蠢事更加愚蠢的事來，他們簽下了拙劣透頂的和約。現在人人都知道（當時只有我們少數人知道），當時的和平曾經為歷史提供了實現道德正義的一種可能性。威爾遜認識到了這點，他憑藉不凡的遠見，為世界各國實現相互持久的諒解制定了一項計畫。但是，奧地利原先的那些將軍、國家領袖和利益集團，卻將這項計畫撕得粉碎，將它變成一堆廢紙片。國家曾經向千百萬的人們許下莊嚴而偉大的諾言：這將是最後一場戰爭，這諾言曾經從那些瀕臨絕望和崩潰的士兵身上喚起最後一絲力量，但是，它卻被那些軍火商和政客出賣了，這些人表面上贊同威爾遜明智、人道的要求，卻在背後故技重施，祕密談判，簽定密約。那些犧牲了自己孩子的母親被欺騙了，淪為乞丐回到家鄉的士兵被欺騙了，所有出於愛國熱情買了戰爭國債的人都被欺騙了，每一個相信這許諾的人都受騙了。我們大家，所有盼望著一個新的更加有序的世界的人都受騙了，我們最後看到，那場將我們的生存、幸福、時間和財富都當作賭注的賭博又開始了，賭徒當中有原來那些人，也有新加入的成員。整個年輕一代人都對自己的父輩投以痛恨和鄙視的目光，這難道奇怪嗎？因為他們先是輸掉了戰爭，接著又輸掉了和平，他們把一切都搞砸了，毫無遠見，將一切都錯估了。新一代人心中對父輩的尊敬消失得無影無蹤，這難道不可理解嗎？年輕人不再信任父母，不再信任政客和老師，對於國家的所有法令和公告，都表示懷疑。戰後的一代毅然決然地無情拋棄了迄今為止的一切觀念，拒絕一切傳統，決心將命運掌握在自己的手中。他們告別過去，生氣勃勃地走向未來。一個嶄新的世界，一種完全不同的秩序，都應該在生活的各個領域隨著他們展開。當然，開始的時候，一切都過了頭。凡是與他們不屬於同一年齡層的人都被他們排除在外。十二、三歲的孩子不再像從前那樣跟隨父母出去旅行，而是有組織地、或以性別為劃分成群結隊地在各地漫遊，並自稱「候鳥」，他們的足跡直至義大利和北海。學校裡，學生仿照俄國的榜樣，成立了監督教員的學生會。校方的「教學計畫」被徹底否決，因為，他們認為自己只應該和只願意學習自己喜歡的東西。他們造一切規矩的反，只是為了造反而造反，甚至，他們違背自然規律，對於兩性的分別也要反對一番。女孩子把頭髮剪得短短的，弄成男生頭的樣子，教人分辨不出來是男是女；而小男生則把鬍子剃得精光，為的是讓自己顯得帶一點女孩子氣。為了反抗自古以來合法的、正常的戀愛形式，同性戀甚至成為一種時髦，而完全不是出於內在的需求。他們竭力將自己生活的每種表現形式都染上激進和革命的色彩，藝術當然也是如此。新的繪畫宣布林布蘭、霍爾拜因和委拉斯奎茲所創作的一切均已過時，光怪陸離的立體派和超現實主義開始嘗試。音樂中的旋律、肖像中的相像性、語言中的表情達意，所有這些不言而喻的基本概念處處遭到唾棄。德語中，冠詞被廢棄不用了，句子結構顛倒了過來，採用「直截了當」和「言簡意賅」的電報式風格進行寫作，並輔以色彩濃烈的感嘆詞。此外，各種沒有積極意義的文學，即缺乏政治理論的文學全部被扔進垃圾箱。音樂固執地尋找著一種新的調性，並且將節拍分離。在建築領域，屋子的裡外顛倒；在舞蹈方面，華爾滋失去了影蹤，而代之以棕色人種和黑人的形象；時裝越來越暴露，不斷追求新的荒誕；在劇院，演員穿著燕尾服演《哈姆雷特》，企圖創造標新立異的戲劇效果。在所有領域，一個大膽實驗的時代開始了，這些年輕人急切地希望一躍而超過以往所有的存在和成就。越是年輕而缺少知識的人，就越受歡迎，這是因為他顯得與傳統沒有關係——年輕一代終於成功地報復了我們父輩的世界。而我覺得，在這場瘋狂的狂歡當中，最地道的悲喜劇莫過於那些老一輩知識份子驚慌失措，害怕自己被超越而變得「落伍」，從而絕望地趕緊裝出一副橫衝直撞的假面孔，企圖邁著笨拙的步伐，一瘸一拐地跟在後面，走入最明顯的歧途。那些鬍子灰白、老實、一板一眼的大學教授，將他們那些現在已經賣不出去的「靜物」畫塗抹掉，代之以象徵性的各種立方體和六面體，因為年輕的畫廊經理（如今，年輕人到處被物色，越年輕越好。）將其他繪畫都視作太「古典主義」了，將它們從畫廊中清除出去，送進倉庫。幾十年來一直用完整而流利的德語寫作的作家，也跟隨潮流將句子寫得支離破碎，以「積極精神」破壞語法。大腹便便的普魯士樞密顧問在講台上講授馬克思的理論，上了年紀的宮廷女芭蕾舞演員裸露著大半身體，痙攣似地跳著貝多芬的《熱情奏鳴曲》和荀白克的《昇華之夜》。老年人惶然地四處追隨最時髦的風尚，突然之間，只有一件事是光榮的，那就是要「年輕」，要一天比一天時尚，一天比一天激進，要創造出前所未有的流派。

這是一個多麼瘋狂、難以置信的無法無天的時代啊！在那些年，隨著貨幣貶值，奧地利和德國的所有價值觀都急遽下滑。那是一個充滿了迷醉的昏天暗地的時代，焦躁和狂熱罕見地混雜在了一起。那也是所有怪誕和不可琢磨的事物的黃金時代，諸如通靈術、神祕學、招魂術、人智學、手相術、筆相術、印度的瑜伽和帕拉索斯的神祕主義等。凡是比迄今為止所知的一切麻醉品——嗎啡、古柯鹼、海洛因——更加令人沉醉的東西，在當時都有驚人的銷路。在戲劇作品當中，充斥著亂倫和弒父題材。在政治方面，只有共產主義和法西斯主義是受人歡迎的極端思想，而任何正常和有分寸的事物全部都受到批斥。可是，這樣混亂的時代，我卻也不願錯過，既不願意我自己的生活錯過它，也不願意藝術的發展錯過它。正如每次精神革命在最初發起的時候總是不顧一切地向前猛衝一樣，那個混亂的時代滌清了舊傳統的陳汙爛垢，將多年的負擔終於卸下。無論如何，雖然這些實驗令人困惑，但畢竟產生了寶貴的推動力。儘管這些年輕人的過分行為使我們難以接受，我們卻覺得自己沒有權力去責備他們，或者居高臨下地否定他們，因為從根本上來講，他們是想彌補我們這一代人因為謹小慎微和袖手旁觀而貽誤的一切——儘管他們行動過於急躁和激烈了。從最本質上來看，他們的直覺是正確的，戰後的世界是應該與戰前不同，它應該是一個更新、更好的時代——我們這年長的一代人在戰前和戰爭期間不也是這樣希望的嗎？誠然，我們這些年長的一代人在戰後再一次地顯現出了自己的無能，我們沒能及時成立一個國際組織，反對世界上新的危險的政治伎倆。雖然還在和談期間，以長篇小說《火線》贏得世界聲譽的昂利·巴比塞就曾經試圖本著和解的精神把歐洲所有知識份子團結起來，那個團體將命名為「清醒社」，意為「清醒思考的人」，它要把全世界的作家和藝術家團結起來，和所有煽動民族仇恨的行為做鬥爭。巴比塞委託我和雷內·席克勒共同領導德國組，這是一項最艱巨的任務，因為，當時的德國還沉浸在對凡爾賽和約的痛恨當中。只要萊因蘭、薩爾和美茵茲的橋頭堡仍然由外國軍隊占領，就沒什麼希望能爭取到幾位具備超越民族主義思想的德國名流。儘管這樣，如果巴比塞在困難時刻不會丟下我們不管，那麼成立一個這樣的組織還是有可能的，後來，高爾斯華綏以筆會的形式實現了這個目標。巴比塞在俄國旅行期間感受到的廣大群眾對他個人的熱情，使他堅信，中產階級國家及其民主不可能實現真正的民族和解，只有共產主義才有可能設想建立全世界人民之間的兄弟關係。所以，他想悄悄地把「清醒社」變成階級鬥爭的一種工具，可是我們拒絕接受這種激進做法，它必然會削弱我們的隊伍。於是，這項本身很有意義的計畫提前失敗。在爭取思想自由的鬥爭中，我們往往由於過於熱愛自身的自由和獨立而不斷遭到失敗。

這樣，我只有一條路可走：隱居起來，埋頭自己的創作。在表現主義者和放縱主義者看來（假如我可以這樣稱呼他們的話），我這個三十六歲的人已經屬於業已死去的老一代作家了，因為，我拒絕像猴子一樣巴結他們，投其所好。我也不再滿意自己早期的作品了，在我那「唯美主義」時期寫的作品，我一本也不讓它們再版。這就是說，我要重新開始，我還必須等待，等到各種「主義」的浪潮消退。我覺得自己這樣不慕虛榮有利於保持內心的淡泊寧靜。正因為這樣，我開始著手創作「世界建築大師」叢書，以使得這幾年得以充實。在完全冷靜、不積極的態度中，我寫下了《馬來狂人》和《一封陌生女子的來信》等中篇小說。漸漸地，我周圍的土地和我周圍的世界都開始恢復秩序，這樣，我也不能再遲疑了。我在其中自欺欺人的那個時代已經過去了，我著手的一切也都只是暫時的。今天，我已經來到了人生的中途，已經過了只許諾卻不兌現的年紀。現在必須做的是，要麼實現承諾，考驗自己，要麼就徹底放棄。

重返世界

一九一九年、一九二〇年和一九二一年這戰後奧地利最為艱難的三年，我是在薩爾斯堡度過的，與世隔絕，事實上，我已經放棄了有朝一日重見天日的希望。戰後的大崩潰、世界上對每個德國人和用德語寫作的人所抱持的仇恨、貨幣的貶值，這些變故都是災難性的，使得人們已經準備好，一輩子都把自己封鎖在家鄉這塊狹小的天地裡。但這時，形式卻開始扭轉了。大家又能吃飽了，還可以不受任何干擾地重新坐在書桌前。搶劫消失了，也沒有任何暴力革命，我又開始了生活，並且感覺到了自己的力量。那麼，我難道不應該重拾起年輕時的樂趣，去遠方走走嗎？

我並沒有打算去很遠的地方旅行，義大利距離奧地利很近，只有八至十個小時的路程，我應不應該去試試呢？雖然我自己對於兩國的敵對從來沒有什麼感覺，但是在義大利，奧地利人是被視為「宿敵」的。為了避免尷尬的局面，我是不是應該知趣地不去打擾老朋友，過他們家門而不入呢？好吧，我偏要試上一試，於是，一天中午，我乘車越過了邊境。

晚上的時候，我抵達了維洛納，走進一家旅館。門房遞給我一張登記表，我填好交給他，他瀏覽一遍，當在國籍欄裡看見「奧地利」這三個字時，他吃了一驚。「您是奧地利人？」他問，我心想，他可能要趕我出去了。但是，當我回答「是的」之後，他幾乎是高興得歡呼起來：「啊！見到您很高興！終於來了個奧地利人！」這是我聽見的第一聲問候，卻再次證明了戰爭期間我的那種想法，所有的政治煽動和仇恨宣傳只會使人的頭腦暫時發熱，但在根本上，它們不會讓歐洲人民有絲毫改變。一刻鐘之後，這位憨厚的門房還特地親自到我的房間來看看是否一切都招待到位，他還熱情地稱讚我的義大利語，告別時我們親切地握了手。

接著，我來到米蘭，又見到了大教堂，並且在畫廊裡閒逛。聆聽著義大利可愛的音樂，安然地在街道上信步徜徉，享受著異國的新奇，又感到似曾相識，真是教人舒心。我走過一幢大樓，看見樓前掛著《晚報》的牌子，我馬上想起了老朋友朱·安·博爾傑賽就是這家編輯部的負責人。在柏林和維也納時，我經常和凱澤林伯爵、本諾·蓋格爾一道參加博爾傑賽舉辦的社交活動，度過令人精神激奮的夜晚。他是義大利最優秀、最富有熱情的作家之一，對年輕人尤其具有影響。他雖然翻譯了《少年維特的煩惱》，還是德國哲學的狂熱信徒，但是在戰爭期間，他強烈反對德國和奧地利，和墨索里尼肩並肩地推行戰爭政策，但後來又和墨索里尼分道揚鑣。在戰爭期間，我一直有一個奇怪的念頭，想在敵方找個老朋友當調解人，而現在，我更想見見這樣一個「敵人」。不過，我可不願意受到拒絕，於是，我留下了名片，並在名片上寫下我的旅館地址。然而，我還沒走下樓梯，就有人從後面向我衝過來，一張生動的臉高興得滿面發光，那就是博爾傑賽。五分鐘之後，我們已經像以前那樣誠懇地交談了，也許，比以前更加真誠。他也從這場戰爭中吸取了教訓，我們從敵對的兩邊出發，殊途同歸，彼此更加接近了。

在我的旅行當中，處處都是這樣的情況。在佛羅倫斯，我的老朋友、畫家阿爾貝特·史特林加向我撲上來，一把將我緊緊抱住，竟使我從來沒有見過他的妻子，以為這個滿臉鬍子的男人要謀害我。一切都像從前一樣，不，一切都比先前更加真誠。我鬆了口氣，心想，戰爭終於被埋葬了，戰爭終於結束了。

但是，戰爭並沒有過去，只是我們不知道而已。在自己的善良願望下，我們蒙蔽了自己，將自己的思想準備與世界的打算混為一談。然而我們不必因此感到羞愧，因為，不僅僅是我們受到了蒙蔽，那些政治家、經濟學家和銀行家也同樣受到了蒙蔽。在那幾年裡，他們同樣被經濟復甦的虛假繁榮所迷惑，並且還竭心盡力地為國家的安定而奔忙。實際上，戰爭只是轉移了方向，從民族矛盾變成了國家內部的社會矛盾。在戰後的最初那些日子裡，我目睹了一個場面，後來我才懂得了它的深遠意義。當時在奧地利我們不再了解義大利政治，只知道隨著戰後的失望情緒，義大利出現了極端社會主義的傾向，甚至布爾什維克的傾向。每一堵牆上都能看見用木炭或者粉筆寫的歪歪扭扭的「列寧萬歲」的字樣，而且，我還聽說，一個叫做墨索里尼的社會黨領袖，在戰爭期間和本黨脫離了關係，成立了一個對立的黨派。但我對於這樣的消息只是抱著無所謂的態度隨便聽聽罷了，這樣一個區區小黨能成什麼大氣候呢？當時每個國家都有這樣的幫派；在波羅的海沿岸地區，處處都有游擊隊；在萊因蘭和巴伐利亞也有分裂派的團體出現，總之，到處都有抗議和暴動，但幾乎每次都被鎮壓下去了。沒有人會想到，這些穿著黑衫的「法西斯份子」（而加里波第義勇軍[1]穿的是紅衫）對於歐洲未來的發展有至關重要的影響。

但在威尼斯，我對於「法西斯份子」這個詞突然有了感性的認識。一天下午，我從米蘭來到那座瀉湖島上的可愛城市，卻不見搬運工和貢都拉[2]的影子，工人和火車站的工作人員懶散地四下站著，雙手插在口袋裡，正在罷工。我因為拖著兩個很沉的箱子，便四處張望，希望能找到幫手。我向一位老先生打聽附近哪裡可以找到搬運工，他抱歉地告訴我：「您今天來得真不巧。但我們現在經常會有這樣的日子，今天又是總罷工。」我不知道罷工的原因，但也沒有再問下去。在奧地利，我們對罷工早已習以為常，每當社會民主黨人走投無路時，就會使出這招自以為最厲害的殺手鐧。於是，我吃力地拖著兩個箱子往前走，終於看見一條偏僻的水巷裡有個貢都拉船夫偷偷地向我招手，接著，他把我和兩只箱子都接到船上去了。在行駛途中，好些人對著我的船夫揮舞拳頭——他們把他當成罷工的叛徒，半小時之後，我們到了旅館。我按照老習慣，不假思索地走向集市廣場。但廣場上卻異常冷清，大多數店鋪都大門緊閉，咖啡館裡也沒有人，只有一大群工人三個一隊、五個一夥地站在臨街拱廊下，好像在等待什麼特殊的事情發生。我和他們一道等著。突然，事情發生了。一隊年輕人從一條巷子裡齊步走來，或

1 一八六〇年，由加里波第率領的義勇軍推翻了波旁王朝的專制統治。
2 貢都拉小船，威尼斯特有的交通工具，由船夫負責划槳，運送旅客。

者說，是急急地跑來，他們很有秩序，以訓練過的節奏齊唱著一首歌，我並不知道他們在唱什麼——但後來，我才知道他們唱的就是那首〈青年之歌〉。在百倍於他們的罷工群眾還沒來得及朝他們湧過去之前，他們就已經揮舞著棍棒，從對手面前跑過去了。這支組織嚴密的小隊伍如此大膽地穿行於罷工群眾之中，的確勇氣非凡，他們的行動是那樣迅速，等到罷工群眾意識到這是對自己的一種挑釁時，為時已晚，他們已經再也趕不上去，抓不住那夥人了。工人們憤怒地聚集在一起，握緊了拳頭。但是，已經太晚了，那支小小的衝鋒隊已經再也追不上了。

親眼目睹的事情總是更具說服力，我現在第一次才知道，自己以前只是耳聞，從不了解的法西斯主義是確實存在的，而且，具有很好的組織和領導，並且令那些堅毅勇敢的年輕人產生了狂熱的崇拜。於是，我不再同意我那些佛羅倫斯和羅馬老朋友的看法了，他們總是蔑視地聳聳肩，將這些年輕人視為「僱來的暴徒」，還譏笑領導他們的「魔鬼老頭」。出於好奇，我買了幾期《義大利人民報》，我在墨索里尼尖銳、清晰、拉丁式簡潔的文風當中感受到與衝過集市廣場的年輕人身上同樣的堅毅。當然，我不會預料到那場戰鬥在短短一年之後會達到何種規模。可是，我從此刻明白一個事實，那就是不僅在這裡，而且在世界各地，都面臨著一場戰鬥，我們現在的和平還不算是和平。

這是對我的第一次警告，告訴我在歐洲貌似平靜的表面下實際遍布危險的暗流。而第二次警告隨即也來臨了。我因為重新受到旅行的誘惑，決定夏天去一趟德國北海之濱的威斯特蘭。當時，對於奧地利人來講，去德國看看還是頗令人振奮的。至今為止，和我們疲軟的奧地利克朗相比，馬克還是保持在一定基準。那裡的恢復工作看起來進行得相當順利。火車都準點出發和到達，旅館也窗明几淨，新建的房屋和工廠林立在鐵路兩旁，處處都是秩序井然，那無聲的秩序在戰前遭人討厭，但人們在一片混亂之中卻又知道了這秩序的可貴。當然，那時的空氣還是有些緊張，因為德國人都在關注熱那亞和拉巴羅舉行的最初幾輪談判，他們拭目以待，看與昔日的敵國享有平等地位的德國能否實現目的，減輕戰爭賠款，或至少得到對方真正諒解的表示。在這幾場歐洲歷史上具有紀念意義的談判中，充當德方領隊人物的，不是別人，正是我的老友拉特瑙。戰爭期間，他傑出的組織才能得以充分表現，是他最先認識到德國經濟最薄弱的環節，日後正是這些環節遭到了致命的打擊：即燃料供應問題，因此他及時地將全國的經濟統一控制起來（在這一點他走在了時間的前面）。戰爭結束之後，當國家需要物色一個人以外交部長的身分和那些對手中最機智和最有經驗者交鋒時，這個重任自然便落在了他的肩上。

我到達柏林之後，猶豫不決地打了個電話給他。我怎麼可以去打擾一個正在鑄造時代命運的人呢？「是啊，我很難安排時間見面，」他在電話裡對我說，「我現在必須為公務犧牲一切，即使友情也不例外。」但是，憑藉他那種分秒必奪的超常本領，他還是很快找到我們會面的辦法。他告訴我，他要去拜會幾個大使館，因為從格魯內瓦爾德出發到大使館，他的轎車要開半小時，所以最簡單的辦法就是我到他那裡去，然後我們在轎車裡聊半個小時。他集中思想的能力確實很強，能夠從一件事情的思維迅速轉向另一件，所以無論在火車上還是轎車裡，他都能像在自己的房間裡一樣把話說得準確、深刻。我不想錯過這次機會，而且我相信，像這樣與一個不介入政治的多年老友談心，也會使他感到愉快。這是一次長談，我堅信，拉特瑙這個從來都是雄心勃勃的人在接受外交部長這個任命時，心情是沉重的，根本不是孜孜以求、急不可耐地想獲取這個職位。他事先就明白，這項使命暫時還是一項無法完成的任務，頂多只能爭回四分之一的賠款，得到一些無關緊要的讓步，但是還不能指望真正的和平和寬宏大度的諒解。他對我說：「想做到這一步，也許要等到十年以後吧。但前提是，那時大家的身體都不行了，不光是我們德國人。這樣，首先是老一代必須從外交界退出，至於那些將軍，也只剩他們那不會說話的塑像佇立在廣場上而已。」他很清楚自己身負的雙重責任，因為，他是猶太人。這樣一個人，內心充滿憂慮，滿懷著深深的懷疑態度去迎接自己的使命，也許在歷史上也是很難得的。他知道這個使命不是自己能夠完成的，而只能由時代來完成，他也很清楚這個使命給他個人帶來的危險。埃爾茨伯格爾就是由於擔負了簽署不合人意的停戰協定這個棘手任務而遭暗殺，而魯登道夫卻為了躲避這個任務而悄悄逃往國外，從那之後，拉特瑙毫不懷疑同樣的命運也在等待著自己，因為他也是謀求相互諒解的先驅。但是，他孤身一人，沒有兒女，而且在內心深處也是完全的孤家寡人，所以他認為並沒有必要害怕生命遭到威脅，而我甚至都沒有勇氣去提醒他注意個人安全。拉特瑙在拉巴羅做出的成就相當出色，在當時的情況下，可以說是取得了可能取得的最佳成績了，這在今天看來仍屬歷史事實。他所具有的迅速捕捉一切有利時機的傑出才能、他的世界政治家的風度和他個人的聲望，從來沒有施展得這樣成功。

我在城區的外交部門口和他告別，卻沒有想到，這一別就成了訣別。後來，我從照片上認出，我們那天一起坐車駛過的那條街，正是不久之後暗殺者伏擊他坐的那輛轎車的地點。我沒有成為這場歷史性不幸事件的目擊者，純粹是出於僥倖，我卻因此為這悲劇的發生更感心痛，難以忘懷。隨著悲慘的一幕，德國的不幸開始了，歐洲的不幸開始了。

在這一天我已經到了威斯特蘭，成百上千度假療養的人在海濱游泳和洗海水浴。就像法蘭茲．斐迪南被暗殺的消息傳來的那天一樣，一支樂隊正在為輕鬆消暑的人群演奏音樂，這時，賣報人像白色的信天翁一樣穿過林蔭道衝向海灘：「瓦爾特．拉特瑙被暗殺了！」人群爆發出一陣驚恐，這驚恐震撼了整個帝國。馬克一下子猛跌，一直跌到以兆為單位來計算的瘋狂比例為止。通貨膨脹這時方顯露真正的猙獰面目，相較而言，奧地利先前以為荒唐至極的一比一萬五千的通貨膨脹比例只不過是小兒科。要想細述其中細節，描繪出當時令人難以置信的局面，需要寫整整一本書，它在今天讀者的眼中將是天方夜譚。我經歷過那樣的日子，早晨買張報紙要花五萬馬克，到了晚上就得花十萬馬克。想兌換外匯的人，必須按照鐘點來分批兌換，因為，到了四點鐘，他換得的錢可能比三點的時候多好幾倍，而五點的時候又比四點多好幾倍。又比如，我寄給出版社一部完成的手稿，我為此工作了一年，為了保險起見，我要求出版社立即預付我一萬冊的稿費，但是等到支票匯到，價值卻還不及一週前我郵寄書稿的郵資。乘客坐電車時是以百萬計算票價的，卡車裝載著紙幣，從帝國銀行運往各個分行，而兩週後，我看見陰溝裡有十萬馬克的鈔票，那是一個乞丐扔掉的，這點錢連他都看不上。一條鞋帶比原先一隻鞋還要貴，不對，比一家擁有兩千雙鞋的豪華商店還要貴；修一扇窗戶比原先買整幢房子還要貴；

一本書的價格要超過原先擁有幾百台機器的印刷廠。人們花一百美元就可以在庫達姆大街[3]買一整排六層樓的房子，幾家工廠加在一起的價錢也比不上以前一輛手推車貴。十幾歲的小男孩，在碼頭撿到裝貨時被拉下的一箱肥皂，只要每天賣出一塊，就可以一連幾個月地坐著轎車兜風，活得像貴族一樣，而他們原先富裕的父母卻淪為乞丐，四處乞討。送報人現在蓋起了銀行，通過各種投機買賣大發橫財。他們當中的最大贏家就是那個叫作施廷內斯的人，他利用市場崩潰的機會，擴大賒購，將所有可以買進的東西全部買進，礦山、工廠、股票、城堡、農莊，實際上，他買這些東西一分錢也未花，因為每筆花費、每筆錢到頭來都變成了零。不久，四分之一的德國已經成為他的囊中之物，德國人一向是以勝者為王，於是，他們朝他歡呼，將他當作天才一般，這情景真是令人厭惡。成千上萬的失業者四處遊蕩，他們向坐在豪華轎車裡的黑市商人和外國人揮舞著拳頭，這些人像買一盒火柴一樣買走整條街的東西。每個能讀會寫的人都做起買賣來，投機倒把，想辦法賺錢，同時又在心中暗暗地感到，他們在自欺欺人，而他們自己又被一隻看不見的手所蒙蔽了，正是這隻黑手蓄意策畫了這場混亂，為的是使國家擺脫所有的債務和義務。我自信對歷史非常熟悉，但據我所知，歷史上還從未出現過如此瘋狂的時代，世界簡直近似一座瘋人院。所有價值都顛倒了，不僅在物質方面，國家的法令遭到嘲笑，人們不再尊重任何習俗和道德，柏林變成了世界的罪惡之都。酒吧、遊藝場、小酒館像雨後春筍般冒出來，我們在奧地利所經歷的那種混亂局面，相形之下，只是群魔亂舞前的一段溫和收斂的

3 柏林最繁華的商業街。

前奏而已，德國人可是將他們所有的熱情和理智都完全顛倒了。穿著人造緊身衣的年輕男子，塗脂抹粉地沿著庫達姆大街遊來蕩去，這其中還不僅僅都是專門以此為職業的人，中學生們都想掙點錢，在昏暗的酒吧裡，可以看見政府官員和大金融家恬不知恥地向喝醉酒的水手大獻殷勤。就算蘇埃托尼烏斯[4]筆下的羅馬，也沒有見識過像柏林的變裝舞會這樣瘋狂的放蕩場面，成百名男子身穿女性服裝，而女子身穿男性服裝，在員警讚許的目光下跳著舞。隨著所有價值的傾頹，使那些至今為止生活秩序從未受到過衝擊的市民階層，遭到了一種瘋狂情緒的襲擊。女孩子以反常的兩性關係為榮，在柏林的每所中學裡，如果女孩子十六歲時還是處女，會被輕視為一種恥辱。每個女孩子都想公開自己的風流豔史，而且越刺激越好。但是這種病態的色情最令人厭惡的就是它可怕的虛假性。從根本上說，德國人隨著通貨膨脹爆發出來的這種恣意的縱欲，只是一窩蜂的趕潮流罷了，看看這些出身正派市民家庭的女孩子，她們本來寧願梳個簡單的旁分頭，也不願意梳個男生頭，本來她們是喜歡用小勺子吃鮮奶油加蘋果餡餅，而不喜歡喝烈酒的。很清楚，事實上，每天被通貨膨脹折磨得快要崩潰的德國人實在忍受不了這樣的煎熬了，這個民族已經被戰爭弄得筋疲力盡，它實際上太希望秩序和寧靜，渴望穩定和規範。德國人心底裡是仇恨共和國的，這並不是因為共和國壓制了那種瘋狂的自由，恰恰相反，倒是因為它將這自由放縱得太過頭了。

凡是經歷了這世界末日般歲月的人，儘管當時滿心厭惡和痛苦，但是也會感到，以後勢必

4　Suetonius，羅馬著名傳記作家，代表作有《凱撒傳》。

會發生一種反動，那是一種教人恐懼的反動。而那些將德國人民推入這場混亂之中的那些人，也冷笑地躲在暗處，手裡拿著時鐘，等待著時機到來，他們心想：「這個國家情況越糟糕，對我們越有利。」他們知道他們得天下的時機就會到來。一股反革命勢力已經明目張膽地聚集在魯登道夫周圍，人數比當時還未掌權的希特勒身邊的人要多。那些肩章被人扯下的軍官組成了祕密團體，那些眼睜睜看見自己積蓄的錢財被騙走的小市民悄悄地相互走動，隨時準備聽從任何一聲召喚，只要這召喚能夠為他們帶來秩序。對於德意志共和國來說，再沒有比它那理想主義的想法更具有災難性的了：它要賦予人民自由，就連自己的敵人，它也要賦予他們自由。因為，德國人民是一個講究秩序的民族，他們獲得自由後反而茫然無措，不知如何是好，他們倒是迫不及待地將目光從共和國身上轉移開，投向那些正要前來剝奪他們自由的人。

◇　◇　◇

一九二三年，德國通貨膨脹結束的那天，本來可以成為歷史上的轉捩點。這一天，先前瘋狂貶值的一兆馬克被兌換成了一新馬克，一種秩序於是產生了。而實際上，隨著通貨膨脹而泛起的沉垢爛汙也迅速消退了下去，酒吧和小酒館不見了蹤影，社會狀況恢復正常，每個人對於自己的收益和損失都能計算得明明白白。大多數人，即廣大的群眾都受了損失。但是，這責任卻沒有讓那些挑起戰爭的人去負，真正負責的是那些本著犧牲精神承擔起新秩序重擔的人，但他們根本沒有得到任何感謝。德國人變得如此充滿仇恨和痛苦，這樣容易受希特勒的蠱惑，這完全是通貨膨脹的罪過，沒有第二個原因——這點我們應當不斷提醒自己切勿忘記。因為，即使是戰爭，即使充滿血腥，它畢竟還用勝利的鐘聲和號角帶來過歡呼的時刻，作為一個不可救藥的軍國主義國家，德國曾為一時的勝利感到無比的驕傲，相反地，通貨膨脹帶給德國的只是屈辱、骯髒和欺騙，整整一代人不能忘記和原諒共和國這幾個歲月，他們寧願讓那些劊子手還魂。不過，這還都是幾年後的事了。從表面上看，一九二四年的時候，那種混亂不堪的局面已經如鬼火般遠去，光明的日子重新來臨。人們見到秩序重新恢復，隨著秩序的恢復，我們已經在迎接長治久安的開始。我們又一次地以為，戰爭結束了，和以往多少次一樣，我們又一次當了無可救藥的傻瓜。但是，這種騙人的虛妄幻想，卻至少帶給我們十年的工作、十年的希望和安全。

◊ ◊ ◊

在今天看來，自從一九一四年開始，我們這代人就見證了一次又一次連續不斷的災難，並為之做出犧牲，而在一九二四年至一九三三年接近十年的這個期間，即從通貨膨脹結束到希特勒攫取政權的這段時間內，我們至少還得以喘息。當然，這並不是說，在這段時期就沒有任何緊張局勢、動盪事件或者危機（這首當其衝的就是一九二九年的經濟危機）。但是，在這十年當中，歐洲的和平還是有保障的，這就已經具有了相當的意義。德國在此期間被光榮地接納進國際聯盟，獲得了貸款，用於促進經濟建設——實際上是在祕密地擴充軍備。英國裁減了軍備，義大利的墨索里尼接管了對奧地利的保護，世界看起來要開始重建了。巴黎、維也納、柏林、紐約和羅馬，無論是戰勝國的城市還是戰敗國的城市，都變得比以前漂亮。飛機加快了交通的速度，辦理護照的規定也放寬了。貨幣之間的比價波動已經停止，人們很清楚自己的收支數額，注意力也不再那樣急切地集中在表面的一些問題上了。人們又可以重新開始工作，集中精神，考慮精神領域的問題。甚至，人們又可以做夢幻想，期盼一個統一的歐洲。這十年彷彿是世界的一個瞬間，我們這代歷經了磨難的人又被賜予正常的生活了。

在我個人的生活當中，最值得一提的是，在那幾年，有一位客人光臨我家，並友好地留駐了下來。我從來沒有預料到這位訪客的來臨，他就是——成功。不言而喻，談論我自己創作上取得的淺薄成就，對於我本人而言，不是非常舒服的事情。一般情況下，我根本不會對此做一星半點的暗示，以免被人誤解為洋洋得意和自賣自誇。但是，我有一種特殊的權利，甚至是被迫打破沉默，不再塵封自己生命歷史當中的這一事實，因為，自從希特勒上台以來的這最近七年，我的成功已經成為了歷史。我出版的數十萬、甚至數百萬冊的作品曾經在書店和無數家庭中占據穩固的席位，但在今天的德國卻連一本也買不到了，誰要是擁有一本，就必須小心地將它藏好，而在公共圖書館，我的作品被塞進所謂的「毒草專櫃」，只有少數人在得到官方的允許後才可以讀到，用於「學術性」的工作——多半也是為了批判之用。那些曾經和我通信的讀者和朋友，早已不敢再把我這個上了黑名單的人的名字寫在信封上了。不僅如此，今天，在法國、義大利以及所有被納粹奴役的國家裡，在那些我的作品被翻譯成當地語言並大獲歡迎的地方，我的書也根據希特勒的命令而成為禁書。作為一名作家，我今天就像格里爾帕策所說的，是一個「趕著自己的屍體行走的人」。我花費四十年時間在全球建立起來的一切，頃刻被這樣一隻拳頭擊碎。因此，當我說起我的「成功」，並不是指我擁有的某樣東西，而是指曾經屬於我的一樣東西，就像我的房子、我的家鄉、我的自信心、我的自由和無拘無束。我日後和很多無辜者同樣忍受的這種由盛至衰的猛然栽落，倘若不事先說明昔日盛時的高度，就不能形象地說明這種栽落的深度和挫敗的程度，也不能說明我們整整一代的文學工作者是如何猛地一下被徹底滅絕，以及造成的後果。這樣的事情真是史無前例。

我的成功不是突然降臨的，而是緩慢而小心地前來的。但是，它堅持到了最後一刻，始終堅持而忠誠地陪伴著我，直至希特勒的禁令鐵鞭將它從我身邊趕走。它的影響一年比一年更大，繼《耶利米》之後，我出版的第一本書，是我的「世界大師」系列的第一部，即三部曲《三大師》，它為我開闢了成功的道路。在此之前，曾經有過表現主義者、唯意志論者、實驗主義者，對於堅忍不拔的人而言，通往大眾的道路再一次暢通。我的中篇小說《馬來狂人》和《一個陌生女子的來信》深受讀者歡迎，達到了一般只有長篇小說才會達到的程度。它們被改編成劇本，它們的片段被人們公開誦讀，並且被拍成電影。我還有一本小書《人類的群星閃耀時》（它成為所有學校的必讀讀物）被列入「島嶼叢書」，在短短時間內，印量突破了二十五萬冊。不消幾年的工夫，我就獲得了在我看來是一個作家最有價值的成就，那就是擁有一批讀者，一個可以信賴的群體，他們期待我的每本新書，購買我出版的每本新書，他們信任我，而他們的信任我是不可以辜負的。漸漸地，我的讀者群越來越大。我的每本書，在報紙為它刊登廣告之前，在德國首次發行的日子裡，就要銷售兩萬冊。我有時有意識地想避開這成就，但是它卻驚人的固執，始終跟隨著我。於是，我出於自己的興趣，寫了一本書《富歇傳》[5]。可是，當我把書稿寄給出版人之後，他寫信告訴我，他要立即開機印一萬冊。我隨即回信給他，請他不要印這麼多，因為富歇不是一個討人喜歡的人物，這本書裡沒有任何關於女人的片段，不可能吸引很多讀者，我勸他最好只印五千冊。但在一年之後，這本書在德國銷售了五萬冊。就在這個同樣的德國，如今卻不允許人讀我的一行字了。類似的情況也出現在我創作悲劇《伏爾波尼》時。當時我對自己的這部作品有一種病態的懷疑，我原本打算寫一部詩體劇，於是用了九天的時間先用輕鬆、散漫的散文體寫下各場次。正巧德勒斯登的宮廷劇院那幾天來信問我有什麼新的創作計畫，而由於我的戲劇處女作《色希提斯》是在那裡首演的，我總覺得對這家劇院抱有道義上的責任，於是我就把散文體的劇本寄給他們，並致以歉意，告訴他們，這僅僅是為計畫創作的詩劇所打的第一遍草稿。但是劇院立即發了回覆電報給我，他們要求我千萬不要再對劇本做任何更改，後來，這個劇本便保持原樣在世界各地的劇院上演（在紐約，在戲劇公會演出，由艾爾弗雷德·倫特主演）。無論我在那幾年創作了什麼作品，成功始終忠實地陪伴在我身邊，而我的德國讀者群也持續擴大，越來越多。

我在為人物立傳或為外國作品寫評論時，一向認為很有必要探究一番他們（它們）在當時

5 編注：Joseph Fouché，1759—1820，第一任奧特朗托公爵，法國政治家和拿破崙一世時期的警政部長。在 1793 年法國大革命期間，以兇暴鎮壓里昂起義而出名。

那個時代產生影響或沒沒無聞的原因。因此我不禁時常陷入沉思，反躬自問，我的作品取得了這樣意想不到的成功，它們究竟具備哪些特質，而促成了這些成功呢？最後，我得出結論，這原因出自我本人的一個不良習慣，即我是一個沒有耐心、容易衝動的讀者。在任何一部小說、傳記或一場思想辯論當中，任何冗長繁瑣、空洞鋪張、晦澀生硬、不明不白或畫蛇添足之處都讓我反感。只有從始至終一直保持著高潮，教人一氣讀完的作品才能讓我感到充分的滿足。而我手中的書籍，十有八九都讓我感覺太拖沓，盡是多餘的描述、饒舌的對話和不必要出現的配角，因此顯得太不緊湊，死氣沉沉。就連那些最著名的古典名著中，也有很多拖泥帶水的段落，令我感到非常不耐煩，我常常向出版社闡述我的大膽計畫，有朝一日我要將所有的世界名著徹底濃縮，從荷馬到巴爾札克、杜斯妥也夫斯基，直到托瑪斯·曼的《魔山》，把個別累贅的部分去掉，毫無疑問，這些作品的內容本身都是超越時代的，經過這樣的精簡，它們可以在我們的時代產生新的活力，更加發揮作用。

我對一切冗長拖沓的反感勢必會從對國外作品的閱讀轉移到自己的創作上來，這使我養成了一種特殊的警惕性。出於這種警覺，我自己的創作刻意追求輕快流暢，在一部作品的初稿中，我總是讓自己任意發揮，將心中的想法統統傾瀉到紙上。同樣，在創作人物傳記時，我也是先利用起一切可以想到的文獻資料上的細節，比如在寫《瑪麗·安東尼》這部傳記時，我為了確定她個人的花費，將她的每筆帳目都實際核對過，並仔細研究了當時所有的報紙和小冊子，還將所有訴訟檔案從頭至尾地查遍。但是，等到作品最後印刷出來，在書中再也見不到這些研究工作的蛛絲馬跡，因為，一等到這未確定的初稿剛剛謄清，我真正的工作便開始了，即對內容的凝練和對作品的建構，這工作對於我沒有止境，需要一遍遍不斷地推敲，那是去蕪存菁的過程，是對作品的內部結構不斷進行濃縮和提煉的過程。很多人做不到這一點，他們無法下決心存而不述，而熱衷於在字裡行間表現出比自己實際的學識更深、更廣的內容。而我的熱情卻在於，去深入地了解更多的內情，比從表面上看到的更加深入廣泛。

這道濃縮提煉、進而使作品更具戲劇性的工序，在看校樣清稿時還要重複兩三遍，最後，它成了一種饒有興味的捕獵，就是要在不影響作品的準確性，同時又加快作品節奏的情況下，去發現可以刪掉的一句話，或者哪怕只是一個字詞。在我的工作中，其實這樣的刪減工作最讓我覺得有趣。我還記得有一次，我從書桌站起身來，對自己的工作感到心滿意足，妻子對我說，今天我顯得特別高興，我自豪地回答她，「是啊，我又刪去了一整段，這樣作品更流暢了。」如果人們稱讚我的作品緊湊凝練，那麼這個特點絕不是出自天生的性急或者內心的衝動，而只是因為我用了這種系統的方法，不斷將所有多餘的休止符和雜音一概刪去了。假如說我有意識地運用了某種藝術方法的話，那就是這捨棄的藝術，因為，如果我的一千頁文稿中有八百頁被扔進字紙簍，只剩兩百頁作為經過篩選的精華保存下來，我是不會抱怨的。假如有什麼理由可以在一定程度上對我作品的影響力做出解釋的話，那麼就是我嚴格遵循的這個原則，寧可縮短篇幅，也一定要字字精粹。而由於我這種創作理念從一開始就是面向歐洲和全世界的，所以國外的出版商——法國、保加利亞、亞美尼亞、葡萄牙、阿根廷、挪威、拉脫維亞、芬蘭和中國——紛紛來和我聯繫，這真讓我感到慶幸。不久，我就不得不買了一個巨型的壁櫥，為的是擺放各個國家的版本樣書。有一天，我在日內瓦國際聯盟《智力合作》的統計表上看到，自己成了當時世界上作品被翻譯得最多的作家（但根據我的脾氣，我再次認為這是個錯誤的統計）。再有一天，一家俄國出版社來信，說他們準備出我的俄文版全集，並問我是否同意請高爾基撰寫序言。我是否同意？還是中學生的時候，我就偷偷在桌子底下讀過高爾基的小說，多年來，我一直愛戴和敬重他。但是，我從來沒有那樣的膽量，以為他會知道我，也沒有想到他會讀過我的一些作品，更沒有想過，這樣一位文學巨匠會認為有必要親自為我的作品集作序。接下來的又一天，一位美國出版人帶著一封介紹信（好像他覺得自己非要有封介紹信不可），來到我薩爾斯堡的家中，他提出要出版我現在和以後所有的作品。這個人就是維京出版社的班傑明·許布希，從那以後，他成了我最最可靠的朋友和顧問，當其他所有人都被希特勒的鐵蹄踐踏在地的時候，是他為我用文字保存了最後的故鄉，而我已失去了原先那個真正的故鄉，我德意志的歐洲故鄉。

◊ ◊ ◊

這樣表面的成就很容易對人產生一種危險，讓人頭腦糊塗，原先，這個人只是更多地相信自己的美好初衷，而對本身的才能和自己作品的影響力沒有那樣大的自信。成名本身意味著對一個人原有的自然平衡的破壞。在正常情況下，一個人的名字不過是雪茄的外層菸葉一樣，只是一個表面的、幾乎是無足輕重的客體罷了，它與真正的主體，與那個真正的自我，沒有什麼緊密的聯繫。但在功成名就的情況下，這個名字就馬上身價百倍。它脫離擁有名字的個人，自己成為一種勢力，一種力量，一個自在之物，一種商品，一種資本，而且，在強烈的反動下，它產生一股力量，影響到擁有名字的這個人，統治他，並開始轉變他。那些樂天而自信的人便不知不覺地開始習慣於這種力量的影響，並和它產生一致。頭銜、地位、勳章，甚至只是自己的知名度，就使他們內心產生一種更強的自信和自尊，並使他們錯誤地以為自己在社會、國家、乃至時代當中占據特別重要的地位。他們為了讓自己的人格達到這外在影響的高度，便情不自禁地自吹自擂起來。而那些天生便對自己不自信的人，都會把一切外在的成就視作一種責任，他們要求自己在這樣的盛名之下盡可能地保持本色。

我並不是說我對自己的成就沒有感到欣悅，相反地，它令我非常幸福，但是，它也僅限於那些我製造出的產品，即我出版的書和與此相連的我的虛名而已。當我在德國偶然踏進一家書店，看見一位不認識我的小中學生走進來，用自己少得可憐的零用錢買我的一本《人類群星閃耀時》，真是深受感動。在臥鋪車廂，當列車員在登記姓名之後滿臉崇敬地將護照還給我時；或者，當讀過我的某部作品的義大利邊檢人員寬宏大量地讓我免檢通行時，都能使我的虛榮心得到滿足。甚至，當一個作家看到自己對那麼多人都產生了影響，這種純粹的數量也會迷惑他。我有一天偶然來到萊比錫，正趕上當地開始發行我的一本新書。當我看到，自己在三四個月當中寫在三百頁稿紙上的作品無意間激起了多少人力時，我內心感到無比的興奮。工人們將書裝進巨大的箱子，另一些工人把箱子哼哧哼哧地從台階上拖下來，裝上卡車，然後卡車再把它們送到列車貨車車廂，運往世界各地。在印刷車間，幾十名女孩分層放紙張，排字工、裝訂工、搬運工和批發商從早忙到晚，我自己計算了一下，如果將這些書像磚頭一樣排列起來，能夠鋪成一條壯觀的大道。而且，我也不是自命清高，不看重物質利益。在起步的那些年，我從來不敢想，自己可以靠出書掙錢，甚至靠養家維生。現在，它們一下子帶來可觀的收入，而且數額越來越大，彷彿我自此便可高枕無憂了——當時誰會想到我們今天的這個時代呢？我盡可以大方縱情於年輕時代的舊癖好：收集名人手跡，在那些教人讚歎的名人遺物當中，有些最精美、最有價值的珍品在我這裡找到了歸宿，受到了悉心的呵護。從更高意義上來說，我自己的作品壽命相當短暫，而我能夠用它們來換取那些不朽傑作的手稿，莫札特、巴哈、貝多芬、歌德、巴爾札克的手稿。所以，假如我還故做姿態，硬說這意想不到的外在成就對於我來說其實無所謂，或者說，我內心其實是很排斥的，那可真就貽笑大方了。

但是說實話，只有當這成就僅限於我的書和我的文學聲名，我才會因而高興，但如果人們將好奇心轉移到我本人身上，這成就就會令我非常反感。從很早的青年時代開始，我內心最強烈的本能願望就是保持自由和獨立。我感到，最能破壞一個熱愛自由的人的自由的，莫過於四處登載他的照片，而他內心最美好的許多品質都會因此遭到扭曲和破壞。而且，我本來出自愛好而從事的工作，因此也有演變成一種職業甚至生意的危險。郵差每次都會帶來一大疊的信件、請柬、通知和諮詢信，都盼望得到我的答覆，如果我出門旅行一個月，回來後總要花上兩三天時間來清理這些堆積如山的郵件，使「生產」恢復正常。由於我的書很暢銷，我迫不得已地被捲入一種事務當中，為了處理好各種瑣事，我必須做到有條不紊、全盤考慮、準時和俐落——這些都是令人尊敬的美德，但遺憾的是，它們卻一點也不符合我的本性，甚至有可能會毀滅我天馬行空的純粹思考和幻想。人們越是希望我參與各種講座，去出席各種典禮，我越是深居簡出，我不願拋頭露面地顯赫自己的聲名，這種近似病態的畏縮我一生也無法克服。直到今天，我還是有這樣的本能，在一個大廳、在一場音樂會中或觀看戲劇演出的時候，我總是喜歡坐在不起眼的最後一排位置。我最受不了的，就是坐在主席台上或在一個顯眼的位置，讓大家盯著我的臉看。以各種方式隱姓埋名對於我而言是一種需要。還是小孩子的時候，我就總是不明白，為什麼上一代的那些作家和藝術家，比如我尊敬的朋友阿圖爾．史尼茨勒和赫爾曼．巴爾，喜歡穿著絲絨外套，留著長長的鬈髮，還讓幾綹鬈髮覆蓋著前額，或者留著引人注目的鬍鬚，身穿前衛的奇裝異服，希望在大街上引起人們的注意。我堅信，任何以個人形象成名的人在不知不覺中人格都受到了改變，用韋爾弗爾的話來講，就成為一個「鏡中人」，與自己真正的人格相悖，一舉一動都刻意做出一種風度，隨著外表上的這種變化，一個人內在的真誠、自由和率性便一道失去了。如果我今天還能從頭開始，我一定會使用另外一個名字，用杜撰的筆名來發表作品，這樣，我便可以獲得雙重的享受，一方面是文學上的成功，一方面是隱姓埋名給我帶來的自由生活。因為這樣的雙重生活，本身就充滿了魅力，充滿了驚喜！

日落西山

我經常心懷感激地回憶這段時間，從一九二四年至一九三三年的這十年，是歐洲相對寧靜的時期，沒有一個人來破壞我們這個世界。正因為人們曾經歷過那樣的動盪折磨，我們這代人才將這相對的和平當成一件意外得到的禮物。我們大家都感到，自己必須將那些艱難的戰爭和戰後年月奪去的幸福、自由和精力補回來，我們更加勤奮地工作，但是心情更加輕鬆了，我們四處漫遊，尋找和發現我們的歐洲，再一次發現世界。人們從來沒有像在這幾年這樣大規模旅行過——是不是因為年輕人都迫不及待地想彌補過去在彼此隔絕狀態下錯過的東西呢？也許，這是出於一種朦朧的預感？我們預感到，在再一次遭到禁錮以前，自己必須及時衝出狹小的天地？

在那幾年，我也曾多次旅行，只是，這時的旅行與年輕時代的旅行已經有所不同。因為，我現在在世界各地都不再是個陌生人了，我到處都有朋友，我的出版人和我的讀者，我走到哪裡，身分都是我那些書的作者，而不再是以前那個好奇的無名小卒了。這給我帶來不少好處。我可以更加有效和廣泛地宣揚自己的理想：歐洲的精神統一，多年以來，已經成為了我生活的全部內容。我本著這樣的理想在瑞士、荷蘭發表演講；在布魯塞爾的藝術宮殿用法語演說；在佛羅倫斯的那座具有歷史意義的大廳用義大利語演說——這裡曾經是米開朗基羅和李奧納多．達文西曾經坐過的地方；在一次從大西洋到太平洋的講學途中，我用英語在美國演說。那是一種別樣的旅行，走到哪裡，我都見到當地最優秀的人物，與他們結為朋友，而不必去尋找他們。那些我在青年時代就相當崇敬的人物，我從來都不敢給他們寫一封信，現在卻都成了我的朋友。我踏進了那個平日將陌生人高傲地拒之門外的圈子，我見到了巴黎的聖日爾曼城區的華麗建築，見到了義大利的宮殿，見到了私人的收藏。在公共圖書館，我不必再站在借閱台前請求借閱圖書，圖書館的館長親自將珍藏的善本拿出來供我參觀。我成了像費城羅森巴赫博士這樣擁有百萬美元資產的古董商的座上賓，每當小收藏家們走過這些古董商的店鋪時，總是目光羞澀，不敢踏入。我第一次得以探視這所謂「上流社會」的生活，而且，教我感覺很愜意的是，我不必向任何人請求什麼，這一切都是自動送上門來的。但是，我是不是就因此而對世界有更透徹的認識了呢？不，我總還是渴望像年輕時那樣旅行，沒有人事先在等待自己，獨來獨往，一切也因此顯得更有魅力。所以，我不願意放棄以前那種漫遊的旅行方式。假如我來到巴黎，我就連最好的朋友，比如羅歇．馬丹．杜加爾、儒勒．羅曼、杜阿梅爾、馬塞累爾等，都盡量避免在抵達的當天就馬上通知他們。我想像以前當學生時一樣，先盡情自在地在大街小巷溜達。我尋訪老咖啡館和小酒館，回味著當年年輕時的時光，同樣，如果我想工作了，我就找一個最意想不到的地方，比如布洛涅、第拉諾或者第戎這樣一些外省的小地方，在住過了教人厭倦的豪華飯店之後，沒沒無聞地住在小旅館裡，起居活動完全隨心所欲，真是太棒了。後來，儘管希特勒奪走了我那樣多的東西，但我曾經有十年時間享受了意志和內心都完全自由的歐洲生活，這美好的記憶他既不能沒收，也不能從我心中磨滅。

◊ ◊ ◊

在那些旅行當中，有一次旅行對我而言是特別激動和具有教益的，那就是去蘇俄的旅行。一九一四年，在戰爭爆發的前夕，我當時正在創作一本關於杜斯妥也夫斯基的作品，那時我已經開始為此行做準備。可是戰爭的血腥打破了我的計畫，自此之後我又多了一種顧慮，為這次旅行而猶豫。戰後，由於布爾什維克的實驗，俄國對所有知識份子而言成了最具吸引力的國家，大家對它都不甚了解，但它卻既受到熱情的讚美，又受到狂熱的詆毀。由於政治宣傳和同樣激烈的反宣傳，沒人清楚地知道那裡發生了什麼。但是人們知道，那裡正進行著某種新的嘗試，這種嘗試無論善惡，它對於我們世界的未來形態都有決定性的影響。蕭伯納、威爾斯、巴比塞、伊特斯拉蒂、紀德和許多其他人都去訪問過這個國家，回來後，他們有的熱情滿懷，有的失望沮喪。要不是想親眼目睹事實的願望吸引著我，我就不會成為一個在思想上非常希望了解新生事物的人。我的書在那個國家影響相當廣泛，不僅是高爾基為我寫序的全集，還有價值幾個戈比的廉價小版本深入到廣大群眾當中，我肯定，自己在那裡會受到很好的待遇。但是，令我躊躇不定的原因是，當時任何一次前往俄國的旅行就意味著一種表態，我是個對政治和教條主義最深惡痛絕的人，要我在對一個不可忽視的國家進行幾週的表面視察之前就公開表態，說明自己對這個國家是讚許還是否定，要我對一個尚未解決的問題先發表自己的判斷，我是不能接受的。所以，我雖然心中非常好奇，卻始終無法下決心，前往蘇俄旅行。

但是，一九二八年的初春，我收到一封邀請函，信中希望我作為奧地利作家代表團的成員，前往莫斯科參加紀念托爾斯泰誕辰一百週年的慶祝活動，他們還希望我在慶賀那天晚上發表賀詞。我沒有任何理由放棄這次機會，因為，這是一次超黨派的行為，我的訪問因此不帶任何政治色彩。托爾斯泰是非暴力主義的信徒，不會被定義為布爾什維克。我顯然有權談談作為詩人的托爾斯泰，因為我寫他的書在那裡已經發行了幾萬冊。並且，我認為，如果歐洲所有國家的作家都聯合起來，共同紀念他們當中最偉大的人物，那麼從歐洲的意義來看，這可謂是一次重要的表態。我於是接受了要求，而且對於自己迅速做出的決定絲毫不後悔。前往波蘭的路程就已經讓我大開眼界。我看見，我們這個時代是多麼迅速地治癒了自己給自己留下的創傷。那些加利西亞地區的城市，我一九一五年看見它們的時候還是一片廢墟，現在已經煥然一新地佇立在眼前，我又再次認識到，對於個人而言頗為漫長的十年，對於一個民族來講，是多麼短暫的一瞬。在華沙，人們已經再也看不出以前這裡曾經有多少次廝殺和流血。咖啡館裡坐著穿著時髦的婦女，光彩照人。衣著筆挺、身材頎長的軍官在馬路上散步，他們看起來更像是皇家劇院的傑出演員，正在扮演士兵的角色。處處都能感受到一種生機、一種自信和自豪。他們理應自豪，因為新的波蘭共和國是從幾百年的廢墟上昂然崛起的。列車從華沙繼續向俄國的邊境線駛去，大地越來越平坦，沙地越來越多，每到一站，車站站台上都站滿了身穿鮮豔民族服裝的全村村民，因為，當時這裡白天只有唯一的一趟客車開進這個不許外人進入的封閉國家。所以，有這樣一列連接東西方世界的特別快車駛過，在當時是件大事，一定要前來觀看它那敞亮的車廂。終於，列車到達邊境車站涅格洛爾耶了。在鐵軌上方，懸掛著一條寬寬的鮮紅條幅，上面的標語用西瑞爾字母[1]寫成，我不認識，有人為我翻譯說，那是「全世界無產階級者，聯合起來！」在這條火紅的橫幅下穿過，我們便踏進了無產階級的帝國，進入了一個新世界。我們坐的這趟列車當然不是無產階級的，它是沙皇時代的臥車，由於車廂非常寬敞，行駛速度也比較緩慢，它比歐洲的豪華列車還要舒適方便，我第一次坐火車穿越俄國的土地，但奇怪的是，我並不覺得陌生。所有的一切在我看來都是那樣熟悉，那帶著一絲輕愁的廣闊空曠的草原，那些小茅舍，聳立著很多洋蔥頭形狀尖頂建築的小城，蓄著長鬍子，一半像農民，一半像先知的男人，他們爽朗善意地笑著向我們問好，還有戴著花頭巾、身穿白短衫，賣著雞蛋和黃瓜的婦女。我為什麼會熟悉這一切的呢？是俄國的文學大師們，是托爾斯泰、杜斯妥也夫斯基、阿克薩克夫和高爾基，他們用偉大的現實主義手法為我們描述了「人民」的生活。我相信，雖然自己不懂俄語，聽不懂人們說話，但是我明白他們要表達的意思。這些身穿肥大的白色襯衫、敦實的

1 編注：斯拉夫語字母。

男人樸實得教人感動，火車上年輕的工人有的下棋，有的看書或者爭論，年輕人那種不安而難以遏制的激情由於受到了某種召喚，迸發出無比的力量，在他們身上復活了。不管是不是因為托爾斯泰和杜斯妥也夫斯基對「人民」的愛——它會使一個人內心產生回憶，反正，在列車上，我已經不由自主地對這些單純而令人感動、聰明而缺乏教養的人們產生了好感。

我在蘇俄度過的兩週始終處於高度亢奮之中。我觀察，我聆聽，有時讚賞，有時厭倦，有時欣悅，有時生氣，我始終處在冷熱交替的衝擊之中。莫斯科這座城市本身就是矛盾結合的，那裡有宏偉的紅場、圍牆和洋蔥頭形狀屋頂的建築，它們有點兒韃靼式的、東方的拜占庭式的奇異風格，也就是古俄羅斯風格。而另外一邊，則佇立著現代化的、超現代的高大建築，就像一群陌生的美利堅巨人。一切都那樣不協調，在教堂裡，還隱約能看見被煙火燻黑的古希臘正教的聖像和鑲嵌著寶石的聖徒祭壇，而在距離一百步遠的地方，列寧的遺體躺在一副水晶棺材裡，遺體穿著黑色的西服，剛剛經過整理遺容（我不知道，他們是不是為了歡迎我們而這樣做的）。在耀眼的小轎車旁邊跑的是瘦小馬匹，鬍子拉碴、邋裡邋遢的馬車夫輕輕地吆喝著趕馬車。我們在其中做演講的大歌劇院裡燈火輝煌，仍然以沙皇時代的富麗景象出現在無產階級的聽眾面前。在郊區，是一片老朽的房屋，好像無人照顧的骯髒老人，相互依靠著才不至於傾倒。這裡的一切都太老、太舊，鏽跡斑斑，現在都想一下子變得摩登，變得超現代、超機械化。由於這種急切的心情，莫斯科人滿為患，到處顯得混亂不堪。商店裡、劇院門前，到處都擠滿了人，在哪裡都必須等待，由於機構臃腫，每個單位的效率都很低落。理應制訂出「制度」的新官僚還熱衷於寫備忘、簽文件，把每件事情都給耽擱了。本該六點鐘開幕的盛會，直到九點鐘才開始，當我在深夜三點鐘筋疲力盡地離開大劇院時，演說者們還在滔滔不絕地演講，在每次接見和約會中，歐洲的客人都早到一小時。時間就這樣從指縫裡流走，但每秒鐘又顯得那樣忙碌，人們張望、注目、討論，對一切都表現出極大的熱情。我感到了俄羅斯人那種神祕的靈魂感染力和他們難以抑制的樂趣，要將自己鮮活的情感和思想熱切地掏出來，這會在不知不覺當中攫住你的心。我那時很容易激動，也不知道是為了什麼原因，為了什麼事情，原因可能出自於那裡的氛圍，一種不安分的新鮮的氣氛，也許，我已經生出了俄羅斯的靈魂吧。

還有很多地方非常了不起，首先是列寧格勒，這座城市由具有膽識的王子設計，布局大氣，宮殿宏偉，確實是天才的設計。但同時，它也是《白夜》中陰鬱的彼得堡，而且還是拉斯科尼科夫[2]的彼得堡。冬宮極其雄偉，而更令人難忘的是其中的景象，我們看見成群結隊的工人、士兵和農民，他們穿著笨重的鞋，將帽子謙卑地握在手中，像以前走過聖像前那樣，穿過這往日的皇家殿堂，心中暗懷自豪地觀看著冬宮裡面的畫像，他們心想：現在，這些東西都屬於我們了，我們要學會去了解它們。教師領著臉蛋圓圓的孩子們穿過大廳，藝術工作人員向有些拘謹的農民聽眾講解林布蘭和提香。當講解員指出繪畫的某個細部時，他們總是怯生生地抬起沉重眼皮下的眼睛來觀看。像在其他別處看到的情景一樣，這淳樸而一本正經的努力，要讓大字

2 杜斯妥也夫斯基的小說《罪與罰》中的主人公。

不識的「人民」在一夜之間理解貝多芬和維梅爾[3]，不禁讓人感到有些好笑。而這努力的兩個方向，一是講解藝術珍品的這方，要讓聽眾一下就能聽懂，一是聽講的那方，要立即聽懂這些講解，他們都是同樣的沒有耐性。在學校，老師們讓學生畫最瘋狂前衛的東西，十二歲小女孩的書桌上，擺的是黑格爾和喬治．索列爾[4]（當時就連我都不知道他是誰）的著作。目不識丁的人手裡也拿著書，只是因為那是書，而書意味著「教養」，這是新的無產階級的光榮和責任。多少次，我們都忍不住要笑出來，人們帶我們參觀中型工廠，期待著我們表示驚訝，好像我們在歐洲和美國從來沒有見過工廠一樣。一位工人指著一台縫紉機，非常自豪地對我說：「這是電動的。」然後，他用期待的目光看著我，彷彿我應該對此發出驚歎。這個民族因為平生第一次見識這些電動的機器，所以，他們謙卑地以為，是革命和革命之父列寧與托洛斯基設想和發明出了這一切。於是，我們微笑地讚歎一番，暗地裡卻覺得很滑稽，這個俄羅斯是一個多麼聰明和善良的大孩子啊！我們總是這樣想，並且問自己：這個國家真的能夠像計畫中的那樣迅速學會這所有功課嗎？這宏偉的計畫將越來越宏偉呢，還是會在俄羅斯舊有的奧勃洛摩夫式[5]的怠惰中成為泡影？我們時而相信這計畫，時而又抱以懷疑。我見得越多，心裡就越沒有把握。

但是，這樣的矛盾不是同樣也出現在我自己身上，它難道不是植根於俄羅斯民族的天性之

3 Jan Vermeer，1632—1675，荷蘭風俗畫家。
4 Georges Sorel，1847—1922，法國社會哲學家。
5 俄國小說家岡察洛夫的代表作，生動地塑造了一個耽於幻想、因循守舊的「多餘人」形象。

中嗎？難道我們前來紀念的托爾斯泰的靈魂當中就沒有這樣的矛盾嗎？在前往亞斯那亞波爾亞納[6]的火車上，我和盧那察爾斯基談論了這個問題。盧那察爾斯基對我說：「他究竟是怎樣一個人？是一個革命者還是一個發動份子，他自己清楚嗎？他是一個真正的俄羅斯人，想在俯仰之間就把具有數千年歷史的世界徹底翻天——和我們一模一樣。」他微笑著補充道，「他和我們一樣，想用唯一的方案改變一切。如果有人把我們俄羅斯人當成有耐心的人，那他就看錯我們了。我們的身體、甚至靈魂都是有耐心的，但是，我們的思想比任何一個民族都缺乏耐心，我們希望得到所有的真理，希望立即知曉絕對的真諦。這位老人為此受了多少煎熬啊！」確實，當我在亞斯那亞波爾亞納穿過托爾斯泰的故居時，我頭腦中只有這句話：「這位偉大的老人為此受了多少煎熬啊！」那兒有他寫下不朽著作的書桌，他離開了它，只是為了到隔壁一間破舊的小屋裡去修理破舊的鞋子。門在那裡，還有樓梯，他就是通過這扇門和這樓梯逃離了家，希望擺脫他生存的矛盾。那裡擺放著一桿獵槍，他在戰爭中曾用它殺敵，而他本人是反對一切戰爭的。在農莊這座低矮的白色房屋中，他生活中的所有矛盾，都強烈而形象地呈現在我眼前，但是奇妙的是，在我前往他最後安息地的路上，這種悲涼之感漸漸消散了。

因為，我在俄國見到的最偉大、最震撼人心的景象便是托爾斯泰的墳墓。這塊高貴的朝聖地坐落在偏僻孤寂之所，隱沒在森林深處。一條羊腸小徑通向那山丘，山丘只是一個由土堆積起來的四方形土堆，沒有人看守，沒有人護衛，只有幾棵大樹為它遮蔭。托爾斯泰的孫女告訴

6 Yasnaya Polyana，托爾斯泰的故居。

我，這幾棵參天大樹是托爾斯泰親手栽種的。他和他的哥哥尼古拉在童年時候聽一位村婦說過這樣一個傳說：人們種樹的地方將會是吉祥之地。因此，他們遊戲般地栽下了一些小樹苗，直到晚年，這位老人才想起這個奇妙的預言，於是立刻表示，希望埋葬在親手種下的樹下。人們按照他的意願辦了，這座墳墓由於簡樸得令人五體投地，成為世界上給人印象最深的墓地。森林之中濃蔭下的一小塊四方山丘——沒有十字架，沒有墓碑，沒有銘文。這位偉人，再沒有人像他那樣在生前因為自己的名字和名譽而痛苦了，就這樣沒沒無聞地被埋葬了，就像一個偶爾被發現的流浪漢，或者一個不知名的士兵。這塊長眠之地，任何人都可以前來，四周稀疏的柵欄從來沒有封閉過。唯有人們的敬意，守護著這位永不休息的人的最後安寧。通常人們總是對陵墓的壯觀感到好奇，而這裡教人歎為觀止的簡樸使人著迷，讓人一睹為快。風彷彿上帝的低語，在這座無名的墓地上方簌簌作響，除此之外，萬籟俱靜，人們從此路過，也許根本不知道這裡埋葬著一個人，一個俄羅斯人，埋葬在俄羅斯的土地裡。無論是巴黎榮民療養院教堂裡，大理石拱門下拿破崙的墓室、王侯陵墓中歌德的靈柩，還是西敏寺裡的墓碑，都不及這座密林之中寧靜無聲的無名墳墓感人，在這座墳墓四周，只有風兒的絮語，連一句悼文都沒有。

◊ ◊ ◊

我在俄羅斯逗留了十四天，但我始終感覺到俄羅斯人內心那種急迫的心情和有些盲目的飄飄然。究竟是什麼讓他們如此激動呢？我很快便找到了原因，因為，他們是人，他們有一股真誠衝動的熱情。每個俄羅斯人都相信自己參與了一個涉及全人類利益的偉大事業，所有的人懷有這樣的信念：他們必須忍受的物資匱乏和短缺，是為了一個更崇高的使命。以前他們面對歐洲懷有的自卑感現在突然被一種狂熱的自豪所取代，他們覺得自己領先了，超過了所有人。「光明來自於東方」——他們當中有未來的救世主，他們就是這樣想的，率真而簡單，他們認清了這「真理」，別人只能夢想的東西，現在已經交付給了他們，由他們來實現。即使他們把最微不足道的東西拿給別人看時，他們的眼睛也炯炯發光地說：「這是我們製造的。」而這個「我們」指的是整個俄羅斯民族。載客的馬車夫用馬鞭指著一幢新蓋的大樓，咧著大嘴笑著說：「這是我們蓋的。」大學課堂裡的韃靼人和蒙古人向我們迎面走來，滿懷自豪地指著他們的書本，這個人對我們說：「這是達爾文的著作！」那個人也同樣自豪地說：「這是馬克思的書！」看他們的神情，好像這些書是他們自己寫的一樣。他們迫不及待地要讓我們看他們的一切，將一切都解釋給我們聽，好像他們很感激我們前去參觀他們的「事業」。他們每個人（這可是在史達林統治的年代！）對歐洲人都懷有無限的信任，用善良忠誠的目光望著我們，緊緊地像兄弟般握著我們的手。但是同時，也有極少人表現出來，他們雖然熱愛一個人，卻未必「尊敬」他。人們本來就是兄弟、同志嘛！就連作家也不例外。我們在亞歷山大．赫爾岑的故居聚會，在座的不僅有歐洲作家和俄羅斯作家，還有通古斯族作家、格魯吉亞作家和高加索作家。每一個蘇維埃加盟共和國都為紀念托爾斯泰派出了代表。我和他們之中的絕大多數無法交談，但是彼此都能明白對方的意思。有時，一個人站起身來走到另一個人面前，說出對方寫的一部著作的名字，用手指著自己的心說：「我非常喜愛它。」然後便握住對方的手，使勁地握著、搖著，好像出於熱愛要將對方的骨頭弄散為止。更加令人感動的是，他們每個人都帶了禮物來。當時還是很困難的年月，大家都沒有什麼值錢的東西，但是他們每個人都拿出了一點東西給我們留作紀念。一幅不值錢的舊版畫、一本我們看不懂的書，還有民間的木刻。我拿出禮物當然更加不費力氣，因為我可以用俄國多年來見不到的值錢物品進行回贈，比如一把吉列刮鬍刀、一支鋼筆、幾疊優質的白信紙、一雙輕軟的皮拖鞋，這樣，我回家時就已經完全是輕裝了。但是正是這種無聲卻熱誠的衝動使我們深受感動，我們在此親身感受到的這種溫暖和熱烈，歐洲人是從來沒有見識過的，因為在我們的祖國，人們都還沒有達到「人民」的思想覺悟。每次和這些人相聚在一起，都是一種危險的誘惑，有些外國作家在訪問俄羅斯時也確實難以抵禦這樣的誘惑，因為他們看見自己受到如此空前的尊敬和歡迎，而且受到真正的人民大眾的愛戴，既然在這樣的政權統治下的老百姓，是如此傾心於他們和他們的作品，他們便認為自己對那個政權一定得稱讚一番。是啊，禮尚往來，將心比心本是人之常情。我也必須承認，我自己在俄羅斯的某些時候也幾乎要高唱頌歌了，我自己也被那片熱情弄得神魂顛倒。

我之所以沒有陷入到那種具有魔力般的激情狂熱當中去，與其說我應該歸功於自己內在的自制力，不如說是幸虧了一個陌生人，我不知道他的姓名，以後也不會知道。那是在一次大學生的慶祝活動之後，學生們將我團團圍住，擁抱我，和我握手，他們的熱情令我感到相當的溫暖，我滿懷喜悅地望著這些學生充滿朝氣的臉龐。有四、五位同學陪我回到住處，我們一大夥人在一起，其中也有派給我的那位女翻譯，她也是一位大學生，將一切都翻譯給我聽。直到我關上旅館房間的房門，我才真正是一個人獨處，其實，這真是我十二天以來第一次的獨處，一直有人陪在我身邊，我被人包圍，被熱情的人群簇擁著。我開始更衣脫外套時，聽見裡面有窸窣的紙張聲響，我把手伸進口袋，發現裡面有一封信。這封信是用法文寫成的，它不是通過郵局寄給我的，而是有人在和我擁抱或者擁擠的時候悄悄塞進我口袋的。

這是一封未署名的信，寫得非常巧妙，而且通情達理。它雖然不是出自一個「白俄」的筆下，但是其中卻充分表達了對近年來自由日益受限的憤怒。「人們對您說的話，您不要全部相信。」這位陌生人這樣寫道，「您不要忘了，在他們向您展示的那些東西後面，還有很多沒有展示的內容。請您記住，那些和您交談的人，他們當中的大多數人沒有說出自己想說的心裡話，而只是說了他們被允許說的話。我們都被監視著，就連您也不例外。您說的每一句話都由您的女翻譯向上級彙報，電話受到監聽，您每走一步都有人盯梢。」他為我舉了一連串的例子和細節，對於這些，我沒有辦法去證實。但是，我按照他的意思燒了這封信，（「您不要只是將它撕碎，因為會有人從您的字紙簍裡將碎片取走重新拼好。」）並開始第一次重新審視一切。我身處這樣誠摯的熱情之中，在那感人的同志般的氣氛當中，我確實根本沒有機會和什麼人進行無拘無束的私人交談，這難道不是事實嗎？我不懂俄語，所以這阻礙了我和老百姓有真正的直接接觸。那麼，在這十四天當中，我所見到的其實只不過是這個一望無際的帝國非常微小的一部分啊！如果我真的不想遷就自己，附和別人的觀點，我就必須承認，雖然我得到的印象在某些細節上令人鼓舞和感動，但在客觀上不能說明什麼問題。所以，當幾乎所有作家從俄國返回後，都很快地出版了著作，他們在其中或者熱情地讚頌俄羅斯，或者尖銳地批評，但我卻只寫了幾篇文章而已。後來證明，我這種保留態度是很明智的，因為三個月之後，很多事情與我親眼見到的已經不同了，一年之後，由於風雲突變，當時的那些言論都被事實斥為謊言。但是至少，我在俄羅斯那樣強烈地感受到了我們時代的暴風驟雨，這在我的一生當中還是很罕見的。

◊ ◊ ◊

我離開莫斯科的時候，行李已經相當少了。凡是我可以送出去的東西，我都分送給別人，而我自己只帶回兩幅聖像，後來很長時間都一直裝飾著我的房間。但我帶回家最珍貴的東西，就是和高爾基的友誼了。我在莫斯科第一次和他相見，一到兩年之後，我又在蘇連多與他再次見面，當時，他因為健康原因必須前去那裡療養，我在他那裡做客，度過了難忘的三天。

我們那一次的會面真是很不平常，高爾基不會任何外語，我又不懂俄文。無論按照什麼邏輯來講，我們必然只有兩種情形，要麼四目相對，默然共坐；要麼需要我們尊敬的朋友瑪莉亞·布德貝格男爵夫人幫忙翻譯才得以交談。但是，高爾基真不愧為世界文學中最具天才的小說家之一，敍述對他而言，不僅僅意味著一種藝術表現形式，而且是他全部天性本能的表現。在敍述當中，他置身於被敍述的事件當中，將自身轉化為被敍述的對象。我無需懂得他的語言，就能夠通過他生動的面部表情理解他的意思。他看起來是一副地地道道的「俄國人模樣」——我沒法用別的詞彙來表達。他的五官沒有什麼顯眼的地方，這樣一個瘦高個男人，草黃色的頭髮，顴骨寬寬的，看見他這個樣子，人們很可能以為他是在農地幹活的農民、趕馬車的馬車夫、小鞋匠，或者無家可歸的流浪漢——他就是百分百的「人民」，是俄羅斯人原型的集中體現。在大街上，人們很可能毫不經意地從他身邊走過，不會注意到他有什麼特殊之處。只有當你坐在他面前，當他開始敘述的時候，你才會認出這個人來。因為，他不自覺地就成了他自己描繪的那個人了。我還記得，他是如何描述一位他在遊歷時遇見的駝背、疲倦的老人——還沒等別人翻譯，我就明白了他的意思。他很自然地將腦袋垂下來，雙肩下垂，他開始講話時那雙明亮有神的藍眼睛變得陰沉而疲倦，他的嗓音沙啞，他已經不知不覺地將自己化身成了那位駝背老人了。而接著，當他開始講述一些高興的事情時，他便會放聲大笑，他輕鬆地將身子往後靠著，額角閃爍發光。聽他說話真是其樂無窮，他會用嫻熟的形象和動作將景色和人物描述出來。他身上的一切，無論是坐是行，是傾聽還是愉快的時候，都是那樣自然樸實。有一天晚上，他喬裝成貴族，腰間別著一把軍刀，目光中立即流露出一股威嚴高貴。他眉頭緊鎖，威風凜凜地在房間裡來回踱步，好像在考慮下一道嚴峻的命令。而隨即，當他脫下這套衣服時，他那副開心的孩子氣模樣真如同農家男孩一般。他的生命力簡直是個奇蹟，他靠著自己損傷的肺依然活了下來，這靠醫學原理其實是無論如何也說不通的。他是靠一種巨大的求生意志、一種鋼鐵般的責任感活下來的，每天早晨，他都用清楚的手寫體著述他的長篇小說，回答來自他祖國的青年作家和工人向他提出的數百個問題，和他在一起，對於我意味著和俄國同在，那不是布爾什維克的俄國，不是以前的俄國，也不是現在的俄國，而是具有寬廣、強大和深沉靈魂的一個永恆民族的俄國。在那些歲月當中，他的內心依然是猶豫彷徨的。作為一位老革命者，他盼望推翻沙皇統治，他本人和列寧也建立了友誼，但是他當時在入黨問題上仍很猶豫。用他自己的話來講，就是是否要「成為黨的牧師和教皇」，他始終感到良心上的壓力，因為在那些年，每個星期都要做出這樣或那樣的新決定，而他自己卻一直遲遲未決。

在那些日子裡，我還恰巧見證了一次典型的新俄羅斯才有的情景，它向我揭示出這個國家所有的矛盾之處。有一艘俄羅斯軍艦在航海演習中第一次駛入拿波里港，那些從來沒有來過西方世界的水兵，穿著漂亮的海軍服在托萊多大街上散步，他們睜大好奇的農民眼睛，對一切新奇玩意總是看不夠。第二天，他們之中有一小夥人決定到對岸的蘇連多來，來看看「他們的」大作家。他們沒有事先和他約好，因為在他們的同胞思想中，「他們的」大作家當然應該隨時都有時間招待他們。於是，他們突然出現在他家門前，而且，他們想得也沒錯，高爾基一刻也沒讓他們久等，馬上就請他們進去了。但是（高爾基後來自己大笑著對我說）這些年輕人一開始對他做出一副嚴厲的樣子，因為他們覺得「公事」高於一切。他們一邁進這幢美麗舒適的別墅就嚷嚷著說：「瞧你住在什麼房子裡！你簡直像個中產階級！你為什麼不回到俄國去？」高爾基只得盡可能詳細地向他們解釋。但實際上，這些老實的年輕人也並不真正想要這樣一本正經，他們只是想表示自己淡漠「名利」，對每個人的信念都要先考驗一番。接著，他們無拘無束地坐著喝茶，聊天，最後告別時，他們一個接一個地和他擁抱。高爾基興致勃勃地描述著這一切，他很喜歡年輕一代人這種輕快自由的方式，對他們的大大咧咧一點也不生氣。「我們和他們是多麼的不同啊，」他一再這樣說道，「我們不是畏首畏尾，就是無比激烈，但從來就不是我們自己的真實模樣。」那天晚上，他的眼睛一直炯炯發光，當我對他說：「我相信，您肯定很願意和他們一道回家。」他猛地一怔，目光銳利地盯著我說，「您怎麼知道的？說真的，到最後一刻，我都還在考慮，是不是應該把書本、稿紙、工作等等所有一切都放下，和那些年輕的水手一起，坐上他們的軍艦，去航行個幾週。也許，我這樣會重新明白，俄羅斯是什麼樣子。在遠離祖國的地方，人會荒廢最美好的東西。在流亡當中，我們至今沒人做出什麼成就。」

◊ ◊ ◊

但是，高爾基將自己在蘇連多的生活稱為「流亡」，這是不對的。他隨便哪天都能回國，而且實際上，他也回過國。他不像梅列日科夫斯基，書被禁，人被驅逐（我在巴黎時曾遇見過這個悲劇性的憤世人物），也不像今天的我們這樣，按照格里爾帕策的妙語，我們是「在異鄉和故土皆為異鄉人，沒有祖國的人」。我們說著異國的語言，顛沛流離。幾天以後，我在拿波里拜訪了一位真正的流亡者，和高爾基的說法完全不同的一位流亡者，一位特殊人物，他就是貝內德托·克羅齊。他曾經當了幾十年年輕人的精神領袖，在他因為反對法西斯主義而和墨索里尼發生衝突之前，他作為參議院和部長在自己的祖國享有極高的榮譽。他詞職退隱，但是這還是不能令那些強硬派滿意，他們要徹底摧毀他的反抗，在必要時還要對他進行懲戒。大學生也和以往完全不同，他們處處充當反動勢力的急先鋒，他們襲擊他的住宅，打碎他的窗玻璃。但是這位有著一雙機敏的眼睛、留著一撮小鬍子、看起來更像一個安逸的市民的矮胖人物並沒有被嚇倒。他沒有離開自己的國家，儘管他收到美國和其他國家大學的邀請，他還是待在自己家裡，埋首於他的書籍圍牆之中。他以同樣的思想繼續辦他的《批評》雜誌，繼續出版自己的著作，根據墨索里尼的命令而嚴格執行的檢查制度，將他的學生和信念相同的同志完全封殺了，而他的威信卻是如此之高，使得這制度在他面前不得不低頭。對於一個義大利人，甚至對於外國人而言，拜訪這樣一個人物需要非凡的勇氣，因為，當局很清楚，在他自己的壁壘之中，在他堆滿書籍的房間裡，克羅齊說起話來是相當直白，不帶任何虛飾的。他這樣就好像生活在一個密不透氣的房間裡一樣，在他的四千萬同胞當中，他彷彿生活在一個煤氣罐裡。在我看來，在一個擁有千萬人口的國家裡，在一座擁有百萬人口的城市裡，這樣一個人的封閉式孤立是可怕又可敬的。我當時還不知道，與後來降臨到我們自己頭上的做法相比，這樣消滅一個人思想的做法還是溫和得多的。但我還是不得不佩服，這位年邁的老者在日復一日的鬥爭當中保持了怎樣的清醒和旺盛的精力。他笑著對我說：「恰恰是反抗讓一個人變得年輕了。如果我繼續當我的議員，那我就輕鬆了，但那樣我在精神上就會很快變得懶散和動搖了。缺乏鬥志是對一個有思想的人最有危害的事情，當我孤立無援，年輕人不再圍繞在我的身邊時，我就必須讓自己變得年輕。」

但是，直到過了若干年我才明白，一個人只要不被折磨、迫害和孤立摧毀，他就會因為這然要來自我們自身經歷的命運。

些變得更堅強。和生活中一切重大的事情一樣，這種認識從來不能從別人的經驗中得來，而必

◊ ◊ ◊

我之所以從未見過義大利最重要的人物墨索里尼，歸因於我不願意接近政治人物的毛病，就連在我自己的祖國，小小的奧地利，我也沒有和任何國家領導人見過面，比如賽佩爾、多爾富斯[7]、舒施尼克[8]等，這其實是我特意要迴避的。我從朋友們那裡獲悉，墨索里尼是義大利最先讀我的作品的人之一，也是我最熱心的讀者之一，而且，由於我曾向他提出過一個請求——這是我第一次向政治人物提出請求，而他很快就滿足了我的要求，所以，我其實理應去向他親自表達感謝的。

事情是這樣的，有一天，我收到巴黎一位朋友的急電，信中說，一位義大利女士有要事想在薩爾斯堡見我，他希望我馬上接見她。第二天，這位女士來了。她對我說的事情確實令人震驚。她的丈夫出身貧窮家庭，是一位傑出的醫生，由馬泰奧蒂資助培養起來。當這位社會黨的領導人被法西斯份子殘忍地暗殺時，早已筋疲力竭的世界良知再次對這樣的罪行產生了憤怒的反應。整個歐洲都陷於一片激憤之中。當時有六名勇士在羅馬大街上公開抬著被害者的靈柩出

7 Engelbert Dollfuss，1892—1934，奧地利政治家，一九三二年任奧地利總理和外交部長。

8 Kurt von Schuschnigg，1897—1977，奧地利政治家，在多爾富斯之後任奧地利總理，曾為反對希特勒而鬥爭。

殯，他這位忠實的朋友便是其中之一，不久之後，他便遭到刁難和威脅，流亡出走。但是，馬泰奧蒂一家的命運使他頗為擔憂，為了報答自己的恩人，他想把馬泰奧蒂的孩子偷偷地從義大利送到國外。在這次行動中，他落到了密探或者特務的手中，遭到了逮捕。由於馬泰奧蒂案件對於義大利政府是件難堪事件，所以，這樣的起訴根本不可能很嚴重，但是，起訴人卻巧妙地將他同另外一件案件聯繫了起來，那是一樁企圖用炸彈暗殺墨索里尼的案件，於是，這位曾經在作戰時獲得最高榮譽的醫生被判以十年重刑，予以監禁。

他年輕的妻子當然因此而心急如焚。她一定要為推翻這個判決而努力，因為她的丈夫不可能熬過這十年活著回來。她一定要將歐洲所有文學名人聯合起來，大聲疾呼地共同抗議這個審判，她請求我給予協助。我馬上勸阻她不要發動抗議，我很清楚，自從大戰以來這樣的輿論聲明早已毫無用處。我努力讓她明白，出於民族自尊，沒有哪個國家會迫於外界的壓力，修改自己的法律，在美國的薩科—萬澤蒂案中，歐洲的抗議完全是幫了倒忙。我急切地請求她不要遵循這條思路行事，否則，她會立即使自己丈夫的境遇惡化，因為如果有人試圖從外界給墨索里尼施加壓力，那麼就算他想命令給犯人減刑，他也絕不會這樣做的。但是，由於被她感動，我還是向她保證一定盡全力幫助。碰巧的是，下一週我就要去義大利，而我在那裡有一些位高權重的好朋友。也許，他們可以悄悄地發揮一些作用。

我一到義大利，馬上就著手行動了，但是我看到，恐懼已經多麼深入地侵蝕了人們的靈魂。不等我說出這位醫生的名字，他們已經個個都面有難色了。他們都說，不行，自己沒有這樣大的影響力，這根本不可能做到。就這樣，我問了一個又一個朋友，最後，我滿心愧疚地回到奧地利，也許，那位不幸的夫人會懷疑我沒有盡全力幫她。確實，我是沒有盡到全力，還有最後一條路我沒有嘗試——那是一個直截了當的方法：給墨索里尼本人寫信，生死大權可都掌握在他的手中。

我這樣做了，我給墨索里尼寫了一封相當真誠的信，我在信中說，我不想以諂媚的言詞開場，我想開門見山地對他說，我並不認識那位醫生，也不了解事件的詳細經過，但是，我見過他絕望而無辜的妻子，假如她的丈夫要在牢房裡待上這麼多年，那麼這懲罰的枷鎖不是也落在了她的頭上了嗎？我絲毫不想對這判決有任何的指責，但是我設想得到，假如她的丈夫不是去坐牢，而是被遣送到某個流放的小島，並允許他的妻子和孩子一道隨行的話，對於這位夫人，這將是救命之恩了。

我拿起這封致貝尼托．墨索里尼閣下的信，將它投入薩爾斯堡的普通郵筒。四天以後，義大利駐維也納的公使館給我來函，他們告訴我，墨索里尼閣下向我表示感謝，並且，他已經滿足了我的請求，準備縮短刑期。同時，來自義大利的一份電報告訴我，我請求的改判已經被執行。墨索里尼親自大筆一揮，滿足了我的個人請求，實際上，那位被判刑的醫生很快就重獲了自由。在我一生當中，沒有哪封信這樣讓我高興和滿足，假如說我曾因為某項文學工作獲得過成功，我就會懷著特別感激的心情想起這封信。

◊　◊　◊

在那最後風平浪靜的幾年旅行是一件很好的事情，但是，回家鄉也一樣好。在一片寧靜之中，家鄉發生了一些值得注意的變化。那座擁有四萬居民的小城薩爾斯堡，我正是因為它具有浪漫色彩的偏僻地理位置而選擇它作為定居地，現在發生了驚人的變化：在夏季，它不僅成為歐洲、而且成為全世界的藝術之都。在戰後最艱難的歲月裡，為了救濟在夏季找不到工作的演員和音樂家，馬克斯·萊因哈特和霍夫曼斯塔爾曾經在此舉辦過幾次演出，尤其是在薩爾斯堡教堂廣場上舉行的那場戲劇《耶德曼》的露天演出取得了巨大成功，這些演出先是由於就地舉辦而吸引了觀眾，後來，人們又將它們改成歌劇形式，使它們日益完善臻美。漸漸地，全世界開始關注薩爾斯堡，最優秀的指揮家、歌唱家和演員都滿懷雄心地紛紛湧來，他們很高興能有機會衝出家鄉的狹窄天地，可以在來自世界各地的觀眾面前表演自己的藝術。這樣一來，薩爾斯堡的各種藝術節一下子吸引了世界各地的人群，它彷彿成了新時代藝術界的奧林匹克，各個國家都競相在此展示他們最優秀的藝術。誰也不願錯過這些精采絕倫的表演，最近幾年，王公貴族、美國的富人和電影明星、音樂愛好者、藝術家、詩人和附庸風雅之輩，都紛紛雲集於此。歐洲沒有第二座城市能像久被忽視的奧地利小城薩爾斯堡這樣，成功地讓最優秀的表演藝術家和音樂家匯聚一堂，薩爾斯堡因此而繁榮起來。在夏季，人們在街上不時會遇見來自歐洲和美國的客人，他們來此尋求藝術的最高表演形式，他們穿著薩爾斯堡的民族服裝，男子身穿白色亞麻短褲和短上衣，女子則打扮成阿爾卑斯山村婦的模樣，小小的薩爾斯堡一躍成為世界風尚的統領。在旅館，人們爭著訂房間，在通往演出大廳的道路上，小轎車競相炫耀的情景就像過去人們去參加宮廷舞會時的情景一樣，火車站始終是人山人海，而別的城市企圖將這股帶來金錢利益的人潮引向自己，卻沒有一個成功。在這個世紀，薩爾斯堡成為並始終是歐洲藝術的朝聖之地。

這樣，我突然發現自己住在歐洲的中心。命運再一次滿足了我的一個連自己都不敢想的願望，我們在卡普齊納山上的那幢房子成了一幢具有歐洲性質的房子。誰沒來過我們那裡呢？我們的會客簿比記憶更好地做了見證，但是，它和房子以及其他很多東西一樣，最後都落到了納粹的手裡。我們在那裡和多少朋友共度了多少美好的時光啊！我們從陽台上眺望美麗寧靜的風光，根本沒想到在對面的貝希特斯加登山上住著一個要毀滅這一切的破壞者。羅蘭在我們這裡住過，還有托瑪斯．曼，在作家中，我們曾友好接待過Ｈ．Ｇ．威爾斯、霍夫曼斯塔爾、雅可布．瓦賽爾曼、房龍、詹姆斯．喬伊斯、格奧爾格．勃蘭兌斯、保爾．梵樂希、簡．亞當斯、沙洛姆．阿施、阿圖爾．史尼茨勒。在音樂家當中，我們接待過拉威爾、理查．史特勞斯、阿班．貝爾格、布魯諾．華爾特、巴爾托克，我們的客人還有來自世界各地的畫家、演員、科學家和學者。那些年的每一個夏季，都給我們帶來多少暢談文學藝術的美好時光啊！有一天，阿圖羅．托斯卡尼尼[9]登上了我們那些陡峭的台階，從此開始了我們之間的友誼，他使我比以前更加熱愛和欣賞音樂，也更加懂得音樂。我於是長年成為他排練演出的最忠實聽眾，一再親眼目睹他為了追求完美而做的充滿激情的奮鬥，而在他公演時，這種完美既是奇蹟，又顯得順理成章。

9　Arturo Toscanini，1867—1957，義大利大指揮家。

（我曾在一篇文章中描述他排練的情景，他的排練對於藝術家是最好的榜樣，每一次都一絲不苟，直到最後完美無瑕的境地。）莎士比亞的那句話在我身上得以完全應驗：「音樂是靈魂的滋養。」當我目睹各種藝術比賽時，我真慶幸自己運氣好，與它們結下了不解之緣。藝術與迷人的風景交相輝映，這些夏日是多麼充實和豐富多彩啊！每當我回首往事，想起戰後的那座小城是多麼衰頹、灰暗、壓抑，想起我們的房子，當時我們凍成一團，和從破屋頂上漏下的雨水搏鬥，我就感到，那幾年祥和的日子對我的一生起了多大的作用。它使我對於世界，對於人類重新樹立了信心。

◊ ◊ ◊

那幾年，有很多受人歡迎的名人來我們這裡做客，但是，即使在我孤身獨處的時候，我身邊也聚集著一群高貴的神祕人物：在我前面已經提及的名人墨寶收藏當中，各個時代最傑出的大師手跡那時都已成為我的囊中珍寶，我通過這個方法，逐漸地將他們的身影和蹤跡都召喚到自己身旁。我從十五歲開始這個業餘愛好，經由這些年，由於閱歷日益增長，收集的門路越來越寬，熱情也越來越高漲，從單純的嗜好轉變成了有系統、有步驟的收藏工作，甚至可以說，它已經成為了一種名副其實的藝術創造。在最初的階段，我和每個新手一樣，我只關注姓名，即只將名人的簽名收集起來，接著，出於好奇的心理，我開始收集手稿（作品的初稿或者片段），這正好也讓我了解到受人愛戴的大師的創作方法。在世界上無數的未解之謎當中，最深奧和最神祕的莫過於創造的祕密。大自然從不容窺探，它從來不讓人知道這個最高的藝術技巧。地球是如何產生的，一朵小花兒是如何孕育的，一首詩從何而來，人的生命又來自何方？在這裡，大自然無情地、絕不退讓地為自己蒙上一層面紗。即使是詩人和音樂家，在事後也不能解釋自己靈感迸發的那個瞬間。一旦一件作品被成功地完成，藝術家便再也想不起它是怎樣形成雛形，又是怎樣完善形成的了。他永遠、或者說幾乎永遠也說不清楚，自己是怎樣集中精力把一個個詞語組成詩句，單獨的音調又是怎樣形成千古流傳的旋律。唯一能夠為這個不可捉摸的創造過程提供一些猜測證據的，就是這些藝術家的手稿了，尤其是那些塗塗改改、還不準備拿去付印的尚未完全確定的初稿，未來最終的定稿就是從這些初稿中逐步形成的。收集所有偉大的詩人、哲學家和音樂家的這些手稿，這些見證了他們艱苦創作的反覆修改的初稿，是我收集名人手跡的第二階段，也是更加有意識的階段。對我而言，在拍賣場競逐這些手稿是充滿樂趣的，把它們從隱身之處發掘出來，是一種快樂的付出，同時也是一門學問，因為我在收藏名人手跡的同時，我還收藏關於名人手跡的書籍和手跡印行本的所有書目，在數量上，我的收藏已達到四千多冊，這是一批規模特別大的、無人可以比擬的私人藏書，就連商人也不會為了一門專門的學科傾注這樣多的時間和心血。可以說，在這三、四十年的收藏過程中，我成了名人手跡方面的第一位權威，我知曉每一頁重要的手稿，知道它在哪裡，被誰收藏著，以及它是怎樣輾轉到它的主人手裡的。我也成了一個真正的鑑定專家，一眼就能辨別真假，在估價方面，我比大多數專業人員更有經驗——當然，在文學方面或生活的其他領域，我可不敢說這樣的話。

儘管如此，我收藏名人手稿的興趣依然有增無減，我已經不再滿足於收藏反映了成千種創作方法的世界文學和音樂大師的手稿，單純的擴大收藏數量也不再能引起我的興趣，在最後十年的收藏工作中，我把主要的精力放在篩選方面。假如說，在開始的階段，我僅滿足於收藏一位詩人或作曲家在創作過程中的手稿，那麼我後來的精力逐漸轉移到收藏他們創作鼎盛時期，即獲得最大成就時期的手稿。這就是說，我已經不僅僅是收藏一位詩人所寫的任何一首詩的手稿，而是他所創作的最美詩篇的手稿，而且，盡可能找到那樣不朽的詩篇，它們在詩人靈感迸發，剛一落筆時，便已注定要流芳百世。我就是要從那些不朽人物遺留下來的珍貴手稿中，找到他們為這個世界所做的不朽之作。

因此我的收集工作實際上從來沒有間斷過，只要我覓到一頁更具價值、更有個性和更具有永久保存價值（假如我可以這樣說的話）的手稿，我就會把自己藏品中的任意一張低於我那個最高目標的手稿篩除、出售或者與人交換。令人驚訝的是，很多時候我都成功地達到了目的，因為，很少人像我這樣具備如此的見識、毅力和這方面的知識，去收藏這樣重要的手稿。所以，我收集到的屬於人類創造力最永恆文獻的作品初稿，最初只是裝滿一個皮包，最後是整整一箱，我用金屬和石棉將它們防護起來。由於我今天被迫過著漂泊不定的生活，我手頭沒有那些早已失散了的收藏品目錄，我只能隨意列舉其中幾件藏品，它們已經能夠反映出那些處於永恆時刻的人間天才的風貌。

有一張是達文西工作筆記的手稿，是他用左手反寫的素描附注；有四張拿破崙用幾乎不能辨認的字體寫給在黑沃利的士兵的命令；有印在印刷紙上的巴爾札克整部的小說，每一張上面都有密密麻麻上千處修改，無比清楚地表明當時巴爾札克是怎樣反覆地推敲，艱苦卓絕地進行創作（幸而美國有所大學為這部手稿拍照存了底）；還有尼采《悲劇的誕生》鮮為人知的最初手稿，這是他遠在這部著作出版之前，早就為自己愛慕的華格納而寫的；另外還有巴哈的一部康塔塔、葛路克的《阿爾西斯特》詠歎調和一首韓德爾的詠歎調；韓德爾的音樂手稿是所有音樂手稿中最難覓、最罕見的。我總是收集那些最具個性的手稿，而且大多時候都找到了，這其中有布拉姆斯的《吉普賽人之歌》、蕭邦的《船歌》、舒伯特千古流傳的《音樂頌》、海頓的《皇帝弦樂四重奏》中的不朽旋律奧地利國歌〈上帝保佑法蘭茲皇帝〉。有時，我甚至可以做到，從一件具有獨創性的手稿開始，擴展到收集能夠概括藝術家一生創作個性的手稿。就這樣，我不僅擁有一張莫札特十一歲時稚氣未脫時的手稿，還擁有他為歌德的《紫羅蘭》所譜的歌曲手稿，這首不朽的歌曲也是他歌曲藝術的標誌之作。在他的舞曲作品中，我收藏有從費加洛〈不再受欺凌〉的主題衍生出來的小步舞曲，有《費加洛婚禮》中的小天使詠歎調，以及從來沒有公開出版過的他寫給表妹的愉快而不雅的信件，和一首粗糙的卡農，最後，還有他在臨死前不久寫的《狄托的仁慈》中的一首詠歎調。同樣，我收藏的歌德手稿也勾畫出他一生的輪廓。第一張是歌德九歲時翻譯拉丁文的譯稿，最後一張是他在逝世之前，八十二歲時所作的一首詩。在這頭尾之間，有一大張他的鼎盛之作《浮士德》雙面對開頁的手稿，有他關於自然科學的論文、數不清的詩作，還有他在人生各階段所做的素描。在這十五件手稿當中，人們可以概觀歌德的一生。但是，對於最令人尊敬的貝多芬，我的收藏卻沒有能夠做到這樣全面。我的出版人基彭貝爾格教授是我在收集歌德和貝多芬手稿方面的對手和競爭者。他是瑞士首富之一，他收藏的貝多芬手稿無人可以匹敵。但是，除了貝多芬青年時代的筆記本、歌曲《吻》和《艾格蒙》樂譜的片段之外，我收藏的貝多芬遺物至少可以讓人們清楚地看到他一生當中最淒涼的時刻，這是世界上任何一所博物館都不能做到的。出於好運，我得到了貝多芬房間裡的所有遺物，貝多芬去世後，這些陳設都被拍賣，而被樞密顧問布羅伊寧購得，他再轉讓給了我。最重要的是那張大寫字台和藏在寫字台抽屜裡的他的兩位戀人的畫像：一幅是吉烏麗塔·古西亞爾蒂伯爵夫人，一幅是埃爾德蒂伯爵夫人。還有他直至彌留之際始終保存在自己床邊的錢箱，以及那張斜面小書桌，他臥床時還一直伏在這張小桌上寫最後的樂譜和信件。此外，還有一綹他臨終時剪下的白髮、訃告信函、他用顫抖的手簽下的洗衣單、拍賣會上可以拍賣的家具物品清單、他在維也納的所有朋友為他身後留下的無依無靠的女廚薩麗進行認購遺物的簽名。由於一個真正的收藏家，總是會碰上好運氣，在我得到貝多芬房間裡的全部遺物之後不久，我又得到了三幅描繪他臨終時的素描。根據貝多芬同時代人的描述，舒伯特的朋友、年輕畫家約瑟夫·特爾切爾在三月二十六日那天，也就是貝多芬彌留之際，想把最後時刻的貝多芬畫下來。但是，樞密顧問布羅伊寧將畫家趕了出來，因為他認為這是對貝多芬的大不敬。這幾幅素描失蹤了數百年，直到在布爾諾舉辦的一次小拍賣會上，那位名氣不大的畫家的幾十本素描簿被廉價拍賣時，人們才突然發現其中有那三幅貝多芬的素描。巧事真是一樁接著一樁，有一天，有個商人給我打電話，他問我是否對貝多芬臨終素描的原稿感興趣。我告訴他，我已經有這些素描了，但後來才弄清楚，他打算賣給我的正是後來非常有名的畫家丹豪瑟所作的貝多芬臨終遺像的石板畫。就這樣，我把這些畫像收藏在一起，它們以視覺的形式保留了那個值得懷念的、真正不朽的最後時刻。

毫無疑問，我從來不認為自己是這些物品的主人，而只是它們暫時的監護人，吸引我去收集它們的不是那種占有的欲望，而是要把那些珍品收集到一起的想法，我是將收藏當成了一種藝術性的工作。我意識到，在這種收藏過程當中，我已經創造出了比自己的作品更具永恆價值的東西。雖然我這時已收藏了不少珍品，卻遲遲沒有能整理出一份目錄，因為，我的工作仍未完成，也還不夠完善，還有幾位名人的手稿和幾件最完美的手跡我沒有得到。我再三考慮後，決定在死後將這些獨一無二的收藏品，轉交給一所能夠滿足我的特殊要求的研究機構，我將要求它每年撥出一定的款項，按照我的想法去繼續完善這些收藏。這樣，我的全部收藏就不會變成一堆僵化的東西，而成為一個具有生命力的有機體，在我身後的五十年、一百年內不斷得到補充和完善，從而成為一個日益完美的整體。

但是，對於我們這些歷經磨難的一代人來說，不可能預測到未來，當希特勒的時代到來，我遠離家園時，收藏的樂趣也一併消失，而且我當時也根本沒有把握能保存一些什麼東西。有一段時間，我將它們之中的一部分放在保險櫃裡，或者寄放在朋友家裡，但是最後我還是決心按歌德的話去做：「如果博物館、收藏品和兵器庫得不到充實，它們將變為一堆廢品，這時不如選擇放棄。」於是我和自己再無力建設的收藏工作告別。臨走時，我送了一部分藏品給維也納國家圖書館，它們大多是我的朋友們送給我的禮物，還有一部分我變賣了出去，至於最後剩下的那一部分命運如何，我已不再關心了。從此，我的樂趣一直在於自己的創作，而不再是別人創作好的作品。我並不為自己失去曾經擁有的東西而感到痛心。因為，在這些敵視藝術和收藏的年代，我們這些被放逐、被驅趕的人，還必須學會一門新的藝術，那就是，和我們曾經熱愛過的、曾經為之驕傲的一切告別。

◊ ◊ ◊

就這樣，在工作、旅行、學習、收集和享樂中，時光一年年地逝去。一九三一年十一月的一天清晨，當我醒來時，我已經五十歲了。這一天對於薩爾斯堡那位可憐的白髮郵差來說可是個倒楣的日子，在德國有種傳統的習俗，當一位作家過五十歲生日的時候，報紙要為他好好慶祝一番，所以，這位老郵差不得不拖著一大摞的信件和電報爬上我們那陡峭的台階。我在拆閱這些信件之前，停下來思忖著，這一天對於我意味著什麼。五十歲意味著一個轉捩點，我回首往事，心情難以平靜，我已經走了多少路程呢？我捫心自問，是否自己還要繼續前行。我回想著自己度過的歲月，就像從我的屋子眺望阿爾卑斯群山和那塊平緩的山谷一樣，回想著自己的五十年，我不得不說，如果我此時還不知感恩的話，那簡直就是心懷罪惡。我最終得到的遠遠超過自己期待和希望得到的，通過各種新聞媒介，我發揮了自己的特質，將它表達了出來，那些詩作和小說、戲劇所發揮的作用大大超出了我年少時的夢想。島嶼出版社送給我的生日禮物是一部我已出版的所有著作、所有譯本的總目錄，它本身就是一本書，裡面的文字應有盡有，有保加利亞語、芬蘭語、葡萄牙語、亞美尼亞語、中文和馬拉提語。我的文字和思想藉由盲文、速記和各種外國文字傳播到人群中去，我無限擴充了自己的存在空間，已不再侷限於我自己居住的咫尺天地了。我贏得了這個時代一些最優秀人物的友誼，我欣賞過最精采的演出，我遊覽了那些不朽的城市，欣賞了不朽的繪畫和風景，一直自由自在，沒有公務和職業的羈絆，我的工作不僅是我的樂趣，還會為別人帶來樂趣！那麼還會有什麼糟糕的事情發生呢？我的這些書，難道會有人將它們毀掉嗎？（這時我是這樣認為，因為完全不知道後來會發生什麼。）我的房子，難道會有人把我趕出去嗎？我的朋友，難道我會失去他們嗎？我毫無懼意地想到死亡和疾病，卻從來沒有想到我目前面臨的這種生活狀態，沒有想到自己會離鄉背井，遭到驅逐，無家可歸，從一個國家流亡到另一個國家，漂洋過海，流離失所；沒有想到自己的書被焚毀、遭禁，遭到唾棄；沒有想到我的名字在德國會像罪犯一樣受到攻擊；沒有想到我的那些朋友（他們的信件和電報現在都擺在我眼前的桌上）有朝一日碰見我時，臉色會霎時變得刷白。我沒有想到自己在三、四十年當中孜孜不倦做出的成果會被一筆抹煞，不留任何蹤影；沒有想到自己親手建立起來的、眼前這看似牢不可摧的一切生活都會分崩離析；沒有想到在自己事業快要接近頂峰的時候，被迫再重新開始，而我已經心力交瘁。說真的，在我五十歲生日那天，我做夢也沒有想到以後會發生這樣荒唐、這樣野蠻的事情。我那時是感到心滿意足了，我熱愛自己的工作，從而也熱愛生活。我無憂無慮，即使我再也不寫一個字，我出版的著作也可以保證我衣食無憂。我似乎已經擁有了一切，命運一帆風順。我童年時代在父母身上得到的安全感，雖然在戰爭中失去了，但現在，我靠著自己的努力，又將它重新找了回來。我還有什麼要求呢？

但奇怪的是——正因為我這時不知道自己還需要什麼，讓我感到了一絲莫名的不快。我心中有個聲音在問自己——這個聲音不是我自己的——這樣繼續風平浪靜地過日子，這樣有條不紊、舒適安逸、沒有新的磨難與憂慮的生活，你覺得確實很不錯嗎？這種優裕、完全有保障的生活，不是不符合你的本性嗎？我在屋子裡踱步，陷入沉思。這些年，日子變得非常美好，也完全符合我的期盼。可是，我難道要永遠生活在這裡嗎？難道永遠坐在同一張書桌前，一本接一本地著述，接受一筆又一筆的版稅？難道我要漸漸變成一個尊貴的紳士，用正派和德行來維護自己的作品和名聲，與一切意外、焦慮和危險訣別？我難道就這樣一直沿著筆直、平坦的大道生活下去，直到六十歲、七十歲？我心中繼續夢想著，會不會出現一些別的事情呢，一些新鮮的事情，讓我不安、緊張，讓我接受挑戰，去進行也許更加艱險的新的鬥爭，卻因此也令我更加年輕呢？在每個藝術家心中，都隱藏著一種神祕的矛盾：如果生活坎坷艱辛，他渴望安寧；但是當生活安寧時，他又渴望回到動盪中去。因此，在五十歲生日的那一天，我內心深處只有一個罪惡的願望：我希望發生一些事情，將我從這樣安穩舒適的生活中再次拉出來，我希望自己不再繼續這樣的生活，而必須重新開始。這是不是因為我害怕衰老，害怕自己變得疲倦和遲鈍呢？或者，這是一種神祕的預感，它讓當時的我為了達到內心的發展而渴望另一種更加艱苦的生活？總之，我不知道是為什麼。

我不清楚，是因為在這個特殊時刻，從潛意識當中朦朧產生的這個念頭，並不是一個清晰的願望，它和我清醒意志中的願望也絕對無關。那只是一個轉瞬即逝的想法，也許，它根本就不是我自己的想法，而是一個來自連我自己都不清楚的幽冥深處的念頭。然而，駕馭在我生活之上的那個不可捉摸的陰暗力量，顯然是覺察到了我的這個願望，它以前曾經滿足了我那樣多的奢望，於是這時，它舉起拳頭，準備將我的生活從裡到外擊得粉碎，以迫使我在原有生活的廢墟之上，徹底重建一種更加艱難、困苦，與先前完全不同的生活。

希特勒上台

有一條不可抗拒的歷史規律：在決定時代命運的龐大行動開始之初，往往是歷史本身阻礙了那個時代的人對它的認識。因此，我也記不清楚自己是在什麼時候第一次聽說阿道夫．希特勒這個名字了，而這個名字，這麼多年來我們不得不每天、每時，甚至每秒都得去聽、去想、去說它，擁有這個名字的人給我們這個世界帶來的災難比任何時代的任何一個人都要多。不管怎樣，那第一次聽說肯定是發生在很早以前的了。因為薩爾斯堡離慕尼黑只有兩個半小時的火車車程，可以說是它的鄰居，那邊有什麼風吹草動，我們立刻就能知道。我只記得，有一天（具體是哪一天我記不清楚了）一位熟人從那邊來，抱怨說慕尼黑又不安寧了，特別是一個叫希特勒的傢伙在煽風點火，他指揮暴徒大打出手，擾亂會場，用最卑劣的手段煽動人們反對共和國和猶太人。

這個名字進入我的耳朵，沒有任何內容和分量，我對它根本沒有多想。當時，混亂的德國出現了多少煽動家和暴亂份子的名字，但是都轉瞬即逝，今天早已消失得無影無蹤。比如帶領波羅的海軍隊的艾哈特上校[1]、卡普將軍[2]、政治謀殺者、巴伐利亞共產主義者、萊因地區分裂主義份子、志願軍的頭目等等。成百個這樣的小氣泡在發酵的泥塘裡翻滾，並不產生爆炸，只是發出一股惡臭，把德國尚未癒合的傷口裡的腐爛暴露得清清楚楚。有一回，我還偶爾看見一份新納粹運動的小報《米斯巴赫報》（它後來發展成《人民觀察家》報），米斯巴赫不過是一個小村莊，那份報紙也辦得相當粗糙，誰會去注意他們呢？

但是，接下來，在我幾乎每個星期都要去的邊境小鎮賴興哈爾和貝希特斯加登，突然出現了穿著長筒靴和褐色襯衫的年輕學生隊伍，那些男孩子從矮到高地排著隊，每人手臂上都佩戴著鮮豔的鐵十字標記（編按：即納粹標記）。他們組織集會和遊行，齊聲唱著歌或喊著口號穿過大街，他們在牆上貼上巨幅標語，在上面塗上十字標記。我第一次意識到，在這些突然冒出來的烏合之眾後面，一定有著一個有經濟實力並具有影響力的勢力存在。希特勒當時還僅僅在巴伐利亞的啤酒屋裡發表演說，他一個人不可能有實力將這幾千個年輕人武裝成一支耗費如此巨大的隊伍。必然還有更加強大的勢力，在後面推動這場新的「運動」。因為，在那個貧窮的時代，真正的退伍老兵還只能穿著破衣爛衫，而這些從一座城市被派往另一座城市的「衝鋒隊」，他們的制服竟是嶄新的。他們居然還擁有一個教人吃驚的停車場，裡面停著數量可觀的

1 Hermann Ehrhardt，德國海軍軍官，曾參加卡普暴動。
2 Wolfgang Kapp，德國政治家，一九二〇年三月發動暴動。

嶄新汽車、摩托車和卡車，除此之外，這些年輕人顯然還在接受軍隊的正規訓練（或者，像當時人們說的那樣，是「準軍事訓練」），而且，肯定是德國國防部親自提供了這些物質條件，並承擔了系統的技術訓練，希特勒一開始就是國防部的間諜。一次偶然的機會，我親眼目睹了這樣一次事先演練過的「戰鬥行動」。在一個邊境小城，社會民主黨人正在那裡舉行和平集會，突然有四輛卡車疾駛而來，每輛車上都站滿了手持橡皮棍的年輕納粹黨徒，正像我上回在威尼斯聖馬可廣場上見到的情景一樣，他們閃電般地撲向毫無準備的人群，這是法西斯主義者慣用的方法，只是他們更加訓練有素，用德國人的話來說，就是每個細節都精確準備好了。隨著一聲哨音，衝鋒隊的隊員迅猛地跳下卡車，舉起橡皮棍朝路上每個遇見的人揮去，不等員警到來，工人也還來不及聚集起來，他們就已經重新躍上卡車，揚長而去。讓我目瞪口呆的是他們下車和上車的準確動作，歹徒頭目只是吹一聲尖利的哨音，他們就做完這些動作。看得出來，每個黨徒事先都明白自己的位置，他們的每塊肌肉、每根神經都配合默契，抓哪個把手、攀哪個車輪、跳到哪個位置以避免和下一個人碰撞，他們都一清二楚，不會因為自己的失誤危及到全體。這絕不是個人的機敏能做到的，他們的每個動作肯定在軍營和練兵場上演練過幾十遍、幾百遍了。一眼就能看出來，這支部隊一開始就是專門為從事襲擊、暴行和恐怖活動而訓練的。

不久，我聽到關於在巴伐利亞進行這種地下演習的更多消息。在大家都熟睡時，這些年輕人便悄悄溜出家門，集合起來進行夜間的「野外訓練」。由國家或者祕密資助人出資，由國防軍的服役或退役的軍官訓練這支部隊，而當局政府對這些奇怪的夜間行動並不太在意。他們是真的睡著了，還是故意睜一隻眼閉一隻眼？他們是認為這項運動無關大局呢，還是在暗地助長這些人的氣焰？不管是怎樣，那些曾經暗中支持過這個運動的人，後來也被他們的殘暴手段和迅速崛起的速度嚇到了。一天清晨，當政府從夢中醒來，慕尼黑已經落入了希特勒之手，所有的辦公地點均被占領，槍口威脅下的報紙只好宣布革命已經勝利地完成。不知所措的共和國只是做夢般地看見魯登道夫將軍從雲霧中彷彿救星般地升起，許多人都自以為能夠戰勝希特勒，魯登道夫將軍就是其中的第一人，但是到最後，他們反倒都被他愚弄了。那次妄圖征服德國的啤酒館暴動從上午開始，中午就結束了，這個大家都知道（我沒有必要在這裡敘述世界歷史）。希特勒逃走了，不久便被拘捕，這樣，這場運動好像消失了。在一九二三年這一年，十字標誌不見了，衝鋒隊和阿道夫·希特勒這個名字幾乎被人遺忘了，沒有人會想到他還有掌權的可能。

直到幾年以後，他才重新出現，這一次，民眾對社會現狀不滿的怒潮將他迅速抬升起來。通貨膨脹、失業、各種政治危機，以及國外的愚蠢舉動，都使德國人人心動盪，德國所有階層的民眾都強烈渴望獲得秩序，對於他們而言，秩序從來比自由和正義更加重要。誰要是開口許諾建立秩序（就連歌德都曾說過，混亂比不公正更加令他厭惡），誰就能使千千萬萬的人追隨自己。

而我們卻仍一直沒有注意到危險已經逼近。作家當中，有少數人確實花了精力去讀希特勒的著作，但是他們不去研究他的綱領計畫，卻只會嘲笑他的散文枯燥無味。民主黨的大報不去提醒人們提高警惕，反而每天安慰他們說，那個藉助重工業和冒險借貸得來的錢所支撐的運動，耗資巨大，明天、後天，反正遲早一天會失敗。但是，也許外國人永遠也不會真正明白，在那些年，德國人為什麼會低估希特勒這個人和他日益增長的權勢。原因在於，德國向來不僅僅是一個等級森嚴的國家，而且在等級觀念之外，還有對於「學歷」的根深柢固的頂禮膜拜。除了某些將軍外，那個國家的所有高級職位都由所謂「受過高等教育」的人擔任，然而當時，在英國有大衛．勞合．喬治[3]，在義大利有墨索里尼和加里波第，在法國有白里安[4]，他們全都是從平民走向國家元首的最高位置。而德國人卻覺得，一個還沒有讀完市立中學、更談不上讀完大學的人，一個曾經在收容所裡過夜、不知用什麼樣的方式長年過著陰暗生活的人，竟然也能夠坐上馮．施泰因男爵、俾斯麥、比洛親王[5]曾經坐過的位子，這根本就不可思議。就是這對學歷的過度看重錯誤地引導了德國的知識份子，他們以為希特勒只不過是在啤酒館煽風點火的小丑，絕不可能有多大的危險性，卻不知道，他早已藉由幕後操縱者的力量在各個社會階層贏得了有力的支持。就在一九三三年一月他當選總理的那一天，大多數人，甚至包括將他推上這個位置的人，竟還以為他不過是這個職位的臨時人選，他們仍舊將納粹的上台看成是暫時的插曲罷了。

這時候，希特勒的梟雄本色才第一次大為暴露出來，幾年以來，他一直向各方面勢力許

3 David Lloyd George，1863—1945，英國自由主義政治家，1916—1922 年任英國首相。
4 Aristide Briand，1862—1932，法國政治家和外交家，一九二六年獲諾貝爾和平獎。
5 Prince Bernhard von Bülow，1849—1929，德國外交家和政治家，一九〇〇年任帝國首相。

諾，爭取到了各個政黨的重要代表人物，他們個個都以為可以利用這個「無名小卒」的神祕力量來達到自己的目的。後來，希特勒在重大的政治謀略中也採用了與此相同的伎倆，他通過發誓和表達德國人的忠心，來和他最終要消滅和剷除的那些力量結盟。此時，他的這種伎倆取得了初步的勝利。他非常擅長用許諾來欺騙各方面的人，以至於在他上台的那一天，就連在最為對立的陣營裡也爆發出一陣歡呼聲。多倫的君主政體論者認為，他是皇帝最忠實的開路先鋒，而同時，在慕尼黑古老的巴伐利亞維泰爾斯巴赫王族的君主政體論者也感到歡欣鼓舞，因為他們也將希特勒當作是「自己人」。德國的國家主義者希望，希特勒會為他們將柴火劈成小塊，為他們生起爐灶。他們的領袖胡根貝爾格根據協定在希特勒的內閣裡占據了最為重要的職位，因此相信自己已經站穩了腳跟——當然，幾個星期之後，儘管信誓旦旦的協議還在，但他已經被希特勒趕出了內閣。重工業企業家由於希特勒上台而鬆了口氣，他們覺得自己不再受布爾什維克的威脅了，他們眼巴巴地盼望著自己祕密扶植了這麼多年的人早日掌權。而逐漸貧窮的小市民也一樣鬆了口氣，因為希特勒曾在上百次的集會中向他們許諾，要「打破利息的桎梏」。小商販記起希特勒曾經答應他們要關閉他們最危險的競爭者，也就是當時的大商店（而這個承諾從來沒有兌現過）。尤其歡迎希特勒上台的，是軍方，因為他用軍事思維考慮一切，並且臭罵和平主義。甚至社會民主主義者也並非如人們想像的那樣對於希特勒的平步青雲冷眼相看，因為，他們希望，他能夠剷除掉拱在他們身後、令他們很難受的共產黨人。截然不同、完全對立的政黨都把這個曾向各階層、各政黨和各種傾向的人群許下諾言、並發誓信守諾言的「無名小卒」當成自己的朋友。就連在德國的猶太人也沒有感到什麼不安，他們自欺欺人地以為，一個當上部長的雅各賓派就不再是雅各賓了，一位德意志帝國的總理當然會反對反猶太主義的野蠻行徑。再說，在那個法律已經相當穩固的國家裡，國會中的大多數人都和希特勒對立，根據莊嚴宣布的憲法，每個公民都能享有自己的自由和平等，希特勒在這種情況下怎麼能胡作非為呢？

但是，國會縱火案緊接著就發生了，國會消失了，戈林放出他的暴徒，霎時間，德國的所有法律和公正都化為烏有。當人們聽說，集中營就設在和平的環境之中，祕密審訊室就設在軍營裡，無辜的人在那裡未經任何法律正規程序就被處死，無不感到毛骨悚然。人們自我安慰道，這只是一時喪失理智的怒氣罷了，這樣的事情在二十世紀不會持久下去的。可是，這其實只是一個開端。全世界的人都屏住呼吸，關注著事態的發展，不敢相信那些難以置信的事情。但在那些日子，我已經看見了第一批逃難的人。他們在夜間越過薩爾斯堡山地，潛過界河，面黃肌瘦、衣衫襤褸，驚慌失措地盯著人看。一場躲避慘絕人寰迫害的可怕逃亡就從他們開始了，這場浩劫最終蔓延到了全世界。但當我看見這些被驅逐的人時，我還沒有意識到，在他們蒼白的臉上已經預示出我自己未來的命運，我們大家都是那個人所犯暴行下的犧牲品。

◊ ◊ ◊

在短短幾個星期之內，人很難將自己用三、四十年時間培養起來的對世界的信念徹底粉碎。在我們根深柢固的道德觀念中，我們依然相信德國的良知、歐洲的良知和世界良知的存在，我們堅信，殘暴終究是有限度的，它總有一天要被人性消滅。因為我在這裡力圖忠於現實，所以我必須承認，我們大家，在德國和奧地利，在一九三三年，甚至一九三四年的時候，還絕對不會相信幾週後突然發生的事情。但是，我們這些自由、獨立的作家，對於某些必然會出現的困難、麻煩和敵意還是有預見能力的。國會縱火案之後，我馬上對我的出版人說，我的書在德國馬上就要成為歷史了。我忘不了他當時驚愕的神情，「誰會禁您的書呢？您可一句反對德國的話都沒有寫過啊，您也沒有干預過政治啊！」他滿臉驚訝地問我，那還是在一九三三年。我發現，在希特勒篡權的一個月後，那些幾個月後即成事實的所有駭人聽聞的事情，諸如焚書、使用酷刑等，即使在眼光長遠的人看來，仍是不可思議的。這是因為，納粹慣於使用的那套欺騙伎倆，不會在時機成熟之前輕易暴露自己的極端目標。他們一向小心翼翼地運用這樣的手段：最先給一定的劑量，然後緩一緩，每次總是只用一粒藥丸，然後等一會兒看效力如何，看世界的良知是否承受得住這個劑量。由於歐洲的良知迫不及待地強調自己與這樣的暴行「無關」（這是我們文明的恥辱，也損害了我們的文明），納粹使用的劑量便越來越大，直到整個歐洲最終被這些毒藥毀滅。而歐洲之所以強調自己與之無關，是因為這些暴行都發生在「邊界之外」。希特勒最成功的地方就是他掌握了節奏，成功運用了初步試探、逐步升級的戰術，來對付一個在道德上、隨即在軍事上也越來越孱弱的歐洲。消滅一切自由言論、銷毀所有見解獨立的書籍，是希特勒早已做出的決定，他也是用這種事先試探的方法使它在德國得逞。當時並沒有頒布一項公然禁止我們著作的法令（它在兩年之後才得以宣布），他們先是小心地試探了一下，看看這個行動能走多遠。他們將攻擊我們作品的首次任務推給了不用負法律責任的納粹學生。他們曾經為了貫徹蓄謀已久的抵制猶太人的行動，導演了一場「激起民憤」的鬧劇，這次，他們也用同樣的方法，暗中唆使那些大學生對我們的作品公開表示「憤怒」。熱衷於每一次表現自己反叛思想機會的德國大學生順從於他們的教唆，在所有大學集結鬧事，將我們的書從書店搶出來，帶著這些戰利品，舉著飄揚的旗幟，走向一處公共場地。在那裡，他們或者是按照德國古老的習俗（中世紀的風俗這時突然變成了一種時髦）將這些書釘在恥辱柱上示眾（我自己就有一本被恥辱柱上的釘子釘穿的書，那是一位大學生朋友在執行完任務後從柱子上搶救下來的，他將這本書當作禮物送給了我）；或者，他們把書堆在大堆的木柴上面，口中唸著愛國主義的詞句，將它們燒為灰燼——可惜當時不能燒活人。雖然宣傳部長戈倍爾在幾番猶豫之後最終還是下決心贊成焚書，但焚書始終是一種半官方的措施，德國公民並沒有從大學生的焚書事件和胡作非為之中吸取任何教訓，這再清楚不過地表明，德國人當時對這些行為還是多麼的無動於衷。雖然納粹警告過書商，禁止他們把我們的書擺進櫥窗，雖然沒有一家報紙再提及我們的書，但真正的讀者卻絲毫沒有受到影響。在監獄和集中營還沒有設立之前，我的書在一九三三年和一九三四年的銷售量和以前一樣多，根本沒有因為所受的各種刁難和凌辱而受影響。直到納粹把「保護德意志民族」的規定變成堂而皇之的法令，把印刷、銷售和傳播我們的作品說成是政治罪行，他們才強行把我們和那幾十萬、幾百萬德國人分開。而在今天，這些德國人仍然喜愛我們的作品，而毫不青睞那些突然冒出來的鼓吹鐵血政策的詩人，他們想要忠實地陪伴我們。

能夠在德國和托瑪斯·曼、亨利希·曼、韋爾弗爾、佛洛伊德、愛因斯坦及其他一些同時代的人物（我認為他們的作品比我的重要得多）共同承擔被完全剝奪文學創作的命運，在我看來，非但不是什麼恥辱，反而是一種榮耀。由於任何一種殉道者的姿態都讓我產生反感，所以我不太喜歡對外宣揚自己與這些人物聯繫在一起的共同命運。但奇怪的是，恰恰是我自己讓納粹份子，甚至使希特勒本人陷入一種非常尷尬的境地。在所有被剝奪了公民權的人之中，唯獨我創作的人物形象成為讓貝希特斯加登別墅中高層人物惱怒不已、爭論不休的問題。因此，在我這輩子開心的事情當中，又增添了一樁讓我尤其感到滿足的事情，那就是，我讓這個新時代最強權的人物，阿道夫·希特勒火冒三丈。

在希特勒新上台的那幾天，我被無辜地扣上一項搗亂的罪名。當時，全德國正在上映一部電影《灼人的祕密》，那是根據我的同名中篇小說改編的，根本沒有人對此有任何的不滿。在納粹份子企圖嫁禍於共產黨人卻沒有得逞的國會縱火案爆發之後，有人聚集在電影院招牌和電影《灼人的祕密》廣告前面，擠眉弄眼，哈哈大笑。不一會兒，蓋世太保就明白了這部電影的名字讓人發笑的緣故。就在這天晚上，員警開著摩托車到處巡邏，電影被禁演，緊接著，我這部小說的名字《灼人的祕密》在所有報刊廣告和海報上都銷聲匿跡。不消說封殺一句觸怒他們的話了，就連將我們的作品統統銷毀，對於他們也是再簡單不過的事情。當時因為一個特殊情況，他們還不敢對於我本人輕舉妄動，因為，我那時正巧和德意志民族最偉大、最著名的當代音樂家理查·史特勞斯，合作一部歌劇，如果納粹動了我，勢必就會冒犯他，而他們那時正亟需史特勞斯為他們在全世界面前維護聲望。

那是我第一次和史特勞斯合作，在此之前，自從《艾蕾克特拉》和《玫瑰騎士》，他所有歌劇的歌詞都是出自胡戈·馮·霍夫曼斯塔爾的手筆，而且我也從未見過史特勞斯本人。霍夫曼斯塔爾去世之後，他通過我的出版商向我傳話，說他很想創作一部新歌劇，問我願不願意為他撰寫歌劇歌詞。他這樣的請求讓我感到莫大的榮幸。自從馬克斯·雷格為我的第一批詩歌譜曲以來，我一直生活在音樂和音樂家的圈子裡。我和布梭尼、托斯卡尼尼、布魯諾·華爾特、阿班·貝爾格成為親密的好友，但是，在我們那個時代，沒有一個音樂家像史特勞斯這樣讓我心甘情願地為他效力。從韓德爾、巴哈到貝多芬，再到布拉姆斯，理查·史特勞斯是德意志血統的偉大音樂家族中延續至今的最後一個後裔了。我馬上就答應了他的請求，在第一次與他會面時，我就建議史特勞斯，用本·瓊生的《沉默的女人》作為歌劇的主題，而理查·史特勞斯對我這個建議的理解之迅速，思維之清晰，不禁讓我驚喜萬分。我根本沒想到他竟然具備如此敏捷的藝術理解力和如此驚人的戲劇知識。當我還在向他介紹歌劇素材時，他已經賦予了它戲劇的雛形，而且立即將它和自己才能的結合發揮到極致——這一點尤其令人驚歎，他對於自己的才能範圍掌握得一清二楚。我一生曾遇見不少偉大的藝術家，但沒有一個人能像他這樣清醒和客觀地看待自己。合作剛開始，史特勞斯便坦誠地告訴我，以七十歲的年齡，他已經不能再具備產生音樂靈感的原始力量。他也許再也創作不出像《提爾愉快的惡作劇》和《死與變容》這樣的交響樂作品了，因為，純音樂需要的恰恰是新鮮蓬勃的創造力。但是，歌詞還是始終令他產生靈感，如果有現成的、已成型的主題，他還是能夠用戲劇的形式將它們表現出來，因為對他而言，音樂的旋律是自發地從那些情景和詩詞當中產生出來的。也正是因為這個原因，他現在在晚年時就專門從事歌劇創作了。他自己很清楚，歌劇這種藝術形式已經過時了，沒有人再能夠超越華格納這座高峰。「但是，」他以巴伐利亞人的粗獷風格大笑著補充道，「我找到了一個好辦法，那就是繞開他。」

在我們弄清楚劇本的基本輪廓之後，他還另外給了我一些細節的提醒。他希望給我完全的創作自由，因為，一部事先用威爾第的風格裁剪好了的歌詞永遠不會激發他的靈感，只有富有詩意的作品才能帶給他靈感。他說，我如果能創作出能夠使音色多變、形式複雜的歌詞，那就太令他滿意了。「我不像莫札特，能夠創作出那樣長的旋律，我的音樂主題總是很短小，但是，我知道以後如何去變奏這個主旋律，裝飾它，並將其中蘊藏的一切內涵挖掘出來。我相信今天沒人能夠做得像我這樣。」我再一次為他的坦率而驚歎不已。確實，史特勞斯作品中的旋律長度幾乎沒有超過幾個小節，但這短短幾小節的旋律（比如《玫瑰騎士》中的華爾滋）是怎樣得以發展，最後成為了完美華麗的賦格結構。

和這第一次會面一樣，以後的每次會面我都對史特勞斯充滿了崇敬之情，這位年邁的大師在自己的作品中是那樣自信，同時又那樣客觀。有一次，我和他單獨坐在薩爾斯堡藝術節演出大廳裡觀看他的《埃及的海倫娜》的內部排演，我們身邊沒有其他人，四周一片漆黑。史特勞斯專注地聆聽著，我突然發現，他的手指正不耐煩地輕輕敲擊著座椅扶手，他小聲對我說：「不行，太糟糕了！這音樂太空洞了！」幾分鐘之後，他又說：「我刪掉這段才好！哦，天啊，上帝啊，太空洞了，太長，太拖沓！」再過了幾分鐘，他又說：「您聽，這段不錯！」他評判著自己的作品，如此實事求是，如此客觀，好像他自己第一次聽到這些音樂一樣，好像這音樂不是出自他自己筆下，而是一個他不認識的人寫的。他始終保持著這種令人驚訝的對待自己的客觀態度，他總是很清楚，自己是誰，自己有多大本領。他並不想拿別人和自己做比較，別人比自己差多少，強多少，他對此根本不感興趣，他也不在乎自己在別人眼中的分量，令他高興的唯有創作本身。

史特勞斯的「創作」是一個非常獨特的過程，他沒有神靈附身般的靈感，沒有藝術家的所謂「癲狂」，也沒有我們從貝多芬和華格納的生平故事中所了解到的那種壓抑和絕望。史特勞斯工作起來既實際又冷靜，他作曲的時候（和巴哈一樣，和所有偉大的藝術大師一樣）寧靜而有規律。早上九點鐘，他坐到書桌前，繼續昨天的創作，他總是用鉛筆打初稿，用墨水筆寫鋼琴總譜，這樣一直不停地工作到十二點或者中午一點。下午時，他玩一會兒紙牌，謄抄兩到三頁曲譜，晚上還時常到劇院指揮演出。他不知神經衰弱為何物，他的藝術智慧無論在白晝還是黑夜都一樣閃爍。當僕人前來敲門，送來他晚上指揮要穿的燕尾服時，他便放下手上的工作，驅車前往歌劇院，他指揮時和下午玩牌時一樣安詳而自信。而第二天一早，他的靈感又在老地方等著他了。史特勞斯是按歌德的話在「指揮」自己的靈感，藝術對於他而言是一種能力，甚至是一種無所不能的能力，正如他自己這樣風趣地說道：「一個想當真正音樂家的人，就必須具備為一張餐廳菜單譜曲的能力。」困難嚇不倒他，反而給他的創作帶來樂趣。我還愉快地記得，有一次，他藍色的小眼睛熠熠閃光，得意洋洋地告訴我說：「我給那位女歌唱家布下謎陣了唷！她要想得出來，可要費一番腦筋才行！」當他眼睛發光的這少有瞬間，我感到，在這個不凡人物的內心深處，隱藏著某種魔力。這個人，由於他的守時、他的講求條理、扎實穩重，他的一絲不苟和他看似平淡無奇的工作方法，在一開始會讓人感到一絲失望，就像他的臉，孩童般的胖嘟嘟的面頰，臉型是大眾化的圓形，額頭只是略微有些向後傾斜。但是，只要看看他的那雙眼睛，那雙明亮炯炯有神的藍眼睛，就能立刻感到，在這張大眾化的面具後面，有一種特殊的魔力。他的眼睛也許是我在音樂家身上見過最警醒的眼睛了，它沒有什麼奇幻的力量，卻具有某種洞察力，有著這樣一雙眼睛的人是徹底清楚自己的使命的。

在那次極具教益的會面之後，我回到薩爾斯堡，立即投入工作。兩星期之後，我就給他寄去了第一幕的稿子，我當時滿懷著好奇，不知道他能不能接受我的詩劇。緊接著，他便給我寄回了一張明信片，上面寫著一句歌唱大師的名言：「一鳴驚人！」接下來，他對第二幕的祝賀更加強烈，回信上面寫著他的歌曲開頭：「啊，我終於找到了你，我可愛的孩子！」他的這種快樂，甚至興奮，給我以後的創作帶來了無比的愉悅。理查·史特勞斯對我的歌詞壓根就沒有改動一行字，只是有一次因為反向聲部的需要，他請我再補上三、四行詞。就這樣，我們之間展開了最誠摯的友誼，他來我家做客，我也去他德國的家拜訪，在他家裡，他用細長的手指為我在鋼琴上，按照初稿斷斷續續演奏了整部歌劇。我們之間沒有協議，也沒有明文規定的義務，但就像是早就約好了一樣，我在第一部作品完成之後，馬上就開始了下一部作品的創作，他也早就毫無保留地同意它的基本框架。

一九三三年一月，希特勒上台時，我們的歌劇《沉默的女人》鋼琴總譜剛剛完成，第一幕的管弦部分也基本完畢。幾星期之後，便有嚴令禁止在德國上演非亞利安人的作品，以及一切有猶太人以任何形式參與的作品。這項禁令甚至連死人也不放過，萊比錫音樂廳門前的孟德爾頌的塑像遭到拆除，這個舉動引起了全世界愛樂者的公憤。在我看來，這禁令已經對我們的歌劇宣判了死刑。我以為理查·史特勞斯會放棄和我繼續合作，而另找一位合作者重新開始。可是，事實和我的想像截然相反，他一封接一封地寫信給我，提醒我說，他已經開始了管弦部分的配器工作，我應該著手第二部歌劇的歌詞了。他說，他並不想因為某人而終止和我的合作。我必須承認，在合作這件事情上，他自始至終對我一直盡可能地保持著友好的忠誠。當然，在此同時，他也採取了一項預防措施，對此我卻不能苟同，他接近權貴，經常和希特勒、戈林、戈倍爾會面，而且，當富爾特溫格勒還在公開對抗希特勒的時候，他竟然接受了納粹帝國音樂協會會長的任命。

史特勞斯公開投靠納粹的舉動對於當時的納粹而言相當的重要，因為，當時不僅最優秀的作家、而且最傑出的音樂家，都憤怒地公開對他們冷眼相看，那些與他們同流合汙者或者前來投奔他們的少數人，在廣泛的藝術家圈子裡都只是一些無名之輩。在這樣難堪的時刻，贏得德國最知名的音樂家的支持，對於一心想掩人耳目的希特勒和戈倍爾而言意味著天大的好處。史特勞斯告訴我，當年希特勒在維也納流浪時，為了去格拉茨看一場《莎樂美》的演出，曾經千方百計地想辦法籌錢買票。希特勒也公開表示自己對史特勞斯的尊敬，在貝希特斯加登所有的節日晚會上，除了華格納的作品之外，幾乎只演唱史特勞斯的歌曲。但是，史特勞斯之所以和納粹合作，有著非常顯著的目的。他始終冷靜而直言不諱地宣揚自己的藝術中心論，對他而言，無論何種政權當政，其實都無所謂。他曾經當過德國皇帝的樂團指揮，曾經為皇帝的軍樂配曲，後來還曾在維也納為奧地利皇帝服務過，擔任奧地利宮廷的樂團指揮，無論在奧地利共和國，還是在德意志共和國，他都受人歡迎。他特別逢迎納粹，是另有至關重要的原因，用納粹的話來講，他欠了他們一筆巨債。他兒子娶了一位猶太女子，他擔心自己視為掌上明珠的孫子們會被當作廢物一般被學校拒之門外。由於我的參與，他的新歌劇受到牽連，由於非「純正亞利安血統」的霍夫曼斯塔爾，他先前的歌劇也受到牽連，他的出版商也是位猶太人。因此，他越來越急切地想給自己找個靠山，並且他以最堅決的方式邁出了這一步。他的新主子要他去哪裡指揮，他就去哪裡，他為奧林匹克運動會譜了一曲讚歌，但同時，他在寫給我的無比坦誠的信中，說起這項任務時語調頗為冷淡。實際上，在這位藝術家神聖的藝術自我當中，他關心的只有一點：讓自己的作品保持生命力，最重要的是，看到那些和他自己的心緊密聯繫在一起的新歌劇得以上演。

毫無疑問，他對納粹的妥協讓我極其難堪。因為，人們很容易會產生這樣的想法，以為我對他的讓步暗地予以支持，或者說，在聯合抵制納粹的行動中，我默許了這個極不光彩的例外。我的朋友從各方指責我，他們公開反對在納粹德國上演那部歌劇。但是，因為我原則上很厭惡那些公開的過激姿態，而且，我也很不願意給理查．史特勞斯這樣的天才出難題，他畢竟是在世最偉大的音樂家，而且已經有七十歲的高齡，他在這部作品上面花費了三年時間，在這段時間裡，他在我面前表現出來的全是友善的情感、正直，甚至勇氣。因此，我認為自己應當保持沉默，讓事情順其自然地發展下去。另外，我還很清楚，我只有用這種完全消極的態度，才能給德意志文化的新保護人增添更多的麻煩，除此之外別無他法。因為，納粹的帝國作家協會和宣傳部，為了讓針對這位最偉大的音樂家的禁令得以成立，正在尋找一個絕妙的藉口。比如，他們把劇本拿給所有的官員和名人審閱，徵求他們的意見，暗地裡希望能夠找到什麼藉口。假如《沉默的女人》當中出現了類似《玫瑰騎士》的場景：一名男子從一位未婚女子的臥室走出來，那事情就會好辦得多。這樣，他們就可以用捍衛德意志道德的名義將其封殺。但是，令他們失望的是，我的劇本裡沒有傷風敗俗的描寫。於是，他們又在蓋世太保那裡把我的所有卡片索引和以前的著作都翻了一遍，結果也沒有找到任何一句反對德國的話（或者反對地球上任何一個民族的話），也沒有發現我參加過什麼政治行動。儘管他們費盡心機，最後的問題還是原封不動地擺在了他們的面前：他們是否應該當著全世界，剝奪這位年邁的音樂大師上演自己歌劇的權利呢？而當初正是他們自己將納粹音樂的旗幟塞到這位大師手裡的啊！或者，是否可以讓史蒂芬·茨威格的名字以作詞者的名義，赫然與理查·史特勞斯的名字排在一起，像以往多次出現的那樣，再一次玷汙德國劇院的節目單？——那可真是國家奇恥大辱的日子啊！看到他們煩惱不堪、焦頭爛額的樣子，我暗自高興，我感覺到，即使我什麼也不做，正是由於自己這種不置可否的態度，我的這部音樂喜劇會不可避免地發展成一部具有政治色彩的刺耳樂章。

納粹黨對這個決定一拖再拖，始終下不了決心。但是在一九三四年年初，他們必須做出最終決定，到底是選擇違背自己的法律，還是選擇反對當時最偉大的音樂家，時間已經不容拖延了。歌劇的總譜、鋼琴配曲的部分和歌劇的歌詞都早已經印好了，道具也在德勒斯登的皇家劇院訂好了，演員的角色已經安排，甚至已經研習過了，但是，各方的意見仍然不能統一，各個機構、戈林、戈倍爾、帝國作家協會、文化委員會、教育部和憲兵隊之間，始終存在意見分歧。這聽起來雖然非常可笑，但是，《沉默的女人》事件最終發展成為轟動各界的國家大事。沒有一個部門敢於打破僵局，承擔責任，明確表示「同意上演」或者「禁止上演」。因此，別無他法，這件事情只能交由德國的主人、納粹黨黨魁阿道夫·希特勒親自處理。在此之前，我的作品榮幸地被納粹黨徒廣泛閱讀，尤其是《富歇傳》，被他們當作政治上毫無顧忌的榜樣，一再地加以研究和討論。但是，我確實沒有想到，在戈林和戈倍爾之後，希特勒本人竟然還要親自費心研讀我的那三幕抒情歌劇。對於他來講，這個決定也不是那麼容易做的。據我後來從各方面得來的消息，納粹舉行了一連串沒完沒了的會議討論此事。最後，史特勞斯被召到那位至高無上的掌權者面前，希特勒親自告訴他，雖然這部戲劇有違新德意志帝國的法律，卻破例允許上演。這個決定也許是被迫做出的權宜之計，並非出自誠實的本意，和希特勒與史達林、莫洛托夫簽署的友好條約的性質是一樣的。

就這樣，納粹德國倒楣的那一天來臨了，被他們所鄙棄的史蒂芬·茨威格的名字再一次引人注目地出現在劇院的海報上，各大劇院將再次上演他的歌劇。我當然沒有出席那場演出，因為我知道，觀眾大廳裡一定擠滿了穿褐色制服的人，甚至，希特勒本人也可能出席其中的某場演出。這部歌劇取得了巨大的成功，我必須向音樂評論家表示敬意，因為我知道，他們當中百分之九十的人都興高采烈地利用了那次大好時機，再一次地、最後一次表達出他們內心深處對於納粹種族觀的反抗。他們對我的歌詞極盡溢美之詞，在柏林、漢堡、法蘭克福、慕尼黑，德國的所有劇院都立刻預告了這齣歌劇下一次的演出時間。

但是在歌劇第二場演出之後，突然間晴天霹靂。一夜之間，所有的演出均遭到禁止，德勒斯登和整個德國都不許再上演這齣歌劇。更有甚者，我吃驚地看到消息說，理查·史特勞斯已經詞去了帝國音樂協會會長的職務。大家心裡都明白，一定是發生什麼特殊的事情了。而我則過了一段時間才了解到事情真相，事情是這樣的：史特勞斯後來又給我寫了封信，在信中，他敦促我馬上著手創作另一部新歌劇，而且，他在信中以無比的坦率表述了他自己的態度，結果這封信落到了蓋世太保的手裡，他們把信放在史特勞斯面前，他不得不立即詞職，而歌劇也因此遭到禁演。在德語地區，它只能在自由的瑞士和布拉格上演，不久還在米蘭的史卡拉劇院用義大利語上演，那是因為得到了墨索里尼的特許，當時他還沒有投靠到種族歧視的陣營當中。

而這部由德國在世最偉大的音樂家創作的令人陶醉的歌劇，德國人民自己卻一個音符也聽不到了。

◇　◇　◇

當這件事情鬧得沸沸揚揚時，我正在國外，因為我覺得動盪的奧地利令我無法安靜地工作。我在薩爾斯堡的屋子距離邊境那樣近，我用肉眼就能看見貝希特斯加登山，阿道夫．希特勒的住所就在這座山上，這真是一個令人不悅和非常不安的鄰居。距離德意志帝國這樣近，也讓我比維也納的朋友有更好的機會判斷奧地利目前處境的危險。在維也納，那些坐在咖啡館裡的人，甚至在政府部門工作的人員，都將「國家社會主義」看作是「那邊」發生的事情，和奧地利根本不沾邊。但是，難道社會民主黨不是擁有了近半數公民的支持嗎？他們不是有嚴密的組織嗎？自從希特勒的「德國基督教徒」公開迫害基督教並公開宣稱自己的元首比「耶穌基督還偉大」，天主教黨派不是就和社會民主黨積極地站在了一條戰線上了嗎？難道法國和英國這些奧地利的民族聯盟不是奧地利的守護人嗎？墨索里尼不是強調過要堅決擔當起保護奧地利的責任嗎？他不是保證過要維護奧地利的獨立嗎？就連猶太人也對局勢漠不關心，好像剝奪猶太醫生、律師、學者和演員權利的事情是發生在遙遠的中國，和他們無關，而不是發生在只距離他們三小時的火車車程，與他們同一種語言的地方。他們安閒地坐在家裡，或者開著車兜風。此外，當時還有一個自我安慰的口頭禪：「這樣的情況不會持久的。」我卻記起了自己那次短暫的俄國之行時在列寧格勒和我當地出版商的談話，他告訴我，他從前是多麼富有，他曾擁有多麼美好的日子，我就問他，為什麼不在革命爆發的時候和許多人一樣馬上離開？「唉！」他回答道：「當時誰會相信，一個由委員會和士兵組成的共和國會擁有超過兩星期的壽命呢？」奧地利人和當初的他一樣，不願意承認眼前的現實，自己欺騙了自己。

薩爾斯堡距離邊境很近，人們對局勢就自然看得比較清楚。狹窄的界河上，開始不斷有人來來往往。年輕人在夜晚悄悄渡河過去接受訓練，煽動份子或者乘坐汽車，或者拄著枴棍打扮成淳樸的「旅行者」模樣，在奧地利各地建立他們自己的「基層組織」。他們開始招募新成員，並且對人們發出威脅，如果不及時進來，到時就要自食其果。這樣的情況令員警和官員都感到心驚膽戰。我越來越強烈地感覺到，人們已經方寸大亂，人心已經開始動搖。而生活中的小事往往最能說明問題。我在薩爾斯堡有個青年時代的朋友，他是一位頗有名氣的作家，我們交往了三十年，關係極其親密誠摯。我們互相以「你」相稱，而且每個禮拜都要見面。有一天，我在大街上看見這位朋友，旁邊還有位陌生人，我注意到，這位朋友突然在一個和他毫不相干的櫥窗前站住，背對著我，興致勃勃地指著什麼東西給那陌生人看。我心裡覺得奇怪，心想：「他肯定看見我了呀。」但是，也可能是個巧合吧。第二天，他突然打電話給我，問他下午是否可以過來和我聊聊。我答應了，卻有點驚訝，因為我們平日一直是在咖啡館見面。結果，他雖然好像是緊急來訪，其實也沒有什麼特別的話要說。我馬上就明白了，他一方面是想維持我和他的友誼，另一方面，他不想因為我這個猶太人的朋友而受到嫌疑，不想在這個小城和我太親密地出現在公共場合。這件事情讓我警覺起來，我隨即就覺察出來，最近一段時間以來，很多以前經常到我這裡來訪的朋友都不見了。我的身邊危機四伏。

我那時還沒有想到要徹底離開薩爾斯堡，但是我還是做了和平日不同的決定，計畫到國外去過冬，以避開這裡小小的緊張空氣。但是我沒有想到，一九三三年十月，當我離開我美麗的家園時，竟然是一場訣別。

我原本計畫一月和二月在法國工作，我熱愛這個有文化的美麗國家，把它當成自己的第二故鄉，在那裡，我不覺得自己是外國人。梵樂希、羅曼·羅蘭、儒勒·羅曼、安德烈·紀德、羅歇·馬丹·杜加爾、杜阿梅爾、維爾德拉克、讓·里夏爾·布洛克，這些文學界的領袖都是我的老朋友。我的書在法國擁有的讀者和在德國一樣多。在那兒，沒有人把我當作外國作家，把我當作陌生人。我愛那裡的人民，我愛那個國家，我愛巴黎這座城市，在那裡，我有賓至如歸的感覺，每當火車開進巴黎北站時，我都會覺得自己「回來」了。但是這次，因為情況特殊，我走得比以往要早，而且又想在耶誕節之後再去巴黎，那麼，我該先去哪裡呢？這時我想起來，自從我大學畢業，已經有超過二十五年沒有去過英國了。我對自己說，為什麼總是待在巴黎呢？為什麼不去倫敦待上十天半個月，在多年之後再去用另一種眼光看看博物館，看看這個國家和這座城市呢？於是，我沒有登上前往巴黎的特快列車，而是坐上了前往加萊的列車。在三十年之後的十一月，在一個濃霧瀰漫的日子，我又走出了維多利亞火車站。剛下火車，教我感到吃驚的是，我不再像從前那樣乘馬車去旅館，而是坐上小轎車了。那霧還和從前一樣，涼涼的，柔柔的。我還沒來得及朝這城市看一眼，就馬上聞到了三十年前那熟悉的嗆鼻味道，又鬱悶，又潮濕，將我緊緊裹住。

我帶的行李非常少，而且，我對此行抱的期望也不是很大。在這裡，我幾乎沒有什麼朋友，歐洲大陸的作家和英國作家在文學方面的接觸也不多。他們的傳統和我們的傳統沒有多少共通之處，他們生活在自己的傳統之中，過著一種封閉的獨特生活。我不記得在我書房書架上世界各地的書籍當中，是否能找到一本英國作家作為禮物送給我的書。我曾經在赫勒勞遇見過一次蕭伯納，威爾斯在一次訪問薩爾斯堡時到過我的家，我所有的書雖然都譯成了英文，但是在英國卻不是很有名，英國始終是我的著作發生影響最小的國家。我和我在美國、法國、義大利、俄國的出版商都成了朋友，但我從來沒有見過出版我的書的英國出版社的任何人。所以，我做好思想準備，準備和三十年前一樣在英國品嘗陌生的滋味。

但是，事實並非如此。幾天以後，我在倫敦感到無比的愉快。並不是因為倫敦大變了，而是我自己變了。我的年齡已經增長了三十歲，在經歷了戰爭和戰後的那些緊張和過度緊張的歲月之後，我渴望再次寧靜地生活，不要再聽到任何有關政治的聲音。當然，英國也有政黨，輝格黨和托利黨，一個是保守黨，一個是自由黨，還有一個工黨，但是，他們之間的紛爭和我無關。毫無疑問，在文學界，也有門戶和流派，也有爭吵和隱蔽的競爭，但是，我完全置身事外，而尤其讓我感覺愉快的是，我終於又感到自己身在一個文明、謙恭、寧靜、沒有敵意的氛圍當中。前些年來，最折磨我的，莫過於籠罩在國家和城市上空的那種仇恨和緊張的氣氛，這氣氛包圍著我，我必須時刻小心提防，以免被捲進那些紛爭當中。而這裡的人民沒有那樣驚慌的表情，在倫敦的公共生活當中，人們有著更高層次的正義感和行為準則，而在我們的國家，因為通貨膨脹的大欺騙，人們已經變得失去了道德。這裡的人生活得更加安靜和知足，他們更加關注自己的花園和自己心愛的小玩意兒，而不去管鄰居的閒事。在這裡，可以放心地呼吸，思想和考慮問題。但真正將我留在那裡的原因是一份新的工作。

事情是這樣的：我的《瑪麗．安東尼》剛好已經出版，我正在審校我的《伊拉斯謨》書稿，我在那本書裡試圖為一位人道主義者畫一幅精神肖像，他雖然比那些以改造世界為己任的人更加清楚那個時代的荒謬，可悲的卻是，他沒有辦法用自己的所有理智去阻止這瘋狂。在完成這部影射現實的作品之後，我打算創作一部醞釀已久的長篇小說。傳記我已經寫得夠多了。事情發生在我到達倫敦的第三天，因為我長久以來對名人手跡的嗜好，我去大英博物館參觀放在公共展廳的收藏品。其中有一份手寫報告，記錄的是對於蘇格蘭女王瑪麗亞．斯圖亞特的處決。我不禁問自己：瑪麗亞．斯圖亞特究竟做了什麼？她確實參與了對她第二任丈夫的謀害嗎？還是沒有參與？那天晚上，我因為沒有什麼書可供閱讀，便買了一本關於她的書。那是一本膚淺愚蠢的書，對瑪麗亞．斯圖亞特大唱讚歌，將她當作一位聖人般地維護。出於不可救藥的好奇，我次日又買了另外一本，它基本上和第一本完全唱反調。這下子，我倒是對瑪麗亞．斯圖亞特感興趣了。我問別人哪本關於她的著作比較讓人信服，但是沒人能說得出來，於是，我一邊尋找，一邊打聽，不知不覺地陷入版本比較之中，而且，在無意識的情況下，我開始寫作一本關於瑪麗亞·斯圖亞特的書。這工作使我在圖書館一待就是幾個星期，當我一九三四年年初重新回到奧地利，我已經決心要再次重返倫敦，我已經愛上了這座城市，我要在那裡安靜地把這本書寫完。

◊ ◊ ◊

回到奧地利，不用兩三天的工夫，我就看出這幾個月內局勢發生了多顯著的惡化。從英國寧靜安詳的氛圍中回到瀰漫著狂熱和鬥爭氣息的奧地利，就好像在七月酷熱的紐約，從一間空調房間突然走到火辣辣的大街上一樣。納粹的強大壓力已經開始破壞宗教界和市民階層的神經，他們感覺到經濟壓力越來越嚴重，急不可耐想顛覆奧地利的德國勢力也越來越強。妄想維護奧地利獨立，抵禦希特勒侵略的多爾富斯政府，一直在絕望地尋找最後一根救命稻草。英法兩國離奧地利太遠，而且實際上對奧地利的態度也很冷淡，捷克斯洛伐克對維也納政府仍舊抱著宿怨——所以，只剩義大利了，它當時還在爭取成為奧地利經濟和政治上的保護國，目的是保障通往義大利的阿爾卑斯山關卡和里雅斯特的安全。但是，墨索里尼為這種保護提出了苛刻的條件，他提出奧地利應順應法西斯主義的潮流，解散國會，從而結束民主。這就必然要消滅或剝奪社會民主黨的權利，而社會民主黨是奧地利最強大、組織最嚴明的政黨。要想摧毀它，別無他法，只能動用兇殘的暴力。

多爾富斯的前任，伊格納茨·賽佩爾，已經為這恐怖暴行成立了一個組織，名字叫做「家園守衛團」，從表面上看起來，那是一個想有多可憐就有多可憐的組織，它由外省的小律師、退役軍官、身分不明份子、失業工程師組成，成員全都是遭受挫折的平庸之輩，相互之間還瘋狂地仇視。最後，他們終於為這團體找到一位領袖，年輕的施塔勒姆貝爾格親王，他一度曾投靠希特勒，謾罵過共和國和民主，現在卻帶著自己的雇傭兵作為希特勒的敵手東遊西蕩，而且宣稱「要讓很多人掉腦袋」。這些守衛團成員到底想做出什麼建樹，還不完全清楚。其實，他們的目的只有一個，那就是混飯吃，他們所有的力量也不過只是墨索里尼的拳頭而已，是墨索里尼在推著他們往前走。這群打著愛國主義旗號的奧地利人正用義大利提供的斧子砍著自己座下的樹墩，他們卻渾然不知。

社會民主黨更加清楚真正的危險在什麼地方，對於他們而言，公開的鬥爭並不可怕，他們擁有武器，只需一場總罷工，他們就可以讓所有的鐵路、水廠和電廠癱瘓。但是，他們也知道，希特勒正等著一場所謂的「紅色革命」，好以「救世主」的名義將軍隊開進奧地利。所以，他們認為更好的方案就是犧牲他們自己大部分的權利乃至國會，以達成一種雙方均能接受的協定。當時的奧地利正籠罩在希特勒的威脅陰影之下，大多數理智的人都贊同這個折衷的方案，甚至多爾富斯本人，這個野心勃勃、精明能幹又絕對現實的人，也傾向於議和。但是，年輕的施塔勒姆貝爾格和他的同夥法伊少校（此人後來在謀殺多爾富斯事件中扮演了重要角色），要求保衛聯盟交出武器，並要求滅絕任何民主、平等和自由的跡象。社會民主黨拒絕了他們的這個要求，於是，雙方陣營劍拔弩張。人們感覺到，一場惡戰近在眼前。在這樣的緊張氣氛中，我不由得想起莎士比亞的一句話：「若無暴風雨的洗禮，沉悶的天空不會晴朗。」

◊ ◊ ◊

我只在薩爾斯堡逗留了幾日，便立刻動身前往維也納。就在二月的頭幾天，暴風雨終於來臨了。家園守衛團在林茲襲擊了工會駐地，他們猜測有軍火藏在那裡，他們的行動是為了搶奪軍火。工人們用集體罷工做回應，多爾富斯則下令用武力鎮壓這場人為造成的「革命」。於是，正規部隊用機關槍和大炮逼近維也納的工人住宅區，激烈的巷戰打了三天三夜，那是在西班牙之前歐洲的民主和法西斯的最後一次較量，工人們在裝備精良的強大武力面前挺住了三天三夜。

在這三天，我在維也納，因此我是那場決戰的見證人，這是奧地利獨立的自我毀滅。不過，因為我在此想說實話，所以我不得不老老實實地先承認一個看起來自相矛盾的事實，即我本人根本沒有親眼目睹這場革命。假如想盡可能誠實而形象地揭示出時代的真相，就必須有勇氣拆穿那些浪漫的想像。在我看來，最體現現代革命技巧和本質的，莫過於它雖然發生在現代化大都市，卻只涉及到少數幾個地方，因而大多數城市居民都看不見戰鬥的場景。這事情真是太奇怪了：在一九三四年二月這些具有歷史意義的日子裡，我本人在維也納，卻絲毫沒有看到這些發生在維也納的重大事件，而且，在這些事件正在發生的時候，我對它們根本都還一無所知。大炮在開火，房屋被占領，幾百具屍體被運走——我卻一具屍體也沒看見。每一位在紐約、倫敦、巴黎讀報的人，都比我們這些看起來好像是見證人的人更了解事件的真正經過。後來，我一次又一次地證實了這個驚人的現象：在我們這個時代，距離重要事件發生地十條馬路的人所知道的情況，遠遠不及幾千里之外的人了解得多。幾個月之後的一個中午，多爾富斯在維也納遭暗殺，我晚上五點半就在倫敦街頭看見了這條消息，我馬上打電話到維也納，令我吃驚的是，電話很快通了，而讓我更加吃驚的是，在維也納離外交部五條街之遠的人所知道的消息遠不如在倫敦街角的人知道的多。我在維也納經歷的事情只能從反面說明一個問題：今天，如果一個人不是碰巧身處關鍵位置，他有多麼難以見到那些改變了他本人的生活和整個世界的事件的真實面貌。我在那場革命當時所經歷的一切便是：我晚上和歌劇院的芭蕾舞女導演瑪格麗特·瓦爾曼，約在環城大道的咖啡館見面，我步行去環城大道，正當我毫不在意地想橫穿馬路時，突然，有幾個穿舊軍裝、袖口高挽的人持槍朝我走來，問我到哪裡去。我告訴他們，我要去J咖啡館，他們才放心地放我過去。我既不知道這些衛兵為什麼突然出現在街頭，也不知道他們究竟要做什麼。實際上，那時激烈的槍戰已經在市郊進行好幾個小時了，但是內城的人完全還蒙在鼓裡。直到我晚上回到旅館結帳的時候——因為我打算第二天早晨返回薩爾斯堡，看門人才告訴我，我恐怕是走不成了，鐵路已經不通了，鐵路工人正在罷工，而且，市郊好像也出事了。

第二天，報紙上相當含糊地報導了一場社會民主黨人的暴動，據稱已經被平定了。而實際上，戰鬥在這一天達到了白熱化，政府下決心用機槍掃射後再用大炮攻擊工人的住宅。但是，我還是沒有聽見大炮的轟鳴，就算當時整個奧地利被社會主義者、納粹黨人或共產黨人占領，我也將對此一無所知，就好像當年慕尼黑的老百姓，早晨一覺醒來後，才在《慕尼黑最新新聞》報上得知，他們的城市已經落入希特勒的手中。在維也納內城，一切都照樣平靜，有條不紊，和平日並無二致，而在市郊，戰鬥已經相當激烈。我們都愚蠢地相信了官方的報導，以為所有事端都已經平息了，一切都結束了。在我想查閱一些資料的國家圖書館，學生和往常一樣在看書學習，商店全部都開張，人們的神情也都很平靜。直到戰鬥真正結束的第三天，人們才零零星星得知一些真相。第四天，鐵路剛剛重新恢復通暢，我一早便趕回了薩爾斯堡。在大街上，我遇到兩三位熟人，他們都急切地問我維也納究竟發生了什麼事情。而我這個革命的「見證人」卻不得不老老實實地告訴他們：「我不清楚。你們最好還是買份外國報紙看看。」

奇怪的是，就在第二天，我就得因為這些事件為我的生活做出重大決定。我從維也納回到薩爾斯堡是在下午，一回家便看見一大堆校樣稿和信件，我一直工作到深夜，才把拖欠的工作做完。第二天早晨，我還沒有起床，就有人敲門，我那忠厚的老傭人一臉驚慌地走進我的臥室，平日，如果我不事先訂好起床時間，他是從來不叫我起床的。他告訴我，樓下來了警察局的人，希望我下樓去說話。我感到幾分驚訝，於是披上睡袍，走下樓去。來人是四名便衣員警，他們告訴我，他們是奉命來搜查的，他們要我立即交出共和主義保衛同盟藏在我家的所有武器。

我不得不承認，我一開始驚愕得簡直說不出話來。共和主義保衛同盟把武器藏在我家裡？這事情太荒謬了！我向來不屬於任何政黨，也從來不過問政治。好幾個月時間我都不在薩爾斯堡，況且，將武器倉庫建在城外一座山上的我家裡，不是世界上最可笑的事情嗎？要往這裡運槍枝或其他武器，在路上誰都會看得見。所以，我只是冷冷地回答說：「好吧，請便。」那四名便衣於是穿過房間，打開了一些櫃子，在幾面牆上敲了敲，但是，他們搜查時那種馬虎的表情令我馬上明白了，他們這次搜查只是擺擺樣子，他們自己也不相信在這所房子裡會藏有一個武器倉庫。半小時之後，他們宣布搜查結束，然後便消失得無影無蹤。

這場鬧劇為何在當時令我如此憤慨，我還需要從歷史角度加以說明。在最近幾十年來，歐洲和世界上的人幾乎已經忘記了個人權利和公民自由曾是多麼神聖。自從一九三三年以來，搜查、隨便逮捕人、查抄財產、驅逐出境、流放和各種形式的貶謫，已經成為司空見慣的事情，我在歐洲的朋友之中，沒有一位未曾經歷過這種遭遇。但在一九三四年年初時，在奧地利，對公民的住宅進行搜查還是一種莫大的侮辱。對我這樣完全脫離政治、多年都沒有行使過選舉權的人的住宅進行搜查，必須有特殊的理由。而實際上，這也是典型的奧地利做法。薩爾斯堡的警察局長不得不採用嚴厲的手段，對付那些每天夜晚用炸彈和爆炸物騷擾居民的納粹份子，他這樣的嚴密監控在當時需要極大勇氣，因為，納粹已經開始採取了恐怖活動。政府部門每天都收到恐嚇信，威嚇他們說，如果繼續「迫害」納粹份子，就要為此付出代價。事實上（納粹說出的報復總是百分百會兌現的），就在希特勒占領奧地利的第一天，那些對祖國最忠心耿耿的奧地利官員就被抓進了集中營。因此，可想而知，他們對我家進行搜查，是想擺明他們對任何人都可以毫無顧忌地實行這種治安措施。但我從這個本身並不重要的插曲背後，感到了奧地利的局勢是多麼岌岌可危，感到來自德國的壓力是多麼強大。自從這次員警來訪，我不再喜歡自己這個家了。有種特殊的感覺告訴我，在這個小小的前奏之後，會有更大規模的迫害行動。在那天晚上，我便開始收拾最重要的文件，並決定以後要長期在國外生活。這種離別不僅僅意味著離開自己的房屋和土地，因為，我的家人將這個住處當作是自己的故鄉，他們熱愛這片土地，對它充滿依戀。但對於我而言，世界上最重要的事情就是個人的自由。我沒有將自己的打算告訴任何一個熟人和朋友，兩天之後，我重新回到倫敦，到達之後，我做的第一件事就是，通知薩爾斯堡當局，我已經最終決定完全放棄自己的住宅。這是我脫離自己祖國的第一步。可是，自從維也納發生革命的那些日子，我已經知道，奧地利也已淪陷——當然，我當時還不知道，自己會因此失去多少。

和平的垂死掙扎

羅馬的太陽已經沉沒。我們的白晝已經過去。
烏雲、夜露和危險正在逼近；我們的事業已成灰燼。

——莎士比亞《凱撒大帝》

和高爾基當初在蘇連多一樣，我在英國的最初幾年根本不覺得自己是在流亡。在那場所謂的「革命」之後，納粹隨即對奧地利發動了突襲，並且他們謀殺了多爾富斯，以這些行動占領奧地利，但是，奧地利依舊存在著。我的祖國，持續掙扎了四年。我每時每刻都可以回去，我沒有遭到流放，沒有遭到驅逐。我的書還完好無損地放在薩爾斯堡的家中，我還帶著奧地利的護照，我的家鄉還是家鄉，我還是奧地利的公民——一個擁有所有公民權利的公民。那種失去祖國的可怕處境還沒有開始，沒有真正親身體驗過的人永遠不會明白那種滋味，那是一種令人神經錯亂的感情，睜大著清醒的眼睛，卻跌跌撞撞地在一片虛空當中摸索，並且心中明知，無論自己落腳何處，都會隨時被踢回原處。而我這時才處於這種命運的開端。當我一九三四年二月底在維多利亞火車站下車時，心中就有一種異樣的感覺。當你決定長期在一座城市居住時，打量它的目光就會和只作為過客停留時不一樣。我不知道自己會在倫敦住多久，只有一點對我是重要的：回到我自己的工作中去，維護我身心兩方面的自由。由於任何財產都意味著再次的累贅，所以我沒有購買房屋，只是租了一套小公寓，大小正好夠裝下兩個壁櫥，可以讓我把隨身帶的少部分不願失去的書籍放在裡面，此外還能放下一張書桌。這樣，我其實就擁有了一個腦力工作者需要的一切。這裡當然沒有多餘的空間留給訪客，但是，我寧願蝸居在狹小的房間裡，以便可以隨時自由地出門旅行。我的生活在不知不覺之中已經變成臨時性的了，不能再做什麼長期的打算。

在第一天晚上（那時天色已黑，牆壁的輪廓在黑暗中逐漸模糊了起來），我踏進這個終於收拾好的小小公寓，心中吃了一驚。因為在這一剎那，我覺得自己彷彿踏進了三十年前自己在維也納的小房間。同樣是狹小的房間，同樣只有壁櫥上的那些書籍在親切地問候我，還有牆上那幅我走到哪裡都陪伴著我的布萊克的《約翰國王》，國王那雙夢幻般的眼睛凝望著我。我確實過了好一會兒才讓自己定下神，多少年了，我一直都沒有再想起維也納的那間小屋子。這是否象徵著我的生命在經過長途跋涉之後，再次退回到原先的位置？我變成了自己的影子？三十年前，當我在維也納為自己挑選了那間小屋子時，我還處於人生的開端，還沒有什麼建樹，或者說，沒有什麼重大的成就，我的書和我的名字在自己的國家還不為眾人知曉。如今（這真是驚人的相似），我的著作再一次從母語之中消失，我寫下的作品在現在的德國已經變得陌生。朋友們都離我遠去，原來的圈子被打破了，我的房子連同裡面的收藏品、繪畫和書籍統統都失去了，和當初一模一樣，我現在重新被陌生的一切包圍著。我在這些年當中嘗試著去做、去學、去享受的一切，似乎都隨風飄逝了，五十多歲的我再次面臨人生的一個新開端，我重新回到了學生時代，在書桌前努力學習工作，早晨健步如飛地走向圖書館——只是，我不再那樣虔誠，不再那樣充滿熱情，我的頭髮已經花白，疲憊的靈魂籠罩著一層薄薄的頹喪。

◊ ◊ ◊

我拿不定主意是否應該多講述一些自己在一九三四年至一九四〇年期間在英國的經歷，因為我已經踏入了我們現在的這個時代，而且，大家在那時的經歷基本上都差不多，我們心懷著被廣播和報紙激起的同樣的不安，心懷著同樣的希望和憂愁。我們每個人在想起當年政治上迷茫的時候心情都不會得意，而是懷著一種恐懼，回想那個時代曾將我們引向何方。要想說明過去的人，必定要做出控訴，但是，我們誰又擁有這樣的權利呢？這樣說吧，我在英國的生活完全是小心守拙。我還沒有傻到連自我克制都不懂得，在這些流亡和半流亡的歲月中，我始終斷絕一切社交活動，因為我想，在別人的土地上，別人可以討論時局，但我不可以對於時局隨便說三道四。我在奧地利的時候尚且對於自己國家領導人物的愚蠢舉動無能為力，更何況在這裡呢？我覺得自己只是這個善良島國的一名客人，我很清楚，如果我（憑我們知道得更清楚、更可靠的消息）指出希特勒給世界帶來的危險，人們只會把這看作是我個人的有趣見解罷了。當然，眼看著那些明顯的錯誤卻不得不緘口不言，有時是非常難受的。天性誠實，對別人從來不猜忌，是英國人最高尚的美德，當我看到英國人的這種美德竟被精心策畫的政治宣傳所利用時，真感到痛心疾首。英國人一再被希特勒的花言巧語所欺騙，以為他不過是想將邊界地區的德國人弄回德國，然後他就會心滿意足、知恩圖報地為他們剷除布爾什維克主義。這樣的誘餌的確非同尋常，只要希特勒在演講中說出「和平」這個詞，報紙就會報以熱烈的歡呼，完全忘記了他所犯下的全部罪行，也不再過問德國大張旗鼓地擴充軍備究竟目的何在。從柏林回來的旅行者，在柏林受到了大肆歡迎的款待，參觀訪問都事先經過安排，他們回來後對於那裡的秩序和這秩序的締造者大加頌揚，漸漸地，英國人開始默認那位新領袖建立大德意志帝國的「要求」是有道理的——沒有人懂得這個道理：奧地利是歐洲的一塊基石，一旦將它抽出，歐洲瞬間就會分崩離析。我焦慮地覺察到英國人和他們領袖的那種天真和高尚的輕信，這使他們受到欺騙，因為我曾在自己的家鄉親眼在近距離目睹過衝鋒隊員的臉，聽見過他們唱的歌：「今天，德國屬於我們，明天，將是全世界。」隨著政治形式越來越嚴峻，我也越來越迴避與人的交談和任何公開活動。在昨日世界，唯有在英國，我沒有在報紙上發表過一篇和時局相關的文章，也從來沒有在電台做過演講，沒有參加過公開的討論，我在那間斗室的生活比三十年前在維也納大學時代的生活更加沒沒無聞。因此，我沒有資格將自己當作見證人，來描述英國，而後來，我也不得不承認，自己在戰前從來沒有真正認識到英國最深沉、最含蓄、只在最危險的時刻才會表現出來的力量，認識到這一點，我就更沒有資格去描述它了。

在英國時，就連作家我也見得不多。我後來開始交往比較多一些的兩位作家，約翰·德林克沃特和休士·沃爾波爾，恰恰很早就被死神帶走了。較為年輕的作家，我不常遇見，因為不幸被身為「外國人」的不安全感壓抑著，我避免去俱樂部、宴會廳和公開場合。但是，我還是得到了一次特殊的、尤其難忘的享受，我親眼目睹了兩位才思最敏銳的人物，蕭伯納和H．G．威爾斯之間進行的一場表面看來極其文雅得體、實際卻陳見極深的交鋒。那是在蕭伯納家中舉行的密友間的午宴，我當時既感到尷尬，又感到饒有興味，因為我事先並不知道他們之間曾經發生過什麼事情，從而產生這樣深的陳見，但我從他們倆相互問候的方式，就能感覺到他們之間極度的緊張關係，他們像老熟人那樣打著招呼，卻都帶著一股嘲弄的味道——他們之間一定存在過某種原則性的意見分歧，也許不久前才剛剛消除，或者，是要通過這次午宴來消除。這兩位均享有巨大聲望的英倫文學巨匠，在半個世紀之前曾經在「費邊社」[1]為了和他們一樣尚且年輕的社會主義並肩戰鬥過，自那之後，他們便各自按照自己獨特的個性發展，彼此的距離越來越遠。威爾斯堅守自己積極的理想主義，孜孜不倦地憧憬著人類社會的美好未來。而蕭伯納正相反，他越來越用懷疑和嘲諷的目光觀察未來和當代的現實，以檢驗自己冷靜的「愉快的戲劇」。而且，隨著歲月流逝，他們的身形外貌也越來越形成截然相反的對比。蕭伯納，這位精神矍鑠的八旬老人，午餐時只吃了一些核桃和水果，他身材高大，消瘦，毫無倦意，很健談，不時發出爽朗的笑聲，而且比以往更加癡迷於自己的奇談怪論。威爾斯，這位樂天的七旬老者，比以往更愛享受生活，更追求安逸，他身材矮小，面頰紅潤，在時而出現的輕鬆表情後面是極其嚴肅的個性。蕭伯納善於進攻，他快速巧妙地變換著攻擊點，而威爾斯在戰術上長於堅守，

1 Fabian Society，英國中產階級改良主義思潮，蕭伯納是主要代表人物。

他像以往一樣，像一位教徒，堅持自己的信念，毫不動搖。我馬上就看出，威爾斯前來的目的不是為了友好的午宴閒談，而是為了和蕭伯納進行一場原則性的爭論。正因為我不清楚他們思想分歧的背景，我更能感覺到氣氛的緊張。他們的每一個表情、每一個眼神、每一句話都表現出傲慢而相當嚴肅的挑釁，就好像兩個擊劍手在激烈比拚之前，總要先用小小的探觸來試試自己的應變能力。蕭伯納的思維更加敏捷，每當他回答或避開一個問題時，他濃密眉毛下的眼睛總是閃爍著機智的光芒，他喜歡風趣地在文字上鬥智，並因此而忘乎所以，在過去的六十年裡，他在這方面的成就可謂登峰造極。他濃密的白鬍鬚有時在他輕聲冷笑時抖動著，他的頭略微側向歪著，好像一直在瞄準自己手中的劍，看是否擊中了對方的要害。面色紅潤、眼神深沉的威爾斯，語言更加犀利直接，他的思路也相當敏捷，但是，他不使用拐彎抹角的手腕，而更喜歡單刀直入。他們的對談是如此尖銳、迅猛，你來我往，字字都閃著寒光。兩人刺來擋去，你來我往，好像其樂無窮，使得一邊的旁觀者對於這場劍影閃爍、難分勝負的擊劍比賽擊節不已。但是，在這場始終保持在高水準的敏銳對話後面，隱藏著一股精神的怒火，而這憤怒是以英國人的方式高貴地通過最文雅的辯論形式抒發出來的。那是一種寓嚴肅於遊戲，寓遊戲於嚴肅的精神——正是它使得這場對話如此緊張激烈——兩個極端對立性格的這種尖銳衝突，表面上似乎只是由於某件具體的事情引起，實際上出於我不清楚的某種原因和背景已經是不可調和的矛盾了。不管怎樣，我看見了英國最傑出的兩位人物最優秀的一面，後來，這場論戰在《民族週刊》上又繼續進行了幾個星期，我卻對它根本不感興趣了。文字論戰遠遠不如那次激烈的舌戰引人入勝，因為，在變得抽象的論據後面，由於缺失了活生生的人物，問題的本質就變得不再那樣顯著。我在這場辯論之前和之後，都沒有在任何喜劇當中聽到過如此精采的對話藝術，這一次，我目睹了他們在無意之中、非戲劇化地賦予了這種對話藝術最高貴的形式，像這樣罕見的高手之間的精神碰撞，真讓我大飽眼福。

◊ ◊ ◊

不過，我在英國生活的那幾年，只是人在那裡，它並沒有占據我的全部心靈。對歐洲的憂慮，痛苦地壓迫著我的神經，正是這憂慮促使我在希特勒掌權到二次大戰爆發的那幾年之間，進行了這麼多趟的旅行，我甚至兩次穿越了大西洋。我之所以這樣做，也許是因為預感告訴我，只要世界還向我敞開，只要輪船還能在海上安全航行，我就應該為以後更黑暗的年代積累盡可能多的印象和經驗。也許，還有一種渴望也是原因之一：我想知道，在我們自己這個世界遭到不信任和相互爭鬥的破壞時，大洋彼岸的世界是如何進行建設的。甚至，我還暗暗預料，我們的未來以及我自己的未來，也許就在歐洲之外。一次環美演講給了我極好的的機會，讓我看到這個強大的國家豐富多彩的生活全貌，看到它內部從東到西、從南到北的團結一致。不過，南美給我的印象也許更加強烈一些，我愉快地接受了國際筆會的邀請，來到那裡，在那時，我最深刻地感受到，強調跨越國界和語言的精神大團結是多麼的重要。臨行前在歐洲最後幾小時的經歷，讓我帶著憂慮和警覺上路，一九三六年夏天，西班牙內戰已經爆發，從表面上看，這場戰爭不過是那個美麗而悲慘的國家因為內部不和而引起的，但實際上，它是兩種不同意識形態的勢力集團為日後的對抗而進行的預演。我從南安普敦乘坐一艘英國客輪啟程，我原本以為，為了避開戰區，輪船會繞開以往要停留的第一站維戈。但是，出乎我的意料，我們還是駛進了那個港口，我們這些旅客甚至還被允許上岸待幾個小時。維戈當時掌握在佛朗哥的黨徒手中，離真正的戰區還遠。但是，在那短暫停留的幾個小時之中，我還是看到了一些情景，不由得讓人心情沉重。在飄揚著佛朗哥黨旗的市政廳前面，站著不少年輕人，他們大多由牧師領著，排著隊，他們穿著農民的衣服，顯然是從臨近的鄉村招募來的。起初，我不明白當局對這些年輕人有什麼安排。他們是緊急招募來的勞力？還是領取失業救濟的工人？但是，一刻鐘之後，我看見這些年輕人完全換了一副樣子從市政廳裡出來，他們穿著嶄新的軍裝，佩著槍和刺刀，在軍官們的監視下，他們登上同樣嶄新耀眼的汽車，疾駛過街道，向城外開去。我大吃一驚！這樣的情景我曾在哪裡見過？在義大利是頭一次，然後是在德國。嶄新的軍裝、嶄新的汽車和機槍又突然在這裡出現了。我不禁問自己：是誰提供了這些新軍裝？是誰付的鈔票？是誰組織起這些一貧如洗的年輕人，又驅使他們反對現在的政權，反對選舉出來的國會，反對他們自己合法的人民代表機構？據我所知，國庫掌握在合法政府的手中，軍火庫也同樣在合法政府的控制下。那麼，這些汽車和武器必定是從國外弄來的，毫無疑問，它們是從鄰近的葡萄牙越過邊境運過來的。但是，到底是什麼人提供了這一切，是什麼人付帳的呢？這是一股新的勢力，它希望獲得政權，它在為自己的目的四處活動，它喜歡施展暴力，也需要暴力，我們信仰並畢生為之奮鬥的和平、人道和友善，在它看來，不過是早已過時的無用玩意。這是一個詭祕的群體，隱藏在辦公室和商業機構之中，陰險地利用年輕人幼稚的理想為自己的權利欲望和交易服務。他們信奉暴力，企圖用詭祕的新伎倆將我們不幸的歐洲置於戰爭原始野蠻的統治下。親眼目睹得到的直觀印象往往比一千份報紙和小冊子更能震撼心靈，在那一刻，當我看到無辜的年輕人在祕密的幕後操縱下被武裝起來，他們即將和與他們同樣無辜的年輕同胞作戰時，我從未那般強烈地預感到我們面臨的命運，歐洲面臨的命運。輪船在停泊了幾個小時之後再次起航，我趕緊上船走進我的船艙。我不忍再看著美麗的國家，它由於遭到罪惡的蹂躪已經滑向了毀滅的深淵，在我眼中，歐洲由於自己的瘋狂已經瀕臨死亡，歐洲，我們神聖的家園，我們西方文明的搖籃和聖殿，正在走向毀滅。

在這之後，我在阿根廷見到的景象卻令人欣慰得多。那裡是另外一個西班牙，在一片未曾沾染鮮血、未被仇恨玷汙的遼闊新土地上，它古老的文明得到了保護和延續。那裡糧食豐足，財富盈餘，那裡有無限的空間，那裡是未來的糧倉。我感到了一種莫大的幸福和新的信心。幾千年來，文化不就是從一個國度傳播到另外一個國度嗎？縱然樹木被斧頭砍倒，但只要有種子在，不是永遠都會出現新的繁茂和新的果實嗎？我們世世代代的先輩創造的一切是永遠不會失去的。人們只是必須學會將思維的範圍放寬，在更加長遠的時間裡去計畫打算。我告訴自己，我們應該開始不再只從歐洲的角度考慮問題，而應該從高於歐洲的角度，我們不能把自己埋葬在正在死去的過去當中，而應該共用歷史的新生。這座擁有百萬人口的新城市裡，所有人都對我們的大會表現出滿腔熱情，這使我感到，我們在這裡不是陌生人，在這裡，人們依舊信仰精神的統一，這是我們畢生追求的目標，我們曾把一生中最美好的部分奉獻給了它，這信仰在這片土地上仍然有它的價值，仍然在發揮著作用。我因此感到，在我們這個具有新速度的時代，即使大洋也不能再將人們阻隔開來。我們於是有了新的使命：在更加廣大的範圍之內，用更大膽的設想來建設我們夢寐以求的統一大業。如果說，自從我對臨近戰爭的一瞥令我對歐洲已經失去信心，那麼，在南方的十字星座之下，我又重新獲得希望和信仰。

巴西也同樣給我留下了深刻的印象，同樣令我心生希望。那是一片得天獨厚的土地，有著世界上最美麗的城市，在這片廣袤的土地上，至今還有鐵路、公路，甚至飛機未曾涉足的地方。在這裡，人們對歷史的保護比在歐洲更加精心，第一次世界大戰的流毒還沒有侵入到民族風尚和精神中去。這裡的人們和平相處，即使最不同的種族之間的交往，也比在我們歐洲有禮貌得多，彼此之間根本沒有敵意。在這裡，沒有荒謬的血統、種族和出身論將人們分為三六九等。我的特殊直覺告訴我，我可以在那裡幸福地生活，那裡的空間為未來無限的繁榮做好了準備，而在歐洲，為了一塊彈丸之地，國家之間大動干戈，令政治家們焦頭爛額。這片土地還在等待著人們的開發和利用，期待著人們將它變得更加富饒。歐洲文明所創造的一切可以在那裡以新的不同方式得到發展壯大和延續。這一片新天地以它的千姿百態令我賞心悅目，也讓我看到了未來。

旅行，持續不斷的旅行，從一個星空下到另一個星空下，到另一個世界去，並不等於擺脫了歐洲，擺脫了對歐洲的擔憂。當人類通過科技把大自然最祕密的威力控制在自己的手心時，這些技術會反過來擾亂人類的靈魂，這是大自然對人類的報復，多麼兇殘的報復！科技帶給我們最糟糕的詛咒，就是阻止我們逃避現實，哪怕一瞬間也不可以。遠古的人類在遭受災難時，可以逃遁到偏僻孤絕的地方去藏身，但現在，不管在地球的哪個角落發生了災難，我們所有人都不得不在同一時刻知曉和感受到它。我雖然距離歐洲如此遙遠，它的命運卻始終跟隨著我。在佩爾南布戈登陸的那個夜晚，在南方十字星座的下面，暗膚色的人們在我身邊的街道上行走，我突然看見報紙上刊登的關於巴塞隆納受到轟炸，和我一位西班牙朋友遭槍殺的消息，在幾個月前，我和這位朋友還曾一起度過了愉快的幾個小時。在德州，我正坐在一節飛馳的普爾曼式車廂裡，行駛在休士頓和另一座石油城市之間，突然聽見有人用德語瘋狂地大喊大叫，原來是一名乘客不小心將車裡的廣播調到了德國電台，列車在德州的平原上滾滾向前，我卻不得不屏息聽著希特勒發表的怒氣沖沖的演講。我無處可逃，無論白天還是夜晚，我總是懷著痛苦的擔憂思慮著歐洲，思慮著在歐洲的奧地利。在充滿錯綜複雜的危險地帶，從中國直至厄波羅河[2]和曼薩尼利亞[3]，唯有奧地利的命運令我尤其掛念，這也許是我狹隘的愛國心吧。但是，我明白，全歐洲的命運和奧地利這個小國都休戚相關，而它恰巧正是我的祖國。當我今天回首往事，想指出一戰後政治上的錯誤時，我認為最大的錯誤就是，歐洲和美國的政治家沒有執行

2 Ebro，位於西班牙境內最長的河流。

3 Manzanilla，西班牙安達魯西亞的小鎮。

威爾遜制定的簡單明確的計畫，而歪曲了他的本意。他的主張是，賦予小國以獨立和自由，但是他也正確地認識到，只有當所有大小國家都參加到一個有約束力的共同組織當中，小國的獨立和自由才能得到保障。由於人們沒有建立起那種組織（一個真正的、全面的國際聯盟），而只是實現了它的綱領的一小部分內容，即賦予小國獨立，人們不但沒有得到安寧，反而製造了持續的緊張局面。因為，沒有什麼比小國的膨脹欲望更危險的了。這些小國剛剛成立，第一件事情就是爾虞我詐，為了一塊彈丸之地相互爭鬥。波蘭與捷克，匈牙利與羅馬尼亞，保加利亞和塞爾維亞，彼此之間你爭我搶，而這些小國之中最弱小的奧地利，竟然要面對有龐大力量的德國。這個支離破碎、殘缺不全的奧地利，它的統治者一度在歐洲頤指氣使，而現在是歐洲這面牆上的一塊基石——我不得不一再重複這一點。在倫敦的百萬人口都不會知道，而我知道，一旦奧地利陷落，捷克斯洛伐克就必定陷落，接下來，巴爾幹便會公然落入希特勒之手，憑藉維也納的特殊組織，納粹已經將維也納這根槓桿握在手中，他們會把歐洲整個撬起來，兜個底朝天。只有我們奧地利人才知道，是被什麼樣的怨恨激起的欲望驅使希特勒向維也納進軍，維也納曾是他窮途末路時的見證人，現在，他要以勝利者的身分凱旋。每次當我匆忙回到奧地利，又越過邊界回來時，我總要鬆口氣：「還好，他這次還沒來。」然後我再回頭望一眼奧地利，每次都彷彿是訣別。我看見災難無可避免地逼近，在那些年的幾百個清晨，當別人泰然自若地拿起報紙閱讀時，我每回總是心驚膽戰，害怕看到這樣的標題：奧地利淪陷。當我假裝自己再也不關心奧地利的命運時，我是多麼自欺欺人啊！每天，我在遙遠的地方，比在國內的朋友們更痛苦地和奧地利一道忍受著它漫長而劇烈的掙扎。那些在國內的朋友用愛國主義的遊行來欺騙自己，他們每天互相安慰道：「法國和英國不會扔下我們不管，墨索里尼第一個不會答應的。」他們相信國際聯盟，相信和平條約，就好像病人相信貼了漂亮標籤的藥一樣。他們無憂無慮、快樂地過著自己的日子，而對時局看得更清楚的我，心都要碎了。

我最後一次回奧地利，唯一的理由就是這日益臨近的災難讓我產生的恐懼猛然間爆發了。一九三七年秋，我曾回到維也納看望年邁的母親，我有相當長的時間沒有回去了，沒有什麼緊急的事情召喚我回去。幾星期之後的一個中午（那應該是十一月底了），我正經過攝政王大街往家走，我在街上買了一份《旗幟晚報》，那天恰好是哈里法克斯勳爵[4]飛往柏林，試圖與希特勒本人進行初次談判的日子。在報紙的第一版上（我看到右半邊的版面上是醒目的黑體字），列舉了哈里法克斯與希特勒達成共識的幾點內容，其中有一條涉及到奧地利。我在字裡行間看到了這個結果，或者說，我早已預料到了談判的結果，那就是，奧地利被出賣了。和希特勒的談判還能意味什麼呢？我們奧地利人很清楚，在這個問題上，希特勒絕不會讓步。奇怪的是，談判的那幾項內容在那天中午的《旗幟晚報》上出現後就再無下文了，在下午和晚點的《旗幟晚報》上，再也不見這條新聞的蹤影。（我後來聽到小道消息，這家報紙是在義大利使館的幫助下弄到這些消息的，因為，在一九三七年，義大利最擔心的就是英國和德國背著它聯起手來。）大多數人都沒有注意到這個消息，它到底有幾分真實性我也無從得知，我只知道，這個

4 Lord Edward Frederick Lindley Wood Halifax，1881—1959，英國政治家。

消息讓我大吃了一驚，一想到希特勒和英國已經為奧地利進行談判了，我拿著報紙的手也顫抖起來，不管這消息是真是假，我多少年來都沒有這樣激動過了，因為我知道，只要它不完全是空穴來風，就意味著毀滅的開始，歐洲的基石即將坍塌，而歐洲也要隨之毀滅。我立即回轉身，跳上最近一輛開往維多利亞火車站的汽車，朝帝國航空公司駛去，我想打聽一下是否還能買到明天早上的機票。我想再去看望一次我的母親、我的家人和故鄉。湊巧的是，我買到了一張機票，我迅速將一些行李裝進箱子，飛向維也納。

我這樣快、這樣突然地回到維也納，令我的朋友們吃驚不小。但是當我說出自己的擔憂時，他們都那樣嘲笑我，說我還是那個老「耶利米」。他們問我，難道我不知道現在全體奧地利人都百分百地支持舒施尼克？他們不厭其煩地吹噓「祖國陣線」聲勢浩大的遊行，而我在薩爾斯堡時就已經觀察到，遊行的大多數人都只是把規定的統一徽章別在外衣的衣領上，以防給自己帶來危險，與此同時，他們出於謹慎，又早在慕尼黑的納粹黨那裡登記了——我學了太多的歷史，自己也寫過不少，我很清楚，大多數群眾總是牆頭草，會倒向勢力強大的那一邊。我知道，今天呼喊著「舒施尼克萬歲」的人明天同樣會喊「希特勒萬歲」。但是，在維也納所有與我交談的人都顯得完全無憂無慮。他們相邀聚會，穿著燕尾服，一同在吸菸室吸著香菸（他們完全沒有想到，自己不久就會穿上集中營的囚服），他們奔忙於店鋪之間，採購耶誕節的禮品，布置自己漂亮的家（他們根本想不到，幾個月之後，所有這些都會被洗劫一空）。古老的維也納永遠怡然自得，無憂無慮，我以前是多麼熱愛它的這種氣質啊，而這樣的怡然自得也是我畢生追求的理想，維也納的民族詩人安岑格魯貝爾[5]曾經將這種怡然自得概括成這句簡練的格言：「你不會有事的。」而現在，它第一次讓我感到心痛！但是，也許我在維也納的所有朋友在最終的意義上比我有智慧，因為，他們都是在災難來臨的最後時刻才感到了痛苦，而我在大難來臨之前就已經在想像中感到痛苦了，當它真正降臨時，我還要第二次感受痛苦。但不管怎麼說，我再也無法理解他們，也不能讓他們理解我。我何必還要去打擾這些不想被人打擾的人呢？

我在最後的那兩天裡，將維也納每條熟悉的街道、每座教堂、每個花園、我出生的這座城市的每個古老角落都凝望了一遍，心中充滿了「永別」的無聲的絕望。這絕不是什麼加醋添油的說法，而是最真實的感受。我擁抱著我的母親，心中暗想：「永別了。」我懷著這樣訣別的心情看待這個國家、這座城市的一切，我知道，這是一場最後的告別，是永別，是訣別。火車從薩爾斯堡駛過，這座城市裡有我工作了二十年的房子，火車靠站的時候，我卻根本沒有下車。我本可以從火車車廂裡眺望到自己在山丘上的房子，連同逝去歲月的所有回憶。但是，我沒有朝窗外看。何必還要看呢？我再也不會回到這裡了。火車越過邊境的那一剎那，我就像《聖經》裡的羅德一樣，知道自己身後的一切都化作了塵土與灰燼，一切都凝結成了和鹽一樣苦澀的歷史。

◊ ◊ ◊

5 Ludwig Anzengruber，1839—1889，奧地利作家。

當希特勒的仇恨夢想即將變成現實，當他即將作為凱旋的統帥占領維也納這座在他年輕時代窮困潦倒時拋棄過他的城市，我以為自己已經預料到了所有可能發生的最可怕的事情。然而，當一九三八年三月十三日，那滅絕人性的慘劇發生時，當奧地利和歐洲成為赤裸裸的暴力的戰利品時，我的那些想像，以及人類所有的想像都顯得多麼保守、懦弱和可憐。面具現在被扯下了，那麼多國家都無法掩飾自己的恐懼，殘暴對於道德約束根本就毫無顧忌，他們不再需要以在政治上消滅「馬克思主義」為藉口，英國算什麼？法國算什麼？整個世界都算得了什麼？現在已經不僅僅是搶劫擄掠，而是任由復仇私欲大行其道。大學教授必須用赤裸的雙手擦洗馬路，虔誠的白鬍子猶太老人被抓進猶太會堂，在納粹暴徒的辱罵中被迫跪下齊聲高喊「希特勒萬歲」，他們將走在大街上的無辜百姓像兔子一樣抓起來，押著他們去打掃衝鋒隊營房的廁所。在無數黑夜裡編造出來的所有病態、骯髒的仇恨妄想，全部在光天化日之下發洩了出來。他們闖進民宅，搶走嚇得簌簌發抖的婦女的耳環，在幾百年前的中世紀戰爭中，這樣的城市洗劫事件也曾經發生過，但是，這種以折磨別人為樂的無恥欲望，這種對心靈的摧殘和花樣百出的對人的侮辱卻是不曾有過的。所有這一切不是一個人的遭遇，而是由千千萬萬個遭受折磨的人記錄下來的。等到比較安寧的時代來臨，不像我們所處的這個時代這麼道德淪喪的時候，人們將會毛骨悚然地讀到這些紀錄，看到在二十世紀的這座文化名城裡，一個空前絕後的仇恨狂人都犯下了何等的滔天罪行。在希特勒軍事和政治的勝利之中，這次是最為可怕、最最惡毒的一次勝利，就是這樣一個人，利用不斷升級的方法，竟然成功砸碎了所有的法律和秩序。在這種「新秩序」尚未建立之前，不經任何合法程序或者沒有任何理由地處死一個人，都還是傷天害理的大事。嚴刑拷打在二十世紀還是不可想像的，人們還明白把沒收財產稱為掠奪。而現在，在經過了一個又一個聖巴托羅繆之夜[6]後，當每天都有人在衝鋒隊的營房和鐵絲網後面被拷打得死去活來時，還談什麼單一的罪行？還談什麼人間的痛苦？一九三八年，繼奧地利之後，我們的世界對於慘無人道、無法無天和殘暴野蠻已經變得非常習慣了，那真是幾百年都難遭遇的狀況。要是在以前，維也納這座不幸的城市發生了這樣的事情，國際必定會對於這暴行加以唾罵，但在一九三八年，世界良知卻沉默不語，它或許只是輕聲嘟囔了幾句，隨即便忘卻和原諒了這所有的罪惡。

◊　◊　◊

這些日子，每天從祖國都傳來尖利的呼救聲，我知道自己最親密的朋友被抓走，遭到嚴刑拷打，受到侮辱，我為每個自己所愛的人擔驚受怕，但是又無能為力。這是我一生當中最可怕的日子。我今天可以毫不害羞地坦白——那個時代已經將我們的心變得這樣反常——當我的老母親去世的消息傳來（我們那時把母親留在了維也納），我既不吃驚，也不悲哀，反而感到一絲寬慰，她終於從所有的痛苦和危險中解脫出來了。八十四歲高齡的老母親，幾乎雙耳都失聰

6　一五七二年八月二十四日，巴黎屠殺新教徒之夜。這天是新教首領法王亨利四世新婚之日，當日前來參加婚禮的新教徒盡遭屠殺，亨利也被拘禁。

了，她住在我們家的老宅裡，根據新的「亞利安人法律」，她可以暫時不被驅逐出境。我們曾經希望，過些時間後用什麼辦法把她也接到國外來。維也納第一批新法令之中，有一條法令使她極其痛苦。由於年事已高，她的腿已經非常不靈便，她每天出去散一小會兒步，每次艱難地走五到十分鐘後，她都習慣在環城大道或公園的長椅上休息一下。在希特勒成為維也納的新主人還不到八天的時間，他就殘忍地下令不准猶太人坐長椅——想出這樣的禁令是為了殘忍地恣意折磨人的肉體，這只是其中一條。退一萬步來說，他們搶奪猶太人的財產，還有自己的強盜邏輯可言，還可以讓人理解，因為他們可以將這些從工廠、私人住宅和別墅搶掠來的物品連同空缺出來的工作崗位，都賜給他們自己人，也可以用來獎賞老部下，戈林的私人畫廊之所以那樣富麗堂皇，主要歸功於這大規模的洗劫運動。但是，不許一位老太太或者一位筋疲力盡的老先生坐在長椅上喘口氣，恐怕只有二十世紀才會有這樣的事，也只有那個傢伙才能幹出來，而這個傢伙，竟然被千百萬人奉為這個時代最偉大的人。

所幸的是，我的母親再也不用忍受那些野蠻行為和侮辱了。維也納被占領幾個月後，她就去世了。這裡，我必須說出一件與她的去世有關的小事，因為我覺得這些細節對於即將來臨的新時代具有重要意義，類似的事情在今後一定不可能再重演了。一天早晨，我八十四歲的母親突然昏迷了過去，請來的醫生馬上下診斷說，她的生命維持不到明天。於是，醫生僱來了一位女護士，一個大約四十歲的女人，在我母親的病床邊看護她。我母親的孩子，我的兄弟和我，都不能回到她身邊，因為，即使我們是回來看望臨終的母親，對於德意志文化的維護者而言，我們的行為也是對德意志文化的褻瀆。於是，那天晚上一位堂兄代替我們守在老宅，這樣，在我母親臨終時，起碼還有一位家庭成員在場。我們的這位堂兄當時六十歲了，自己的身體也已經不太好，實際上，一年之後，他也過世了。正當他在我母親房間的隔壁房間搭床，準備晚上在那裡過夜時，那位女護士出現了（她當時滿臉的羞愧），她說，很遺憾，按照納粹的新法令，她不可能在我垂死的母親身邊守夜。

因為我的堂兄是猶太人，即使在一位臨終病人的床前，她也不可以和猶太人同居一個屋簷下——在納粹看來，猶太人的第一個念頭，就是要玷汙女性的貞操，使她蒙上種族恥辱。當然，她說，這些法令讓她感到很難堪，但是，她必須遵守。於是，為了讓女護士能夠留守在我母親身邊，我那位六十歲的堂兄在晚上被迫離開了老宅。也許人們現在會明白，我為什麼說自己的母親幸而不用再活在這些人當中了。

◊ ◊ ◊

奧地利的淪陷也使我的個人生活起了變化，起初，我對這些變化並不在意，覺得只是形式上的不同而已：我的奧地利護照失效了，我必須向英國當局申請辦一張臨時白卡，也就是一張無國籍者的通行證。以前，在世界大同的幻想當中，我常常這樣暗自想像，做一個沒有國籍的人該有多美！不用對任何一個國家負責，因此也感到自己其實屬於任意一個國家，彼此之間毫無分別。這將多麼符合我的本性啊！但我不得不再次承認人的幻想是多麼有限，恰恰是人生最重要的那些感受，只有親身體驗過，才能知道究竟是怎樣的滋味。十年前，當我在巴黎遇見梅列日科夫斯基時，他向我抱怨說，他的書在俄國被禁了，當時毫無類似經歷的我只是無關痛癢地草草安慰他說，那是世界的大勢所趨，再怎樣反抗也無濟於事。但是，當後來我自己的書在德語世界消失，只能通過翻譯，通過輕描淡寫、改頭換面的方式出版時，我才深切地理解了他昔日的怨言。同樣，直到我在市政廳的前廳坐了很久的冷長凳之後，終於被允許邁進英國官員辦公室的一剎那，我才突然明白，將自己的護照換成一張外國人的身分證意味著什麼。以前，獲得奧地利護照是我的權利，每一位奧地利使館官員或警察局的警員都有義務為作為公民的我填發護照。而現在，要想獲得英國政府頒發的外國人身分證，我就必須提出申請。這是一種申請來的照顧，而且這種照顧還可能隨時被收回去。一夜之間，我已經低人一等了。昨天，我還是一位外國客人，是一位可以在這裡支付外匯並為之付稅的紳士，而今天，我已經成為一名「難民」，成了流亡者。我被降格到一類少數人當中——即使還不是名譽受損的那類。此外，從現在開始，我每次去國外時，都必須為這張白卡上的簽證提出特別申請，因為，所有國家對於失去了法律保護、失去了祖國的這類人——我突然之間也加入了他們的行列——都很不信任。這類人，如果惹人討厭了，或者逗留時間太長了，隨時都可以被驅逐出境或者被遣送回國。我總是不由自主地想起幾年前一位俄羅斯流亡者對我說的話：「以前的人只有一個肉體和一個靈魂。現在的人還需要一張護照，否則他就不被當成人對待。」

事實上，自從第一次世界大戰以來，世界急遽倒退的最明顯跡象就是，人們的行動自由受到限制，自由權利也遭到削減。一九一四年以前的世界是屬於所有人的。人們想去哪裡就去哪裡，想待多久就待多久，不需要別人的同意和批准。而當我今天告訴年輕人，一九一四年以前，我去印度、美國旅行時根本就沒有護照，連見都沒見過，他們露出一臉驚詫的樣子，總是讓我感到相當得意。當時的人上車下車，根本連問都不問一聲，也壓根沒人問你。今天必須填的那一百多張表格，當時一張都不用填。那時候沒有許可證，沒有簽證，沒有刁難。今天，由於大家相互之間那種變態的不信任，邊境線已經被海關官員、員警和憲兵隊變成了一道鐵絲網，而在以前，這些邊境線無非是象徵性的邊界，人們可以像穿越格林威治子午線一樣無憂無慮地穿越它們。直到第一次世界大戰之後，由於民族主義作祟，世界開始變得不正常。伴隨著這個時代精神瘟疫的開始，第一個明顯的現象就是：仇視外國人，或者至少是害怕外國人。處處都在抵制外國人，驅逐外國人。原先專門發明出來用於對付罪犯的侮辱手段，現在都用在了準備旅行或正在旅行的人身上。出門旅行的人要上交左側、右側和正面的照片，頭髮要剪短，直到露出耳朵，還要留下指紋，起初只需要拇指指紋，後來十個手指的指紋都要留下。此外，還要出示眾多證明：健康證明、防疫注射證明、警察局證明、推薦信、邀請信，還必須出示親戚的住址，必須有品行擔保和經濟擔保，必須填寫表格，一式三份或四份。這一大堆文件之中，哪怕少了一份，你就完蛋了。

這些看起來都是小事，起初，我也覺得這些雞毛蒜皮的瑣事根本就不值一提。但就是這些沒有意義的小事，使我們這一代人毫無價值地浪費了寶貴的時間，而且損失根本無法彌補。我根本算不清，這些年總共填了多少份表格，每回旅行，我都要填納稅證明、外匯證明、過境許可證明、居留許可證明、離境許可證明、申報戶口表、註銷戶口表等等。我也記不得自己在大使館和政府辦公室的等候室裡等了多少小時，記不清自己曾面對過多少友善的和不友善的、無聊的和過分熱情的官員，在邊境線接受過多少次的搜查，多少次的盤問。把這些都回想一遍，我才真切地感受到，在這個世紀，人類已經喪失了太多的尊嚴！而我們年輕時還曾經將這個世紀夢想成一個自由的世紀，以為它會是一個世界公民的新紀元。這些貶低人格的繁文縟節浪費了我們多少生產力、多少創造力和多少思想啊！在這些年，我們每個人花在研究官方規定上的精力要比鑽研文藝書籍多得多。我們在一座陌生的城市裡，在一個陌生的國家，最先去的地方不再和以前一樣是博物館、大自然，而是領事館、警察局，為的是去取一份居留許可證明。以前，朋友們坐在一起時，常常是談論波特萊爾的詩或者熱烈地討論一些問題，而現在，我們突然發現自己談論的都是被盤問的情況、許可證的問題，相互打聽是否要申請長期簽證還是旅遊簽證。在近來十年，去結識一個領事館小小的女職員，要比和托斯卡尼尼或羅曼．羅蘭結下友誼更加重要，因為，她能夠讓你不用在辦手續時久候。有靈魂的人必須不斷告訴自己：人是客體，不是主體。我們沒有任何權利，一切都是當局的賞賜。人們不斷地受到盤問，被登記、編號、檢查、蓋章。作為一個從比較自由的時代過來的無可救藥的人、一個夢想世界主義的公民，我至今還把自己護照上的每一個印章都視作恥辱的標誌，將每一次的問話和搜查視作對我的侮辱。這些都是小事，一向都只是小事，我知道，在人類生活的價值比貨幣貶值更快的年代，它們確實都只是些小事。但是，我們只有將這些小小的症狀記錄下來，以後才能對精神狀況的各種病症做出正確診斷，判斷出何為精神正常，何為精神失常。在兩次世界大戰之間的這些日子裡，我們的世界精神失常了。

有可能是我在此之前被慣壞了，也有可能是近年來的激烈變化使得我深受刺激，變得越來越敏感。無論何種形式的流亡，本身都不可避免地會導致一種失衡。人一旦失去了自己的立足之地，就會失卻尊嚴，變得越來越不自信，越來越沒有把握——要理解這點，也必須親身經歷過才行。我坦率地承認，自從我不得不靠外國身分證或者護照生活的那天起，我便再也不覺得我屬於我自己了。和原本、實質的我相一致的一些天性永遠不存在了，我變得比原本的我謹慎克制了許多，我——原先的世界主義者，現在總有這樣的感覺，覺得自己每呼吸一次，都應該對一個陌生的民族感恩戴德，因為我呼吸的是他們的空氣。我自己當然明白這些想法的荒謬，但是，理智怎樣能夠戰勝情感呢？我幾乎用了半個世紀的時間來教育自己的心，讓它作為一顆「世界公民」的心來跳動，但是根本無濟於事。在我失去護照的那天，五十八歲的我發現，一個人一旦失去祖國，那意味著，他失去的絕不僅僅只是一片有限的土地而已。

◊ ◊ ◊

不過，有這種不安定感的並非我一人，漸漸地，那種動盪在整個歐洲蔓延開來。自從希特勒入侵奧地利那天起，政治局勢一直都不明朗。英國原先是祕密地為納粹開路，為的是換取自己國家的和平，但是現在那些人物也變得謹慎起來了。自從一九三八年開始，在倫敦、巴黎、羅馬、布魯塞爾，在所有的城市和鄉村，無論人們議論什麼話題，無論在一開始這話題多麼偏離戰爭，最終都會回到這個無法避免的問題，即戰爭是否還能夠避免，如何可以避免，或者至少可以推遲戰爭。當我現在回顧歐洲戰爭恐懼情緒不斷上升的這幾個月，我只能記起有兩三天的時間是真正有信心的，在這個兩三天裡，人們再一次地、最後一次感覺到，烏雲最終是會散去的，他們還是能像以前一樣在和平的環境中自由地呼吸。但反常的是，那兩三天恰恰在現在被認為是近代史上最糟糕的日子，那是張伯倫和希特勒在慕尼黑會談的日子。

我知道，今天人們很不情願回憶那一次會談，在那次會談中，張伯倫和達拉第毫無回擊之力，只得乖乖向希特勒投降。但由於我在此一定要忠於歷史真相，我必須說，在那三天，凡是身在英國的人，都感覺那真是歡欣鼓舞的日子。到一九三八年九月的最後幾天，局勢變得令人絕望。那時張伯倫第二次和希特勒見面回來，人們過了幾天才知道事情的真相。張伯倫此次前去，是為了在戈德斯貝格毫無異議地同意希特勒先前在貝希特斯加登提出的要求。但是，幾星期前還能讓希特勒感到滿足的事情，現在已經不能滿足他的欲望了。綏靖政策和「爭取再爭取」的政策徹底失敗，英國的輕信時代在一夜之間告以終結。英國、法國、捷克斯洛伐克，整個歐洲只剩兩條路可走，要麼在希特勒專橫的權力意志面前委曲求全，要麼拿起武器加以反抗。看來，英國已是痛下決心了。人們不再對備戰保持沉默，而是公開地表示戰鬥的決心。工人忽然出現身影，他們在海德公園和攝政王公園這些倫敦的公園裡、尤其是德國大使館對面築起了防空洞，以對付轟炸的威脅。艦隊開始作戰時準備，總參謀部的軍官在倫敦和巴黎之間來回穿梭，以制訂他們共同的最後應戰措施。開往美國的輪船上擠滿了希望及時逃往安全地帶的外國人，自打一九一四年以來，英國民眾從來沒有這樣覺醒過。人們的表情變得更加肅穆，更加充滿思慮。他們望著房屋建築和繁華的街道，心中暗想：明天，炸彈會不會將這一切夷為平地？人們在屋內圍著收音機，或坐或立，等待著收聽新聞廣播。在每人心中，在每一秒鐘，都能感覺到一種可怕的緊張，這氣氛籠罩著全國，雖然隱而不見，卻分外清晰。

接下來召開了那次具有歷史意義的國會會議，張伯倫在大會上宣稱，他已經再次努力，要與希特勒達成協議，並且已經第三次向希特勒提出建議，為了拯救受到嚴重威脅的和平，他願意去德國的任意一個地方和他會談，而他還沒有得到對方的任何答覆。就在這個會議期間，對這個建議的回電就來了（這真是太富有戲劇性了），希特勒和墨索里尼同意在慕尼黑舉行會議。在那一刻，英國國會沸騰了——這在英國歷史上幾乎是絕無僅有的事情。國會議員們跳了起來，叫喊著，拍著手，歡呼聲響徹整個大廳。多少年以來，這幢莊嚴的大樓裡，從來沒有像此刻一樣爆發出如此熱烈的歡樂。從人性的角度來看，那是一場精采的表演，它成功地表現了英國人為了和平而爆發出來的純真熱情，他們平日一貫的老成持重被拋在了一邊。但是，從政治的角度來看，這份熱情卻是個巨大的錯誤。因為，國會發出的熱烈歡呼暴露出這個國家對於戰爭是多麼深惡痛絕，為了達到和平的目的，它不惜做出一切犧牲，放棄自己的利益，甚至自己的尊嚴。所以，這在一開始就預示著，張伯倫去慕尼黑，不是去贏取和平的，而是去乞討和平。

但是，當時沒有人會想到，他們將會看到怎樣的一場投降。所有的人都以為（也包括我，我並不否認）張伯倫去慕尼黑是為了談判，而不是去投降的。接下來的兩三天，大家心急如焚地等待著，這個世界都屏住了呼吸。在公園裡，工人們在挖防空洞，在兵工廠，人們也忙忙碌碌，防空襲的大炮架起來了，防毒面具也發放完畢。人們正在考慮把孩子疏散出倫敦的計畫，還做好了祕密的準備工作，雖然人們不能理解那些準備，卻都明白它們是針對誰而做的。一天又過去了，早晨、中午、下午、晚上，人們等著報紙上的消息，等著收音機裡的廣播。一九一四年七月的那一幕又重現了，人們憂心忡忡、神情恍惚地等待著最後的回答，行還是不行。

突然，彷彿一場颶風吹散了壓在人們胸口的烏雲，人們的心情變得輕鬆起來，靈魂又重獲自由。消息傳來，張伯倫與希特勒、達拉第和墨索里尼達成了完全的一致，還有更好的消息，張伯倫成功地和德國簽署了一份協定，這份協定確保了今後解決兩國之間一切可能發生衝突的辦法。看起來，這好像是一位本身並不重要的頑強政治家，憑著不屈不撓的精神取得的巨大關鍵性勝利。所有人在這一刻都對他心存感激。人們先從收音機裡聽到那篇名為〈我們時代的和平〉的宣言，它向我們飽經磨難的這代人宣稱：我們可以再次生活在和平的環境中，我們可以再一次地無憂無慮，可以為建設一個更美好的世界奉獻自己的力量。如果有誰事後否認，當時我們是多麼如癡如醉地聆聽這些具有魔力的話語，那他肯定是在撒謊。誰會相信，一個吃了敗仗的人會準備自己的凱旋儀式呢？如果在張伯倫從慕尼黑返回的那個早晨，倫敦人知道他抵達的確切時間，一定會有幾十萬人前往克洛伊頓機場迎接他，向他表示問候，朝他歡呼，我們在那時都以為，是他拯救了歐洲的和平，拯救了英國的尊嚴。報紙刊登了張伯倫回國的照片，他平日經常帶有類似神經過敏的痛苦表情的木然面孔，現在堆滿了笑容，他樂呵呵地站在機艙口，神氣活現地揮動著那份具有歷史意義的文件，它宣告了「我們時代的和平」，張伯倫將它當作一件珍貴的禮物帶回了英國。那天晚上，當電影院裡出現這些鏡頭時，觀眾從自己的座位上跳了起來，他們歡呼著，尖叫著，互相擁抱，以為全世界新的和睦已經開始，對於那時在倫敦，在英國的每個人而言，那都是一個無可比擬的、動人心魄的日子。

我喜歡在這樣具有歷史意義的日子裡到大街上去四處閒逛，為的是更加強烈、直接地感受那種氛圍，在最真實的意義上呼吸到那個時代的空氣。在公園，人們已經停止了挖防空洞的工作，而是圍著它說笑著，高興地聊著天，既然有了「我們時代的和平」，這些防空洞就沒什麼用了，我聽見兩個年輕人在用地道的倫敦話開玩笑說，乾脆把這些防空洞改成地下廁所算了，因為倫敦的公共廁所太少了。每個人都放聲大笑，他們都好像經過一場暴雨洗禮的植物，顯得精神抖擻，容光煥發。他們走路時腰板挺得比原先更直了，肩膀也更加放鬆。在英國人平日冷漠的眼神裡，如今也閃耀著愉快的光芒。自從人們不再擔心房屋遭到轟炸後，房屋都變得明亮起來，公共汽車裝飾得更加漂亮，陽光也更加燦爛了。千百萬英國人的生活，因為那個迷人的字眼變得更加活躍而充滿活力。我也感覺到自己振奮的心情。我不知疲倦地走著，步伐越來越快，越來越輕鬆，一股新的信心像浪潮一樣有力地、歡快地將我向前推去。在皮卡迪利大街轉角，有個人突然急匆匆走到我跟前。他是一位英國政府的官員，我與他只是一面之交，他是個相當內向、極其穩重的人。要是在平日，我們可能只是禮節性地互相打聲招呼，他絕不會停下來和我攀談。但此時，他兩眼炯炯有神地朝我走過來，面帶笑容地對我說：「您如何看張伯倫？沒人相信他，但是他卻做對了。他沒有讓步，而且挽救了和平。」

在那一天，所有的英國人都是這樣以為，連我也是。第二天仍舊是幸福的一天，報紙上一致歡呼，股市一路瘋狂攀升，多年以來，這是第一次從德國傳來友善的聲音。法國人建議，為張伯倫建造一座紀念碑。然而，這些都是大火熄滅之前火焰最後幾下掙扎般的跳動罷了。在以後幾天裡，災難性的細節都暴露出來，原來，對於希特勒是毫無保留的投降，對於捷克斯洛伐克是卑鄙無恥的出賣——而英國從前曾經多麼鄭重地承諾要援助和支持它。一星期之後，真相已經大白，就連投降也滿足不了希特勒的欲望了，協議上的簽字墨跡還未乾，希特勒就已經將它們撕得粉碎。戈倍爾無所顧忌地四處公開叫囂，英國在慕尼黑談判中毫無反抗之力。希望的曙光破滅了，但是，它曾經照亮過一兩天，曾經溫暖過我們的心。我不能也不願忘記這些曾被希望照亮的日子。

◊　◊　◊

自從我們弄清了慕尼黑談判的真相後，我反而更少和英國人接觸了。這責任在我，因為我盡量避開他們，確切地說，是避開和他們交談的機會，雖然我承認自己比以往更加敬佩他們。他們對於成群結隊湧來的難民表現得非常慷慨大度，呈現出高貴的同情心和樂於助人的精神。

但是，在他們和我們之間，內心還是築起了一道牆，我們分別在牆的這面和那面：我們已經遭遇到的事情，他們還沒有遭遇到。我們明白，已經發生了什麼，和將要發生什麼，但他們還不願意去弄清楚事實——當然，這也有部分是出於違心。他們不顧一切地堅持自己的幻想，以為言必有信，以為合約是必須遵守的，以為自己只要明智，只要充滿人性，他們還可以和希特勒談判。幾百年來，由於民主的傳統，英國的領導人獻身於正義的事業，他們不可能、也不願意承認，自己身邊正在形成一種蓄意的欺名盜世和無視道德的新伎倆，新的德國在和各個民族交往時只顧及自身的利益，無視所有的法律準則，只要認為它們不合自己的利益，便公然踐踏以前簽下的合約。對於早已鄙棄了冒險行為，目光長遠、頭腦清醒的英國人而言，希特勒這個人已經在這些短時間內這樣迅速而輕而易舉地達到了眾多目的，卻偏偏還要鋌而走險，真是太不可思議了。英國人總是相信並且也希望希特勒先攻擊別的地方——最好是俄國！這樣，他們會在他進攻俄國的同時與他慢慢搞好關係。我們卻不這麼認為，正相反，我們清楚得很，最可怕的事情是不可避免的。我們每個人都見過被嚴刑拷打的朋友，見過被打死的朋友，我們的目光已經變得比較尖銳、犀利和無情。我們這些被鄙視、被驅逐、被剝奪了權利的人，都知道，凡是涉及到搶掠和權利，任何藉口都不會太荒唐、太虛假。因此，我們這些歷經磨難還準備經受新的磨難的人，我們這群流亡者，和英國人說的話是不同的。假如我今天說，除了很小一部分英國人，我們是當時在英國唯一清醒認識到危險的程度的人，我相信這並非是誇大其詞。和當初在奧地利一樣，我在英國也同樣懷著一顆傷痕累累的心，清醒而痛苦地預見到那些不可避免的災難。不同的只是，我在英國是異客，是一個被收留的客人，無法對他們提出警告。

所以，當我們的嘴唇預先品嘗到未來的苦澀時，我們這些被命運打上了烙印的人也只能在自己人當中說說而已。我們為這個友善地收留了我們國家的命運深深憂慮，我們內心是多麼煎熬啊！不過，即使在最黑暗的年代，和一位在人格和道德上都登峰造極的大師交談，也會給人以無限的安慰和精神上的鼓舞。在災難來臨的最後幾個月裡，我有幸和西格蒙德．佛洛伊德度過了美好的幾個小時，令我終生難忘。一連好幾個月，一想到這位八十三歲高齡的患病老人還留在希特勒占領下的維也納，我的心情就非常沉重。最後，他最忠實的女弟子，出色的瑪麗亞．波拿巴公主終於成功地將維也納這位最重要的人物解救出來，將他從囚籠般的維也納接到了倫敦。當我從報紙上得知佛洛伊德抵達英國，那一天是我一生中很幸運的日子，我原以為已經失去了我最尊敬的這位朋友，卻沒想到能看見他從地獄又回到了人間。

◊ ◊ ◊

西格蒙德．佛洛伊德是一位偉大而嚴謹的學者，在我們這個世紀，沒有人像他這樣深入地研究過人的心靈，擁有如此廣博的知識。我在維也納認識他的時候，他被視作是一個我行我素的人，固執而有怪癖，遭到四周環境的敵視。他狂熱地追求真理，但同時非常清楚所有真理都有侷限性——他有一回對我說：「就像沒有百分之百純度的酒精一樣，也沒有百分之百的真理！」他曾經毅然離開大學，拋開學院派謹小慎微的研究方式，不可動搖地向至今無人涉足的隱密性衝動的世界勇猛地開進，當時，這是被莊嚴宣布的所謂「禁區」，被世人膽怯地迴避著。這個樂觀的自由世界無意識地感覺到，這位根本不妥協的學者，用一種潛意識學說，擊破了這世界宣稱的可以用「理智」和「進步」逐漸壓抑性欲的理論，他運用無情的揭示手段，使得其他迴避難堪問題的研究方法岌岌可危。反對佛洛伊德的可不僅僅是大學和聯合起來的老派神經病學家（他們聯手起來反對這個教人討厭的「外來戶」），而是整個世界，整個舊世界、舊思想，「道德規範」和害怕被它揭去面紗的整個時代。漸漸地，醫生們開始排擠他，他失去了自己的診所，由於他們在學術上駁不倒他的論點和他那些最大膽的設想，他們就採取了維也納的一貫方式來對付他有關夢的解析的理論：他們對其進行諷刺挖苦，使這成為庸俗的笑料。在這位孤獨者周圍，只有一小群忠實的信徒，他們每星期舉行一次討論會，在這些討論會上，精神分析這門新的學科逐漸成型。早在佛洛伊德為其後來的思想革命做一點一滴的基礎性準備工作時，我就因為他的堅毅和道德上毫不動搖的態度，對這個不同凡響的人物充滿了欽佩，當時我還不知道他引發的這場精神革命的規模有多麼巨大。終於出現了這麼一位可以讓年輕人引為楷模的科學人物，他在做每個論斷時都相當謹慎，假如沒有最終的證據和絕對的把握，他絕不開口。但是，一旦自己的假設得到了證實，他就會對整個世界的反對採取不屈不撓的態度，他做人相當謙虛，但為了自己學說的每一個信條，他都是一名戰士，誓死捍衛自己認識到的內在真理。沒有人比他在精神上更加無畏了。即便他自己很清楚，明確而直截了當的表態會造成令人不安和尷尬的局面，佛洛伊德仍然隨時都敢於說出自己的觀點。哪怕最小的讓步——或者只是形式上的讓步，他都從來不曾打算過，他根本不想通過這些手段來改善自己艱難的處境。我很清楚，假如佛洛伊德將自己的理論小心地做一些粉飾，把「性欲」說成「性感」，把「性衝動」說成「情欲」，假如他沒有那樣不容質疑地堅持最後的結論，而只是做一些暗示，他就不會受到學院派的任何抵制，而他的絕大部分理論也可以發表出來。但是，凡是涉及他的信條和真理的領域，他絕不遷就。外界對他的抵制越強烈，他的決心就越大。如果我要為道德勇氣找一個象徵人物的話（這是世界上唯一不需要別人為自己做犧牲的英雄主義），我的眼前總是浮現佛洛伊德英俊硬朗、富有陽剛之氣的面龐，還有他那雙目光寧靜、直率的深色眼睛。

他曾經為自己的祖國帶來跨越國界和時代的榮譽，現在卻從故鄉流亡到倫敦。按照他的年齡，他早就應該是一個年老體衰、重病纏身的人了。但是，他不會是一個喪失了鬥志、在命運前卑躬屈膝的人。我暗自有一點擔心，怕他在維也納經受了所有痛苦之後，再見到他時，他已經滿心憔悴、疲憊不堪了。但是，我卻見到了更加開朗和快樂的他。他將我領進他在倫敦郊區住宅的花園裡，「我住的地方是不是更漂亮了？」他問我，曾經那樣嚴厲的嘴角邊掛著一絲明快的微笑，他向我展示自己心愛的埃及小雕像，那是瑪麗亞．波拿巴公主幫他搶救出來的。「我這不是又待在家裡了嗎？」在他的書桌上，攤著大張的對開紙，那是他的手稿，八十三歲高齡的他每天用清晰的圓體字寫作，思維和當初風華正茂時一樣機敏，精力也一樣旺盛。他強大的意志力戰勝了一切：疾病、衰老、流亡，現在，在長期的戰鬥歲月中一直隱藏著的善良本性，第一次從他身上自由地迸發出來。年齡只是令他的態度更加溫和，磨練只會使他的性情更加寬厚。現在，我有時會發現這個原本拘謹克制的人會做出隨和的姿態，他會將一隻手臂搭在你的肩頭，他的眼睛在閃亮的眼鏡片後面更加熱情地望著你，這些是我以前在他身上從來沒有見過的。多年以來，和佛洛伊德的談話總是給我帶來莫大的精神享受。我受益匪淺，對他充滿敬佩之情，在這位毫無陳見的偉人面前，我覺得自己的每一句話都能得到他的理解，沒有任何表白會令他吃驚，沒有任何話語會讓他激動。對於他而言，教育別人學會清楚地看和清楚地感覺，早已成了他生活的本能願望。但是，最讓我充滿感激的是在他生命的最後一年，在那黑暗的一年，我們的那一次長談，它是無可替代的。在我踏進他的房間那一刻，外面世界的瘋狂彷佛全部消失了，就連最殘忍的現實也變得抽象，最混亂的思維也變得清晰了，眼前再怎樣十萬火急的事情也謙卑地願意聽從全局的安排。我頭一回感受到他是一位真正的智者，他不再將痛苦與死亡視為個人的經歷，而把它看成超越個人利益的觀察和研究的對象，在他眼中，他的死和他的生一樣，都是道德意義上的偉大業績。佛洛伊德當時已是重病纏身，病魔即將把他從我們身邊帶走。戴著假牙的他說起話來顯然相當吃力，聽他講話實在讓人內心感到無比歉疚，因為，每吐一個字，他都要花費很大的氣力。但是，他不讓朋友不說話就走，他對自己鋼鐵般的意志充滿了自豪，他要展現給朋友看，和他的強大意志相比，那些身體上的小小折磨算不了什麼，他的嘴因為痛苦而扭曲了，即使這樣，他還堅持在書桌前寫作，直至生命的最後日子。即使病痛令他在夜晚難以入睡（八十年來，健康安穩的睡眠一直是他精力的源泉），他也拒服安眠藥和注射任何其他麻醉劑。他不願自己煥發的精神由於這種鎮痛的手段，受到哪怕一個小時的抑制，他寧願清醒地受病痛的折磨，他寧願在痛苦中思考，也不願意放棄思考。他要做一個精神的英雄，要堅持到最後一刻。那是一場可怕的搏鬥，延續得越久，就越是偉大。死神一次又一次地將陰影投在他的臉上，一次比一次清晰。它使他面頰消瘦乾癟，使太陽穴從額角鼓了出來，它扭曲了他的嘴唇，令他不得發聲，但是，對於他那雙眼睛，死神終於無能為力了，那是一座永不熄滅的燈塔，他那充滿英雄主義的精神就是從這裡眺望世界的，他的眼睛和他的思想，它們直到最後一刻都保持著清亮的光芒。在我最後幾次的探望中，有一回我帶薩爾瓦多．達利一道前往，達利是我認為新一代畫家當中最具才華的一位，他對佛洛伊德無比尊敬。當我和佛洛伊德交談的時候，達利畫了一幅素描，我根本不敢把這幅素描拿給佛洛伊德看，因為，達利分明將他身上的死神畫了下來。

這場我們時代最強大的意志力和最敏銳的思想與死神的鬥爭，變得越來越激烈了，直到佛洛伊德清楚地認識到（清醒對他來說就是思考的最高境界）自己再也不能寫作，再也不能工作時，他才像羅馬英雄一樣同意醫生結束他的痛苦。那是一個偉大生命的輝煌結束，在這個殘殺的年代，在死人的大祭當中，他的死是值得紀念的。當我們這些朋友將他的靈柩埋入英倫的土地，我們知道，我們把祖國最優秀的部分奉獻給了這片土地。

◊ ◊ ◊

在那些日子裡，我經常和佛洛伊德談論起戰爭和希特勒世界的恐怖。作為具有人性的人，他對這一切感到非常震驚，但是，作為一位思想家，他對於這野蠻的可怕爆發根本不感到奇怪。他說，人們總是指責他是悲觀主義者，因為他否認文化能夠戰勝人類野蠻的本能。現在，人們看到（當然，這事實並不令他感到自豪）他的觀點以最驚人的方式得到了證實：人類靈魂中最原始、野蠻的毀滅本能是難以剷除的。也許在未來的世紀裡，人們能找到至少在公共生活中遏制這種本能的方法，但是在日常生活中，以及在自然天性的最深處，這種本能是不可能剷除的，也許，作為保持緊張狀態的能量，它還有存在的必要。在他生命的最後日子裡，他更加關心猶太人的問題和他們面臨的悲劇，但是，這位科學偉人並沒有想出什麼方案，他清晰的思路沒有找到答案。不久前，他發表了一本關於摩西的科學論著，將摩西描述成埃及人，而不是猶太人，這個在科學上沒有根據的說法既傷害了虔誠的猶太教徒，也傷害了具有民族意識的猶太人。那本書恰恰是在猶太人遭遇最險惡的時候出版的，對此，佛洛伊德深感內疚，他說：「人們搶走了他們的一切，而現在，我又奪走了他們最優秀的人。」我必須承認他說的千真萬確。猶太人現在已經變得風聲鶴唳，因為在這場世界性的悲劇當中，他們才是真正的犧牲品，他們在哪裡都是犧牲品。在這次打擊之前，他們就已經驚惶失措，他們在哪裡都知道，一切災難來臨的時候，總是最先落在他們頭上，而且他們遭的殃會遠遠大於其他人。誰都知道，這個有史以來從來沒有過的仇恨狂人要凌辱和驅趕的就是他們，他要把他們趕到世界的盡頭，把他們逼進地獄。前來逃難的一星期比一星期多，一個月比一個月多，而且，越來越落魄，越來越頹廢。最先離開德國和奧地利的人還能把自己的衣服、行李和家什搶救出來，甚至還能帶走些錢。但是，一個人相信德國的時間越長，越是捨不得離開自己可愛的家鄉，受到的懲罰就會越重。納粹先是剝奪了猶太人的工作，不許他們踏進劇院、電影院和博物館，猶太學者不許使用圖書館，但是，或者出於忠誠，或者出於惰性，或者因為懦弱，或者因為傲慢，他們繼續留在了國內。他們寧願在國內忍受屈辱，也不願在國外乞討而苟活受辱。於是，納粹接下來不許他們擁有傭人，把收音機和電話從他們家中搶走，然後，再沒收他們的房子，強迫他們佩戴六角星標誌。這樣，人人都能在大街上認出他們，把他們當成被掃地出門的人，看成無賴，像避開痲瘋病人那樣躲開他們，嘲笑他們。他們所有的權利都被剝奪了，任何精神和肉體上的虐待都被當成取樂手段強加在他們身上，對於所有的猶太人，那句古老的俄羅斯諺語突然變成了殘酷的現實，「在乞丐的袋子和監獄面前，沒有人是安全的。」沒有離開德國的猶太人都被關進了集中營，在那裡，最傲慢的人也在德意志的管教下屈服了。納粹將他們剝奪得只剩下最後一件衣服，口袋裡只有十個馬克，然後把他們驅逐出境，根本不管他們何處可去。他們站在邊界線上，在領事館裡苦苦哀求，但幾乎都毫無用處，哪個國家會要這些被搶得精光的人，要這群乞丐呢？我永遠不會忘記，當我有一次走進倫敦一家旅行社的時候，看到的是怎樣的一幅情景。那裡擠滿了難民，全是猶太人，他們隨便去哪裡都可以，哪怕是北極的冰窖或者火爐般的撒哈拉沙漠，只要能離開這裡就行，因為他們的居留證明已經到期，他們必須離開這裡繼續流浪，帶著妻兒老小，去另一片星空下，去另一種語言中，到陌生的人群當中去，到不歡迎他們的人群當中去。我在那裡遇見一位以前相當富有的維也納企業家，他同時也是我們最出色的藝術品收藏家之一。我一開始沒有認出他來，他變得那樣憔悴、蒼老和疲憊。他顫巍巍地用雙手扶著桌子，我問他想去哪裡。「我不知道，」他說，「今天誰還會問我們的想法？哪裡允許我們去，我們就去哪裡。有人告訴我，這裡大概可以拿到去海地或者聖·多明哥的簽證。」我的心頭不禁一緊，一個風燭殘年的老人帶著兒孫，戰戰兢兢地希望到一個以前在地圖上從來沒有好好看過一眼的地方去，只是為了到那裡繼續過乞討的生活，繼續成為惶然沒有目的的異客。旁邊有個人急切地問著，怎樣才能去上海，他聽說，中國同意收容猶太人。這些以前的大學教授、銀行經理、商人、地主、音樂家，就這樣一個挨著一個，互相擁擠著，各自拖著自己的破爛飄揚過海，他們什麼都能做，什麼都能忍受，只要讓他們離開，離開歐洲，離開！離開！那是一群面貌如鬼的難民，但是一想到，這五十個備受折磨的人只是一支小小的先鋒部隊而已，其後是一支五百萬、八百萬，甚至一千萬人的猶太人大軍，已經浩浩蕩蕩地出發了，我就感到無比的震驚。所有這些先是被洗劫一空，而後在戰爭中飽受蹂躪的幾百萬人正等待著慈善機構的接濟，等待著官方批准和發放路費。這巨大的群體猶如驚弓之鳥，在希特勒的焦土政策實行之前倉皇出逃，他們擠在歐洲每個邊境車站裡，壅塞在各個監獄裡，他們完全是一個被驅逐的民族，人們不承認他們是一個民族，但兩千多年來，這個民族最希望的就是不要再流浪，他們最大的渴望就是擁有一塊安靜和平的土地，能讓他們在那裡安歇。

　　二十世紀猶太人悲劇之中，最悲慘的是，他們找不到這些悲劇的意義何在，他們不知道自己有什麼罪過。他們在中世紀遭驅逐的祖先至少知道自己忍耐的意義：為了他們自己的信仰和法律。他們始終信仰自己的神祇，這是他們靈魂的護身符，而今天的猶太人早已經將它丟棄。猶太的先人生活在一種自豪的虛妄之中，並在其中忍受著痛苦，他們以為自己是被造物主選出來的民族，擔負著特殊的命運和使命，《聖經》中的話語就是他們的戒律和教規。如果被扔進火焰，他們會把《聖經》貼在胸口，內心信仰的火焰會使他們減輕被烈火焚燒的痛楚；如果遭到驅趕，他們還保留了最後一塊家園，那就是他們的神，任何世俗的勢力、皇帝、國王、宗教法庭都不能將他們從上帝身邊趕走。只要宗教將他們凝聚在一起，他們還是一個集體，因此也還是一股力量，倘若有人驅逐和趕走他們，那是他們為自己的過錯而受到懲罰，因為他們通過自己的宗教信仰，通過自己的風俗習慣，有意識地將自己和世界上的其他民族隔離開來。但是，二十世紀的猶太人不再是一個集體，他們不再有共同的信仰，他們不再為身為猶太人而感到自豪，而反而感到是一種負擔。他們再也意識不到自己的使命。在生活中，他們把以前一度神聖的書籍中的戒律拋在一邊，他們不再使用古老的共同語言，他們越來越迫不及待地渴望融入身邊的其他民族，融入到普通的日常生活中去，為的是擺脫無休止的迫害，得到和平，擺脫無休止的流亡，可以停下腳步休息。因此，他們之間已經不再能夠相互理解了，他們已經與其他民族融合，已經成為了法國人、德國人、英國人、俄國人，而早已不是猶太人了。但現在，他們又被趕在了一起，被當成大街上的垃圾一樣掃在一起，他們中間，有的是住在華麗宅邸裡的銀行家，有的是正統教堂的執事，有來自巴黎的哲學教授和來自羅馬尼亞的馬車夫，有出殯時專門為人哭靈的婦女，有洗屍工人，有諾貝爾獎獲得者，有音樂會的女歌唱家，有作家，有釀酒工人，有的家財萬貫，有的一貧如洗，有大人物，也有無名小卒，有虔誠的教徒，也有自由主義者，有高利貸者，也有智者賢人，有猶太復國主義者，也有同化論者，有德意志猶太人，也有西班牙、葡萄牙猶太人，有正義者，也有非正義者。除此之外，在他們後面還有一群以為自己早擺脫了詛咒的人，他們茫然不知所措，他們是改宗的猶太人和混血猶太人。幾百年來，這是頭一次，又把猶太人早已不再感覺存在的一種共同體，重新強加到猶太人身上，那是自從出埃及後一再反覆出現的遭驅逐的共同命運。但是為什麼這樣的命運會降臨到他們身上，而且，一再降臨到他們身上呢？這種無意義的迫害，原因何在？道理何在？目的何在？人們把猶太人驅逐出境，但是又不給他們領土。人們說：「不要和我們生活在一起。」但是，他們卻沒有說，猶太人應該生活在哪裡。人們將罪名加在猶太人頭上，但又不讓他們有任何方法來贖罪。就這樣，猶太人在逃亡的路上瞪大焦灼的雙眼，相互凝視──為什麼我要逃亡？為什麼你要逃亡？為什麼我要和你一起逃亡？我既不認識你，也不懂你的語言，不明白你的思維方式，我和你之間沒有什麼關聯。為什麼我們大家要逃亡？沒有人知道答案，就連我們時代頭腦最清楚的天才，在那些日子裡我時常與之交談的佛洛伊德，也不知道在這種荒謬當中有什麼目的和意義。但是，也許，猶太教的最終意義正是在於：通過它神祕的長期存在，一再向上帝重複《約伯記》裡那個永恆的問題，好讓它不被遺忘。

◊ ◊ ◊

生活當中最可怕的事情莫過於，我們以為早已死去或者裝進棺材裡的東西，突然以和從前同樣的形式和姿態出現在我們的面前。一九三九年的夏天到來了，慕尼黑協定連同他短命的「為了我們時代的和平」的幻想早已過去。希特勒這時已經違背了自己的誓言和承諾，攻占了殘缺不全的捷克斯洛伐克，並併吞了它，梅梅爾領地[7]被占領，被政治宣傳煽動得忘乎所以的德國報紙，叫囂著要拿下但澤和波蘭走廊。英國終於從自己真誠的輕信之中痛苦地清醒過來，就連那些沒有受過教育的普通人，儘管只是出於本能地厭惡戰爭，也開始表達他們強烈的憤怒。平日舉止矜持的英國人現在個個都會和人談論戰爭，看守我們公寓的門房、開電梯的服務員、打掃房間的女傭，都邊工作邊議論紛紛。他們沒人清楚到底發生了什麼，但是，他們都記得那個不可否認的公開事實，英國首相張伯倫為了拯救和平，曾經三次飛往德國，但就是這樣的逢迎討好也沒有滿足希特勒。在英國國會，人們突然聽見這樣強硬的呼聲：「停止侵略！」人們處處都感覺得到備戰（或者確切地說是抗戰）的工作。淺色的防空氣球（看起來好像孩子玩的大灰象玩具一樣純潔無邪）又開始在倫敦上空飄揚，人們又開始修築防空掩體，並且對已經分發的防毒面具再一次仔細地檢查。局勢變得和一年前一樣緊張，也許比那時還要更加緊張一些，因為，現在，站在政府後面的不再是老實和輕信的人民，而是堅定而憤怒的民眾。

7 Memel，國際聯盟在 1920 年劃出的一塊地區。一戰之前由德國所有，一戰之後這一地區和薩爾以及但澤自由市一樣由國際聯盟管理。1923 年立陶宛占領。1939 年 3 月被納粹德國收復，並重新劃入東普魯士。1946 年被蘇聯占領，並成為立陶宛蘇維埃社會主義共和國的一部分。立陶宛獨立之後，成為立陶宛的一部分。

我在那幾個月離開了倫敦，隱居在巴斯的鄉間。我從來沒有那樣強烈地感覺到這樣殘酷的現實：面對世界發生的事件，我是多麼無能為力。作為一個清醒的、有思想的、遠離一切政治的人，我獻身於自己的工作，鍥而不捨地默默耕耘，將自己的歲月化為作品。而在另一些人們看不見的地方，有另外一些人，人們不認識他們，人們從來也沒見過他們，他們在柏林威廉大街上，在巴黎的奧賽碼頭，在羅馬的威尼斯宮和倫敦的唐寧街。這十個或二十個人，為人們所不知道的事情忙碌著，談話、寫信、通電話、訂條約，而他們當中只有極少數人表現出了特別的機智或才幹。他們做著決定，人們既沒有辦法參與這些決定，也不知道其中的細節，但這些人的決定卻關係著我本人和每一個歐洲人的生活。我的命運現在不在自己的手中，而掌握在他們的手中。他們或者毀滅或者愛護我們這些無權無勢的人，他們或者給予我們和平或者強迫我們被奴役，他們決定千百萬人是面臨戰爭還是擁有和平。而我呢，就在關係生死大事的關頭，在關係到我的內心和未來，關係到我頭腦中正在形成的思想，關係到已有或尚未形成的計畫，關係到我的起居、我的意志、財產和我所有的一切時，我自己和所有其他人一樣，坐在自己的房間裡，像一隻蒼蠅一樣毫無自我保護能力，像一隻蝸牛一樣弱小。我就像被判刑的囚犯一樣坐在囚室之中，兩眼望著虛空，陷入了毫無意義、無能為力的等待之中。我身邊的囚友打聽著，猜測著，議論著，好像我們當中會有人知道我們的命運將會如何。一會兒電話響了，一位朋友來問我有什麼看法；一會兒報紙來了，它只會讓讀它的人更加茫然；一會兒收音機的廣播開始了，但是裡面說的都是自相矛盾的話。我出門走到街巷中去，碰見的第一個人問我這個同樣一無所知的人，戰爭會不會爆發。在不安之中，人們又對自己反問相同的問題，議論紛紛，討論不休，但是，人們也都非常清楚地知道，自己多年來積累的所有知識、經驗和預見的能力，在那十幾個陌生人的決定面前都毫無價值。人們很清楚，在二十五年之內，他們第二次面對命運束手無策，無可奈何，那些毫無意義的想法只會讓太陽穴疼痛欲裂。我終於再也忍受不了大都市的生活，因為在每個街角都貼著海報和標語，上面那些刺眼的話語像瘋狗一樣對我窮追不捨；因為當千百個人從我面前走過時，我都會不由自主地想從他們臉上讀懂他們究竟在想什麼。我們所有人實際上都在想同一個問題，戰爭「會」還是「不會」爆發？在這場決定性的賭博中，自己能不能贏？在這場賭博中，我已經將自己的生命當作賭注押上去了，我僅存的最後歲月、我那些尚未完成的書，以及我至今視為自己的使命和存在意義的一切，統統都押上去了。

但是，在外交的賭盤上，那顆骰子一直猶豫不決地滾動著，慢騰騰地令人神經繃得快要斷了。它一會兒滾向這邊，一會兒又滾向那邊，滾來又滾去，一會兒紅，一會兒黑，時而令人心生希望，時而令人遭受失望，好消息和壞消息接踵而來，而最終、最關鍵的決定遲遲不下。忘記這一切吧，我告訴自己，逃走吧，逃到心靈最深的地方，逃到你的工作當中去，在那裡，你就是最本性的你，不再是國家公民，不再是可怕的賭注對象，在這個業已瘋狂的世界裡，你的那一點理智在那裡還能正常地發揮作用。

我並不缺少工作。多年以來，為了寫一部關於巴爾札克及其作品的兩卷集著作，我一直在搜集素材，但我始終沒有勇氣動手開始寫這樣一部範圍如此之廣、時間跨度如此長的作品。

而現在，恰恰是這煩惱賦予了我勇氣。我隱居在巴斯，之所以選擇巴斯，是因為以菲爾丁為代表的很多英國文學菁英份子都曾在此寫作，這座小鎮比英國其他城市更加忠實和強烈地反映出另一個不同的祥和世紀，十八世紀的恬靜面貌。而這片幽雅秀美的迷人景色，與當時世界日漸增長的不安以及我的思想，產生了多麼強烈的對比，這對比真是令人心痛！就和我記憶中一九一四年七月的奧地利一樣，一九三九年八月的英國同樣美得無以倫比。綢緞般蔚藍的天空柔美得彷彿是上帝的帳篷，明媚的陽光照耀著草地和森林，鮮花盛開，絢麗多姿——和當年一樣，和平的空氣籠罩著大地，而大地上的人們卻在緊張地備戰。面對那些在靜謐中茁壯成長的草木，以及巴斯山谷中令人沉醉的寧靜，我不禁想起一九一四年巴登的景色，和當時一樣，現在又一次的瘋狂顯得多麼的不可思議。

和上次一樣，我還是不願意相信戰爭真的會來臨。於是，我又準備做一次夏日旅行。一九三九年九月的第一週，國際筆會代表大會在斯德哥爾摩召開，由於我這個兩棲人不再代表任何國家，瑞典同行便邀請我作為榮譽嘉賓出席會議。接下來的幾週時間內，每個中午和夜晚的活動都由友好的東道主安排好了。我早已訂好了船票，這時，戰爭緊急動員的消息接踵而至。按照常理，我應該馬上迅速地將自己的書籍和手稿捆紮打包，離開可能成為交戰國的大不列顛島，因為我在英國是外國人，一旦戰爭爆發，我就是一個敵對的外國人，那麼我的自由就會面臨一切可能的限制。但是，在我的內心，有種無法解釋的感覺反對我離去。這一半是出於執拗，不願意一次次地逃難，因為無論逃到何方，我的命運依舊；另一半是出於疲倦。我用莎士比亞的話對自己說：「我們命該遇到這個時代。」假如它想抓住你，那麼你這個快要六十歲的人也不要再反抗了，反正你生活過的那些最美好的時光，再也抓不住了。就這樣，我在英國留了下來。但是，我事先至少還要把自己的日常生活盡可能地安排妥當。因為我還想結第二次婚，我必須抓緊時間，以免戰爭爆發後，我因為屬於交戰國的公民而遭到拘禁或其他意想不到的變故，而和我未來的生活伴侶長期分離。於是，九月一日那天上午——那是個星期五，我去巴斯的民政局進行結婚登記。那位官員拿著我們的證件，顯得分外友好和熱情，和這個時代的每個人一樣，他很理解我們迫切的心情。結婚儀式打算安排在第二天，他拿起筆，開始用漂亮的圓體字將我們的名字寫進他的登記簿裡。

就在這一刻（當時是十一點左右），通往裡間套房的門被打開了，一位年輕的官員衝進來，一邊疾行一邊穿上大衣，「德國人入侵波蘭了，戰爭爆發了！」他在寂靜的房間裡大聲喊叫著。他的話像錘子一樣打在我的胸口，但是，我們這代人的心臟已經習慣了各種形式的打擊。「那還不一定就是戰爭吧。」我真心這樣希望，也這樣說出來。「不！」他憤怒地叫喊起來，「我們已經受夠了！我們不能隔六個月就受一次騙！現在必須結束了。」

這時，那位已經開始為我們填寫結婚證書的官員若有所思地停下了筆，他考慮了一下對我們說，你們畢竟是外國人，在戰爭的情況下，我們自然也就成為了敵對的外國人。他不知道在這種情況下，是否還應該允許我們登記結婚。他對我們表示歉意，但是，他無論如何也要請示一下倫敦——於是，接下來的兩天充滿了等待、期盼和恐懼，我們的心情至為緊張。在星期日的早晨，廣播裡傳來這樣的消息，英國已經對德國宣戰了。

那是個不同尋常的早晨。我默默地從收音機旁走開，剛才從裡面傳出的消息將會經歷數百年，必然要改變整個世界和我們每個人的生活。這消息意味著，在屏息聆聽的人當中，將有成千上萬的人會死去，將會給我們所有人帶來悲傷、不幸、絕望和危險，也許只有過了若干年之後，它才會有另外的含意。戰爭又降臨了，這是一場比世界上原先所有戰爭都更加可怕、範圍都更加廣泛的戰爭。又一個時代結束了，又一個新時代開始了。房間裡突然變得鴉雀無聲，我們默默地站在那裡，互相迴避著對方的目光。從外面傳來鳥兒無憂無慮的啁啾聲，牠們在和煦的輕風中輕快地互相嬉戲著，金色的陽光裡，樹木也都搖曳生姿，彷彿想讓樹葉像嘴唇一樣互相親吻。那古老的母親——大自然，再一次對發生的一切一無所知，毫不知曉自己造物的憂愁。

我走進自己的房間，把東西收拾進自己的小行李箱。以前一位身居高位的朋友曾經對我說，我們這些在英國的奧地利人將被視為德國人對待，將受到和德國人一樣的限制措施，假如他的話當真的話，那麼也許我在當天晚上就不能再睡在自己的床上了。自從宣戰的消息傳來的那個小時，我的身分又降了一級，我在這個國家已經不再僅僅是外國人，而且還是一個「敵國的敵人」，一個敵對的外國人，我被強行放逐到了一個我搏動的心不願意停留的位置。一個因為自己的種族和反德意志的思想而早已被驅逐出德國的人，卻在另外一個國度裡，被一項官僚主義的法令硬性劃歸在他身為奧地利人從來也不屬於的集體之中，還有比這樣的處境更加荒唐的事情嗎？某條法令大筆一揮，一個人全部生命的意義便成了一種矛盾。我依舊用德語思考，用德語寫作，但我的每個思想、我的每個願望，都屬於所有為自由而戰的國家。我的所有其他聯繫都被扯斷了，過去所有的一切，曾經擁有的一切都被摧毀，我知道，這場戰爭結束後，一切都必須重新開始。因為，我內心深處的這個願望，我四十年以來一直全身心致力的目標：實現歐洲的和平統一，已經成為泡影。人類自相殘殺帶給我的恐懼遠甚於死亡帶給我的恐懼，而現在，戰爭不可阻擋地再次來臨了。我畢生熱切追求全人類在人性與精神上團結一致，在此刻，我比任何人都更加需要牢不可破的精神團結，但竟遭遇如此無情的排擠，這時，我感到一生之中從未有過的孤獨。

為了再看一眼最後的和平景象，我又一次徒步走向那座小鎮。它寧靜地沐浴在正午的陽光下，在我眼中，與平日根本沒什麼兩樣。人們邁著和往常一樣的步伐，走著和往常一樣的路，他們並不急匆匆地趕路，也沒有聚在一起議論紛紛，仍舊是一副休息日安詳自若的表情。我不禁問自己：「他們難道什麼都不知道嗎？」但是，他們畢竟是英國人，善於克制自己的情感。他們不需要旗幟和鑼鼓，也不需要通過製造噪音和音樂來增強自己的決心，他們的決心本來就已經很堅毅、剛強。這和一九一四年七月的奧地利是多麼不同啊，但是，當年那個不諳世事的年輕的我，和現在背負著眾多沉重記憶的我，也是多麼不同啊！我現在知道，戰爭意味著什麼。當我注視琳琅滿目、窗明几淨的商店時，我忽然在一片幻象中看到一九一八年的商店，它們被洗劫一空，像是睜大著空洞的眼睛般瞪著我。我彷彿在白日夢中看見憔悴的婦女在食品店前排成長龍，我又見到悲痛的母親、傷員、殘疾人，從前夢魘般的情景又像幽靈一樣出現在那個陽光明媚的中午。我腦中浮現當年的那些老兵，他們從戰場返回家鄉的時候衣衫襤褸，面容疲憊。在今天這場剛剛開始的戰爭中，我跳動的心感受到了它將重複上次戰爭的全部噩夢，而現在，它的恐怖還沒有完全顯露出來。而且，我知道：過去的一切成就再一次化為烏有——歐洲，我們的故鄉，我們奉獻出一切的土地，已經遭到了徹底的毀滅，這毀滅已經遠遠超出我們個人的生活。一個不同的、新的時代開始了。但是，要來到這個新時代，還要通過多少地獄，經過多少煉獄火焰？

陽光普照著大地，在我回家的路上，我突然發現自己眼前的影子，我於是也看見這場戰爭背後上一場戰爭的影子。在我們的時代，我避不開這些戰爭的陰影。它日日夜夜籠罩著我的每一個念頭，也許，在這本書的某些章節中，你也會看見它的暗影。但是，任何陰影，到頭來也只是光線的孩子，一個人，只有經歷了光明與黑暗，戰爭與和平，興盛與衰亡，才算是真正活過。

（注：根據費舍爾出版社一九八二年出版《茨威格全集》翻譯。）

譯後記

一九四二年二月。里約的狂歡節一如既往地熱烈。人群中，一位久經滄桑的異國男子，正嘗試著忘記過去，接受眼前這久違的無憂無慮，像一個正常年代的普通人那樣，跟隨陌生的笑臉而歡笑。這對他並不容易。就在短短幾個月前，一部回憶錄剛寫完，那是他作為一個歐洲人的回憶，揮之不去的過去。在遠離故土千山萬水的地方，那個曾經屬於自己而現今已被粉碎的太平盛世又光芒四射地出現在他的眼前，一切在他的大腦再次回放，他於是記下它的一步步淪喪，記下世道人心的徹底改變。沒有任何資料或筆記可以參考，多年記下的日記不知散落何方。完成這項工作後，他覺得疲憊極了。前往狂歡節的前一週，在寫給親人的信中，他告訴他們，自己和妻子現在會和小狗玩很久，比理智的人在正常的年代和小狗玩的時間要長很多。他還告訴他們，自己準備去參加狂歡節，但其實並不是那麼開心，因為明明知道在其他地方，有房屋被炸毀，有人在死去。但如果不去參加這個盛大的節日，長久沒有任何娛樂的他和妻子又彷彿活得太不像個人樣，太過消沉了。就在一年前出版的《巴西：未來的國度》這本書裡，他還專門提到這個全球聞名的節日，倘若自己不去親身體驗一番，怎麼還算個作家呢？在南半球這片陌生的土地上安頓下來近半年時間了，他仍不能想像要在此度過晚年。可是，這是一片多麼可愛的土地啊，他內心無比感激這些友善的巴西人。置身於淳樸簡單的心靈間，徜徉於溫柔旖旎的熱帶光影裡，疲憊的靈魂暫且休憩。

三個月前，茨威格在客居的小山城彼得羅保利斯度過六十歲生日。妻子綠蒂費心準備了一件了不起的禮物：一套舊的法文版巴爾札克全集。它和原房主留下的兩本蒙田作品，以及一套歌德全集，成了茨威格目前擁有的所有精神食糧。流亡使他放棄了自己的所有收藏，只帶著兩個行李箱踏上前往南美的輪船。他心情矛盾。一方面，希望有朝一日還能重返歐洲，完成未竟書稿《巴爾札克》，他甚至還將書稿留在了英國巴斯的舊宅中。但另一方面，他已暗暗預感到故土難回，在精神故鄉歐洲，他熱愛的一切均成雲煙。被徹底放逐到自己的祖國和母語之外，他已被連根拔起。

在寧靜的彼得羅保利斯，茨威格透過一台小小的收音機了解這個世界的命運。他每天收聽廣播，時刻關注最新戰況。但是，每一場戰役、每一次轟炸、每一回進攻或撤退，對於他，都是新的驚惶、失望和痛楚。同樣流亡到彼得羅保利斯的朋友這樣形容他：史蒂芬就像一隻蜜蜂，從每個花朵中吸吮苦澀。他總是想，如果有一天，納粹的鐵蹄踏上南美大地，他和綠蒂該逃向何方？他們已經太累了。

就在狂歡節的精采高潮即將到來的那個清晨，茨威格夫婦和友人一道在里約共進早餐。餐桌上的一份報紙吸引了他的注意，「新加坡淪陷」、「英軍大潰敗」、「德軍已向蘇伊士運河挺進」。茨威格久久看著這份報紙。報紙上，和這些戰報赫然並列的，是狂歡節的喜慶照片，在這一刻，人類生活的荒謬和殘忍令他感到難以忍受。當日，他和妻子提前返回了彼得羅保利斯。歐洲、亞洲和非洲，倘若一一淪陷，這場戰爭將是無限的噩夢。這證實了他的預感，回歸的道路已封死，令人心懷希望的未來遙不可及。而今，他不再像一戰時那樣還能對民眾發出自己的聲音。他的《耶利米》在一九一七年復活節的德國出版時，仍然銷售一空。他當時還能前往日內瓦與羅曼·羅蘭及其他交戰國的友人會面，他們仍能夢想通過努力創造一個更人道的世界。但是，「世界在這個時代倒退了一千年的道德。」如今，茨威格和他的朋友們感到，面對這個世界，他們無能為力。

邀茨威格同去里約參加狂歡節的好友費德後來回憶那個清晨，他認為，假如那天報紙上刊登的不是新加坡淪陷，而是日本空軍遭全殲，茨威格的反應並不會有所不同。茨威格曾經說過：「假如有人因為柏林遭轟炸而歡呼，我無法和他們一道歡呼。最殘忍的事情莫過於，在這場戰爭中，唯獨戰爭本身沒有對立面。沒有哪個國家拒絕戰爭。」德國作家弗蘭茨·韋爾福爾在紀念茨威格的悼文中，引用了猶太經典中一個古老傳說。當以色列的子孫們眼見法老的軍隊在紅海全軍覆沒，便在岸上集體興高采烈地大聲唱起勝利的讚歌。在這片狂熱的喧囂之上，響起一個威嚴的聲音：「我的造物，喪命眾多。你們，和他們一樣，只是我的創造物，你們卻要歡呼雀躍來慶祝勝利嗎？」這個聲音，在茨威格心中，想必沒有沉寂。

羅曼·羅蘭曾稱茨威格為「獲取了佛洛伊德那把危險鑰匙的詩人」，是卓越的「心靈捕手」。他收藏偉大藝術家經典作品手稿的嗜好，尤其反映出他對於人類心靈活動的高度關注。同樣，這種能力和敏感也體現在他對政治環境和戰爭局勢的觀察和判斷上。對於時代的悲劇和人類的隱密本能，他具有慧眼。早在一戰期間，從歐洲大街小巷的群情激憤中，在前所未有的集體歇斯底里中，他就看到佛洛伊德所發現的人類內心深處反文明的野蠻本能，從而對席捲整個世界的狂熱充滿警覺。「這世界如此荒誕，但我們覺得自己沒有義務去附和它。」

作為孜孜不倦的旅行家，他的足跡布滿半個地球。通過印度、南美和北非之行，茨威格很早便認識到歐洲不是世界中心。於是，一種對於全人類命運的關心，一種人道主義精神，以及對和平的信仰，使得他一生遠離任何蠱惑人心的力量，而和歐洲所有偉大的人道主義者結成同盟。他從來都自視為歐洲人，自視為世界公民。他將自己對歐洲共同體的信仰歸功於故鄉，在二十世紀初的維也納，各民族的人們將吸收到的高雅文化向內轉化為修養和情趣，專注於精神生活。「人們並不像今天這樣將寬容視作軟弱，而將它尊為道德的力量。」一九三二年，在一次題為「關於歐洲的道德毒害」的演講中，他強調：「新的教育必須從改變了的歷史觀出發，其根本核心在於，必須更加強調歐洲各民族的相同點，而非其矛盾。孩子們被教導熱愛家鄉，誠然無可厚非。而我們希望的是，除此之外，還要教育他們熱愛歐洲，我們大家共同的家鄉，乃至整個世界和全人類。祖國這個概念，不是懷著仇恨的表達，而是運用在與其他國家的聯合上。」在兩次世界大戰之間相對寧靜的時間，茨威格有意識地四處宣揚他的信念，他的聽眾從來不限於某個狹小的國家或地區，他的演講語言從來不限於自己的母語。那時的他依舊對這個世界有信心。他沒有想到，短短幾年之後，歐洲和整個世界都還要再經歷更殘酷的迫害與殺戮，突破已有所有的生存經驗。「在此之前，人類作為一個整體，還從未露出如此猙獰的面目。」

「旅行，持續不斷地旅行，從一個星空下到另一個星空下，到另一個世界中去，並不等於擺脫了歐洲，擺脫了對歐洲的擔憂。」剛到巴西不久的茨威格已經歷過一次精神崩潰，他已無力再次出發。從狂歡的里約提前返回彼得羅保利斯的他，已暗自做好了最終的抉擇。他的精神似乎不再受到壓迫，內心也恢復了平靜，為最後的時刻做著準備。那天和他通過電話的友人們事後才懂得他語氣當中的深長意味。在這最後一個夜晚，他和妻子再次將前日同去里約參加狂歡節的朋友邀至家中，共度了最後的四個小時。茨威格把從老朋友那裡借的書歸還給他，並和他下了最後一盤棋。

在最後的日子裡，茨威格曾經和友人討論過死亡。想必他對死亡早做過深入的考慮。歷史上那些不朽的人文主義者的命運越來越吸引他，離世前幾個月，他著迷於蒙田的著作和他的一生，完成了《蒙田》這部最後的傳記作品。對於他，蒙田是「在某種特定時刻展現自己全部意義的作家」，「想真正讀懂蒙田，人不可以太年輕，不可以沒有閱歷，不可以沒有種種失望。蒙田自由和不受蠱惑的思考，對像我們這樣一代被命運拋入到如此動盪不安的世界中的人來說，最有裨益。」他受教於蒙田，稱蒙田代表了他所有的精神楷模。

而蒙田說過：「誰學會了死亡，誰就不再有被奴役的心靈，就能無視一切束縛和強制。」

在最後的時刻，茨威格保持了他作為一個歐洲人的優雅，保持了內心的自由，足以讓他的歐洲和整個世界永久懷念。

十二年前，我接受台灣城邦旗下出版社委託翻譯茨威格的這部作品，同年在台灣出版。去年，友人希望再次出版這部譯稿，我於是翻出舊稿，予以修訂，再次將它從頭到尾地看了一遍。也許是年齡和閱歷都有所增長的關係，這一次，茨威格的回憶在我心中引起更多思考。字裡行間，我試圖將他的時代和我的時代相連。

我們積累的各種人類經驗，無論進步還是倒退，都已遠遠超越了一百年前的人。雖然越來越多人看待世界的視角已不再受限於國家和民族主義，但在人心深處，狹隘與寬容之間的較量何曾停止。當別處有人在死去，我們是否還會心有戚戚？面對蠱惑，我們是否還有可能陷入群體的歇斯底里？前方的路，會不會再次從負面完全顛覆已有的生存經驗？在特洛伊譏諷過卡珊德拉，在耶路撒冷嘲笑過耶利米的人，我們還會不會隨聲附和他們？

一九一五年，羅曼．羅蘭在給茨威格的一封信中，充滿理想地描述了戰後人類應有的共同事業，「……那會是一件超越所有政治和藝術規劃的偉大事業……一座建立在所有教堂之上的教堂……一個偉岸的信仰時代將要開啟。」在這位偉大的人道主義者眼中，這才是真正意義上的「信仰」——**那連接人與人的東西**。二十一世紀的我們，也許還很有必要記起這古典的「信仰」，保存好那連接你我的東西。

作者

史蒂芬・茨威格（Stefan Zweig, 1881-1942）

奧地利小說家、記者、傳記作家和劇作家，曾是世界上被翻譯次數最多的作家。在二戰期間，為躲避納粹迫害流亡國外，輾轉英美，最後落腳於巴西，一九四二年二月二十二日與妻子在里約熱內盧家中自殺。

茨威格出生於世界文化之都維也納，年紀輕輕就周遊列國，懂得多種外國語言，廣交天下名士，著作暢銷全球，無論是開羅還是開普敦，無論是里斯本還是上海，無論是巴塔維亞還是墨西哥城，他的作品都大受歡迎。

在他流亡經過的每座城市都受到國際和文壇知名人士的盛情歡迎。

在流亡期間，他的創造力並未衰竭，先後完成多部著作。

著有《一位陌生女子的來信》《羅曼羅蘭》《人類的群星閃耀》《變形的陶醉》《焦灼之心》《象棋的故事》《異端的權力》等書。

譯者

史行果

北京大學德語文學碩士。譯有《永不枯竭的話題：里爾克藝術隨筆集》，參與翻譯《三大師》《布萊希特戲劇集》等。現居北京。

對談者

魏斯安德森（Wes Anderson, 1969-）

美國電影導演、編劇和監製。

以冷調幽默的電影手法著稱，擁有自成一格電影魅力，綜觀他的藝術風格，結合了歐洲電影的攝影視覺，以及美式流行文化的拼貼，想像力極度豐富，擅長打造電影中獨一無二的異想世界。國家郵報盛讚「當愈來愈多電影想學魏斯安德森，安德森則讓自己的電影更獨一無二」。二〇一四年作品《歡迎來到布達佩斯大飯店》成為第六十四屆柏林影展開幕片並贏得評審團大獎，被《時代雜誌》評為年度十大佳片第一名。

贏得第七十二屆金球獎最佳音樂及喜劇電影，獲得第八十七屆奧斯卡金像獎最佳影片、最佳導演、最佳原創劇本等九項提名，並奪得四項大獎。

片中主角古斯塔夫先生與作家都是依照茨威格的形象來塑造的。

喬治・普羅契尼克（George Prochnik）

茨威格傳記作者，著有《褚威格最後的放逐：一個永恆過客的錯位人生》，此書亦得到多項圖書獎肯定。

昨日世界

一個歐洲人的回憶【80 週年紀念版】

Die Welt von Gestern: Erinnerungen eines Europäers

作　　者　史蒂芬・茨威格 Stefan Zweig
譯　　者　史行果
封面設計　蔡南昇
內頁排版　高巧怡、黃雅藍
校　　對　魏秋綢、溫芳蘭
行銷企劃　林瑀、陳慧敏
行銷統籌　駱漢琦
業務發行　邱紹溢
營運顧問　郭其彬
文字編輯　溫芳蘭
副總編輯　柳淑惠
總 編 輯　李亞南
出　　版　漫遊者文化事業股份有限公司
地　　址　台北市松山區復興北路331號4樓
電　　話　(02) 2715-2022
傳　　真　(02) 2715-2021
服務信箱　service@azothbooks.com
網路書店　www.azothbooks.com
臉　　書　www.facebook.com/azothbooks.read
營運統籌　大雁文化事業股份有限公司
地　　址　台北市松山區復興北路333號11樓之4
劃撥帳號　50022001
戶　　名　漫遊者文化事業股份有限公司
二版一刷　2022年9月
定　　價　台幣399元

ISBN　978-986-489-686-8

國家圖書館出版品預行編目 (CIP) 資料

昨日世界 : 一個歐洲人的回憶/ 史蒂芬. 茨威格(Stefan Zweig) 著 ; 史行果譯. – 二版. -- 臺北市 : 漫遊者文化事業股份有限公司 : 大雁文化事業股份有限公司發行, 2022.09 印刷
面； 公分
譯自 : Die Welt von Gestern : Erinnerungen eines Europäers
ISBN 978-986-489-686-8(平裝)
1. 茨威格(Zweig, Stefan, 1881-1942) 2. 回憶錄
784.418　　111011647